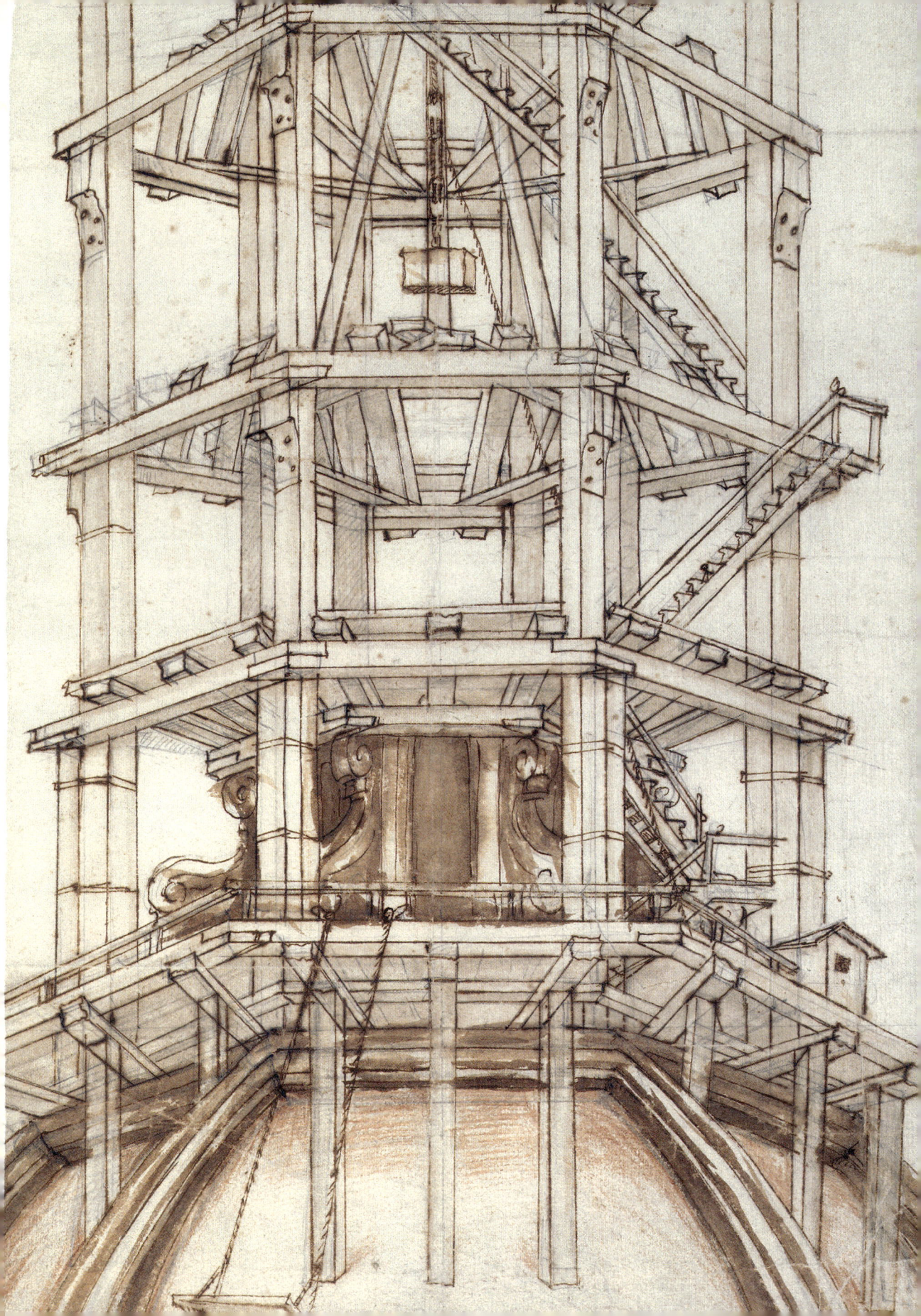

ヴィジュアル歴史人物シリーズ

世界の建築家図鑑

ケネス・パウエル
Kenneth Powell

井上廣美 訳
Hiromi Inoue

原書房

謝辞

本書の編纂にあたっては、世界各地の執筆者の方々にご協力いただいた。執筆者の方々は、それぞれのテーマにかんして深い造詣をもっておられ、今回その学識を簡潔かつ学術的にまとめてくださった。また、以下の方々にはとくに貴重なご助言をいただいた。モゼット・ブロデリック、フランチェスコ・ガロファロ、マーティン・ミード、トマス・ミュアヘッド、ダヴィッド・ペイセレ、ジョン・ズコウスキー。テムズ＆ハドソン社にも、ご支援ご鞭撻いただいたことを厚くお礼申し上げたい。

編者略歴

ケネス・パウエル（Kenneth Powell）
ロンドンを拠点とする建築史家、建築評論家、建築コンサルタント。20世紀から現在までのイギリスの建築にかんし多数執筆。ノーマン・フォスター、リチャード・ロジャースなどイギリスの主要な建築家の作品にかんする著書がある。王立イギリス建築家協会名誉フェロー。イギリス建築協会評議員。

訳者略歴

井上廣美（いのうえ・ひろみ）
翻訳家。名古屋大学文学部卒業。訳書に、フリードマン『ベニスの歴史』（原書房）、ローゼンタール『イスラエル人とは何か』（徳間書店）、チャーナウ『アレクザンダー・ハミルトン伝』（日経BP社）、Hampshireほか『Communicating with pattern サークル・ドット』（BNN新社）などがある。

THE GREAT BUILDERS
edited by Kenneth Powell
Published by arrangement with Thames and Hudson, London.
Copyright © 2011 Thames & Hudson Ltd, London
This edition first published in Japan
in 2012 by Hara Shobo, Tokyo
through Tuttle-Mori Agency, Inc., Tokyo
Japanese edition © Hara Shobo

ヴィジュアル歴史人物（れきしじんぶつ）シリーズ
世界の建築家図鑑（せかいのけんちくかずかん）
●
2012年10月15日　第1刷

編者………ケネス・パウエル
訳者………井上廣美（いのうえひろみ）
装幀………川島進（スタジオ・ギブ）
本文組版………株式会社ディグ
発行者………成瀬雅人
発行所………株式会社原書房
〒160-0022　東京都新宿区新宿1-25-13
電話・代表 03(3354)0685
http://www.harashobo.co.jp
振替 00150-6-151594
ISBN978-4-562-04849-6

©2012, Printed in China

目次

はじめに　6

建築のパイオニア　20

フィリッポ・ブルネレスキ　22
ルネサンス建築の父

カヴァーム・アルディーン・シーラーズィ　29
ティムールの一族の建築家

ジュリアーノ・ダ・サンガッロ　34
木彫家、建築家、古代ギリシア・ローマ研究家

シナン　40
オスマン帝国の名建築家

シャー・ジャハーン　45
ムガル帝国の皇帝にして建造者

クリストファー・レン　51
科学者、建築家、技師

セバスティアン・ル・プレストル・ド・ヴォーバン　60
17世紀最高の軍事技師

鉄の時代　66

トマス・テルフォード　68
鋳鉄橋梁設計の革新者

カール・フリードリヒ・シンケル　74
天才技師

ジェームズ・ボガーダス　81
キャストアイアン建築の発明者

ジョーゼフ・パクストン　87
造園家にして建築家

ヴィクトール・バルタール　95
パリ市の建築家

イザムバード・キングダム・ブルネル　100
先進の鉄道技師にして船舶設計者

A・W・N・ピュージン　107
　　現実主義の革命児

ウジェーヌ=エマニュエル・
ヴィオレ=ル=デュク　113
　　建設的な意志としてのゴシック

ジョン・ファウラー　119
　　名高い都市鉄道開発者

コンクリートと鋼鉄　126

ジュゼッペ・メンゴーニ　128
　　ミラノのヴィットーリオ・エマヌエーレ２世
　　のガッレリアの建築家

ウィリアム・ル・バロン・ジェニー　134
　　シカゴ独特の摩天楼の生みの親

ギュスターヴ・エッフェル　140
　　金属製高層建造物の工学技術の立案者

フランソワ・アネビク　148
　　鉄筋コンクリートのシンボル

アントニ・ガウディ　153
　　独特の創作スタイルをもった職人建築家

ルイス・H・サリヴァン　162
　　「アメリカン」スタイルを提唱した
　　装飾家・超高層ビル設計者

フランク・ロイド・ライト　170
　　内部空間の建築家

オーギュスト・ペレ　178
　　コンクリート建築の美学言語とドクトリン

ルートヴィヒ・ミース・ファン・デル・ローエ　184
　　最後の偉大な形態考案者

ル・コルビュジエ　188
　　コンクリートか石か、木材か金属か？

コンスタンティン・メーリニコフ　196
　　未知への飛躍

ピエール・ルイージ・ネルヴィ　201
　　エンジニアの変貌

新しいヴィジョン　206

R・バックミンスター・フラー　208
　　未来のデザイン

オヴ・アラップ　217
　　アウトサイダー、不可能を可能にする技術

ルイス・I・カーン　223
　　動作と建築の詩をつむぐ建築家

ジャン・プルーヴェ　229
　　建設的想像力

オスカー・ニーマイヤー　234
　　正統派モダニズムへの先鋭的批判

エーロ・サーリネン　240
　　あふれる活気と技術革新

フライ・オットー　247
　　張力構造と膜構造の革新

フランク・ゲーリー　254
　　表現力豊かな「アイコニック・ビルディング」の設計者

丹下健三　261
　　メガストラクチャー（巨大構造体）の建築家

ノーマン・フォスター　268
　　構造と素材の発明と革新

サンティアゴ・カラトラバ　277
　　万能のデザイナー

隈研吾　285
　　物質性と非物質性の建築

執筆者一覧　290

参考文献　294

図版出典　300

索引　301

はじめに

歴史に残る名建築を造った人々は、革新的で、先見の明をもっていた。ブルネレスキがフィレンツェで造り上げたドームは、当時の人々を驚嘆させ、フィレンツェ第1のランドマークになった。同様に、ウツソンの設計したシドニー・オペラハウスは、そのコンクリートから漂う詩趣が、これぞオーストラリアというシンボルになっているし、エッフェル塔は誰もが知るパリの象徴だ。タージ・マハルも、インドといえばまずこれが心に浮かぶ。建築することは、文明が始まった時から人間の基本的な活動のひとつだ。原始的な小屋ではなく、「建築物」ということのできるような建物が初めて出現したのは、紀元前9000年ごろの近東地域らしい。文明とは都市に住むことであり、世界で最初の都市ができたのは、近東地域、つまり、今のトルコのアナトリアからナイル川デルタにかけての地帯だった。紀元前2000年ごろまでには中国でも、高度な文明が独自の建築術を生み出していた。これらが技術的にも、様式的にも、形状的にもルーツとなって、その後に日本やインド、イスラム世界や地中海世界で見られた建築の発展を支えていった。そして、この時代になると、建築物を設計した人物の名前が、少数ながら初めてわかるようになる。たとえば、ピラミッドを建造したエジプトの神官、イムホテプ（紀元前2780年ごろに活躍）は、円柱を考案した人物といわれているだけでなく、医学の父ともいわれている。

芸術家、科学者、支配者

当初、建築を手がけた人々は「建築家」とか「技師」とか名のっていたわけではなかった。こうした呼び名は、比較的最近になって登場した職業に過ぎない。彼らは芸術家（たとえばジョットやブルネレ

前ページ：京都にある東寺の講堂。1491年再建。日本の木造の屋根構えの古典的実例。
右：イムホテプ。世界初の大規模な石造建築物、エジプトのサッカラにある階段ピラミッドを設計した。このピラミッドは紀元前2780年ごろに完成。

前ページ：デリーの赤い城を見る皇帝にして建築家のシャー・ジャハーン。10世紀初頭の絵画。
上：カンタベリー大聖堂の天井の浮き彫り。この大聖堂の身廊を設計した「石工の親方」ヘンリー・イェヴェレ（1320～1400年ごろ）の肖像。

スキ）だったり科学者（たとえばレン）だったりしたし、君主の場合すらあった。たとえば、ムガル帝国の皇帝シャー・ジャハーンは、建設を命じただけで後はお任せ、というただの建築主ではなく、建築術についても当時のインドで最高の人物だった。本書では、15世紀の初めを皮切りに述べていくが、この時代になると、初めて芸術家が自立した個人として姿を見せ始める。西洋では、ブルネレスキも取り上げられているジョルジョ・ヴァザーリの『芸術家列伝』（1550年出版）（『ルネサンス画人伝』平川祐弘ほか訳、『ルネサンス彫刻家建築家列伝』上田恒夫ほか訳、白水社）が、こうした流れのランドマークだ。建築も、芸術の1分野だったのだ。ブルネレスキと同時代のティムールの建築家カヴァーム・アルディーン・シーラーズィは、当時の「名士」だったが、それでも喜んで「石工」と名のっていた。対照的に、フランスやイングランドの大聖堂を建てたのは、いまだにほとんどが「石工の親方」とひとくくりにされる無名の人々だ。ただ、例外的に名前があきらかになっている人物もいるにはいて、たとえば、イングランド人のヘンリー・イェヴェレは、1360年に「King's Deviser of Masonry（王室石工術考案者）」の称号を授与された。また、ゲーテは1772年の著作で、エルヴィン・フォン・シュタインバッハ（1318年没）を超人的な

はじめに

天才だと語っている。ただしゲーテは、ストラスブール大聖堂にかかわった建築家がシュタインバッハひとりだけだと誤解していた。ロマン主義の時代には、修道士が修道院を設計し建設した、と考えた作家もいたし、14世紀のイングランドの司教だったウィカムのウィリアムは、オックスフォード大学ニュー・カレッジとウィンチェスター・カレッジの設計者（かつ創設者）だと見なされていた。

　実際には、中世の石工兼建築家と建築依頼者それぞれが、どこにどう貢献したかを解き明かすのはむずかしい。パリ近郊サン・ドニの修道院で12世紀に修道院長だったシュジェは、本当に先見の明をもったゴシック様式のパイオニアだったのだろうか、それとも、進歩的な考え方のパトロンに過ぎなかったのだろうか？　それまでと同じく、中世になっても建築は権力と分かちがたく結びついていた。たとえば、ウェールズにあるエドワード1世の城は、「技師」とも石工ともいわれる13世紀のサヴォア人、サン・ジョルジュのジェームズが設計したものだが、当時最強の城だった。また、セバスティアン・ヴォーバンの築いた要塞群は、ルイ14世統治下のフランスが抱いていた領土拡大の野心を表している。この太陽王ルイ14世は、建設事業でも見事な手腕を発揮し、1671年には、のちに芸術アカデミーに統合されるフランス王立

ジョーゼフ・パクストンの水晶宮。1851年のロンドン万国博覧会の展示施設となった巨大な建造物で、鉄とガラスによる建築物の発展のランドマーク。

建築アカデミーを創設した。

　一方、レンの作品は、もはや絶対君主ではなくなった君主制の文化と政治の気風を反映していた（チャールズ２世にはヴェルサイユ宮殿などいらなかった）。レンは本質的に紳士階級出身の建築家であり、根は学者だったが、ヴォーバンのほうは、フランス元帥にまでなった職業軍人で軍事技師だった。紳士階級のアマチュアという伝統は18世紀まで続く。イングランドの第3代バーリントン伯爵リチャード・ボイルが典型だ。建築家、技師という職業が正式に登場したのは、19世紀になってからだった。しかも、従来は徒弟制度によって技術を身につけていたが、1847年にロンドンで設立された建築協会が、定時制の講座を始め、やがて全日制の学校が作られた。王立イギリス建築家協会は1834年に、アメリカ建築家協会は1857年に発足した。ケンブリッジのマサチューセッツ工科大学では、アメリカ初の建築学校が1867年に第1期生を迎え入れた。もっとも、プロ化の促進ということでは、技師のほうがいち早くスタートを切っている。ロンドンでイギリス土木学会が設立されたのは1818年だった。

　18世紀なかば以降は、革新の炎が西洋各地に広がって、産業革命が運河や鉄道、倉庫や工場といった新しい世界を生み出した。トマス・テルフォード、ジョン・レニー、ジョーゼフ・パクストン、イザムバード・キングダム・ブルネル、ヴィクトール・バルタール、ジェームズ・ボガーダスらは、史上初めて大量生産されるようになった鉄とガラスという「新しい」素材を使って、新しい時代を象徴するシンボルを作り出した。また、運河や鉄道で完成品を運べるようになったこともあって、レンガ製造の機械化も、やはり新しい材料を提供するようになり、新しいテクノロジーが、地域ごとに伝えられてきた建築の伝統にとってかわった（イギリスのレンガ製造は、1820年から1840年の間に倍増した）。テラコッタやファイアンスも大量生産されるようになったので、構造用の部品としても装飾用としても、広く使われるようになった。こ

下：バーミンガム運河の横断面。1820年代にトマス・テルフォードが設計し直した。
次ページ：13世紀の典型的なアーチの起拱点を分析した分解図。1859年、ウジェーヌ＝エマニュエル・ヴィオレ＝ル＝デュク著。

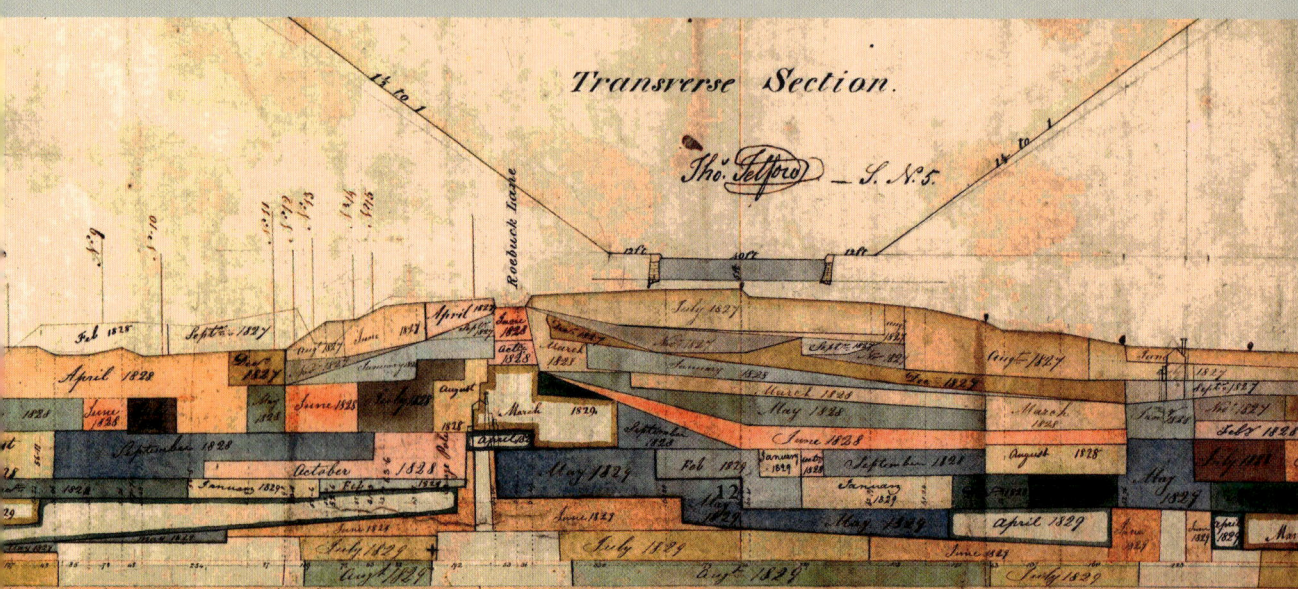

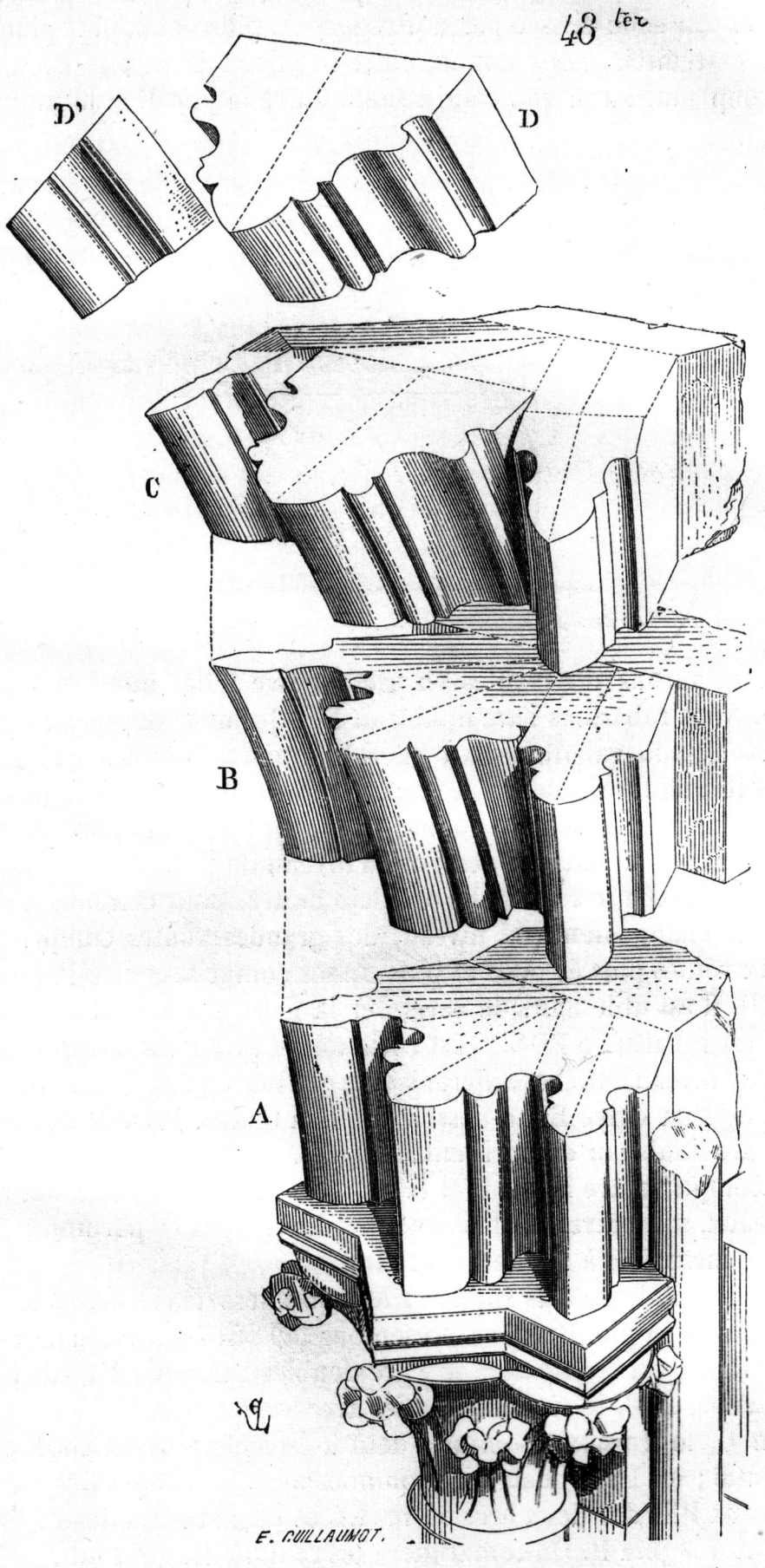

E. GUILLAUMOT.

シカゴのゲージ・ビルディング。ホラバート＆ローシュの設計した建築群のひとつ。右手の部分には、ルイス・サリヴァンの装飾的なファサード（1898〜99年）を配しているが、隣の正面はきわめて機能的な外観のままだ。

ういった時代の流れに対し、ロマン主義運動が「芸術」と「建築」を初めて区別しようとした（たとえばジョン・ラスキンは、パクストンの1851年の「クリスタル・パレス（水晶宮）」を「クリスタルのまやかし」と呼んだ）。この区別はもっともらしく聞こえたが、本質にはまちがっている。カール・フリードリヒ・シンケルのような新古典主義の建築家や、ジョージ・ギルバート・スコットなどのゴシック・リヴァイヴァルの建築家も、鉄を自在に使っていた。20世紀になると、モダニズムの批評家たちは水晶宮のような工学構造物を19世紀の「本物の建築」と呼ぶことになる。

同時に、ゴシック・リヴァイヴァルの大物理論家、A・W・N・ピュージンとウジェーヌ＝エマニュエル・ヴィオレ＝ル＝デュクが、モダニズムのパイオニアに影響を

はじめに

与えることになる合理的構造についての理論を打ち出した。ただし、ピュージンの著作、とくに『対比（Contrasts）』（1836年）は、産業主義の恩恵についての疑念も反映していて、アーツ・アンド・クラフツ運動の思想にも影響を及ぼした（だがじつは、ピュージンが猛烈すぎるほど働けたのは、鉄道を利用したおかげだった。彼は自分のことを「機関車人間」と呼んでいたし、ゴシック風の鉄道構造物のアイデアをスケッチしたことさえある）。新しい素材とテクノロジーを探す動きは、19世紀を通じてたえまなく続いた。鋼鉄が徐々に鋳鉄や錬鉄を押しのけてゆき、世界各地に高層建築が生まれた（ただしパリのエッフェル塔は、1889年と遅めの建設だが錬鉄製）。19世紀の後半には、建築を進歩させようという運動は、ヨーロッパからアメリカへと伝播した。ウィリアム・ル・バロン・ジェニー、ジョン・ウェルボーン・ルート、ルイス・サリヴァンが、シカゴで高層建築についての理論を発展させ、実際に建設した。一方で、近代の高層建築は、エレベーターが進化したからこそ可能になったという側面もある。エレベーターは1850年代にアメリカ人エリシャ・オーチスが実用化に成功して、たちまち西洋諸国で取り入れられるようになった。また19世紀には、建築設備の発展も見られた。セントラル・ヒーティング、配管設備、換気装置なども、近代的な建築の発展にはやはり欠かせないものだった。さらに、イングランドのジョーゼフ・スワンとアメリカのトマス・エジソンが白熱電球を発明したことで、1880年代までには、電気による照明が広まり、建築物にも街路灯にも使われるようになった。

鉄筋コンクリートの現代建築

鋼鉄とならんで、現代の建築を可能にした素材に鉄筋コンクリートがある。もちろん、古代ローマ人もコンクリートを大いに利用していた。たとえば、パンテオンのドームにも使われている。だが、その後の時代にはコンクリートはほとんど利用されず、コンクリートの可能性にふたたび目が向いたのは、19世紀になってからだった。コンクリートを強化する鉄筋の実験は、当初はイギリスとアメリカで行われたが、橋や織物工場から大邸宅にいたるまで、鉄筋コンクリートがあらゆる建築物に利用できる材料になったのは、ベルギー生まれのフランソワ・アネビクという、企業家でもある技術者の研究があったからだ。鉄や鋼鉄と同様、コンクリートも技術者や建築家の創作意欲を刺激するものだった。カタルーニャのアントニ・ガウディはコンクリートをほとんど利用していないが、コンクリートなら彫

フランク・ロイド・ライトは、基本的な材料としてコンクリートの「テキスタイル・ブロック」を多くの建築物で試している。たとえばロサンゼルスのストラー邸（1923～24年）。

刻的な造形ができることを考えると、活用しなかったのが驚きだ（パリのモンマルトル地区にあるアナトール・ド・ボド設計、1904年完成のサン・ジャン教会では、コンクリートのこうした造形力が見事な効果を発揮している）。フランク・ロイド・ライトは、シカゴ近郊のオークパークにあるユニティー・テンプル（1908年）に一体型場所打ちコンクリートを使い、日本の帝国ホテル（1914～22年）に鉄筋コンクリートの骨組みを使ったが、彼が好んで使うようになったプレキャストコンクリートの「テキスタイル・ブロック」は、外装の仕上材として利用され、ほかの建築家がレンガやテラコッタを使うのと同じように建築物を覆っている。また、ライトとほぼ同時代のオーギュスト・ペレは、フランスの合理主義の伝統に根ざして、コンクリートを利用するための新しい独創的な言語を編み出し、倉庫や工場、教会や劇場と、じつにさまざまな建築物に応用した。ペレは戦後まで活動を続けたが、その影響は、彼に師事したこともあるスイス生まれのル・コルビュジエがフランスで大きな影響を振るうようになるにつれて弱まっていった。

　それどころか、ル・コルビュジエは世界的にも20世紀で最も影響力のあった建築家だったといえる。当初は本質的に合理主義的だったが、のちには、ロンシャンのノートルダム・デュ・オー礼拝堂（1950～55年）のような詩趣あふれる彫刻的なアプローチも見せ、信奉者をめんくらわせたりもした。このル・コルビュジエと肩を並べ、ミース・ファン・デル・ローエも世界中の現代建築に影響を及ぼしたひとりだ。ミースは、進歩的なドイツ古典主義者ペーター・ベーレンスのもと、ベルリンで建築を学んだ。ミースの作品はあきらかに古典主義がルーツだが、1938年にアメリカへ移住してからは、バウハウスの国際様式の第一人者となった。彼のアプローチはきわめて合理的で、晩年のル・コルビュジエにあるロマン主義を排除していたので、鋼鉄の高層建築というアメリカの伝統に合っていた。その代表的な例がニューヨークのシーグラム・ビルディング（1954～58年）で、これのまねをしたビルが数多く建てられた。アメリカの大手建築設計事務所スキッドモア・オーウィングズ・アンド・メリルの作品も、多くの場合ミースを原型にしていて、建築と工学技術の緊密な統合が特徴だ。この事務所に1955年に加わり、シカゴのジョン・ハンコック・タワー（1969年）を建築家ブルース・グラハムと一緒に担当したファズラー・カーンは、20世紀を代表する構造技術者だった。

　ミースよりも表情豊かで、ル・コルビュジエの後期作品のほうを強く連想させるのが、イタリアの建築家で技師のピエール・ルイージ・ネルヴィの作品だ。ネルヴィは鉄筋コンクリートを用いても、もっと繊細な表現ができることを示して見せた。同様のことは、ブラジルの巨匠オスカー・ニーマイヤーの作品にもいえる。ブラジルの新首都ブラジリアは、彼の彫刻的なコンクリート作品がドラマティックに演出している（ブラジルの現代建築が発展したのは、両大戦間の時期で、ル・コルビュジエの影響

ニューヨーク5番街のシーグラム・ビルディング（1954～58年）。国際様式の傑作のひとつで、すらりとした美しさと革新的な構造で知られる。これは、1956年7月、ミース・ファン・デル・ローエ（左）がカーテンウォールのファサードの設置を視察しているところ。

が強かった)。アメリカでは、ルイス・カーンが一連の詩情豊かな作品で建築シーンに新たな力を吹き込んだ。その皮切りとなったのは、1950年代初めの彼の最初の重要プロジェクト、ニューヘイヴンのイェール大学アートギャラリーだった。カーンの唱えた「サーブド・スペース（サポートされる機能空間）」と「サーバント・スペース（サポートする機能空間）」という概念は、リチャード・ロジャース、ノーマン・フォスター、レンツォ・ピアノなどのいわゆるハイテク建築家にも影響を与えた（ピアノは一時期カーンの事務所で働いていた）。ロジャースとピアノが手がけたパリのポンピドゥー・センター（1971～77年）には、カーンの考え方の影響が見られる。

工学技術と建築の再統合

　20世紀には、技師が新たな建築法の推進力になり、建築家が新たな建築表現をもたらしたが、簡単に分類できない個人もいる。たとえばネルヴィがそうだし、ジャン・プルーヴェは自らを「建設家」と呼んでいた。R・バックミンスター・フラーはジオデシック・ドームが有名だが、じつはサステナブルデザイン（環境に配慮したデザイン）の最高の提唱者だった。フライ・オットーは、張力構造と膜構造の研究で建築に新たな地平を開いた。建築家でもあり技師でもあるスペインのサンティアゴ・カラトラバは、そのような職業区分が今や意味をもたないということを自らの経歴で実証している。オヴ・アラップの重視した工学技術と建築の完全な統合は、20世紀末期の建築の発展を支えた。たとえばノーマン・フォスターの作品がその一例で、フランク・ゲーリーの作品も、コンピュータのおかげで一世代前なら考えられないようなフォルムが可能になった。また、20世紀はグローバリズムとユニヴァーサリズムの時代だが、20世紀最高の建築家の一部、たとえば日本の丹下健三やブラジルのニーマイヤーなどは、出身国独自の文化を強く反映した建築を生み出したことで有名だ。日本では、地域色の濃い現代建築が大いに進化した。丹下の作品は、結局のところコルビュジエの影響が強いが、現在の日本を代表する建築家、隈研吾の作品は、あきらかに伝統的なフォルムと材料の研究に根ざしている。何世紀にも及ぶ建築の歴史は、自然を支配しよう、世界に新しい様式を押しつけようという男の（女性のほうは、20世紀になってもしばらくは建築家や技師という職業につくことができなかった）努力の歴史だ。今日、世界は急に、もろく見えるようになってしまった。ならば真っ先にすべきは、人間の生活がこの先何百年も持続可能であり続けられるようにすることだ。そこで、建築家と技師には重要な役割がある。建築家と技師の作り出す建築は、この地球を取り返しのつかない環境破壊から守ることに貢献しなくてはならない。

栃木県高根沢町の宝積寺駅（2006年）。隈研吾は鋼鉄とガラスだけでなく、木材も用いることで、伝統的な日本の建築にあるテーマを組み込んだ現代建築を生み出した。

建築のパイオニア

　今から何百年も前、建築家と技師の役割がまだ職業についての基準や法律で公式に規定されていなかったころ、歴史に残る名建築を造った人々は（みんな）博識だった。フィリッポ・ブルネレスキもまちがいなくそうだったといえる。ブルネレスキは、15世紀のフィレンツェに集まっていた素晴らしく才能豊かな芸術家たちのひとりで、画家や彫刻家と親交があったが、同時に、なみはずれた手腕をもった技術者でもあった。フィレンツェ大聖堂の本堂と袖廊の交差部屋根を手がけた時には、提案が革新的すぎて、狂気の沙汰だとばかにされたりもした。ブルネレスキは最初、金細工と彫刻の訓練を受けたが、その後、劇場の機械装置の設計、造船、都市の城壁など、ありとあらゆる仕事を手がけた。フィレンツェのドームの建設では、最小限の足場で築く斬新な手法を編み出し、この工事の費用を大幅に削減してみせた。ブルネレスキの天才ぶりは、同時代のペルシアの建築家カヴァーム・アルディーン・シーラーズィ（イスラム世界で最初の有名建築家）の場合と同様、ドラマティックな内部空間の創出とドームの発展に見られる。ふたりとも、構造にかんして驚くほど創意工夫をこらすことで、これらの成果を達成した。当時の人々は、カヴァーム・アルディーンの技術者、製図工、建設者としての知識と技術を称賛したが、彼自身はただ「石工」と名のっていた。この「石工」という肩書きは、中世ヨーロッパのほとんど無名の建築家に対して広く用いられていたものだった。

　有名な建築物の背後では、かならずや開明的なパトロンが本気で支援していた。トルコの大建築家にして技師のシナンは、オスマン帝国の君主数代に仕え、500件近くの建造物を設計したといわれている。シナンは軍人となる訓練を受けており、要塞設計の達人だったが、最もよく知られているのは、イスラム世界で最高のモスクの数々だ。石工兼大工の息子だったシナンは、スルタンの宮廷に仕えて社会的地位を築いた。ジュリアーノ・ダ・サンガッロも、メディチ家お気に入りの設計者だった。フィレンツェのメディチ家が没落すると、ローマ教皇に仕えた。サンガッロは木工を家業とする名家の出身で、軍事施設を始め教会や墓石など、さまざまな事業で自分の技術を発揮することができた。また、タージ・マハルを造り、インドの建築の展開を一変させる影響を与えたシャー・ジャハーンの生涯は、依頼主が建築の大事業を思いつくだけの存在にとどまらないこともある、ということを大いに実証している。フランスのルイ14世やプロイセンのフリードリヒ大王といったヨーロッパの強大な君主と同様、

シャー・ジャハーンも、建築物が王の権力を最高に表現すると考えていた（彼は建築家や建設者を育てる学校を作って、その学校を自ら監督していた）。建築家でもある君主というのは、当時でも目新しいことではなかった。そうした人物の存在は、古代メソポタミアまでさかのぼることができる。だが、シャー・ジャハーンはなみはずれて積極的に建築家の役割を果たした。一方、建築家の技術などもっていない、と公言していたルイ14世の統治下、フランスは領土拡張の時代に入り、ヴェルサイユ宮殿を建設しただけでなく、ダンケルクやメス、リールなど国境の都市に次々と要塞を造った。この時代に、ヴォーバンは軍人として仕えながら、軍事技術の腕を磨いた。要塞の包囲攻撃を指揮しながら、難攻不落の都市を造る方法を考えはじめた。またヴォーバンは、ほかにも家畜の飼育、統計学や経済学など、驚くほどいろいろなことに関心をもっていた。このフランスの黄金期で最も興味深い人物のひとりだ。

　対照的に、クリストファー・レンは学者だった。数学者として、王政復古で復活した君主に仕えたが、その君主はかつてのような絶対的権力をもってはおらず、レンはその幾何学の知識を建物の設計に応用するよう求められた。レンの代表作、ロンドンのセント・ポール大聖堂は、確かに彼の作品だが、1666年のロンドン大火ののちに行われた教区教会の再建事業では、レンは設計者チームを作って事業を進めた。この時のアシスタントのひとり、ニコラス・ホークスムアは、師匠のレンよりも才能豊かだったといえるだろう。レンは紳士階級出身の古典主義に根ざした建築家で、王室や英国国教会、大学とつながりがあった。パリよりも遠いところへ足を伸ばしたことはなかったが、イタリアの情報に精通していたし、古い建物（たとえばオックスフォードのクライスト・チャーチにあるような）とも調和するような仕事ができた。彼の仕事ぶりを見ると、偉大な天才はかならずや体制側と対立する、という考えはまちがいだとわかる。その後、18世紀になると、建築家とは独立した個人だ、ただ建設するだけの業者とは別物だ、という考え方がしだいに出てくるようになった。こうした考え方も、ヨーロッパがロマン主義の時代を迎えるための土台を作ったといえる。

フランシスコ・サニン

フィリッポ・ブルネレスキ

ルネサンス建築の父

1377-1446年

　フィリッポ・ディ・セル・ブルネレスコ、通称フィリッポ・ブルネレスキはフィレンツェで生まれ、金細工師のギルドで彫刻を学んだ。彼の代表作、フィレンツェのサンタ・マリア・デル・フィオーレ大聖堂のドーム建設は、技術的業績としても、芸術的文化的影響、都市景観上の影響においても、世界屈指の重要な建築である。またブルネレスキは、線遠近法という、西洋美術の流れを変えた表現システムを発明したともいわれている。当時の人々は、ブルネレスキが数学、科学、文学、古代建築に精通していることを称賛したし、政府も彼の知識を借りて、要塞を造ったり、鉱山を開発したり、川の流れを変えたりしたばかりか、劇場の機械装置や水陸両用ボートなど、さまざまな建造事業を行った。ブルネレスキが仕事をした都市は、複雑な強い個性をもっていた。ブルネレスキの生まれた1377年、ほぼ100年前に計画されたモニュメントや都市空間が、まだ最後の仕上げの最中だった。そのほとんどは、歴史の浅い自治政府の政治的な事業をフィレンツェの都市構造に組み込むために作られた総合的な都市計画の一環だった。そして驚いたことに、ブルネレスキがその場にいて正式に事業にかかわられたことで、このヴィジョンは発展したばかりか、フィレンツェの文化は建築と芸術の探求という新時代を迎えることになった。

技術的芸術的発展

　ブルネレスキの代表作は、サンタ・マリア・デル・フィオーレ大聖堂のドーム（1420～36年）だ。1296年にアルノルフォ・ディ・カンビオが設計した最初のプランは、ほぼ100年たってもまだ建設中で、当初の計画では直径42メートルになるはずだったドームも、まだできていなかった。ドーム建設はかなりの難題だった。完成したら当時のヨーロッパで最大のドームになるはずで、そのような建築工事はどうみても前例がなかったのだ。この技術的な問題を解決するため、1418年にコンペが行われた。建設ずみの構造の状態を考えると、それまでの例、たとえば巨大な壁が必要なローマのパンテオンや、外側から支える控え壁のある伝統的なゴシック建築は参考にならなかった。新しい革新的な解決法が必要だった。ブルネレスキの提案は、ドームを支える骨組みを必要としなかったが、建設が成功するためには、ほかにいくつかの技術的

ブルネレスキの設計したフィレンツェ大聖堂のドームは、500年以上にわたり都市空間にそびえ立っている。このカラー木版画、通称「鎖の地図」は1472年ごろの作品。

な発明が欠かせなかった。足場の設計や、建築資材を引き上げる（ドームの頂上が地上から90メートルの高さにあることを考えると、これはちょっとやそっとの芸当ではない）のに必要な機械装置の設計などだ。ブルネレスキのアイデアの独創的なところは、（サン・ジョヴァンニ洗礼堂から着想を得たようだが）ドームを２重構造にしたことだ。外側の壁よりも内側の壁のほうが厚く、外の壁と内壁の間には十分なスペースがあり、ドームの頂上と頂塔へ登るための階段がある。外側の控え壁がいらないような形で構成要素が結び付き、主要構造となる大リブ８本と小リブ16本が負荷を分散して、既存の壁とピアでドームを支えられるようになっている。

　ブルネレスキはコンペに勝ったものの、ロレンツォ・ギベルティと共同で仕事をするようにいわれた。その理由ははっきりしていないが、ギベルティは1401年に行われた洗礼堂の扉の装飾のコンペに勝った人物だった。この大聖堂の建築計画には、当面のドーム建設のほか、ドームの頂上に載せる頂塔の建設と、ドームの基部をかさ上げする工事も含まれていた。ブルネレスキの設計で造られた頂塔は、ドームのリブを

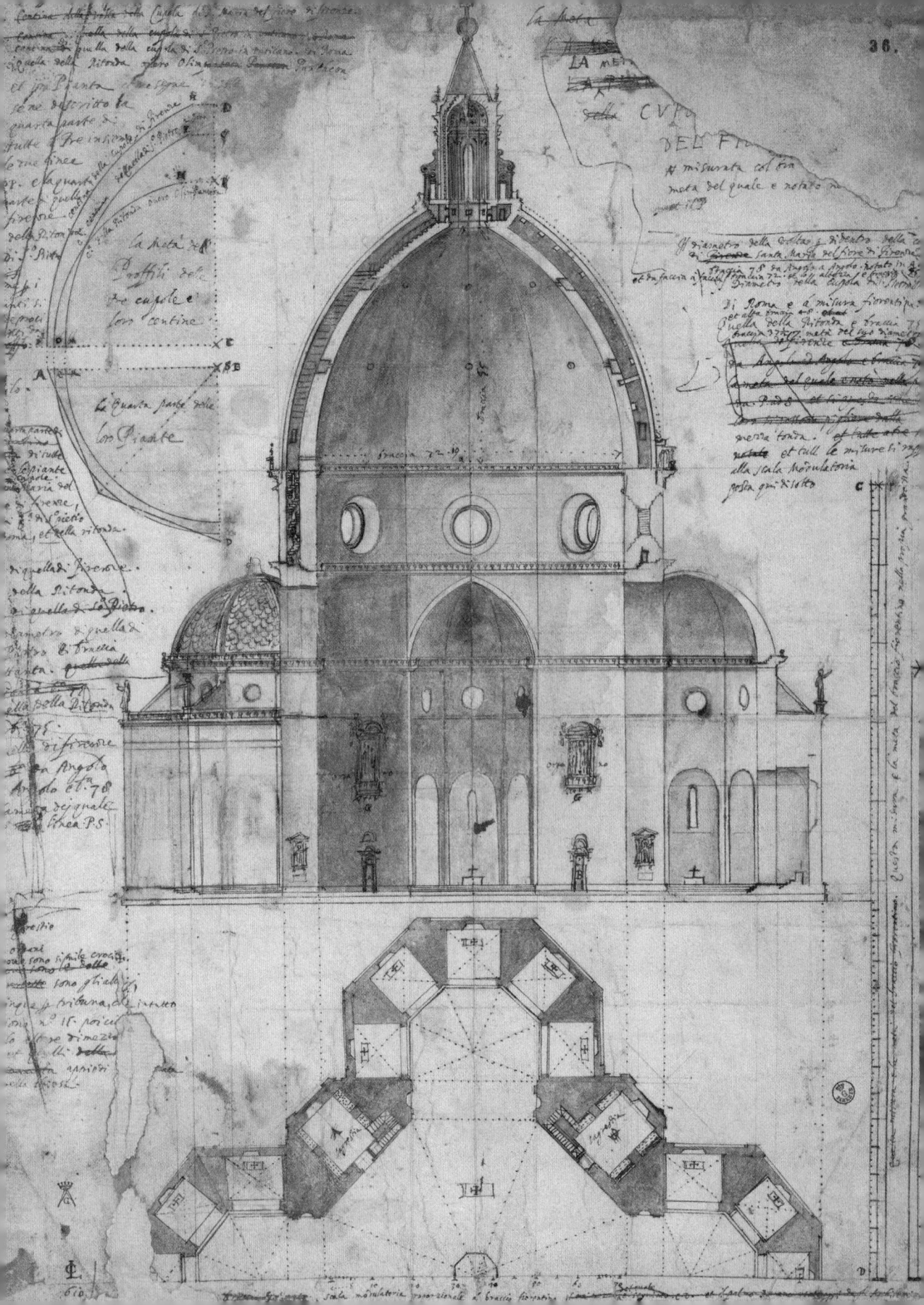

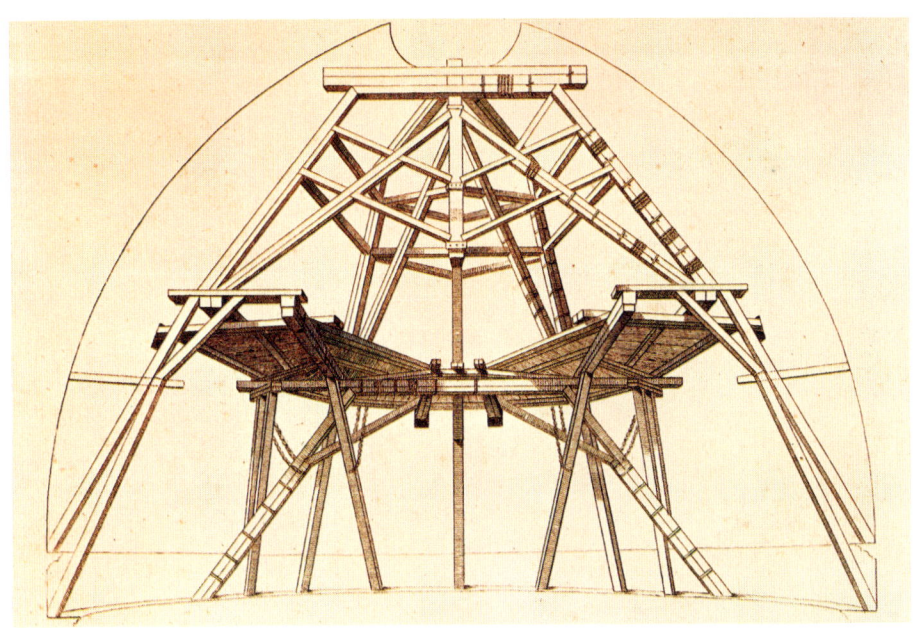

上:ジョヴァンニ・バッティスタ・ネッリが復元したブルネレスキによるフィレンツェ大聖堂ドーム内部の足場。1755年。前ページ:ルドヴィコ・チーゴリによるフィレンツェ大聖堂の断面。ブルネレスキの2重構造のドーム設計を示す。16世紀後半。

束ねるという構造上の役割も果たしている。またこの頂塔は、ドームの形状の形態論理の上でも重要で、垂直に突き出るように伸びる力を強調している。ドームの基部のかさ上げについては、ブルネレスキはアルノルフォの計画よりも高い八角形のドラム(穹窿胴)を造り、フィレンツェの風景にそびえ立つひときわ印象的な存在感をドームに与えた。このドームの都会的で象徴的な役割については、次の世代のアルベルティの言葉が最もよく表している。彼の著作にはこうある。このドームは「トスカーナの人々すべてをその影で覆う」

ブルネレスキのモジュール工法

オスペダーレ・デッリ・イノチェンティ(捨子保育院)(1419〜24年)の設計では、ブルネレスキはファサードにロッジアを用い、建物の前にある都市空間との関係を決めている。こうした公共用歩廊(アーケード)は、フィレンツェではすでに前世紀に造られていたが、それまでのものと大きく違う点は、ブルネレスキがロッジアを空間的・構造的要素にしたことだ。すらりとした古典的な柱と幅広のアーチがならぶアーケードは、階段を使って地面より高くしてあり、全体として、劇場的でもあり非常に都会的でもある印象を生み出している。この建築言語はロッジアの1区画(ひとつの柱間)の構成要素にもとづく。それぞれの柱間は、平面も立面も正方形で、それを半円のドームが覆う。このユニットが、繰り返しを組織原理とする精密なモジュールシステムの特徴で、こうした革新は、ブルネレスキの後の作品にも見られる。このアー

上:フィレンツェのサンティッシマ・アンヌンツィアータ広場にあるオスペダーレ・デッリ・イノチェンティ(1419〜24年)のメインファサード。次ページ:ブルネレスキと推定されている肖像。フィレンツェのサンタ・マリア・デル・カルミネ教会、ブランカッチ礼拝堂のマザッチオによるフレスコ画『テオフィルスの息子の蘇生と教座のペテロ』より。1427年ごろ。

ケードの立面は、のちにサンティッシマ・アンヌンツィアータ広場のほかの2側面でも模倣された。続く100年の間に新しいロッジアがふたつ造られた結果、この広場はルネサンス期屈指の印象的な都市空間になっている。

　ほかにも、ブルネレスキがフィレンツェの町に根本的な影響を与えたプロジェクトがある。サン・ロレンツォ教会(1421年起工)とサント・スピリト教会(1436年依頼)は、測定と繰り返しと遠近法をコンセプトに、ブルネレスキが建築の研究を続けた成果だ。どちらの教会も、規模とプランは13世紀に托鉢修道会によって建てられた教会、とくにサンタ・クローチェ聖堂(アルノルフォの設計)とサンタ・マリア・ノヴェッラ教会の流れをくむが、正面にある広場とやはり強く関係する。サン・ロレンツォ教会は、その古聖器室の建設(1419年依頼、1428年ごろ完成)ののちに改築されたもので、ブルネレスキの数値的バランスにもとづくモジュールシステムと古典的なスタイルの好例だ。サント・スピリト教会では、彼のアイディアがさらに充実して完成に近づいた。この教会のプランは伝統的なラテン十字のレイアウトを尊重したものだが、ここでもまた、柱間のひとつひとつが建物全体のテーマと組織原理になっていて、その無限の空間を感じさせる効果が、身廊、交差廊、後陣の伝統的なヒエラルキーをあいまいにしている。こうしたことができたのも、身廊、交差廊、側廊の脇にと

ぎれなくならぶ小さな半円形の礼拝堂で文字通り空間を包んでいるからだ。じつは、これらは教会の正面も囲むことになっていた。それにはもうひとつ、建築上の発明が必要だった。教会正面の4つの扉だ。扉は伝統的には3つで、中央と両脇のヒエラルキーを暗示するようになっているが、ブルネレスキの案はそれとは対照的だった。柱間と4つの扉という当初の案は、結局実現していない。彼の計画は未完成のままとなり、教会が完成したのも、彼の死後、かなり時が過ぎてからのことだった。

　パラッツォ・メディチとならんで、サン・ロレンツォ教会はこの有力な一族に関係する地区の中心となったが、そのメディチ家の邸宅についても、ブルネレスキは提案をしていたという記録がある。それによると、ブルネレスキはサン・ロレンツォ教会の正面の真向かいにパラッツォ・メディチを建てて、統一感のある都市の風景を作りたかったようだ。だが、彼の提案は受け入れられなかった。政治的な理由かららしい。サント・スピリト教会のほうも、彼の当初のプランでは、教会を180度方向転換して、川のほうへ向けることになっていた。これはシンプルだが強力な動きで、フィレンツェの町と公共空間としての川との関係を定義し直すことになったはずだった。教会を回転したいという彼の望みは実現しなかったが、川を公共空間として見るという考え方は、のちに、1560年に着工したジョルジョ・ヴァザーリ設計のウフィツィ宮殿のような事業で人々の心をとらえることになる。

　ブルネレスキの設計は、建設されずに終わったものも含め、彼の生きていた時代にも、その後の数世代にわたっても大きな影響を与えた。しかも、その影響は、アルベルティのような建築家や理論家だけでなく、友人のドナテッロやマザッチョなどの芸術家にも及んだ。現代人の目から見ると、ブルネレスキの生涯と業績は、私たちに重要な問題を投げかけてくる。彼の全プロジェクトのうち、きっちり彼のプラン通りに完成したと確信できるのはふたつだけ、サンタ・マリア・デル・フィオーレ大聖堂のドームとサン・ロレンツォ教会の古聖器室だけだ。オスペダーレ・デッリ・イノチェンティは、最初のプランが拡張され、彼がこの建設事業の任を解かれたのちに、細部の変更が数多くあった。サン・ロレンツォ教会も、彼の存命中には一部ができていただけである。サント・スピリト教会となると、ブルネレスキが死去した1446年には、柱が1本立っていたに過ぎない。しかしブルネレスキは、新しいやり方で建築論を打ち立て、原理と技術と器具という新しいセットを確立したことで、特定の動機や解決策に左右されずに、作品が完全性と文化的側面をもち続けられるようにした。幾何学にもとづく合

理的な空間という考え方、構成要素（系統立ったものでも、さまざまな要因に応じて集められたものでも）の測定が、慣行からの脱却を示す。このことがとくに重要なのは、伝統的な石工の親方が集団で意思決定するシステムの中で働いていたのに対し、ブルネレスキが最初の近代的建築家といわれているからだ。それどころか彼は、建築家は独立したクリエーターだ、という考え方を打ち立てただけでなく、設計は知的学問だ、という考え方も生み出した。

線遠近法

　ブルネレスキが建築と芸術の歴史に大きく寄与したことのひとつに、線遠近法の発明がある。彼は正確な透視図法でパネルを2枚描いたことがわかっている。ひとつはサンタ・マリア・デル・フィオーレ大聖堂から見たサン・ジョヴァンニ洗礼堂の図で、もうひとつは、シニョリーア広場の図だ。残念ながら、これらパネルは両方とも現存していない。それまで何百年も、プトレマイオスやエウクレイデスから中世のイスラム学者や西洋の学者にいたるまで、多くの哲学者が、光学と数学と生理学にもとづく知識の1形態として遠近法に関心を抱き続けていた。この流れでは、イブン・アル＝ハイサム（アルハーゼン、965～1039年ごろ）の研究が基本になっており、現代の科学的研究方法の考え方も、アルハーゼンの研究が基礎だといわれている。アルハーゼンは実験を行って知覚のメカニズムを解明しようとした。アルハーゼンの著作は、アラビア語からイタリア語へ翻訳され、ブルネレスキの時代にはフィレンツェでも出まわっていたという。15世紀初頭のフィレンツェの知識人の間で、アルハーゼンの著作がどう影響したかをたどれば、ブルネレスキの作品との関係がわかるだろう。そればかりか、もっと大きな範囲のこと、12世紀以降のフィレンツェに出現した人文主義文化、今ではルネサンスと呼んでいるものに結実した文化との関係もわかるかもしれない。この時代、異文化間で興味深い思想の交流があったのは、人文主義者がイスラム世界を通して古代に接していたからだ。ただし、1453年のコンスタンティノープル陥落で、交流の手だては一部消えてしまった。ブルネレスキの大建築家としての遺産は、その素晴らしい建築作品が示すだけでなく、このもっと大きな知の歴史で彼が果たした役割、彼自らの貢献が何百年間も建築と芸術の歴史に影響を与えてきたことからも明らかだ。

スッサン・バーバーイー

カヴァーム・アルディーン・シーラーズィ

ティムールの一族の建築家

最盛期：1410–1438 年

　カヴァーム・アルディーン・シーラーズィは、イスラム世界で初めて名士扱いされた大建築家だといわれている。自らは謙遜して職業を漆喰工（tayyan）だと名のっていたが、建築的にも技術的にも非常に独創的なスタイルを作り上げたので、存命中でさえ、そのスタイルについて途方もなく多くの解説書が書かれた。16世紀よりも前のイスラム世界の建築家については、今もほとんどわかっていないことを考えると、彼の知名度の高さが、その偉大さを物語る。カヴァーム・アルディーンはもっぱら、ティムール（在位1370〜1405年）の息子であるシャー・ルフ（在位1405〜47年）の一族に仕えた。シャー・ルフが父から君主の座を受け継いだティムール朝（1370〜1506年）は、現在のイランにあたる広大なペルシア文化圏からアフガニスタン、中央アジアに及ぶ地域が領土だった。カヴァーム・アルディーンの最も驚くべき考案の数々は、ことのほか幸運な仕事上の信頼関係から生まれたようだ。別の王族、ガウハル・シャード（1377〜1457年）という素晴らしい女性がパトロンになってくれたのだ。彼女はシャー・ルフの妻で、影響力をもっていたうえ、教養のある自立した女性だった。マシュハドとヘラートにある彼女の財団のため、カヴァーム・アルディーンはモニュメントを建てているが、その規模と建築的重要性は、夫も含めた同時代の男性が手がけた建造物の比ではない。

宮廷の名士

　カヴァーム・アルディーンという名前に添えられている「シーラーズィ」は、彼（あるいは彼の一族）がイラン中南部のシーラーズという都市の出身だということを示す。この都市は、ティムールが遠征中、自分の首都のサマルカンドへ送るために有名な建築家や建築職人を集めたところだ。ティムールの歴史家ダウラトシャーヒ・サマルカンディーによると、カヴァーム・アルディーンは宮廷の4人の名士のひとりで、工学や幾何学（mohandessi）、設計や製図（tarrahi）、建築術や建造術（mi'mari）に精通していたという。また、16世紀初めの歴史家ホーンダミールによれば、「名人シーラーズの建築家カヴァーム・アルディーンは、当時の技術者の模範であり、この時代の建築家の基準だった」。

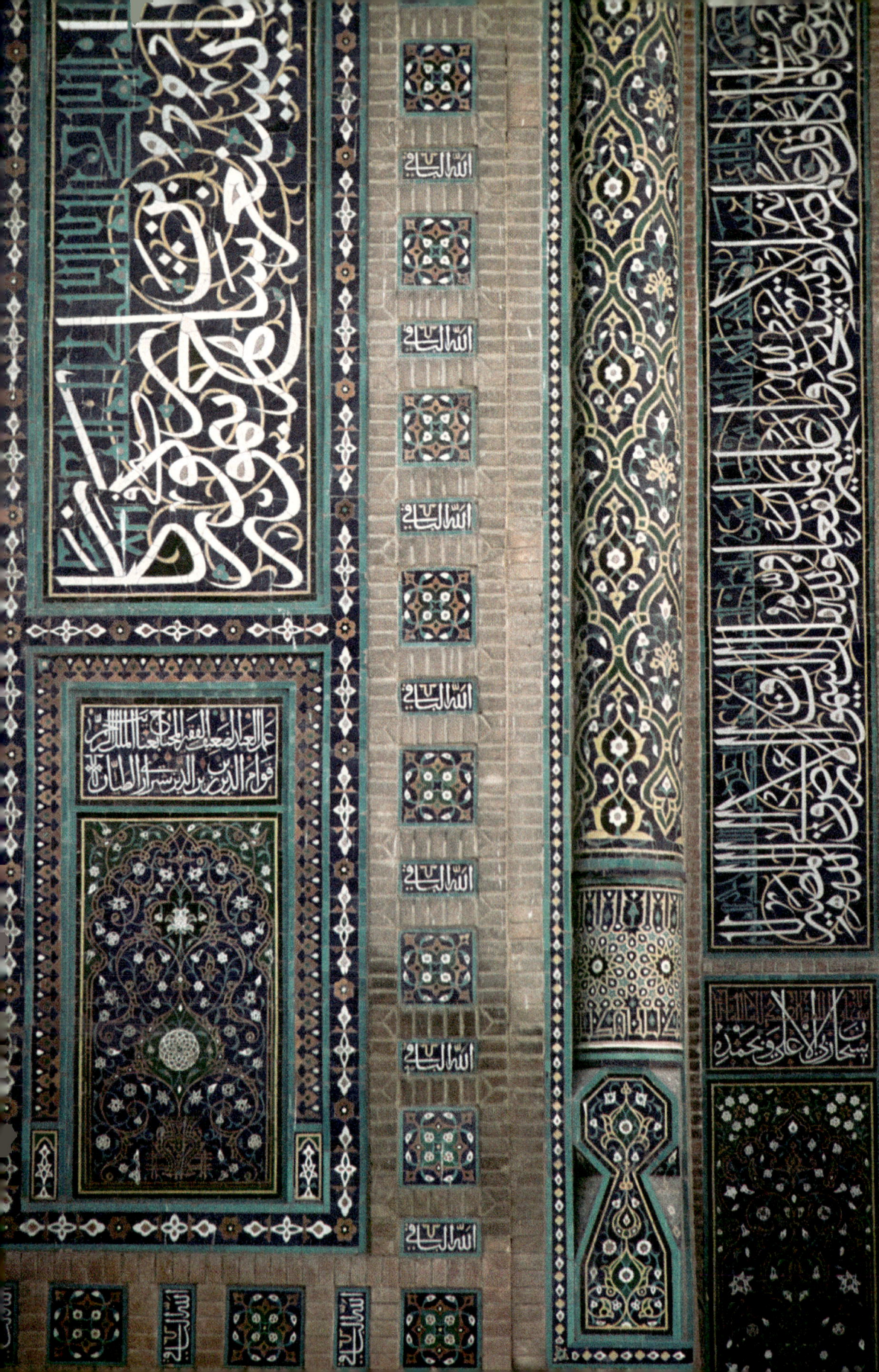

カヴァーム・アルディーン・シーラーズィ

　まちがいなくカヴァーム・アルディーンが手がけたといえる建築は5件ある（推定1410年から1442年。彼の死後に完成したものもある）。そのうち、現存する最古のものは、1418年に完成したガウハール・シャードのモスクで、イスラム教シーア派第8代イマームのイマーム・レザー（818年没）の聖廟にある。イマーム・レザーが殉教し、その埋葬地が「マシュハド（殉教地）」と見なされるようになったことから建設された町が、イラン北東部ホラーサーン州のマシュハドだ。ここでカヴァーム・アルディーンは、この聖域の中心である既存の墓廟を圧倒しないような形で、大きな集団礼拝用のモスクを聖域に融合させる、という問題に対し、独創的な解答を編み出した。墓廟（16世紀から整備が続く）の南側にあるモスクは、大きな中庭が中心だった。その中庭を囲む4辺は、2階建てのアーケードになっていて、それぞれの辺に巨大なエイヴァーン（アラビア語でイーワーン）があった。エイヴァーンとは、天井がアーチ状で、3方が壁、中庭に向いた辺が開放されている空間のことである。こうしたモスクでは、たいてい南側のエイヴァーンのスクリーンを抜けると、ドームのある礼拝室があり、そこにキブラ（メッカの方向）を示すミフラーブという壁のくぼみがあって、イスラム教徒はキブラに向かって礼拝を行う。ところがカヴァーム・アルディーンは、こうしたスクリーンとドームの礼拝室という慣行に習わず、南のエイヴァーンから広がる完全に開放された空間を作った。入れ子の内部アーチをくぐり、鍾乳飾りのネット・ペンデンティヴと4本の巨大な柱にドームが載った通路空間を抜けると、

前ページ：ガウハール・シャードのモスク。1418年完成。建築家の署名は、キブラのエイヴァーンにある建設の由来を記した王族の銘文のすぐ下、長方形のパネルに記されている（左端中央）。
下：ガウハール・シャードのモスク。カヴァーム・アルディーンの青いタイルのドームとキブラのエイヴァーンが、イマーム・レザーの聖廟の黄金のドームの背後に見える。

前方の壁にミフラーブがある礼拝室にたどり着く。こうしためずらしい開放的な眺めにくわえ、南のエイヴァーンは、2基の隣接するミナレット（塔）、高品質のタイルで独創的なデザインを全面に施した壁面という、やはり印象的なものに囲まれている。その結果、巡礼者が中庭に立って眺めると、南のファサードそのものが堂々たるミフラーブに転換してしまって、ドームは巨大なのに、目に入らないほど目立たない。カヴァーム・アルディーンの署名は、南のエイヴァーンを囲む建設の由来を記した主要な銘文のちょうど下、目の高さのパネルにひとつあるだけだ。

建築の新たな演出法

　カヴァーム・アルディーンの才能が認められていたことは、彼が立て続けに任された仕事の規模や、建築の構想を練るために利用できた資金や手段を見ればわかる。次の仕事もガウハール・シャードのために行ったもので、建設に20年、費用も惜しみなく使えた。ヘラートにあるモスク兼マドラサ（神学校）の複合施設（1417〜37年）、別名ムッサラーだ（ただし1885年、イギリスの扇動で大部分が破壊された）。唯一現存するミナレットのタイル張りは素晴らしく、カヴァーム・アルディーンの色彩豊かな装飾がまた進化したことをうかがわせるが、それにもまして、ここで彼の最高傑作でもありイスラム建築屈指の業績といえるのは、破壊されたマドラサの西側、ドームがある部屋だ。外から見ると、リブで補強された球根状のドームと高いドラムが、これより前にサマルカンドに建てられたティムールの霊廟を連想させる。だが、それまでのそうしたドームと違って、こちらのドームは4重ドーム構造をベースに設計されている。中間の低層のドームが、中央空間の境界となる4つの大きなアーチのくぼみの上にあるクォータードームによって外殻ドームの重量を転移することで、外殻の重さを支える。こうすると、中間のドームの内側、ヴォールト天井の内部空間は、床から内部ヴォールトの頂点まで、何物にも邪魔されず自由にアーチ、リブ、ペンデンティヴの複雑なネットワークを置くことができる。それぞれのペンデンティヴの頂点の締めくくりは、レリーフや絵画の鍾乳飾りで、クモの巣状の見事なヴォールトができあがっている。このようなアーチリブ・システムは、耐震性に優れているだけでなく、ヴォールトの網の目のように連鎖するペンデンティヴが、はるか高くまでそびえ立っているような視覚効果を強め、いっそう壮麗に見せる。この建物でカヴァーム・アルディーンが示した建築と構造の問題解決策は、ガウハール・シャードと息子のバーイスングルのための王家の霊廟という目的にかなっていた。

　カヴァーム・アルディーンの最後の事業は、やはり印象的なハルギルド（ホラーサーン州）のギヤーシーヤ・マドラサだった。これは彼の死後完成した。素晴らしく美しいファイアンスのタイルのモザイクが中庭に面した部分を覆いつくし、4エイヴァーン形式がベースになっている。表玄関から入ると、丸天井の部屋がずらりとならぶ

ハルギルドのギヤーシーヤ・マドラサのドームのある講堂。カヴァーム・アルディーンのアーチリブ・システム。ここではペンデンティヴの網目と八角形のランタンまで伸びている。

ところを抜けてキブラの壁まで、完全に左右相称だ。ドームのある講堂では、交差アーチと連続したペンデンティヴの網が、ヴォールトまで立ち登る。ヴォールトの小さめのインナードームの上には、八角形のランタンがあって、それまでにない明るさを提供している。カヴァーム・アルディーンはどのような建築構想でも、既存の建築のフォルムや手法に微妙に手をくわえたヴォールトと表面装飾を用いつつ、大胆な考案もまじえている。綿密に考えた演出、左右相称の展開、堅実な建築設計や問題解決を心がけるという点で、彼の作品は、イランのサファヴィー朝や南アジアのムガル朝といった16世紀以降のペルシア世界での建築の発展の先駆者だった。

サビーネ・フロンメル

ジュリアーノ・ダ・サンガッロ
木彫家、建築家、古代ギリシア・ローマ研究家

1443-1516年ごろ

ジュリアーノ・ジャンベルティはフィレンツェで生まれ、父親のフランチェスコと軍事技師のフランチェスコ・ディ・ジョヴァンニ（フランチョーネ）から木工彫刻を学んだ。そして1465年ごろ、ローマで古代ギリシア・ローマの研究を始めた。レオン・バッティスタ・アルベルティに師事したようだ。ジュリアーノの『シエナのスケッチブック（Taccuino senese）』と、彼がヴァティカン図書館のバルベリーニ写本を写した『小さな本（Libro piccolo）』の素描の一部は、このころに描かれたものらしい。こうした研究は、生涯にわたって作品に影響を与えた。今では、彼の素描は収集され、豊かなコレクションになっている。フィレンツェのウフィツィ美術館のデッサン・版画展示室（Gabinetto dei Disegni e delle Stampe）が収蔵する建築関係の素描と合わせて見ると、ジュリアーノの立案方法とその進化がわかる。

ロレンツォ・デ・メディチ

ロレンツォ・デ・メディチというパトロンのおかげで、ジュリアーノはフィレンツェで古代ギリシア・ローマ風の教会や邸宅をいくつも設計することができた。バルトロメオ・スカラのパラッツォ（1472〜73年）の小さな中庭にある「劇場のモチーフ」は、列柱アーチや古代ローマの円形劇場で用いられていた円柱のオーダーともあいまって、古代ローマの邸宅を思わせる。

1480年ごろのパラッツォ・コッキでは、列柱アーケードと双子のピラスター（付柱）のオーダーを使って、さらに複雑なリズムを試している。1485年ごろに立案したフィレンツェ近郊のポッジョ・ア・カイアーノのメディチ家のヴィラは、古代ローマの「ドムス（家屋）」の再現を初めて大規模に試みたものだ。アーケードのあるテラス・プラットフォームは、古代ローマの「ポディウム・ウィラエ（別荘のバルコニー）」に由来するし、玄関のペディメントがあるイオニア式のロッジアは、「ウェスティブルム（玄関）」が元になっている。また、かまぼこ形天井の広間は、古代ローマの建築家ウィトルウィウスが描写したアトリウムにならったものだ。そして1488年のナポリ王の宮殿では、ジュリアーノはもっと文献に忠実な復元を提案し、

上:プラートのサンタ・マリア・デッレ・カールチェリ聖堂。1484年。ギリシア十字形で、本堂と袖廊の交差部にはドームが載っている。内部とクーポラはブルネレスキの影響が見られるが、外装はアルベルティからヒントを得ている。前ページ:ジュリアーノ・ダ・サンガッロの肖像。ピエロ・ディ・コジモ作。1485年ごろ。

列柱廊、「カウァエディウム（中庭）」、バシリカも造ろうとした。

　1484年のプラートのサンタ・マリア・デッレ・カールチェリ聖堂では、ジュリアーノはブルネレスキの建築言語をもっと標準語に言い換えてみせた。ブルネレスキが設計したサント・スピリト教会のドーム付きの十字形プランにギリシア十字形を組み合わせる一方、オーダーや大理石の外装は、サン・ジョヴァンニ洗礼堂やサンタ・マリア・ノヴェッラ教会のアルベルティのファサードのようなフィレンツェ・モデルよりも古典色を強めている。フィレンツェでも、ジュリアーノはパラッツォ・メディチの巧みなバリエーション、パラッツォ・ゴンディ（1490〜1501年）を建て、1489年にパラッツォ・ストロッツィの木造模型を作った。建築家クローナカと共同で手がけたサント・スピリト教会の聖器室（1489〜95年）、その八角形の小部屋は、サン・ジョヴァンニ洗礼堂、古代ローマの軍神マルスの神殿といわれているもの、そしてジ

ジュリアーノが製作したフィレンツェのパラッツォ・ストロッツィの木造模型。1489年。実際に建ったパラッツォは、2階と3階の部分がもっと高い。

ユリアーノ自身が調査をしたヴィテルボ近郊のローマ遺跡からヒントを得たものだ。そこへの入り口の間は、天井が半円筒ヴォールトで、コンポジット式の力強い列柱が支えている。このシステムは、1492年のピストイアのマドンナ・デッルミルタ聖堂でも使った。同年には、サンタ・マリア・マッダレーナ・デ・パッツイ教会のイオニア式アトリウムの回廊のようなパターンも研究したが、ここには、ブルネレスキのパッツィ家礼拝堂の影響が見られる。また、ヴァザーリのいうとおり、ジュリアーノが遠近法を駆使できたことは、現存する彼の都市景観理想図を見るとわかる。そのひとつ、ウルビーノにあるパネルは、アルベルティ好みの円形の教会が中心になっていて、もうひとつ（現在はボルティモアにある）は、中央の空間に何もなく、凱旋門と円形劇場が配されている。

ジュリアーノ・デッラ・ローヴェレ

　1492年にロレンツォが死去し、その2年後にメディチ家がフィレンツェから追放されると、ジュリアーノの輝かしいキャリアも突然断たれてしまう。だが彼はまもなく、ロレンツォと同じくらいカリスマ性のあるパトロンを見つけた。建築にも情熱を注いだ枢機卿ジュリアーノ・デッラ・ローヴェレだ。ただし、この枢機卿の政治力では、大事業をなしとげることはできなかった。ローヴェレはボルジア家出身の新しい教皇、アレクサンデル6世と敵対し、1494年から1503年まで亡命することになったからだ。1495年、ジュリアーノは新しいパトロンのため、枢機卿の出身地のサヴォナで巨大な宮殿を造りはじめた。ただ、この宮殿のうち、彼の設計に従っているところは、ファサードの1階部分、5つの柱間のアーキトレーヴまでだけのようだ。1496年には、ジュリアーノはローヴェレ枢機卿に従ってフランスへ行った。そしてリヨンで、フランス国王シャルル8世に宮殿の模型を贈ったり、フランス南部の古代ローマ遺跡を調べたりした。また、ローヴェレ枢機卿のおかげで、ロレートの「聖家族」礼拝堂のクーポラの完成を頼まれた（1499～1500年）が、ここでの彼は裁量がかぎら

れていて、ジュリアーノ・ダ・マイアーノが着手したらしい建築計画を自由に変更することまではできなかった。また、教皇アレクサンデル6世の建築家だった弟（アントニオ・イル・ヴェッキオ）の名声のおかげで、ジュリアーノはローマで弟と共同作業をすることもできた。サンタ・マリア・マッジョーレ大聖堂の見事な木造の天井（1492年ごろ）、ラファエーレ・リアーリオ枢機卿のカンチェッレリア（尚書院）の中庭の完成だ（1489年）。オリヴィエロ・カラーファ枢機卿のため、ナポリ大聖堂の地下のスッコルポ礼拝堂の設計もしたらしい（1497年）。ここの3つの側廊は、彼がナポリ王の宮殿のために考案したアトリウムを連想させる。

　1503年、ジュリアーノ・デッラ・ローヴェレは教皇に選ばれ、ユリウス2世と名のるようになると、ブラマンテを主任建築家に任命して、サン・ピエトロ大聖堂の改築と「ベルヴェデーレの中庭」の建造を命じた。ジュリアーノはサン・ピエトロ大聖堂について意見を求められただけだった。ジュリアーノの計画を見ると、柱を強化していて、ブラマンテが羊皮紙に描いた有名な計画の構造上の欠点を批判している。ブラマンテはヨーロッパの建築に革命をもたらしたが、ジュリアーノは地味な仕事に甘んじなくてはいけなかった。サンタンジェロ城のドリス様式のロッジア（1505年）や、教皇のラッパ手のためのロッジアの設計といった仕事だ。このラッパ手のロッジアでは、彼はローマの凱旋式をモデルに、ごく細部までならっている。また、ヴィラ・マリアーナにある教皇の狩猟小屋の改築工事の設計では、既存の建物に新しい翼棟を

フィレンツェのサンタ・マリア・ノヴェッラ教会のゴンディ礼拝堂。1509年。祭壇の壁は、ジュリアーノがバルベリーニ写本から書き写したような凱旋門が占めている。

3棟くわえた。ただし、実際に行われた工事は、教皇のための快適な部屋がある翼棟がひとつだけで、幅広のアーケードと劇場のモチーフ、トスカーナ式オーダーのピラスターが施された。1508年には、パラッツォ・デッラ・ヴァッレの設計もしたようだ。ここでは彼は、カンチェッレリアの中庭の原案を利用した。不規則で少しカーブしたファサードは、ローマのパラッツォ・ヴェネツィアの構造にイオニア式の窓を組み合わせている。

　またジュリアーノは、ブラマンテの非常に造形的な壁面表現とダイナミックなリズムも参考にした。その初めての試みは、1507～08年ごろに設計した「4元徳」のある短期用建築物の計画と、その少し後の教会のファサードの計画2つに見られる。だが1509年の春、彼は失意のうちにフィレンツェへ戻った。そして、自分の『小さな本』とバルベリーニ写本に専念し、『シエナのスケッチブック』などに書き残してあったそれまでの作品や古代ローマのモニュメントの素描を書き写していった。その一方、それまでに軍事施設の分野も経験していて、弟のアントニオと共同で建設したポッジボンシ近郊のポッジョ・インペリアーレ城塞のほか、アレッツォ（1502～03年）、ボルゴ・サンセポルクロ（1502～05年）、ネットゥーノ（1501～03年）などでも仕事をしたおかげで、ピサの要塞の建設を依頼された。また、1509年だけ、フィレンツェのサンタ・マリア・ノヴェッラ教会のジョヴァンニ・ゴンディの礼拝堂を手がけたようだ。その祭壇は、バルベリーニ写本の『アーチの書（Libro degli archi）』を研究した成果と思われる凱旋門が特徴になっている。同時期のサンタ・マリア・デッレ・カルチェリ聖堂の大理石の祭壇は、パンテオンの（小神殿）エディキュールから着想を得た。

ジョヴァンニ・デ・メディチ

　1513年春、ロレンツォ・デ・メディチの息子ジョヴァンニが教皇に就任すると、ジュリアーノのキャリアも新たな局面を迎えたが、結局はサン・ピエトロ大聖堂の補佐建築家に任命されただけだった。それでも、彼の描いた現存する平面図3枚は、このバシリカの1513年から1515年にかけての計画立案プロセスを知るためには最も重要な証拠となっている。1515年に彼がフィレンツェに戻るまで、ブラマンテとラファエロの後期作品は、ジュリアーノに強い影響を与えていた。ジュリアーノが描いた中央集中型の教会の素描のひとつは、ブラマンテの円形のコンクラーベの礼拝堂から着想を得たもので、サン・ジョヴァンニ・デイ・フィオレンティーニ教会のために描かれたらしい。ジュリアーノの晩年の最も美しい設計は、フィレンツェのサン・ロレンツォ教会のファサードのものだ。ここでの彼は、ウィトルウィウスの建築にはそぐわない凱旋門のアーケードを排除し、玄関の上に欄干を載せた。

　1513年7月1日の日付があるナヴォーナ広場の教皇の宮殿の設計と、その少し後に描いたフィレンツェのラウラ通りのメディチ家邸宅のプランは、ジュリアーノがクワトロチェント（15世紀イタリアの芸術）の伝統にどれほど忠実だったかがよくわ

かる。彼が盛期ルネサンスの原理やフォルムの扱いに苦労していたことは、ヴァチカンのボルジアの塔の外装にも表れている。巨大なピラスターと、その上の小さめの双子のピラスターが特徴的だ。1513年ごろには、ジュリアーノはエジディオ・ダ・ヴィテルボ枢機卿のため、ヴィテルボのサンティッシマ・トリニタ教会の大回廊も設計したらしい。これは、堂々たる列柱と直線的なエンタブラチュアというめずらしい例のひとつだ。また、1514年から15年に、ローマのサンテウスタキオ広場近くにあるアルフォンシーナ・オルシーニのパラッツォ・メディチ＝ランテの設計も始めたらしい。エディキュールと蛇腹層だけがくっきり目立つこの3階建ては、パラッツォ・デッラ・ヴァッレに似ているが、中庭の4隅の柱は、フィレンツェの伝統に連なる。ジュリアーノの建築言語の変化は、彼が晩年に行ったバルベリーニ写本の巨大な古典古代モニュメントの研究や、正投影図の合理的で正確な方法の追求といったことにも見てとれる。彼の古典古代研究が進化するにつれ、彼の建築も進化し、研究と建築が互いに高め合っていったのだ。

1508～09年ごろの教会のファサードの計画。バシリカの部分と凱旋門を組み合わせた設計。この3次元性はブラマンテの影響を示す。

レハ・ギュナイ

シナン

オスマン帝国の名建築家

1494?-1588 年

　シナンは、アナトリア中部のカイセリでキリスト教徒の家に生まれた。1512年に徴兵されてイェニチェリ軍団に入隊し、工兵になったので、遠征中にさまざまな建造物を学ぶことができた。1539年、彼はオスマン帝国宮廷の主任建築家に抜擢された。そしてスルタンのスレイマンから、早世した後継ぎのためのモスク建設を命じられ、ビザンティン建築を象徴する聖ソフィア大聖堂（アヤソフィア）をもしのぐモスクを建ててみせた。四角形の基部にドームを載せ、その側面にも4つの半ドームを置いたのだ。とくにスレイマニエ・モスク（1557年）建設後、建築要素としてのドームは、角柱の上にある半球体というだけにとどまらなくなった。支持要素が重量を直接に地上へ転移し、ピラミッドのような建築空間を作り出して、不可欠な建築要素となった。また、有機的な全体像を形作る上でも、屋上のドームは最も表現力に富む要素になった。ファサードはしだいに居住用の建築物のフォルムと規模を取るようになり、ヒューマンスケールに近づいて行った。そして、モスクのドーム付き玄関には、軒のあるポルチコがくわえられた。これこそシナン独特の仕事だ。

基礎の重要性

　シナンの時代、建築物を造るのには綿密な計画が不可欠だった。スルタンの命じた時期に完成すること、などといったことを厳密に守らなくてはならなかった。すべてに合理的な根拠が要り、必須とはいえない仕事は避ける必要があった。そのため暗黙のルールとして、構造用の要素は規格化され、装飾のスペースは限定され、建物の内装は外装に反映し、ドームに見せかけた装飾や華美な装飾の余地はなかった。機能と構造によって行うべきことが決まったので、素朴でミニマルな建築物が出来あがった。しかも、こうした建物は何百年も長持ちしなくてはいけなかった。シナンは軍隊時代、橋を建設するために杭を打ち込んだ基礎を用いていた。ヨーロッパ遠征のルート上にあったブユックチェクメジェのローマ時代の橋が洪水で崩れると、シナンは現

イスタンブールのスレイマニエ・モスクの主通路。4つの大きなアーチで支えられたドームと半ドームが、記念碑的な堂々とした印象を与える。

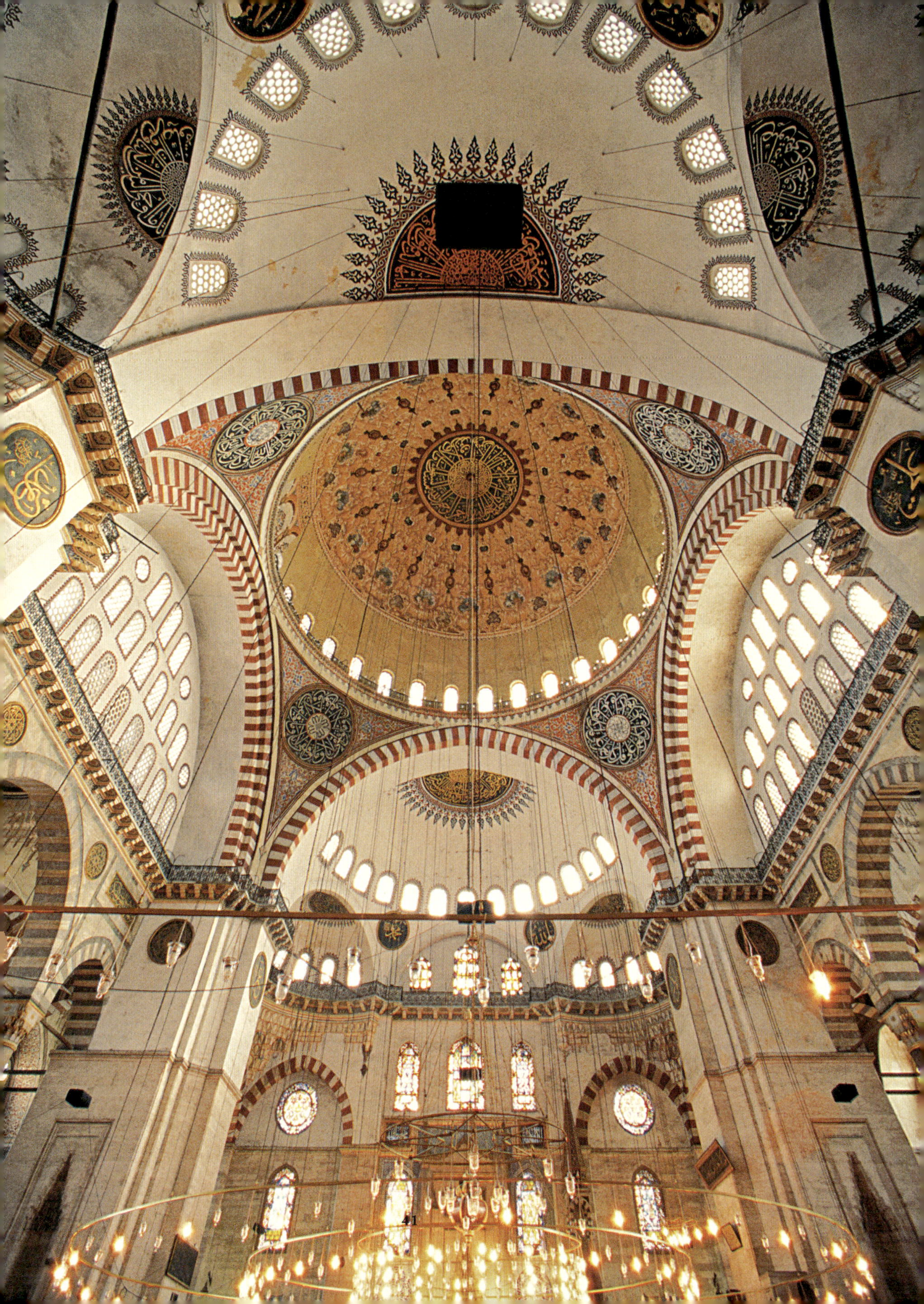

マグロヴァ水道橋（1560年？）。シナンは荷重に耐えるための機能的な要素をまとめ、全体として美しく調和した姿へ変えてみせた。

場を視察し、そこが砂地だったため、元の場所に再建することはできないと考えた。彼がこの後スルタンに出した報告書を見ると、彼の基礎についての知識がよくわかる。数年後に自分の造った水道橋が洪水で崩れた時も、彼は問題点を見つけ出して、マグロヴァ水道橋（1560年？）という素晴らしい構造の芸術作品の設計に活かした。イスタンブールの水の需要を満たすために、彼は水力学上の計算、実験、建設を行って、スルタンの信頼をがっちりとつかみ、スルタンは建築事業をすべてシナンに任せるようになった。建築の要望はきりがなく（シナンは主任建築家を務めた50年間に400以上の建築物を建てた）、シナンはいつも設計の仕事を抱えていたが、時宜が来たら活用できるようにと、設計のノートもまとめていたようだ。

過去からのインスピレーション

　四角形のプランに半ドームをくわえたドームという形式にとどまらず、シナンは新しいプランを追求して、80年前のエディルネで造られていた六角形の上にドームを置くというモデルにたどり着いた。これはアヤソフィアの形状とは違うものだった。彼はこの六角形のプランが気に入り、何度か試した後、カドゥルガ・ソコルル・モスクを造った（1572年）。水晶のように清らかな建物だ。そして、また四角形のプランに戻ろうと考えたが、この時に浮かんだのはまったく異なる構造だった。ドームを支える4つのアーチの柱を屋外に出し、ドームが宙に浮いているかのように見せたのだ。窓はアーチに埋め込まれ、あふれるほどの光が屋内に注ぐようになっていた。エディルネカピ・ミフリマ・モスク（1570年？）は、そうした大胆なデザインと構造形態で造られた。シナンの作品では、構造は建物を支えるためだけにある独立したシステムではなく、空間の形を定める構成要素の統合体だ。シンプルな「積み上げ」ス

シナン

タイルの建設は、すでに骨組みシステムに道を譲っていたが、シナンが過去に立ち戻る時には、かならず見事な成果を生んだ。多くのドームと多くの柱を備えたモスクという古いスタイルも、もう長年使われていたが、シナンがこの考え方をどう発展させたかがわかる美しい例に、海軍元帥ピヤレ・パシャのために建てたモスクがある（1573年？）。シナンは伝統を守りつつ新しいデザインを作り出すことができた。すべて、真剣な研究と試行錯誤と展開の成果だった。こうした綿密さは、彼の作品すべて、どんなに大きなものにも、どんなに小さなものにも見てとれる。

　長生きしたシナンは、ふたりのスルタンの霊廟も建てた。その独特のデザインと構造形態によって、その後世界の建築史に残った建築物だ。シナンが仕えた3人目のスルタン、セリム2世にモスク建築を命じられた時には、どのようなデザインにしようか、すでに腹案があったのかもしれない。めずらしいことに、このモスクは旧都のエディルネに建設された。ここでもまた、シナンはアヤソフィアに匹敵するものを建てる機会を得た。彼はまだアヤソフィアに魅了されていたし、アヤソフィアの規模を上まわるものを造ろうといつも考えていた。このモスクは、ドームの直径が30メートルと、アヤソフィアに匹敵するものだが、長い経験を積んだシナンは、慎重にならざるをえなかった。八角形の基部でドームを支え、構造的に大きく信頼できるものにし

エディルネのセリミイェ・モスク（1574年）。8つの中央のアーチのような補助的要素は抑制的で、ドームの巨大なスパンが内部を完全に支配している。

たのだ。これほどの大きさのドームに張り合えるほど大きな建築要素はほかにないので、空間全体ではドームがひときわ目立つ。だが中央の空間は、八角形部分の短いほうのアーチが作り出し、ヒューマンスケールに近い大きさになっている。セリミイェ・モスク（1574年）の完成後、アヤソフィアはもう以前のような象徴的な建築物ではなくなった。記念碑的なものを語る物語が書き換えられた。神がそのしもべに超えられた。その意味では、シナンはルネサンスの建築家と見なくてはならない。

　この大きな偉業の後も、シナンは死ぬまで設計を続け、命令に従って、頭の中やノートの中から計画を生み出していった。彼は長生きできたので、どこまでも研究したいという熱意を満足させることができた。これほど多くの作品を世に送り出した建築家はほかにいない。だが、今でこそ有名だが、彼はオスマン帝国の議定書にある公職に就いていたわけではなく、公式な歴史に名前は出てこない。彼は自ら作品の目録を作り、誇張も自慢も加えずに経験を書きとめた。そして100歳を前にして、大好きなスレイマニエ・モスクの向かいにある屋敷で静かに息を引きとった。彼の最後の望みは、自分の造った建物を眺める人々が、彼の努力の背後にある熱意と勤勉を認め、彼のことを思い出しながら祝福の祈りを唱えてくれることだった。

スレイマニエ・モスクの輪郭は、ピラミッドの側面に似ている。この効果は、頂上から地上まで段々と集積している半ドーム、クーポラ、控え壁がもたらしていて、構造上の荷重を拡散するだけでなく、目を引きつけもする。

シャー・ジャハーン

ムガル帝国の皇帝にして建造者

1592-1666年

　シャー・ジャハーン（在位1628～58年）は、インドのムガル帝国の第5代皇帝で、古くは古代メソポタミアにまでさかのぼる「建築家でもある支配者」の典型だ。彼は帝国のステートメントとしての建造物を検討し洗練しようと、多くの建築家や助言者を雇って、彼らと一緒に自ら建築計画を練ったり、建設の原理を確立したりした。その役割はお抱え建築家たちをしのぎ、彼の名前だけが建築の功績者として残ったほどだった。シャー・ジャハーン自身、自らをムガル帝国の最高建築家だと言っていた。彼のお抱え建築家は誰であれ、皇帝の構想を実現するために動いただけだ。シャー・ジャハーンの最高傑作はタージ・マハルで、この建造によって彼は建造者として不朽の名声を得た。

「世界の王」

　シャー・ジャハーン（「世界の王」の意）は、祖父アクバル（在位1556～1605年）の治世、1592年1月15日にラホールで生まれた。アクバルの息子サリム、後の皇帝ジャハーンギールの3男だった。初めはフッラム（「喜ばしい」の意）と名づけられたが、1617年、父親のためのデカン遠征に成功したことから、シャー・ジャハーンという称号を与えられた。ジャハーンギールから愛情を込めて「バーバー・フッラム」と呼ばれた彼は、4歳になると慣習に従って割礼を受け、その後、念入りな教育が始まった。教師役には有名な学者が選ばれた。詩人やスーフィズムの神秘主義者にくわえ、名高い学者で医師のハーキム・アリ・ギラニもそのひとりだった。この皇子は、ムガル風にいう「ペンの大家たち」から教育を受けただけではなく、「剣の達人たち」の教えも受けた。皇子自身は、ペンよりも剣のほうが好きだったらしく、剣が得意で、狩りが大好きで、銃の腕も優れた男になった。また、ムガル帝国の公用語であるペルシア語はもちろん、インド北部の言葉であるヒンディー＝ウルドゥー語も話すことができた。1612年、彼はアルジュマンド・バーヌー・ベーガムと結婚した。ムガル帝国の宮廷の有力者だったイラン系の一族の娘だ。彼は妻を深く愛し、「ムムターズ・マハル（宮廷の選ばれし者）」という称号を与えた。1631年、彼女が出産時に死亡すると、シャー・ジャハーンは妻の霊廟としてタージ・マハルを建てた。コーランに描

かれた天国の楽園の庭に立つ妻の家を地上に再現したものだ。

シャー・ジャハーンが建築に関心をもっていることは、早くから明らかだった。彼の歴史を書いたひとり、カンボーによると、彼はまだ皇子だったころから「庭を設計したり、建物を建てたりするのが非常に好きだった」。15歳にして、カブールにある皇帝の庭園ウルタ・バーグに娯楽用別邸を建て、父親にほめられたこともある。その庭園は、シャー・ジャハーンの先祖でムガル帝国創設者のバーブルの時代に造られたもので、バーブルも庭園の建造で有名だった。バーブルは帝都アーグラーで、自分の邸宅にと川沿いに宮殿の庭園を造ったし、遠征先のインド中部にいくつもの娯楽用別邸や宮殿を建てた。ジャハーンギールは息子の建築の才能に気づいて、皇帝の事業を息子に任せ、1620年には、カシュミールのダル湖にシャーリーマール庭園を造るよう息子に命じた。

1628年にシャー・ジャハーンが皇帝に即位した時、ムガル帝国は最盛期で、繁栄と安定を享受していた。彼の治世は、いわばムガル帝国統治の古典時代で、早くも18世紀には歴史家ハフィー・ハーンが、当時は黄金時代だったと振り返っている。中央集権がピークに達し、帝国の自己表現のため、宮廷生活と芸術が体系化された。壮麗なものを見せること、建築と芸術が、統治に不可欠な手段として重視された。こうしたことは、イスラム世界で一般的だったパトロンについての考え方に沿うものだった。イスラム世界では昔から、建築と芸術は支配者の肉声のようなものだと考えられてきたのだ。

シャー・ジャハーンの寓意的な肖像画。世界の支配者として、その権威を天に認められているという意味が込められている。ハーシム作。1629年。

皇帝の厳しい管理

宮廷の主導する国家の最高統治者として、シャー・ジャハーンは政治的役割をもたせた芸術を利用して皇帝の権威を強化しながら、自分の役目を果たすために、宮廷も政治もお抱え芸術家も同じように厳しく管理しようとした。ムガル帝国の芸術は、シャー・ジャハーンの時代に最も統制が強かった。当時の歴史家がみな言っていることだが、シャー・ジャハーンは自らお抱え芸術家を監督するのが日課だった。完璧主義者だったこともあって、まるで芸術監督のようにふるまっていた。とくに重視してい

たのが、日課のお抱え建築家との計画会議だったが、こうした建築家たちは無名のままでなくてはならなかったので、ごくたまに名前が表に出てくるだけだ。ジャハーンギールの治世に主任建築家だったミール・アブドゥル・カリム・マアムール・ハーン(「建築家の長」)の名も、政府高官のマクラマート・ハーンと一緒に、タージ・マハルの監督として出てくるに過ぎない。ほかには、ウスタド・アフマド・ラホーリーやウスタド・ハミードといった、シャー・ジャハーンの新都シャージャハーナーバードの基礎をデリーで敷いた建築家もいたが、彼らがどのくらい貢献したかは推測するしかない。

　シャー・ジャハーンが何にも増して建築に熱中していたといわれているのは、彼の個人的な関心が影響しているのは確かだが、そういうほうが、建築こそ支配者に最もふさわしい芸術表現だ、という見方に合っていたからでもある。建築は、何よりも立派で役に立つ芸術だし、支配者とその国家を世の人々の目に見えるように表現できる。しかも支配者の名声を永遠に残す記念物になる。シャー・ジャハーンの建築物と庭園は、その外観をもたらす理論が非常に体系的に表現されているので、そのフォルムから直接に理論を引き出せる。その「無言の雄弁」が語りかける、と主要な歴史家のラホーリーも、シャー・ジャハーンが日課にしていたお抱え建築家との会議についての記述の中で言っている。「(皇帝の)心は、太陽のように輝き、そびえ立つ殿堂や強固な建物にたいそう注目している。『まことにわれらの記念物はわれらのことを語るだろう』という言葉の通り、それらは無言の雄弁でもって、長きにわたり、そのあるじの高い志と卓越した権威を語る。この先長く、彼が土地の発展を愛し、飾りを広げ、清らかさを養ったことを思い出す記念物である。(中略)この平和な治世、この建造物は、世界を旅する気難しい人や、この比類なき芸術に魔法のように熟達した人でさえ驚くほどのところにまで達した」。

　シャー・ジャハーンの手法で特筆すべきは、非常に美しいフォルムを体系的に使って、国家の特定のイデオロギーを表現したことだ。そこでは、中央集権とヒエラルキーがバランスと調和をもたらしている。アクバルの後のムガル帝国皇帝では、シャー・ジャハーンが誰よりも飽きずに多くの建造物を造り続けた。1628年以降、アーグラー城とラホール城の宮殿を再建し、デリー・スルターン朝の古都デリーにシャージャハーナーバードという新しい都市と宮殿を建設した(1639～48年)。また郊外にも、多くの宮殿や邸宅、狩猟用の宮殿を建てただけでなく、大きな整形式庭園も造った。代表的な庭園は、カシュミール(1620年と1634年)とラホール(1641～42年)とデリー(1646～50年)の3つのシャーリーマール庭園で、晩年に彼の愛妃となったアクバラバディ・マハルが資金を出した。さらにシャー・ジャハーンは、モスクの建設も父祖の皇帝たち以上に行った。その最大のものは、シャージャハーナーバードのジャーミ・マスジド(金曜モスク)(1650～56年)で、最も美しいものは、アーグラー城のモーティー・マスジド(真珠モスク)(1647～53年)だ。シャー・ジャ

ハーンの膨大な建築計画には、多くの霊廟も含まれていた。たとえば、父親のジャハーンギールの霊廟をラホールに建てた（1628〜38年）。これはジャハーンギールの妻ヌール・ジャハーンが監督した。だが、彼の最も野心的な霊廟計画は、やはりタージ・マハル（1632〜48年）だ。

タージ・マハル

　シャー・ジャハーンは、タージ・マハルが不朽の名声を得る普遍的な建物、ムガル建築の極致になるようにしたいと考えた。中央アジア、インド、ペルシア、ヨーロッパの建築の伝統を独創的にミックスした建物だ。そのデザインは、彼の建築の原理をモニュメントの規模で凝縮している。とくに、そのシンメトリーときわめて合理的な幾何学性に、彼の原理が見て取れる。そのヒエラルキーは、ごく小さな装飾の細部にいたるまで、素材とフォルムと色を慎重に選別していることに表れている（とくに印象的なのは、白の大理石と赤の砂岩を用いていることだ）。また、ヒエラルキーのアクセントによって、建物の諸タイプと諸要素が、均整のとれた関係と統一性をもっていることも特徴だ。くわえて、細部への鋭い目配りが、彫刻を施した大理石や砂岩のレリーフ、当時最新の半貴石の象嵌細工（ピエトラ・デュラ）といった洗練された建築装飾に表れている。有機的で華やかな建築語彙を見ると、自然主義も選択的に使っていることがわかるし、象徴の要素もある。プランと建築形態がこの建物の意味を表しているのだ。

　シャー・ジャハーンが道を開いたら、宮廷はその道を行かなくてはならなかった。帝国の王族や大貴族は、シャー・ジャハーンの建築好きにこたえねばならず、一族の人間は皇帝の建築事業に駆り出された。とくに、ムムターズの父親アーサフ・ハーンは、シャー・ジャハーンの命令に従って、建設の職人たちに指示書を書かなくてはならなかった。シャー・ジャハーンの娘ジャハナラも、父親の建築好きを十分に受け継いでいて、その昔、ジャハーンギールの母親マリアム・ザマニや妻のヌール・ジャハーンといった人々が代表的存在だった「建築の女性パトロン」というムガル帝国の伝統を守った。資金を出すだけでなく、設計もするなど、宮廷では建築が不変の人気を誇っていたようだ。ジャハナラとシャー・ジャハーンの愛息ダーラー・シコーは、ふたりの精神的な師であるスーフィズムの神秘主義者ムッラー・シャー・バダクシの指導の下、カシュミールで建物を設計している。

　建築が重要な位置を占めていたことは、宮廷歴史家がシャー・ジャハーンの公式の年代記に皇帝の建築事業について詳細に記していることや、宮廷詩人が事実をもとに

デリーの赤い城のシャー・ブルジュ（王の塔）のバラスター状の柱。1648年。ムガル帝国では「イトスギ形」と呼ばれていた柱の形状は、シャー・ジャハーンが始めた新しい有機的な建築の特徴だ。

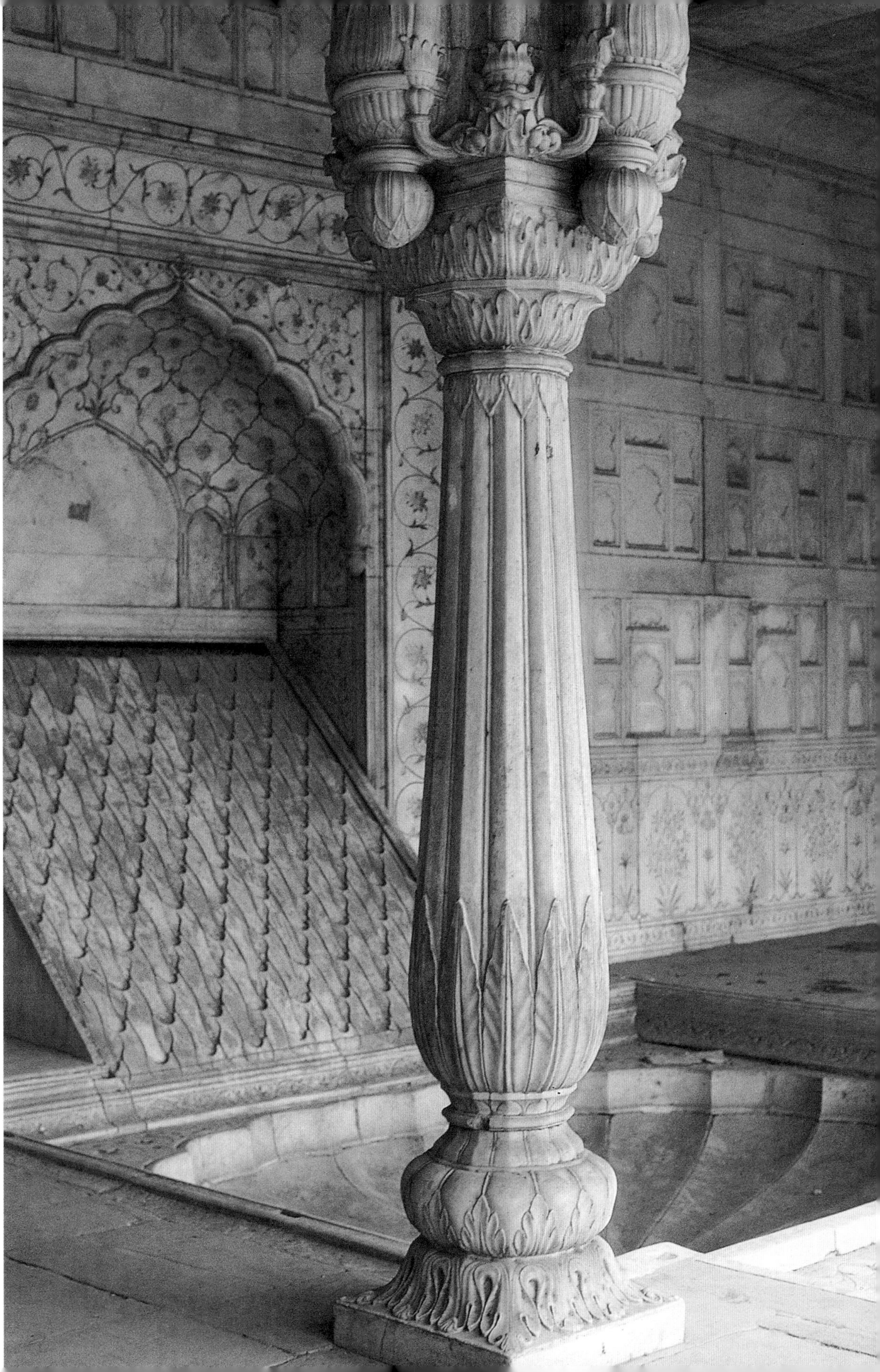

アーグラーのタージ・マハル。1632～48年。シャー・ジャハーンが愛する妻ムムターズ・マハルのために建造した。天国の楽園にある妻の家を地上に再現するため、また、シャー・ジャハーンの治世の最高の記念碑とするために構想された。

解釈をくわえた賛辞を作っていることからわかる。このような建築の記録は突然出てくるし、その記述も、ペルシア語圏全体をみてもほかに例のないほど正確で、用語が一貫している。シャー・ジャハーンは自分の年代記の制作を自ら監督していたので、こうしたことから考えると、皇帝の命令で、建築の話をくわえたとしか思われない。ムガル帝国の歴史で、詳細な記録に書き残されているモニュメントが、これほど非常に数多く現存している時代はほかにない。理論と象徴は、建築物そのものが表しているが、日付や建築用語、形、類型、機能、建築物の意味を知るカギといったことについての情報は、歴史書や詩がもたらしてくれる。

　生涯を通じ、シャー・ジャハーンはインドの建築景観を徹底的に変えていった。彼が新しく生み出した華やかな曲線美の建築語彙と特徴的なフォルム（球根状のドーム、上に向かって膨らむ「バングラ」屋根、複数カスプのアーチ、バラスター状の支柱、写実的な植物文様）は、その後のムガル帝国の建築の特徴になり、汎インド的な様式の形成につながった。

ジェームズ・キャンベル

クリストファー・レン

科学者、建築家、技師

1632–1723 年

　18世紀初めのこと。**セント・ポール大聖堂のそばを通りかかったら、その光景に思わず目を見張った。**ひとりの老人が大聖堂の石積みの具合を視察しようと、宙づりのカゴに乗り込んで、上のほうへ引き上げられていく。おまけに、その老人はあのサー・クリストファー・レンだと気づいて、もっと仰天。と、こんな人もいたに違いない。なにしろサー・レンは、大聖堂のサーベイヤーであり、ロイヤル・ソサエティーの創設者であり、当時屈指の著名人だったのだ。今でも、彼はイングランドで最も有名な建築家だが、彼の前半生には、建築で業績を残すことになろうと思わせるものは

天気時計のデザイン。1663年。ロイヤル・ソサエティーで議論するための実験を行おうと、レンが設計し製作した器具のひとつ。

何もない。国際的に見た場合、建築家としての彼をどう評価すべきか、については議論にきりがないが、建築の歴史に対する彼の最大の貢献は、ほとんど知られていない。

　レンは初めは学者だった。それは彼の出自と関係がある。彼はウィルトシャーのイーストノイルで生まれた。父親は1634年からウィンザーの主任司祭も務めた聖職者（レクター）で、オックスフォード大学のセント・ジョンズ・カレッジのフェロー（評議員）だったこともあった。そのため息子のほうのレンはウィンザー城の主任司祭公邸とノイルの司祭館で幼年時代を過ごしたが、病弱な子供で、しかも一人息子だったので、6人の姉妹に溺愛され、優秀な家庭教師が何人もついていた。そして1650年、オックスフォード大学のウォドム・カレッジに進み、のちにロイヤル・ソサエティーの中核となる科学者たちと交流をもつようになった。たとえば、ジョン・ウィルキンズ、チャールズ・スカバーグ、ロバート・ボイル、ジョン・ウォリス、ローレンス・ルックなどだ。スカバーグの指導の下で、レンは初めて静脈注射をした。また、解剖学者スカバーグの解剖の助手をしたり、スカバーグの講義で筋肉の動きを見せるためのモデルをつとめたりしたこともあった。レンのなみはずれた才能が初めてあきらかになったのは、このころの器具製作の実習や、器具製作のための製図だった。レンの発見の数々が示すように、彼は解剖だけでなく、科学的探究と数学の全般にわたって関心を抱いていた。彼の頭脳明晰ぶりは有名で、まちがいなく最高の学者になるだろうと見られていた。1651年に学士号を得て卒業し、1653年には修士号を取得して、オール・ソウルズ・カレッジのフェローになった。そして1657年、ロンドンのグレシャム・カレッジで天文学教授になり、王政復古後の1661年には、セス・ウォードの後任としてオックスフォード大学サヴィル天文学教授の職に就いた。ロイヤル・ソサエティーの創設は、レンのグレシャム・カレッジでの講義後の会合で決まり、のちに彼はロイヤル・ソサエティーの会長も務めた。著名な建築史家ジョン・サマーソンのいうように、もしレンが35歳になる前に亡くなっていても、まちがいなく『イギリス人名辞典』に収録されたはずだが、ただし、科学者としての収録で、建築にかんする言及はまずないだろう。

科学から建築へ

　レンが科学から建築へ方向転換したのは、17世紀のイングランドであれば、今思うほど唐突なことではない。当時の書籍や図書館の目録を見ると、建築は応用数学の1分野と考えられていた。そのため、優秀な若い数学者が建築の問題について助言を求められても、不自然ではなかったし、とりわけ本人が関心を示しているとあれば、

旧セント・ポール大聖堂の塔の修復のためにレンが描いたドラマティックなドームのあるデザイン。1666年、レンがフランスから帰国した後、ロンドン大火の前に描かれた。

53

科学者、建築家、技師

ロンドンの聖エドマンド殉教王教会のためのデザイン。1670年ごろ。レンの頭文字が入っているが、実際に描いたのは彼の助手のエドワード・ピアス。レンが事務所でどう仕事を任せていたかを示す代表例。

建設事業を監督できると思われるのも当然だった。おそらくレンの建築の知識というよりも、数学者としての能力を買ってのことだろう、1661年、国王チャールズ2世はレンをタンジールのサーベイヤーに任命しようとした。だがレンは、体調不良を理由にこれを断った。同年には、セント・ポール大聖堂についても助言を求められた。そして1663年、レンは叔父のマシュー・レンを手伝って、ケンブリッジ大学のペンブルック・カレッジに新しい礼拝堂を建てることになった。オックスフォード大学のシェルドニアン・シアターの設計もしている。こうして思い切って建築を手がけてみたことが、フランスの科学者に会ってみたいという思いとあいまって、レンが1665年にフランスへ渡航する動機になったのだろう。その年は、ペストの大流行のせいでオックスフォード大学が閉鎖になった年だった。そして帰国後、レンはセント・ポール大聖堂の傷んだ塔を建て替えるための新しいドームを設計した。この設計は認可されたが、実行に移すことはできなかった。

レンのキャリアに決定的な転換をもたらしたのは、ロンドン大火だった。1666年9月2日の早朝にプディング・レーンのパン屋から出火した火は、4日間にわたって燃え続け、家屋1万3200戸、教区教会87棟、そしてセント・ポール大聖堂が焼け落ちた。レンはすぐさま対応し、大火からわずか6日後、国王にシティの再建計画を提出した。続いて、新しい建築基準案を作る委員会の一員に任命されたが、彼がどういう役割を果たしたのか、正確なところはわかっていない。この建築基準の結果、ロンドンにはレンガ造りのテラスハウスが立ちならぶことになった。それは首都の景観を一変するもので、続く200年間にわたって造られていく首都の姿を形作るものだった。もっと重要なのは、レンがシティの新しい教会50棟の設計を命じられたことだ。これら教会のための図面の製作は、ひとりではできない。そこでレンは、この仕事だけを行う建築事務所を作り、製図を製図工に任せて、自分は建築工事のほうを事細かに監督することにした。この事務所は、

わかっているかぎりイングランドで最初の建築事務所のひとつだ。実際、委嘱がレンの成功のカギだった。レン自身、セント・ポール大聖堂の面倒を見る仕事を公認サーベイヤーのサー・ジョン・デナムから委嘱されていた。デナムは王室営繕局の長官（サーベイヤー）でもあった。1669年にデナムが亡くなると、レンがこのふたつのポストに正式に任命され、一気にイングランドで最も重要な建築家になった。また、王室営繕局のサーベイヤーになったことで、彼はホワイトホール宮殿に住まいを与えられたほか、給与をもらえることになり、熟練した職人をスタッフに抱えることもできた。彼は宮廷でも精力的に活動を始め、王宮の維持管理を正式に担当した。セント・ポール大聖堂のほうは、大聖堂再建という彼にとって最大の計画を監督するために、もうひとつ事務所を立ち上げた。彼は1671年までオックスフォード大学の教授職に就いていたが、未来が別のところにあることは明らかだった。科学への関心は終生もち続けていたし、ロイヤル・ソサエティーの会合も定期的に出席していたけれども、1669年以後の彼は、なによりもまず建築家だった。

建築作品

それから40年間、レンはイングランドの建築界に君臨した。彼の仕事は、ほとんどが王室と教会と大学のためだった。こうした機関はどこも記録を保管しているの

グリニッジの王立海軍病院のデザイン草案。1695年ごろ。中央に礼拝堂を置くというアイディアは、のちにイニゴー・ジョーンズのクイーンズ・ハウスの眺めを守るために却下された。

で、レンの建築作品にかんする文献はほかに例のないほど大量にある。だが意外なことに、レンの人柄や私生活についてはほとんどわかっていない。数少ない記録によると、彼は話し上手だったという。6人の国王に仕え続けたことからみても、驚くほど尊敬を集めていたとわかる。

　レンが生み出した建築は膨大な数に及ぶので、ここではごくかいつまんで述べることしかできない。最初の10年（1670〜79年）、彼はシティの教会31棟の建設に着手し、オックスフォード大学の建物数棟と、ケンブリッジ大学エマニュエル・カレッジの新しい礼拝堂を完成させた。また、ケンブリッジ大学トリニティ・カレッジの新しい図書館の建設も始めた。さらに、テムズ川沿いの税関新庁舎、グリニッジの天文台、ドルリー・レーン劇場、ロンドンのテンプル・バー、リンカン大聖堂のモニュメントと新しい図書館も建てた。次の10年間（1680〜89年）で特筆すべき作品は、巨大なウィンチェスター宮殿（チャールズ2世のために造りはじめたが、1685年の国王の死で工事中断）とチェルシーの王立病院だ。シティの教会のほうも、さらに19棟の建設に取り掛かった。セント・クレメント・デーンズ、セント・アンズ、ソーホー、セント・ジェームズ、ピカデリーなどだ。また、アビンドン・タウンホール、ウィンザーのコートハウス、シージング・レーンの海軍省を完成させ、ホワイトホール宮殿でも大きな仕事をした。その次の10年間（1690〜99年）の主なプロジェクトは、共同統治したウィリアム3世とメアリ2世のためにハンプトン・コートとケンジントン宮殿の大規模な拡張工事をしたことと、グリニッジの王立海軍病院の着工だ。この病院のほうは、非常に大規模な計画だったので、完成はレンの死後かなりたってからだった。通常の宮殿の修理を別にすれば、この時期にはほかに、シティの多くの教会に尖塔をつけたり、ヴァージニア植民地ウィリアムズバーグのウィリアム・アンド・メアリ大学を設計したりした。また、イートン・カレッジ、クライスツ・ホスピタル校、レスターシャーのアップルビーのサー・ジョン・ムーア・スクールでの建設工事、下院の整備も手がけた。そして最後の10年間（1699〜1710年）に入るころには、レンは70代の終わりになっていた。そのため、どうしてもペースは落ちたが、それでもまだ建設中だったグリニッジの工事に積極的に携わっていたし、マールバラ・ハウスとウィンズロー・ホール（バークシャー）、ロイヤル・ソサエティーの新しい拠点の設計をしたり、ウェストミンスター寺院の大規模改築を監督したりした。とはいえ、この時期に彼が最優先していたことは、むろんセント・ポール大聖堂を完成させることだった。1711年以後の彼は、事実上引退していたが、セント・ポール大聖堂とウェストミンスター寺院のサーベイヤーの職だけはまだもっていた。ここまでの40年間にわたり、何よりも重視していたプロジェクトがひとつあった。それが彼の代表作、セント・ポール大聖堂の再建だった。

クリストファー・レン

長年の貢献

　1720年になると、ロンドンの都市景観はレンの設計した建物が占めるようになっていたが、彼の作品の質については、当時からずっと評価が二分している。ジョン・サマーソンはレンの設計手法について「経験的」だと評し、レンの科学的研究と比較している。確かに、レンが設計を解かなくてはいけない問題と考えて取り組んでいたのは明らかだ。彼の建築は、「イングリッシュ・バロック」といわれることが多いが、イタリアのバロック建築との共通点はあまりない。レンの室内装飾はどちらかというと控え目だ。基本的に直線で構成されていて、平坦なファサードでできている。曲線を特色とした複雑な3次元造形ではない。こうしたことは、当時のイングランドの建

レンの肖像。彼の多くの業績を示すシンボルに囲まれている。この絵は、アントニオ・ヴェリーオが1707年の死の直前に描き始め、ゴドフリー・ネラーとジェームズ・ソーンヒルが完成させた。

ケンブリッジ大学トリニティ・カレッジの図書館の室内。1676年から1684年にかけて建造された。

築にあった「緊張」でほぼ説明がつく。「カトリック的」といわれそうなものは避けようとしながらも、ヨーロッパ大陸の最新の流行にも対応していたのだ。初めのころに影響を受けたのは、主にフランスやオランダのバロックで、イタリアのバロックではなかった。

とはいえ、レンの作品には建築上の革新がまったくなく、あちこちから引用した建築要素を上手に組み合わせたジグソーパズルみたいなものだ、などと思ったらまちがいだ。彼の建築の多くはなみはずれて革新的で、今見ても300年前と同じように壮観だと感じる。繰り返し見られるテーマとして「驚き」がある。奇抜なアイデアを使って、まったく思いがけない室内空間を作り出している。この好例が、セント・スティーヴン・ウォールブルック教会とセント・メアリ・アブチャーチ教会の素晴らしいドーム付きの室内で、教会の外から見ただけでは、屋内に別世界があるとはまったく思えない。同様に、ケンブリッジ大学のトリニティ・カレッジの図書館も、外観だけでは読書室の規模と明るさを想像できない。

レンの作品にあるもうひとつの側面は、技術的革新だ。建築技術こそ、彼の科学的貢献が最も明らかな領域といえる。この点が見過ごされがちなのは、建築技術というのはたいてい隠れていて、修理のために建物を解体する時しか日の目を見ないから

だ。レンのどの建築作品でも、彼は技師でもあり建築家でもあった（17世紀には、どちらの役割もまだ厳密に定義があるわけではなかった）。技術面での彼の名人技が最もはっきりわかるのは、セント・ポール大聖堂のドームにある異例の3重構造だ。この構造は、レンと親友のロバート・フックが、アーチとドームの正しい数学的形状について話し合っている時に生まれた。このほかのレンの革新については、目で見るのはもっとむずかしい。たとえば下院（現存しない）は、ギャラリーが鉄の柱で支えられていた。ハンプトン・コートではもっと踏み込み、長い鉄の棒を使ってルーフトラスから1階のフロアを吊り下げていた。同じような仕組みは、オックスフォード大学のボドリアン図書館を修理した時や、ケンブリッジ大学トリニティ・カレッジの図書館の書棚を強化した時にも用いられた。そうした革新は、当時からすれば何百年も先を行くものだった。基礎工事からルーフトラスにいたるまで、建物の技術的側面の設計を職人任せにせず、自ら管理することで、レンは次の世紀の規範を確立した。この後の建築家は、配管から細かな装飾にいたるまで、建物の設計を全面的に扱うものと期待されるようになる。レン自身、素人建築家から出発したが、その長年の貢献によって、それまでのイングランドでは素人の業務に過ぎなかったものが、れっきとした職業に近づくことになったのだ。

オックスフォード大学ボドリアン図書館にあるデューク・ハンフリー図書室の修理のための製図。1700年ごろ。倒壊を防ぐためにレンが差し込んだ新しいバトレスと鉄製の強化材を示す。

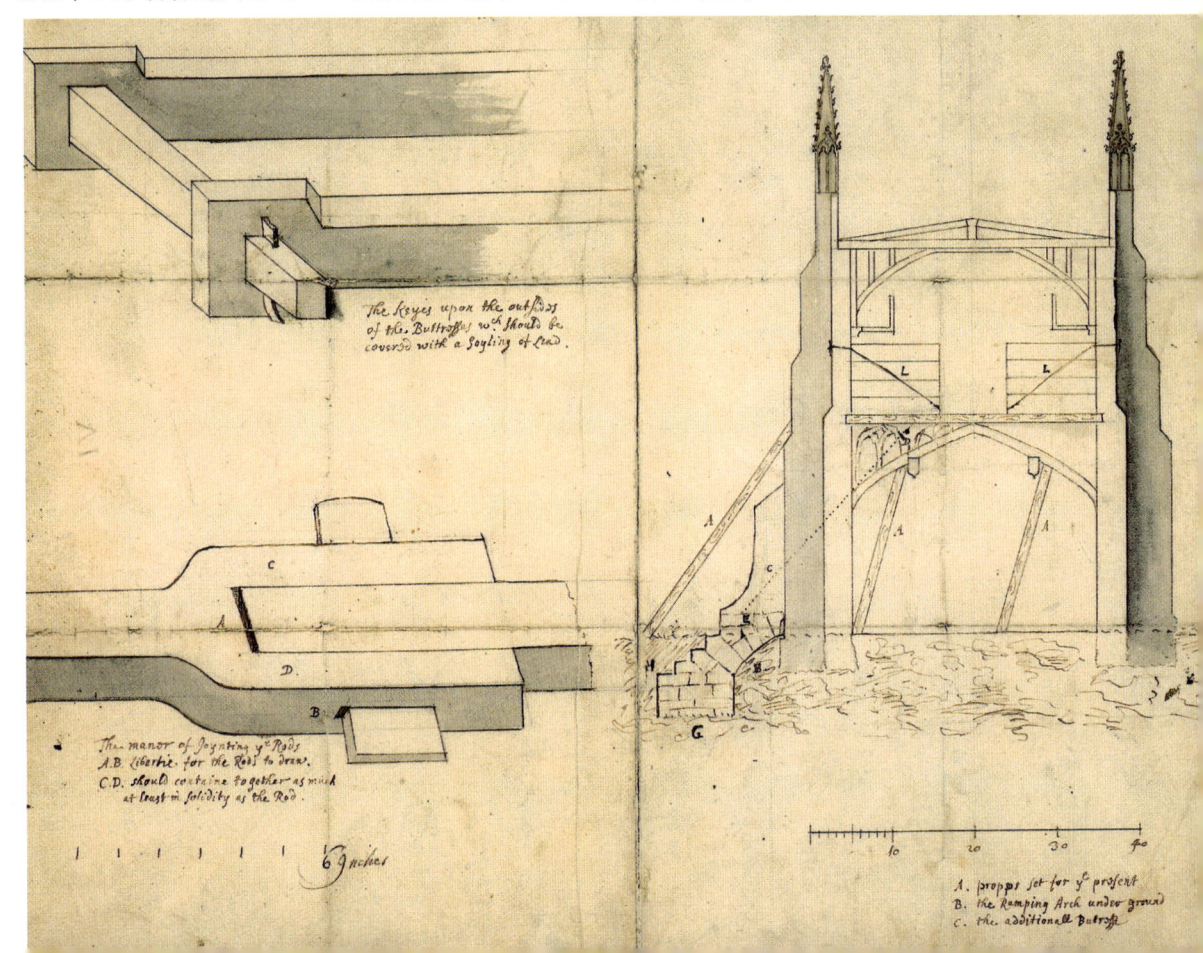

セバスティアン・ル・プレストル・ド・ヴォーバン

17世紀最高の軍事技師

1633-1707年

　セバスティアン・ル・プレストル・ド・ヴォーバンは、ブルゴーニュ地方のモルヴァンで生まれ育ち、やがて当時最高の軍事技師になった。その死後も、長く攻城と築城の最高権威と見なされた。ルイ14世の治世、1660年代後半から1700年代初めにかけて行われた戦争が、ヴォーバンの数々の才能を発揮する機会を無数に提供し、ヴォーバンはこの種の戦争の名手という名声をイタリア人から引き継ぐことになった。今でも、ヴォーバンは軍事技術にかけては最も有名な人物といえるだろう。多くの面で巨大な遺産を残している。また、要塞、町、建物、土木工学の傑作などを造る一方で、回想録や研究、評論なども書いており、そこで扱った分野は、軍事にとどまらず、経済、税制、統計学、政治、水力工学、農業にまで及ぶ。

　1655年、22歳のヴォーバンは、王室侍従技術官に任命され、以後52年間にわたるキャリアが始まった。最終的には、1703年にフランス元帥まで上り詰めた。1678年、彼は要塞総監となり、およそ300名の工兵団を率いて、フランスの国土と海洋を防衛する施設の維持管理を任されることになった。その10年のちには、中将に叙せられた。攻城にも築城にも精通していたヴォーバンは、国王が情熱を傾けたふたつのことに、やはり情熱をもっていた。戦争と建設だ。

　「都市の奪取者」とあだ名されたヴォーバンは、50以上の攻城に成功し、フランスはリールやストラスブールといった大都市も手中に収めた。17世紀後半、彼は攻城戦の攻撃技術にさまざまな刷新をもたらした。1673年のマーストリヒト攻囲戦ではジグザグのZ字壕を掘り、1684年のルクセンブルク攻囲戦では騎兵式胸壁という土塁を建設し、1697年のアト攻囲戦では跳飛射撃を用いた。彼から見れば、自分の技術を使って落ちない要塞などなかった。その技術がめざしたのは、基本的に「使う火薬を増やして、流れる血を減らす」ことだ。革新的なヴォーバンは、ついには合理的な攻城法を編み出した。攻城を論理的に12の段階に順序立て、最長48日で落城できるという方法だ。そうすることで、彼は標準的な攻撃戦略を打ち立てた。その戦略は19世紀半ばまで実際に用いられていた。また、国王からぜひにと求められ、ヴォーバンは自分の手法の原理を1704年執筆の『要塞攻囲論（Traite de l'attaque des places fortes）』であきらかにした。図版入りで解説しているこの著作は、もともと

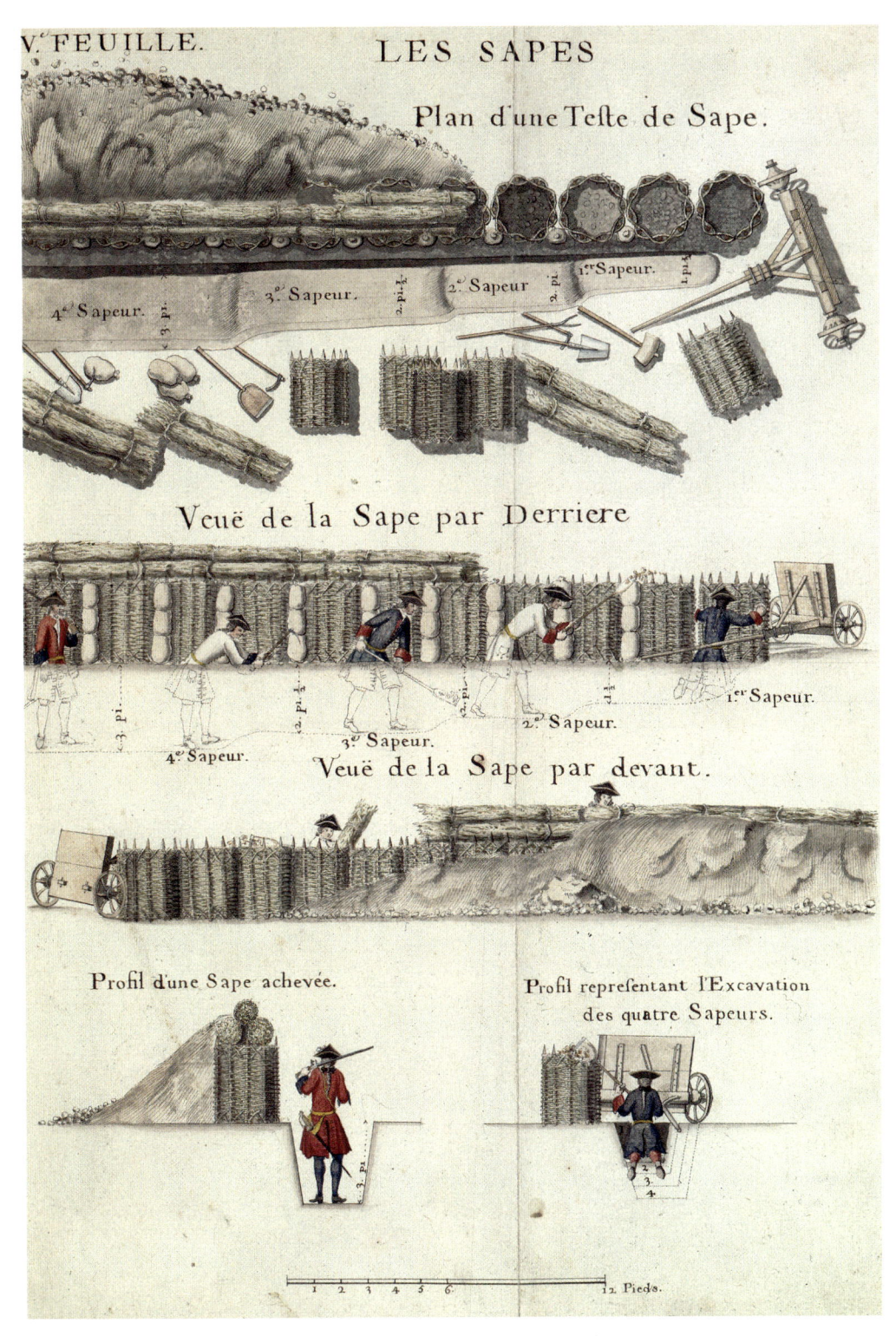

対壕掘りの図解。ヴォーバンの『要塞攻囲論』(1704年) より。

は極秘扱いだったが、海賊版がいくつか出まわっているとわかったため、結局1737年に出版され、その後、ロシア語やトルコ語も含む15の言語に翻訳された。

破壊と建造

　逆説的なことだが、ヴォーバンの技師のキャリアは、1661年にナンシーの要塞を破壊したのが始まりだった。この年は、ルイ14世の親政が始まった年だ。ヴォーバンが要塞建設の機会を初めて与えられたのは1664年、アルザス地方のブリザックだった。数々の戦争と平和条約を経た彼は、生涯にわたり創造もすれば破壊もした。堡塁、稜堡、幕壁などにその場に応じて無数に手を入れる一方、およそ150もの要塞を全面的に改築した。また、新しく10の要塞を建設したほか、大量の設計図を描いた。彼の死後50年たってもまだ建設中という設計もあった。既存の要塞を強化するにしても、ゼロから要塞を造るにしても、彼が最初にかならず行ったのは、その地形の模型を作ることだった。要塞の原則として必要な土地の高低を作るためだ。ある空間を防衛するには、その空間が見えなくてはならない。要塞の形状と配置は、側面行動と遮蔽という基本的観点から判断された。また、建物を建て始める前に、彼はまず塹壕を掘らせ、次に、塹壕から出た粗石を使って稜堡を築いた。「斜堤」と呼ばれる防御用のスロープも、かならず敷地全体を囲んで造られた。どんな計画の場合でも、ヴォーバンは風景を基本要素として用いた。兵隊を退避させるために地形を変え、幕壁や稜堡を破壊できる大砲の煙を隠すために木を植えた。水を巧みに操れたので、守備のためにわざと溝をあふれさせることもできた。しかし彼は、要塞についての理論を『要塞攻囲論』という形で公開することは死ぬまで拒んだ。理論よりも分別と経験のほうが大事だ、と信じていたし、要塞の基本原理なぞ技師なら誰でもすでに知っている、と思っていたからだ。

　ヴォーバンは自分のルーツを決して忘れず、技師という役割を越えて、フランス王国を守るための地政学的戦略も練り上げた。1673年以降、軍事遠征と平和条約が繰り返されるなか、彼はフランスを「プレ・カレ（縄張り）」と考えるよう国王に勧めた。飛び領土を避けて王国をもっと一体化し、国境をもっと直線化すれば、防衛も容易になるし、防衛の費用も減る。自然的国境（河川や山脈）を引けない地域、たとえば北海からムーズ川まで広がる平地のようなところでは、ヴォーバンは2本の線を描くように要塞を建設した。兵が戦闘隊形を取る時のような形だ。第1の防衛線はダンケルクからディナンまでで、15の要塞を置き、第

上：防衛施設の爆破。ヴォーバンの『要塞攻囲論』(1704年) より。前ページ：大軍事技術者ヴォーバンの18世紀初めの肖像。

2線はグラヴリヌからシャルルヴィルまでに13の要塞があった。この防衛計画、別名「サンチュール・ドゥ・フェール（鉄の帯）」が、フランス革命の時までフランスを外国の侵略から守った。またヴォーバンは、フランス最大の都市パリのことも忘れてはおらず、城壁の再建を提案したものの、こちらは受け入れてもらえなかった。

都市計画と水力学と建築

　リールの包囲戦を率いて勝利を収めた後、ヴォーバンは1667年、リールの城塞を設計した。五角形が同心で放射状に重なるプランをもつリール城塞は、レイアウトも建設も、彼の要塞スタイルの実施例で、稜堡と幕壁に囲まれている。これが彼の最初の試みながら、それでも見事な出来栄えだったので、ヴォーバンは名だたるイタリア人技師たちの継承者だと認められた。また彼は、どんな要塞建設計画についても国王や大臣たちに助言できるという特権を与えられた。だが、徹底して実用主義者だった彼は、翌年のアラスの城塞の建設以降は、内部を碁盤割りにしたパターンを使い始めた。これは鋭角に曲がった道路をやめて、建物の建築を容易にし、機能性を高めるためのものだった。この後、彼の新しい城郭都市の設計はみな正多角形で、その内側の土地は碁盤の目のように区画された。たとえば、ロンウィ（1679年）、ザールルイ（1680年）、ユナング（1679年）、モン＝ルイ（1681年）、モン＝ドーファン（1692年）がそうだ。アルザスの平原にあるヌフ＝ブリザックは、ヴォーバンが最後に新規建設した城郭都市で、ドイツのブリザックの町を失った代わりに、1698年に設計された。こちらはライン川の右岸にある。完璧な八角形の内側は、正四角形に区画され、建物も街路に沿って配置されている。また、この町に原材料を運ぶための運河も建設された。ヌフ＝ブリザックもまたヴォーバンの傑作のひとつだ。これを見ると、一昔前なら彼は都市計画家になっていたかもしれないと思ってしまう。

アルザスのヌフ＝ブリザックは、ヴォーバンの代表作に数えられることが多い。彼はこの町を1698年にゼロから設計した。八角形の城壁の内側は、碁盤目状に区画したプランを使っている。

　ヴォーバンの作品は要塞が中心だが、彼の任務にはフランスの海上防衛も含まれていた。3000キロメートルに及ぶ海岸線があるフランスでは、その任務は途方もなく大きい。とくにレ島、オレロン島、ベル・イル島に彼が建てた要塞は、難攻不落だった。また彼は、トゥーロン、ブレスト、ダンケルクなどの港も設計し直した。さらに運河と閘門、水路と堤防も設計した。ヴォーバンが軍事用・民間用に数多く手がけた水力学事業の中には、地中海と大西洋を結ぶミディ運河の排水溝と送水路、ウール川からヴェルサイユ宮殿まで水を運ぶマントノンの送水路などもある。

　要塞や港湾のほかにも、ヴォーバンは数多くの建築物を設計している。主として兵舎だ。民家に兵を宿泊させるのではなく、軍に常設の宿舎が必要だ、とルイ14世が判断すると、ヴォーバンはスペイン流の「バラッカ」（小屋）をヒントに、兵員用の標準の建物と、それを将校用に変えた建物を提案した。ともに、3列2階建てのモジュールにもとづく。また彼は、火薬庫の建築も命じられ、「爆弾に耐える」半円筒ヴォールトで覆った石造りという基本デザインを生み出した。こうした標準化した軍事用建築は、その後、地元で入手できる原材料や技術に合わせて適宜変更されたので、統一性がありながらも多様な建物が造られた。またヴォーバンは、井戸を掘ったり水タンクを建てたりして、こうした場所に独立した給水ができるようにした。さらに、大砲や銃を収める兵器庫、倉庫、厩舎、製パン所、病院、住宅、教会や礼拝堂も設計・施工し、軍事施設と民間施設と宗教施設を混在させた。

セバスティアン・ル・プレストル・ド・ヴォーバン

　ギュスターヴ・エッフェルやル・コルビュジエとならんで、ヴォーバンはフランスを代表する有名建築家だ。彼の作品はフランスの景観と都市と建築に対し、長く大きな影響を与えている。これを記念して、2008年7月7日ケベックで、ヴォーバンの主要な要塞から代表的で多彩なもの12件が選ばれ、ユネスコ世界遺産に登録された。アラス、ブザンソン、ブライ、ブリアンソン、カマレ＝シュル＝メール、ロンウィ、モン＝ドーファン、モン＝ルイ、ヌフ＝ブリザック、サン＝マルタン＝ド＝レ、サン＝ヴァースト＝ラ＝ウーグ、ヴィルフランシュ＝ド＝コンフランだ。

ヴェルダンの兵舎のプラン（1698年）。ヴォーバンが適応力のある標準モジュールの設計を好んだことを示す。

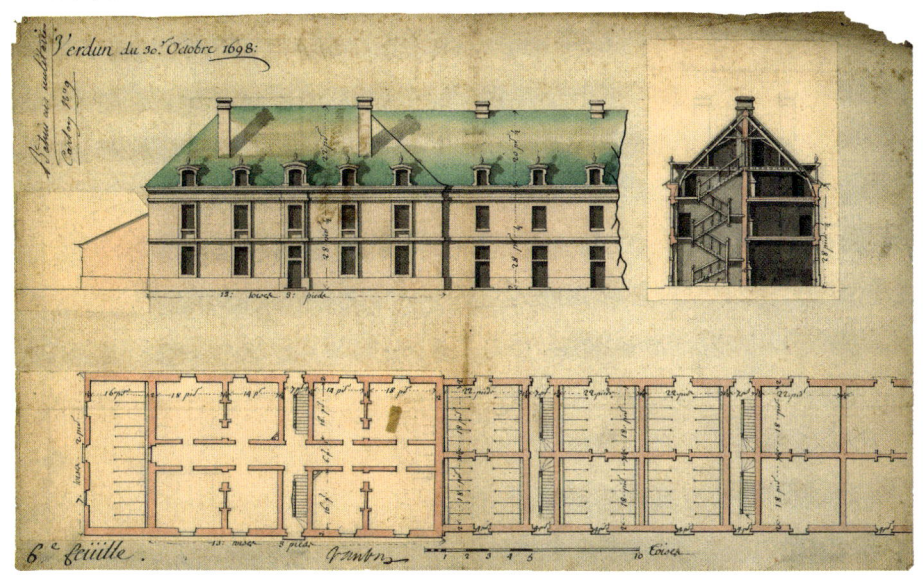

鉄の時代

　19世紀は様式の戦いの時代だといわれることがある。ゴシックを支持するロマン主義勢力が、ドイツのカール・フリードリヒ・シンケル、フランスのクロード＝ニコラ・ルドゥー、イングランドのジョン・ソーンといった建築家に見られる強力な古典主義の伝統に対抗していた。だが同時に、19世紀は鉄の時代でもあった。鉄を原料に、高速道路、運河、鉄道といった新しい輸送インフラが生まれた。コールブルックデールのセヴァーン川に架かるアーチ形の鋳鉄製の橋（エイブラハム・ダービー3世とトマス・プリチャード設計、1779年）は、世界初の大規模な鉄製構築物だが、これは本質的には、世界でただひとつの手作りのものだ。それに比べると、ウェールズのメナイ海峡の吊り橋など、建築家で技師のスコットランド人トマス・テルフォードが設計した橋のほうが、構築物という点から見ればはるかに経済的だった。技師J・ブリュネと建築家フランソワ＝ジョゼフ・ベランジェが共同設計したパリのアール・オ・ブレ（1811年）のドーム屋根は、規格構成材の利用に向かう動きを告げた。A・W・N・ピュージンやジョン・ラスキンなどは言葉巧みに異を唱えたが、大量消費の進む錬鉄も含めた鉄材は、工学構造物（鉄道や運河の橋、市場、工場と倉庫）だけにとどまらず、建築の世界でもすぐに使われるようになった。たとえばシンケルは、イギリスをまわって産業革命で生まれた新しい橋を視察し、自分の建築でも鉄を自在に使った。

　イギリスでジョーゼフ・パクストンの創案した1851年の水晶宮は、鉄をほかの素材、つまり、当時やはり大量生産できるようなったガラスと組み合わせれば、どういうものができるかを示した。水晶宮の生まれた背後にある構造上のアイデアが確立したのは、パクストンが第6代デヴォンシャー公爵のために温室を設計したり、技師で鉄器鋳造師のアイルランド人リチャード・ターナーがダブリンの自分のヤシ栽培用温室やロンドン近郊のキュー王立植物園を造ったりしたからだ。そうした温室の先駆けや水晶宮で得た経験は、イギリスの大規模な鉄道駅の設計に活かされた。リチャード・ターナーはリヴァプールのライム・ストリート駅（1849年）の屋根を共同設計した。これは錬鉄製、スパン47メートルで、支柱間にまったく支持物がなく、当時としては最大級の開けた空間だった。だがおそらく、なによりも素晴らしいものは、イザムバード・キングダム・ブルネルの設計したロンドンのパディントン駅（1852年）だろう。A・W・N・ピュージン同様、ブルネルもフランス人移民の息子で、巨

大な業績を残した。野心はピュージン以上だった。グレート・ウェスタン鉄道を生み出し、世界初の大西洋横断汽船を建造した。また、ロンドンで最も目立つ鉄道モニュメント、セント・パンクラス駅（1868年）は、技師のウィリアム・バーローとR・M・オーディッシュの設計した大屋根がホームにかかっているが、その手前には、ゴシック・リヴァイヴァルの大建築家ジョージ・ギルバート・スコットの設計したホテル（1876年）もある。外観はともかくホテル内部では、スコットは鉄を遠慮なく自由に使った。オックスフォード大学の博物館（1861年）も、ラスキンが発起人の中心にいたとはいえ、その凝ったゴシックの外観の奥には、鉄とガラスの室内空間が広がっている。

　技師とは対照的に、当時のイギリスの建築家は、多くが鉄製の構造物を人目にさらすのをまだ気にしていたが、フランスでは、姿勢がまったく違った。ウジェーヌ＝エマニュエル・ヴィオレ＝ル＝デュクは、パリのノートルダム大聖堂を始めとする中世の大聖堂の修復を活発に行っていたという面もあったものの、それ以上に重要なことに、以後長く影響を与える理論家として活動していた。彼の著作は、とくにアメリカで反響を呼び、「近代運動（モダン・ムーヴメント）」の先駆者たちに影響を与えた。ヴィオレ＝ル＝デュクが合理的な本物の建築を提唱した点は、ラスキンやピュージンの思想と合致しているが、それでも彼は、鉄の利用を認めていたうえ、金属製の構造物を遠慮なく見せる建築の発展を促していた。隠したりする必要はないし、伝統的な材料の代わりに使うだけにしておくこともないというのだ。こうした指針は、アンリ・ラブルーストやヴィクトール・バルタールといった建築家の作品で強力に表現されている。ラブルーストは堂々たる図書館をふたつ建て、バルタールは驚くようなサン・ド・ギュータン教会と、パリの旧中央市場レ・アール（1971年解体）を造った。サン・ド・ギュータン教会では、むき出しの鉄骨に、ゴシック風ディテールをふんだんに組み合わせている。

　金属製の骨組みの建築物は、ジェームズ・ボガーダスが草分けだ。彼によって、19世紀後半のアメリカは建築の革新の中心になった。ニューヨークのマンハッタン南部ソーホー地区には、鋳鉄を正面に用いた建物がたくさんあり、ボガーダスの影響がよくわかる。彼の工場も、すべて鉄でできた素晴らしい建築物で、そこで構成材を製造していた。アメリカが工業国として独立性を増していたことの表れだった。また、エリシャ・オーチスが実用的な乗用のエレベーターを発明したこと（最初の蒸気式エレベーターは、1859年、ブロードウェイ488番地のホーワウト・ビルに設置された）が、その後の高層ビルの発展の基盤となった。同じく重要なのは、鋼鉄という鋳鉄よりも軽くて曲げやすい材料が導入されたことだ。鋼鉄は、世界初の摩天楼の材料になった。20世紀最大級の工学技術上の業績も、その一部は鋼鉄のおかげで生まれた。1890年に開通したジョン・ファウラーのフォース鉄道橋は、世界で初めて鋼鉄だけ使った橋だ。これを見ると、当時のイギリスがまだ革新的だったことがわかる。

マイク・クライムズ

トマス・テルフォード

鋳鉄橋梁設計の革新者

1757-1834 年

　イギリス土木学会初代会長トマス・テルフォードは、熟練した石工であり、鋳鉄製橋梁の設計にも美学を追及した先駆者であり、「最長のスパン」と世界的に初めて認められた橋、メナイ吊り橋を造った技師だ。イギリス諸島のどこへ行っても、テルフォードの仕事を目にしないような場所はまずない。何より注目すべきは、彼が下流階級出身という不利を克服して、土木業界の指導的人物となったことだろう。まさにスコットランド啓蒙運動の申し子だったトマス・テルフォードは、グレートブリテン島の片田舎、ダムフリース・アンド・ギャロウェー州のウェスターカークで生まれた。石工の修業をしたが、それにくわえ後のキャリアのカギになったのは、地元の指導者たち、とくにウィリアム・パルトニーと親しくなったことだ。1780年、テルフォードはエディンバラへ出た。この後生涯抱き続けることになる飽くなき野心の最初の表れだった。彼はニュータウンで石工として働き、暇を見ては読書をしたり建築を観察したりした。1782年にはロンドンへ移り、サマセット・ハウスで働いた。このころは、生まれ故郷のエスクデールで仕事を請け負ったり、ウィリアム・パルトニーの依頼でサドバラ司祭館の仕事をしたりもしていた。

　1784年、テルフォードはポーツマスへ行って、海軍造船所所長の邸宅と礼拝所の仕事をした。大きな事業を全面的に任されたのは、これが初めてだった。この時、彼は造船所の土木工事に触れた。1786年、パルトニーの後ろ盾で、テルフォードはシュルーズベリーへ行って城の改修工事に携わり、1787年にこの州のカウンティ・サーベイヤーになった。当時、土木工事は増える一方だった。彼はそうした土木工事を引き受け、モントフォード橋（1790～92年）を皮切りに、州内の40以上の橋で設計と改築を担当した。ほかには、公共の建物も彼の担当で、数多くの教会も設計した。こうしている間にも、テルフォードの視野はどんどん広がっていった。1790年からは、イギリス水産学会のコンサルタントを務めた。その仕事の中には、スコットランドの海岸を調査し、港や埠頭に適した場所を見つけるというものもあった。と

上:メナイ吊り橋。完成した1826年に、G・アーノルドがテルフォードのために描いた絵。前ページ:トマス・テルフォードの肖像。サミュエル・レーン作。E・タレルによる版画。トマス・テルフォード『自伝トマス・テルフォードの生涯——その叙述的物語』(1838年)に寄せて。

くに注目すべきは、ウィックのパルトニー・タウンの仕事だ。ここで彼は、技師の腕だけでなく、建築家としても都市計画家としても手腕を発揮して見せた。また、スカイ島のロック・ベイでは、パーカーの「ローマン」セメントを試して成功をおさめた。このことは、近代のポルトランドセメントの開発にとって重要なステップとなったばかりか、テルフォードの革新的な姿勢を示すものでもあった。そうした彼の姿勢の表れとして最も有名なのが、橋の建造だ。

橋と運河の建造

　テルフォードが鋳鉄製のビルドワス橋(1795〜96年)で見せた従来にない設計は、初めての鉄の橋「アイアンブリッジ」の構造が定めてしまった慣例を打破したいという決意を示している。また、材料をもっと合理的・経済的に使いたい、という彼の思いが結実したのが、ボナー橋(1810〜12年)を始めとする数々の鋳鉄のアーチだ。これらは美しさの点でも見事で、これらを皮切りに、シュロップシャーの鋳造業者ウィリアム・ハゼルダインとの共同作業が始まった。ボナー橋は、テルフォードがハイ

ボナー橋。1810〜12年。ウィリアム・ダニエルの『グレートブリテン島の旅（A Voyage round Great Britain）』（1814〜25年）より。詩人のロバート・サウジーは、この橋に初めて出会った時のことをこう言っている。「ついに、中空に浮かぶ蜘蛛の糸のようなものが見えてきた。もしこれがそうなら、と私は思った。とんでもない！　だが今や、私は出くわしてしまった。おおなんと、かつて神か人が作り出したもののうち、これこそ最高に素晴らしいものだ！」

ランズの政府から依頼された仕事のひとつで、彼が水産学会と関係があったことが、この依頼のきっかけだった。1801年から翌年にかけ、彼は水産学会の調査を行い、経済を活性化して人口流出を防ぐために港湾や国内交通機関を改良するよう勧めていた。その結果、ハイランズの仕事とカレドニアン運河の建設を1803年に依頼されたのだ。この運河を造るには、グレート・グレンの谷に沿ってならぶ湖を結んでいくだけだが、単純そうに見えるこの仕事が、実際には土木工学の大きな挑戦だった。とくに、東端は深さ128メートルの泥で、閘門を造れるようにするには、事前に盛り土を使って固めておく必要があった。しかも、全部で24の閘門を造らなくてはならなかった。

　カレドニアン運河の仕事は、テルフォードの晩年まで続いたが、これはハイランズで行った仕事のうちで最も派手な仕事というに過ぎない。多くの小さな石橋のほか、ダンケルドの大橋（1805〜09年）のような大きな橋、多数の埠頭、道路整備、教会の工事なども行った。彼が造った大橋はいくつもある。たとえばパスヘッドやロージアンにあるし、ディーン・ブリッジ（1829〜32年）はエディンバラの中心にあるすらりとした高い橋だ。ここでも、ほかのところでもそうだが、彼は内部が空洞の橋脚とスパンドレルを用いて、軽量化し、楽に点検できるようにした。この手法は、ほかでも広く採用された。グロスターのオーバー・ブリッジ（1825〜28年）も晩年の傑作だ。

　テルフォードは最後の偉大な運河建築技師だった。1793年にエルズミア運河会社

の「総代理人」にと招かれると、すぐさま運河の設計・施工の基本をマスターし、いきなり革新的な姿勢を見せた。水道橋のトラフ(溝形の水路)の部分に鋳鉄を露出して使うよう主張したのだ。この手法が初めて用いられたのはシュルーズベリー運河(1795～96年)のロングドン水道橋だが、最も見事なのは、エルズミア運河(1794～1805年)のポントカサルテの水道橋で、彼が一流の芸術的な土木技師だということを世に知らしめるものだった。そして彼は、トレント・アンド・マージー運河の大改修を手がけ、1820年代には、バーミンガム運河を全面的に設計し直して、蛇行しないよう深い切通しを施した。また、バーミンガム・アンド・リヴァプール運河にも、同様のきわめて工学的なアプローチを用いた。さらに、スウェーデン南部を横断するゴータ運河についても助言を求められた。イギリスの技師が外国から大規模なコンサルタント事業を依頼されたのは、これが最初だった。テルフォードの評判が広まるにつれ、彼はカナダからインドにいたるまで各地の技師や顧客にも対応するようになっていった。

道路、港、長スパン橋

「道路の巨人」といわれたテルフォードは、現代に先鞭をつける道路建設の基準を

テルフォードのポントカサルテの水道橋(1805年)。19の鋳鉄のスパンで構成された革命的な構造物。各スパンは13.7メートル。

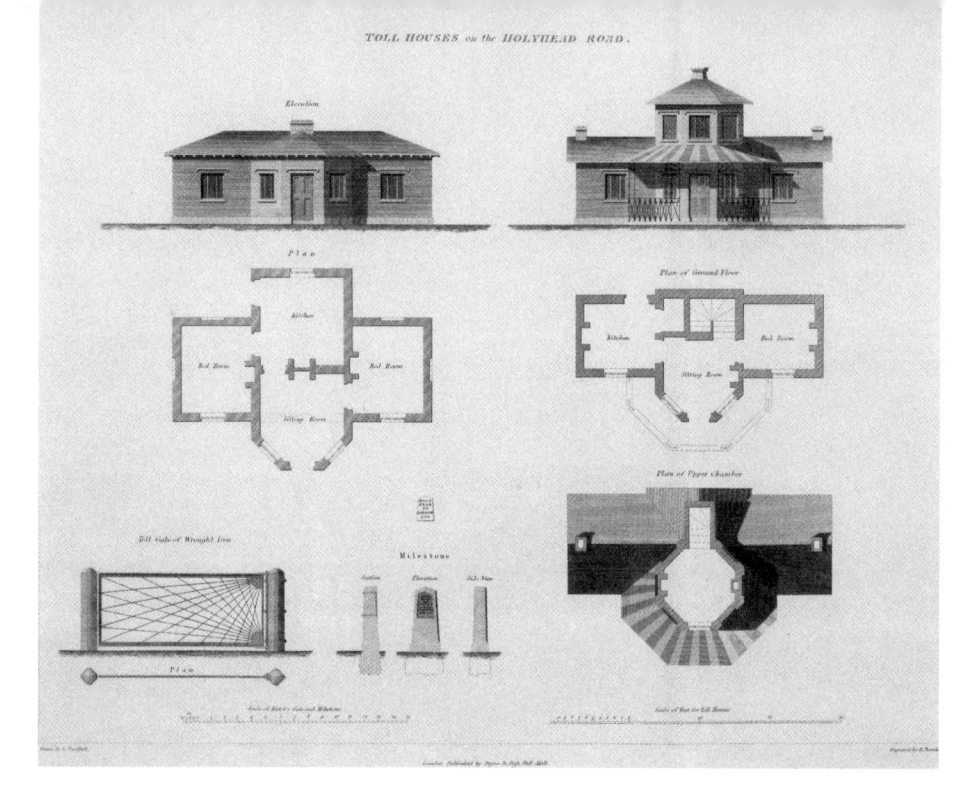

ホリーヘッド・ロードの料金所。E・タレルによる版画。『自伝トマス・テルフォードの生涯――その叙述的物語』（1838年）所収。土木技師として働いた間、テルフォードは機会があれば、建築にかんしてもかならず野心を示した。

定めた。ホリーヘッド・ロードは、彼の道路建設技師としての腕を示す最高の例だ。ここでも、料金所、マイル標、太陽光線状の料金所ゲートが、彼の建築家としての腕も示す。また彼は、グラスゴーからカーライルとラナークシャーまでの道路も整備し、グレート・ノース・ロードやカーライルからポートパトリックとエディンバラまでの道路を調査した。テルフォードの造船所と港の仕事は、同時代のウィリアム・ジェソップやジョン・レニーに比べれば、比較的地味だ。それでも、アバディーンやホリーヘッドの港、ダンディーの造船所（1814～34年）、ロンドンのセント・キャサリン・ドック（1826～30年）など、大きな業績を残した。

　それよりもテルフォードが華々しい活躍を見せたのは、やはり、長スパンの橋を架けるという野心的な計画だ。最初に開発したのは、183メートルの鋳鉄製アーチスパンで、中世に造られたロンドン・ブリッジを架け替えるためのものだった（1799～1803年）。この事業で、彼は国中から注目を浴びた。もっと壮大な計画だったのが、ランコーン・ギャップに錬鉄の吊り橋を渡そうという提案で、こちらはスパン300メートルだった。1814年にテルフォードがランコーンの仕事に取り掛かった時、水平デッキの吊り橋という現代の概念は、イギリスではまだ知られておらず、北米でも、まだ実験段階に過ぎなかった。だが彼は、既存の技術では、必要なスパンの橋を造れないとわかっていた。そこで、ランコーンで建設するための資金調達は無理だったが、それまでに学んだことをもとに、メナイ海峡の吊り橋（1819～26年）の設計に取り

掛かった。この橋は、中央スパンが180メートル以上ある当時世界最長の橋で、イギリスの土木技術の優秀さを初めて世に示したもののひとつだ。メナイ橋の完成以後、世界最長スパンを誇った橋はほとんどが吊り橋だ。

　60歳になるころには、テルフォードはイギリスの土木技術の第一人者になっていた。1817年からは、大蔵省証券公債委員会技師を終生にわたって務めた。その結果、1820年代と30年代に行われた土木事業の大半で、コンサルタントを務めることにもなった。こうした事業には、リヴァプール・アンド・マンチェスター鉄道のような初期の鉄道計画も含まれている。だが、テルフォードの遺産は、彼の生み出した建築環境だけではなかった。土木工学の知識を学んでいくうちに経験した問題を痛切に意識していたため、1820年、彼は土木学会の初代会長を引き受けることにした。1828年には、自分の影響力を利用して初めての設立勅許状を得た。これによって、土木学会は専門家の学会として正式に認められ、世界中の土木学会のモデルになった。テルフォードの成功は、主として、彼が有能な人材を見出す能力にたけ、彼らの知識を利用でき、信頼する人間に任せることができたおかげだ。そうすることで、テルフォードは信じられないほど多くのことをなしとげることができた。彼はウェストミンスター寺院に埋葬されている。これほどの栄誉を受けた土木技師は、彼が初めてだった。

カレドニアン運河のクラックナハリーのシーロック（海洋閘門）。E・タレルによる版画。『自伝トマス・テルフォードの生涯——その叙述的物語』（1838年）所収。

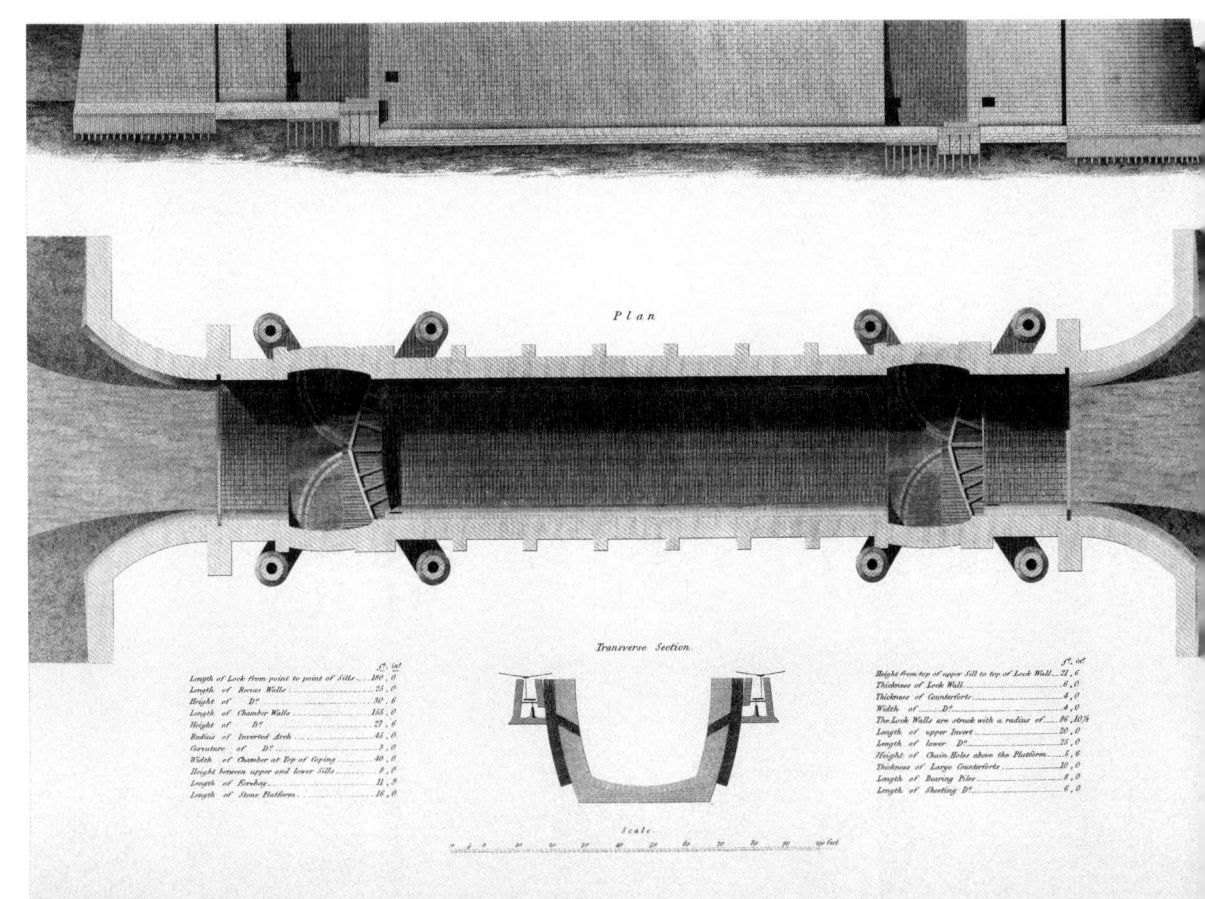

マーティン・ステフェンズ

カール・フリードリヒ・シンケル
天才技師

1781-1841年

　カール・フリードリヒ・シンケルは、19世紀前半で最も重要な芸術家のひとりといえるだろう。造形芸術上、彼の影響はドイツ北部全域にかぎらず、その先までも広がっていった。しかも、建築という彼の専門分野だけでなく、美術全般にも及んだ。絵画やグラフィックス、モニュメント、舞台装置、インテリア、家具や小物のデザインについても、彼の影響が見られた。それでも、シンケルが最も関心をもった芸術は、あきらかに建築だった。そして、実務建築家としての才能、建築理論を執筆する才能、都市計画の才能を同時に駆使した。また、プロイセンの公共事業局の一員として、長年にわたって国家の建築政策の策定に携わり、様式を統一させた。

　シンケルはベルリンの北、ノイルピーンという小さな町で生まれた。父親はプロテスタントの高位の聖職者だったが、1787年に亡くなり、一家は1794年にプロシアの首都ベルリンへ転居した。1797年、16歳のシンケルは、芸術アカデミーの展覧会で神童フリードリヒ・ジリーの建築スケッチを見て、自分も建築が大好きだと気づいた。そして1年後、フリードリヒの父親で建築家のダーフィット・ジリーに頼み込んで弟子にしてもらった。1800年には、創立間もないベルリン建築アカデミーでの勉強を終えた。彼の芸術家としての成長は、受けた教育、とくにフリードリヒ・ジリーとの交際が強く影響している。ジリーのスケッチブックを見て、シンケルはヨーロッパの建築の主流を初めて知った。1800年に友フリードリヒが若くして悲劇的な死を遂げると、シンケルはジリーの建築プロジェクトの一部を引き継いで完成させた。

　母親からの遺産があったおかげで、シンケルは金銭的には不自由しておらず、1803年から05年にはイタリアとフランスへ旅行に出ることもできた。とくにイタリアは彼に強い影響を与え、古代ギリシア・ローマ建築を忠じつに参考にした古典主義が、彼の作品の大きなテーマになった。この様式は、19世紀初頭のヨーロッパではまだ主流ではなかったが、古代ローマの建築物を徹底的に研究したシンケルは、この後の作品に見られるような原理を学び、美も機能性も兼ね備えた建築を追求するようになったのだろう。古代の遺跡には、彼の創造的な想像力を強くかきたてる効果もあったのかもしれない。のちに彼は、プロイセンの皇太子（後の国王フリードリヒ・ヴィルヘルム4世）のため、ポツダムに古代ローマ風のヴィラを設計した。このヴィラは実際には建設されずに終わったが、それでも、イタリアの様式は、ほかの多くのプロジ

ナポリのシンケル。フランツ・ルートヴィヒ・カテル作、1824年。2度目のイタリア旅行の時の肖像画。この時、シンケルは何よりもイタリアの古代遺跡に夢中になった。

ェクトの指針となった。その後のシンケルの建築を見ると、イタリアの特定の建築物だけでなく、イタリアの「田舎の建築」に一般的な側面も、彼のデザインやレイアウトに反映しているのがわかる。シンケルのセールスポイントは、技術的に機能本位で適正価格の建築物という点だったが、そうした建築物でも、低コストと思い描いた理想像、という一見対立する要求にうまく折り合いをつけてみせた。

国民様式の創造

　1805年、シンケルが初めてのイタリア旅行からベルリンに戻った時、建築家にと

っては、国内はきわめて好ましくない状況だった。ナポレオンの拡張政策、イェーナとアウエルシュタットでのプロイセン軍敗戦の結果、大きな建築プロジェクトはすべて立ち往生した。こうした状況は、1815年、ウィーン会議でヨーロッパの勢力地図が再編されるまで続いた。そのためこの時期、シンケルは絵画や、当時人気のあったパノラマ館のデザインに方向転換した。パノラマ館とは、ベルリンの人々がチケットを買って見に行った見世物だ。こうした仕事でのシンケルは、だまし絵の技法と巧みなテクニック、目の錯覚をうまく絡み合わせ、きわめて写実的な効果を出していた。また彼は、旅先で描いたスケッチブックをもとにした作品（『パレルモのパノラマ (Panorama of Palermo)』を含む）や、1812年のモスクワ大火のような時事を扱った作品も描いている。

　この時期の彼の絵画（大半が売りやすいように小さな絵だった）では、シンケルは古典主義に対立するようになっていた建築様式を取り入れることが増えていった。古典主義は1810年代には主流となっていたし、彼の建築の特徴でもあったが、彼が絵画の中で描いたのは、（ネオ・）ゴシック建築だった。第6次対仏大同盟戦争をめぐって愛国心が高まるなか、ゴシック様式はドイツの国民様式だと見られていた。ロマン主義運動に強く感化されたシンケルは、記念建造物の重要なデザインもいくつか行った。たとえば、1810年に亡くなったルイーゼ王妃の霊廟のデザインや、「第6次対仏大同盟戦争を記念する大聖堂」のデザインだ。こうした堂々たる大きさの建造物を歴史主義的な建築にしたのも、プロイセンの歴史を表現するためだった。

　1810年には、シンケルはプロイセンの公共事業局に雇われた。彼が初めて引き受けた公共の建物に、大通りウンター・デン・リンデンのノイエ・ヴァッヘ（新衛兵所）（1816～18年）などがある。ここで彼は、古典様式を中心とするデザインでも造れることを示して見せた。その次にすぐ続いたのが、ベルリンの新しい顔（当時、「シュプレー川のアテネ」と呼ばれた）を形作った歴史的な建設プロジェクトだ。これには、シンケルの傑作がいくつか含まれる。たとえば、ゲンダルメンマルクト広場の劇場（1818～21年）、シュロス橋（1821～24年）、ルストガルテンにある今はアルテス・ムゼウム（旧博物館）と呼ばれている建物（1823～30年）などだ。最後の建物は、シンケルの自己像を表現した建築の例だと見ることもできる。彼はびっくりするほど印象的な建築を利用して、この博物館を訪れる人が芸術に親しめるようにしたいと思っていたし、同時に、見学者への教育的な効果も狙っていた。堂々たる玄関、ローマのパンテオンから着想を得た中央の円形大広間が、建物の敷地の3分の1を占めている。ポルチコにあった一連のフレスコ画（彼の死後まで完成せず、第2次世界大戦中に破壊された）は、シンケルの豊かな想像力と人文学の深い教養を示す証拠だ。

　そうした豪勢な文化施設は、巧みな建築プログラムとはっとするほど見事な空間感覚を訪問者に印象づけられるようデザインしたものだが、同時にシンケルは、もっと禁欲的で計算された様式で仕事をすることもできた。こうした例に、ベルリン建築ア

ルイーゼ王妃の霊廟案、1810年。シンケルはゴシック様式は本質的にドイツ的だと考えていた。

ベルリンのアルテス・ムゼウムの円形大広間、1823〜30年。カール・エマヌエル・コンラッドによる水彩。博物館専用建築の先駆のひとつ。

カデミー（1831〜35年）がある。のちにシンケルは、ここにあった住居用の部屋に一家で入居している。この建物（やはり第2次世界大戦で破壊された）は、それまでにないなみはずれた厳格さと合理性が特徴だった。今これを見るかぎり、シンケルはモダニズム建築の先駆者のひとりだったということもできるだろう。彼はこの建築アカデミーの着想をイングランド旅行で得た。その旅行で、合理的な産業建築に初めて出会い、その形態言語を（複雑な図像学的プログラムでもっと豊かなものにして）ドイツへもってきた。また建築アカデミーは、顧客からの要望なしに、彼の思い通りにできた数少ないプロジェクトのひとつでもあった。このキューブのような構造が徹底して明快なのは、そのせいかもしれない。そしてもうひとつ、彼の主な作品ジャンルに教会の建築がある。シンケルが設計した教会の特徴は、さまざまな様式を幅広く巧みに用いていることだ。この点は、ベルリンにあるネオ・ゴシック様式のフリードリヒスヴェルダーシュ教会を見るとわかる。この教会にはイングランドの影響がある。

影響と遺産

　こうしたシンケルの数多くのプランは、彼自身が大部の著作『建築デザイン集 (Sammlung architektonischer Entwurfe)』として出版した。この著作は、資料となっただけでなく、才能の点で彼には及ばない建築家たちに影響を与えることにもなった。装飾芸術（たとえば、祭壇用のキャンドルや信者席）から、田舎の小さな教会のひな形になったいわゆる「ノルマール・キルヘ（標準の教会）」の設計にいたるまで、シンケルは、あまり腕利きとはいえない建築家たちの不細工で非芸術的な作品を趣味のいい形式で標準化しようとした。その結果、「シンケル派」が生まれ、主にヨーロッパ北部（もちろんながら、とくにプロイセンの地方部）に広まった。だが、シンケル本人が教師を務めたことはなかった。また、彼は都市計画家として、プロイセンの歴史的建造物を保存するための制度について方針を立てるよう提案した。さらに、美術館や博物館の設計も行った。

　カール・フリードリヒ・シンケルは、天才的芸術家の資質を技師の資質と結びつけたので、多くのプロジェクトを実現することができた。小さなプロジェクトでさえ、きっちりと、バランス感覚をもって計画し実行した。また彼は、建築のグループ化、都市計画、景観との関連づけ、といった問題に対し、びっくりするような調和のとれた解決策を見つけ出した。さらに、シンケルの作品は、建物の使用者に強い印象を与

ベルリン建築アカデミー（1831～35年）。ここでは、シンケルは歴史主義的様式を捨て、きわめて革新的な合理的デザインを採っている。

実現しなかったデザイン。ロシアの皇后アレクサンドラのため、クリミアのオリアンダに建てるはずだった新古典主義の別邸。1838年。シンケルはこのプロジェクト（晩年のプロジェクトのひとつだった）のことを「美しい夢」だと言っていた。

えることもめざしていた。これにくわえ、多少教訓的な面もあった。「芸術のための芸術」によって、社会と人々を向上させたいと思っていたのだ。おそらく、シンケルのデザインで最も華々しい成功をおさめたものは、紙の上にしか存在しないものだろう。貴族や王室を中心とした彼の顧客の心をとらえたデザインだ。彼はバイエルン生まれのギリシア国王のため、アクロポリスの新しい宮殿の設計をし、ロシアの皇后のためには、クリミアの古典主義様式の別邸を設計した。ただし、これらプロジェクトはどちらも建設されずに終わった。それでも、こうした建てられなかったデザインのほうが、完成した建物以上にシンケルの想像力を伝えてくれるのかもしれない。また、彼は死後もロールモデルであり続けた。彼の建築のモチーフと原則は、後々まで大きな影響を及ぼし、ヨーロッパの多くの都市を形作った。そして、彼を師と仰ぐ人々や彼を受け継ぐ人々が、そうした都市で活動を続けている。

キャロル・ゲイル

ジェームズ・ボガーダス

キャストアイアン建築の発明者

1800-1874 年

　「キャストアイアン建築」という用語はとくに、19世紀後半、アメリカ各地の急成長した都市の商業地区で盛んになった典型的なアメリカ式の建築方式を指す。この建築方式は、垂直の支柱に用いた鋳鉄の強度に依存し、構造用にも装飾用にも、事前に製造した鉄製のモジュールを用いた。モジュールをさまざまな建築様式で鋳造し、ボルトを使って組立て、多層階の自立したファサードを造る。鋳鉄は耐火性があり、自然光を取り入れる大きな窓も可能だった。それまでは商店の正面部分というと、伝統的な石造りの建物に、鉄製の「ポストとリンテル(柱とまぐさ)」と大きなショーウィンドーだったが、そういったものを進化させることになった。すべて鋳鉄のファサードを初めて建てたのは、ジェームズ・ボガーダスというアメリカ人発明家だった。彼はイギリスで鉄が広く使われているのを見ていた。そして、自分の手法を根気強く唱え続け、ほかの建設業者もすぐに彼の方式を取り入れるようになった。

　ジェームズ・ボガーダスは、ニューヨーク州のハドソン川沿いにあるキャッツキルという町の近くで生まれた。14歳で時計職人に弟子入りし、そこで彫刻細工も習った。一時、キャッツキルで小さな時計修理店を営んだこともあったが、本業は発明だった。そして1830年ごろ、彼はニューヨーク・シティというもっと大きな舞台に移った。結局、ボガーダスは全部で13件のアメリカ特許をとった(ほかにイギリスの特許も1件とっている)。彼が発明したのは、時計や紡績機、彫刻盤、ガスメーター、鉄粉砕機、キャストアイアン建築の施工方法など、さまざまだ。1836年、この若き発明家はロンドンへ行った。自分の発明したガスメーターの特許権を守るためだった。そして、結局はうまく行かなかったものの、イギリスに4年間滞在して、さまざまな彫刻のプロジェクトに取り組んだ。またイギリスでは、鉄が橋、送水路、鉄道施設などの建設用に広く使われているのをじかに目にした。ロンドンでは、セント・キャサリン・ドック(1826～30年)を支

ジェームズ・ボガーダスの肖像。1831年か1832年の作。ちょうど、この若き発明家がニューヨーク・シティに移って、マーガレット・マクレーと結婚した直後。

えているトマス・テルフォードの巨大な鉄柱、バッキンガム宮殿のノース・ロッジ（1825年）やカールトン・ハウス・テラス（1833年）にあるジョン・ナッシュの鉄の柱を見ることができたし、ジョン・ファウラーのコヴェント・ガーデン（1828～30年）では、ほっそりした鉄柱が鉄製フレームのガラス屋根を支えているのを知った。

　また、彼はパリとローマ、ヴェネツィアも訪れ、古代ローマやルネサンス時代の有名な建造物を見た。そうしたものは、建築要素のパターンの繰り返しが特徴だ。のちに彼はこう書いている。イタリアにいた時、「鋳鉄の助けを借りて、今の時代にあれをまねしたら、という考えが初めて浮かんだ」。これが、彼の最も有名な発明の芽生えだった。昔の壮麗な石造りの大建築をまねるため、鋳鉄で重量を支えられるように多層階のファサードを建てる、というのだ。このためには、大量生産の鋳鉄部品を使うことになるが、そうした鋳鉄の部品は、互換性があるもの、装飾好きのヴィクトリア朝風のスタイルにしたものでなくてはいけない。1840年、ボガーダスはニューヨーク・シティに戻った。ちょうど、アメリカも鉄の時代に入ろうとしていた時期だった。それまで、建築資材としての鉄は、製造も使用もイギリスにおくれをとっていたが、1840年代と1850年代には、鉄の国内生産量が急増し、同時に、都市と商業が急成長した。芸術家や建築家が建築物に鉄を使うことも増えていた。とくに目立ったのが、1830年代のジョーダン・モットや1842年以降のダニエル・バジャーがもたらしたような「ポストとリンテル」式の商店のファサードという形の使い方だ。

夢の実現

　小規模な鉄粉砕機製造を6年間した後、ボガーダスはその製造工場を建てようと決めた。そして、これを機に、キャストアイアン建築という夢を実現しようと思った。1847年、彼はキャストアイアン建築の実用化プランを練り、縮尺模型を作って、建築家や投資家にこのアイデアを売り込もうとした。だが最初は、たいていの相手は懐疑的か冷淡かだった。そこで彼は、金銭的な支援を得て、マンハッタン南部のデュエイン・ストリートに土地を買い、1848年5月に工場建設の基礎工事をした。本人は鋳造師ではなかったので、ボガーダスは地元の会社と契約して、工場を建てるためのシンプルな構造用部品を鋳造してもらった。C形のビーム、半円筒形で縦溝のある高い柱にフランジをつけたもの、そして、大きな窓の下のフレームに囲まれたスペースを埋めるためのスパンドレルだ。これらの部品をボルトでつないで構造モジュールを作り、次に、構造モジュールをボルトでつないでファサードの繰り返しパターンを形成した。鋳鉄の装飾用部品は、その後ボルトで取りつけるのだが、いろいろな外観にできるよう、いろいろな組み合わせができた。

　ところが、工場を建てる前に、ボガーダスは市民団体のリーダーで化学者のジョン・ミョー博士からの依頼を受けた。博士はマンハッタン南部のブロードウェイ183

THE FIRST CAST-IRON HOUSE ERECTED AT NEW YORK.

ボガーダスのすべて鉄製の工場。ニューヨーク・シティのデュエイン・ストリートとセンター・ストリートの角にあった。1849年完成。ボガーダスはそのイメージを利用して、キャストアイアン建築のアイデアを売り込んだ。

番地に３階建ての薬局をもっていて、そのレンガ造りのファサードを鋳鉄造りに替えたいというのだ。そこでボガーダスは、自分の工場用に作った鋳鉄の部品を利用して、たった３日間で新しいファサードを造り上げた。さらに、各階に窓をつけくわえることで、その建物は５階建てに変身した。このミヨー・ファーマシー（1848年。ファサードはその後取り外された）が、多層階で自立式の、すべて鉄でできたファサードの第１号で、ボガーダスのアイデアが正しいことを証明するものとなった。また、ほとんど同時期に、彼は別の依頼も受けた。こちらのほうはエドガー・レインという人からで、ラップアラウンド式の鋳鉄のファサードで５軒の店舗が入るビルを造りたいというものだった。この４階建てのレイン・ストアーズ（1849年）は、21のベイに伝統的な木材とレンガの境界壁でできており、装飾は比較的少なかった。レイン・ストアーズは100年以上残ったが、1971年、地区の再開発のため、ついに取り壊された。ボガーダスのキャストアイアン建築のシステムについて多くのことが今わかっているのは、建物が解体された時に、鋳鉄のファサードが注意深く分解され、記録されたおかげだ。

上：ボガーダスが「ボルティモア・サン（Baltimore Sun）」紙の新聞社のために造った鉄製の堂々たるダブルのファサード。1850〜51年。このサン・アイアン・ビルディングは、彼にとって初めての大型契約だったが、1904年のボルティモア大火で破壊された。次ページ：ボガーダスの1856年のパンフレットに収められた図版。鋳鉄を使えば、凝った装飾のデザインも見事に（しかも安価に）できることを宣伝するもの。

　　ボガーダス自身の工場（1849年。1859年解体）は、結局、その後まもなく完成した。これは4階建てで、ミヨー・ファーマシーやレイン・ストアーズと同じ部品で建設されたが、もっと装飾が多く、多数の大きなガラス窓を区切るように、すらりとした鋳鉄製の柱がならんでいる点が人目を引いた。ボガーダスは、この工場こそが自分の建築システムを最高に表す実例だと考え、実際にはミヨー・ファーマシーとレイン・ス

トアーズのほうが先だったのに、宣伝用リトグラフには「初の鋳鉄製建物」と銘打った。また、この工場はすべて鉄製（骨組みもファサードも屋根も床も）だ、と本人は言っていたが、一部の建築史家はこれに異論を唱えている。かぎられた状況証拠から見て、建物の骨組みには木材が使われたという。ただし、この論争は、次のような事実を否定するものではない。1849年までにボガーダスは、美しい当世風の鋳鉄のファサードを短期間で経済的に建てることは可能だ、ということを証明していた。

また彼は、鉄製建築の十分確立した手法を組み合わせたので成功できた、とあっさり認めた。彼は鋳鉄の技術という側面で1850年に特許をとったが、この建築システム全体に対する特許はない。おそらく、多くの要素がすでに知られているものだったからだろう。実際、まもなく多くの建築業者が、進歩的な企業のために鋳鉄のファサードを造るようになった。そうした企業は、あまり費用をかけないで事業に役立つような魅力的な地区を作りたいと思っていたのだ。

キャストアイアン建築の人気

ボガーダスは1862年にこの分野から身を引いたが、それまでに30以上のキャストアイアン建築を造った。たとえば、ボルティモアのサン・アイアン・ビルディング（1850〜51年。1904年解体）は、鉄の骨組みに2面の鉄のファサードがあり、当時のアメリカで最大の鉄製建築だった。ニューヨーク・シティのハーパー＆ブラザーズ・パブリッシングの工場（1854〜55年。1925年解体）は、鋳鉄の柱に錬鉄のビームと弓弦形ガーダーを組み合わせ、それらを室内でむき出しにして、耐火性を強調した。カナル・ストリート254番地（1856〜57年）は、大きな鋳鉄製ファサードが2面ある商業ビルで、マレー・ストリート75番地（1857年）は、陶磁器販売商社のための珠玉だ。またボガーダスは、建築しただけでなく、キャストアイアン建築の伝道師でもあった。それには、教養のある補佐役ジョン・W・トムソンの助けを借りることが多かった。とくに有名なのは、1856年に出版した16ページのパンフレット『キャストアイアン・ビルディング、その建設と利点（Cast Iron Buildings: Their Construction and Advantages）』（1858年再版）で、この中でボガーダスは、この新しい建築を解説して擁護している。

キャストアイアン建築の発明者

　商業ビルの合間に、ボガーダスは未来への道を指し示すような鋳鉄の塔も5つ建てた。うち3つはオープンフレームで、ニューヨーク市消防局の火の見櫓が2基（両方とも1885年ごろ解体）と、サント・ドミンゴの灯台（1853年。後年解体）だ。火の見櫓のほうは、ひとつ目（1851年）が高さ30.5メートル、ふたつ目（1853年）が高さ38.1メートルで、灯台は高さが約30メートルあった。残りの2基は、散弾製造用の壁のある非常に高い塔で、高さ51.8メートルのマカルー・ショット・タワー（1855年）と高さ66.1メートルのテイサン・ショット・タワー（1856年）だ（両方とも1907年に解体）。これら弾丸製造塔は、後の超高層建築の先触れで、レンガのカーテンウォールが耐荷重性のある鉄製の骨組みを包み、鋳造した鉛の弾が塔の上から落ちる間に風に飛ばされないようにしてあった。

　ボガーダスが1848年から49年にかけて切り開いたキャストアイアン建築という分野には、多くの建築業者が続々と参入した。そうした業者のひとりがダニエル・バジャーで、その会社アーキテクチュラル・アイアン・ワークスは、ニューヨーク・シティの美しいハウアウト・ビルディング（1857年）など、多くの有名なキャストアイアン建築に鋳鉄を供給した。この会社の分厚い商品カタログ『アイアン建築図鑑（Illustrations of Iron Architecture）』（1865年）は、今でも19世紀アメリカのキャストアイアン建築の技法と実施例を示す最高の記録だ。アメリカの都市の商業地区では、この後、現代的な超高層ビルが登場するまでの30年から40年間、キャストアイアン建築が最も選ばれるようになった。ボガーダスはすでに利用できた要素や技術の多くを利用したに過ぎないが、それでもキャストアイアン建築の発明者だと見なすべきだろう。彼の発明が時代にぴったり合っていたからこそ、たちまち大衆文化の定番になったのだ。

ボガーダスが建てたニューヨーク初の弾丸製造塔（1855年）。この鉄製骨組みは、鋳造した鉛の弾が風に飛ばされてどこかへ行ってしまわないように、レンガで覆われており、後の超高層ビルを予兆している。

エドワード・ディーステルカンプ

ジョーゼフ・パクストン

造園家にして建築家

1803-1865 年

　ジョーゼフ・パクストンは、庭園、公園、温室、博覧会場、ウィンターガーデン、水を使った施設、建築などの設計と建設を手がけた。彼にとって、庭師になるための修業は、素晴らしいキャリアの良い準備になったし、その鋭い観察力、学習能力、分析力、組織力にくわえ、じつに幅広い関心をもっていた。たとえば、園芸、公園や墓地のレイアウト、建築、暖房と換気、都市の整備、上下水道設備などだ。彼は9人兄弟の7男で、父親はベッドフォードシャーの農場労働者だったが、ジョーゼフがたった7歳の時に亡くなった。そこでジョーゼフは、まだ若いうちから庭師として個人の屋敷2軒で働いた後、王立園芸協会の庭師になり、そこでなみはずれた能力が第6代デヴォンシャー公爵に認められ、1826年、ダービーシャーにある公爵の屋敷チャッツワース邸の庭師の棟梁に任命された。そして、公爵の信頼と励ましを受け、やがて屋敷の管理にも大きな責任を任されるようになり、1858年に公爵が亡くなるまで公爵に仕え続けた。その一方、パクストンはこうした特別な任務のおかげで、ほかの人々からも多くの仕事を依頼され、全国的に有名な業績も残すことになった。

チャッツワース

　1830年代から50年代にかけ、パクストンはチャッツワースで当時最も有名な庭園を造った。そのデザインとできばえは、国際的にも注目を集めるほどで、人工の滝や噴水、池、壮観なエンペラー・ファウンテンや水路、素晴らしい風景の中を行く長い遊歩道、灌木の生け垣や人工の森林など、見事な仕事ぶりだった。また彼は、公園や遊園地も手がけていて、リヴァプールのプリンス・パーク（1842年）、スラウのアプトン・パーク（1843年）、バーケンヘッド・パーク（1843年）、バクストン・パーク（1852年）、ハリファックスのピープルズ・パーク（1856～57年）、ダンディーのバクスター・パーク（1859年）、ダンファームリンのパブリック・パーク（1864～65

ジョーゼフ・パクストンの肖像。版画。1851年の万国博覧会のころのもの。

パクストンのバーケンヘッド・パークのプラン。ジョン・ロバートソンによる図、1843年。蛇行する馬車道で公園と分けられている部分は、一戸建てやテラスハウスの住宅で、公園建設費用の一部に充てるために開発された。

年)、そして、シドナム・クリスタル・パレス(1856年)の素晴らしい庭園などを造った。これらのプロジェクトは非常に大きな影響力があり、彼の助手を務めたジョン・ギブソン、エドワード・ケンプ、エドワード・ミルナーは、みなそれぞれ一人前の造園設計家として認められるようになる。

　チャッツワースでのパクストンの大きな業績は、さまざまな温室を造ったことだろう。当時、どこにもないほど巨大な温室群で、公爵が集めた数々の外来植物を植えた無類のコレクションだった。15年の歳月をかけて、パクストンは木材とガラスで温室を造るための独自のシステムの設計を完成させた。のちにロンドンのハイドパークの万国博覧会展示施設に利用されるこの「うねとみぞ」のシステムは、実験を重ねたすえ、さまざまな形と大きさの建物に用いられた。当時のほかの人々とは違い、パクストンは、温室を建てるには鉄よりも木材のほうが優れている、と確信していた。そして、彼の「うねとみぞ」システムは、水(屋外も内屋内も、また水蒸気でも)が木材を腐らせないようすばやく流れ出る、ということをとくに考えて設計されていた。また、木材の部分を最適に仕上げるため、特別に蒸気式のルーターマシンを考案し、

ガラスの組子、うねの部分の垂木、みぞの部分の垂木を研磨してから、シンプルな塗装で仕上げた。

　チャッツワースのグレート・ストーヴ、別名コンサヴァトリー（大温室）（1836～41年。1920年解体）は、当時のヨーロッパでは最も有名な温室で、それまで誰も試みたことがない規模で造られたものだった。この時パクストンは、建築家デシマス・バートンと協力して建設にあたり、バートンが1836年にこの温室の設計図を担当した。このころは、サイオン・ハウスやウォーバーン・アビーでも大きな温室が建てられていたが、このグレート・ストーヴはそれらよりもはるかに大きく、長さが84.4メートル、幅が37.5メートル、温室中央の高さが20.4メートルもあった。内部は、2列にならんだ鋳鉄製の柱で3つの部分に区切られていて、中央のネイヴの部分が、その両側にある2本のアイルの部分より一段高く、スパン21.3メートルの筒型丸天井になっていた。そして、パクストンが「うねとみぞ」の屋根システムを使って曲面を作り、合板の大きなアーチで曲面を支えた。また、この温室の暖房は、床下の大きな石炭ボイラー8台で行い、ボイラーの煙は、地下のトンネルにある排気管を通って、離れたところにある森に隠された煙突から出るようになっていた。

　1849年、パクストンは水平の「うねとみぞ」屋根を発展させて、長方形の温室を造った。これは長さ18.7メートル、幅14.2メートルで、巨大な葉をもつオオオニバス

チャッツワースのグレート・ストーヴは、主に木材とガラスで造られた。合板の巨大なアーチが、中央の半円筒ヴォールトとそれをとりまくアイルの部分を形作っている。内部では、鋳鉄の柱がアーチを支える。

を育てるために特別に設計されたものだった。ここの屋根は、水平に走る軽い錬鉄のビームに載っていて、そのビームを鋳鉄の柱が支えていた。また、この柱は雨どいとしても役立つようパイプ状になっていた。大きさこそ異なるが、この屋根は、彼が万博の展示施設で用いたものに直接つながる。ハイドパークのほうは、床面積7万1832平方メートルという巨大なものだ。1850年6月、パクストンはこの設計の「尾根と谷の屋根という名称の屋根の建設における改良」の特許をとった。

万国博覧会展示施設

　1850年3月に万国博覧会展示施設の設計コンペが告知された時、パクストンは参加しなかったが、その年の6月に建築委員会が出した案では、建設が時間的に間に合わないと気づいていた。6月11日、ダービーで開かれたある会議で、彼はあの有名な「吸い取り紙の建物のスケッチ」を描いた。それは、彼の「うねとみぞ」の屋根システムなら、巨大な多層階の構築物にも応用できるということを示していた。そこで、チャッツワースの助手たちや技師のウィリアム・バーローの力を借りて図面を作り、建築委員会に見せた。その後、この案はアルバート公の目にも入り、7月6日、『イラストレイテッド・ロンドン・ニュース（Illustrated London News）』紙で公表された。そして、バーミンガムの建設業者フォックス・ヘンダーソンとガラス製造業者ロバート・チャンスからこの案への入札があり、7月15日、建築委員会はその受諾を勧告した。パクストンが初めてアイデアをスケッチしてからわずか1か月あまりのことだった。

　雑誌『パンチ（Punch）』に「クリスタル・パレス（水晶宮）」と名づけられた万国博覧会展示施設（1851年）は、規格化した大量生産の建築部品を使って巨大な建物を造り上げたことが、とくに注目すべき点だった。しかも、そうした造り方をしたので、驚くほど短期間に完成させることができた。全長563.3メートル、幅124.4メートルもあって、中央のネイヴの部分はスパン21.9メートル、高さ19.2メートル、その両側の2本のアイルの部分は幅7.3メートルだった。内部は、鋳鉄製のトラスを支える3300本の列柱で区切られていた。また、中央の半円筒ヴォールトのトランセプト部分は、合板の大きなアーチで形作られ、中央部分の高さが32.9メートル、スパンが21.9メートルもあった。公園のオークの巨木をガラス屋根の下にそのまますっぽり収められるようにするためだった。この建物には、8万3612平方メートルのガラスと1万6990立法メートルの木材が使われた。そしてパクストンは、万博後にナイトの爵位を与えられた。

　この水晶宮は予定では一時的なものに過ぎなかったので、万博後にこれをどうするかは、すでに完成直後から議論が続いていた。そして、このままハイドパークに残すのは無理だということがあきらかになると、パクストンは支援を募り、建物を解体し

ジョーゼフ・パクストン

て、ロンドンの南にあるシデナムに移築することにした。そこでウィンターガーデンとして使い、彼の設計による広大な遊園地の目玉にしようとしたのだ。シデナムの新しい建物は1854年にオープンしたが、全体の姿は以前よりも壮観で、3つの半円筒ヴォールトが縦長の屋根から突き出ていた。シデナム・ヒルの上にあったこの多層階の建物は、階段状にならした丘の斜面に配したひな壇式庭園や人工の水路や滝や噴水を見下ろすように立っていたが、結局、1936年に火事で焼失した。

下：1851年の万国博覧会展示施設のスケッチ。1850年6月11日、パクストンがダービーで鉄道会社の会議に出ている最中に、吸い取り紙に描いたもの。次ページ：1851年にロンドンのハイドパークで開かれた万国博覧会の展示施設内部の図。

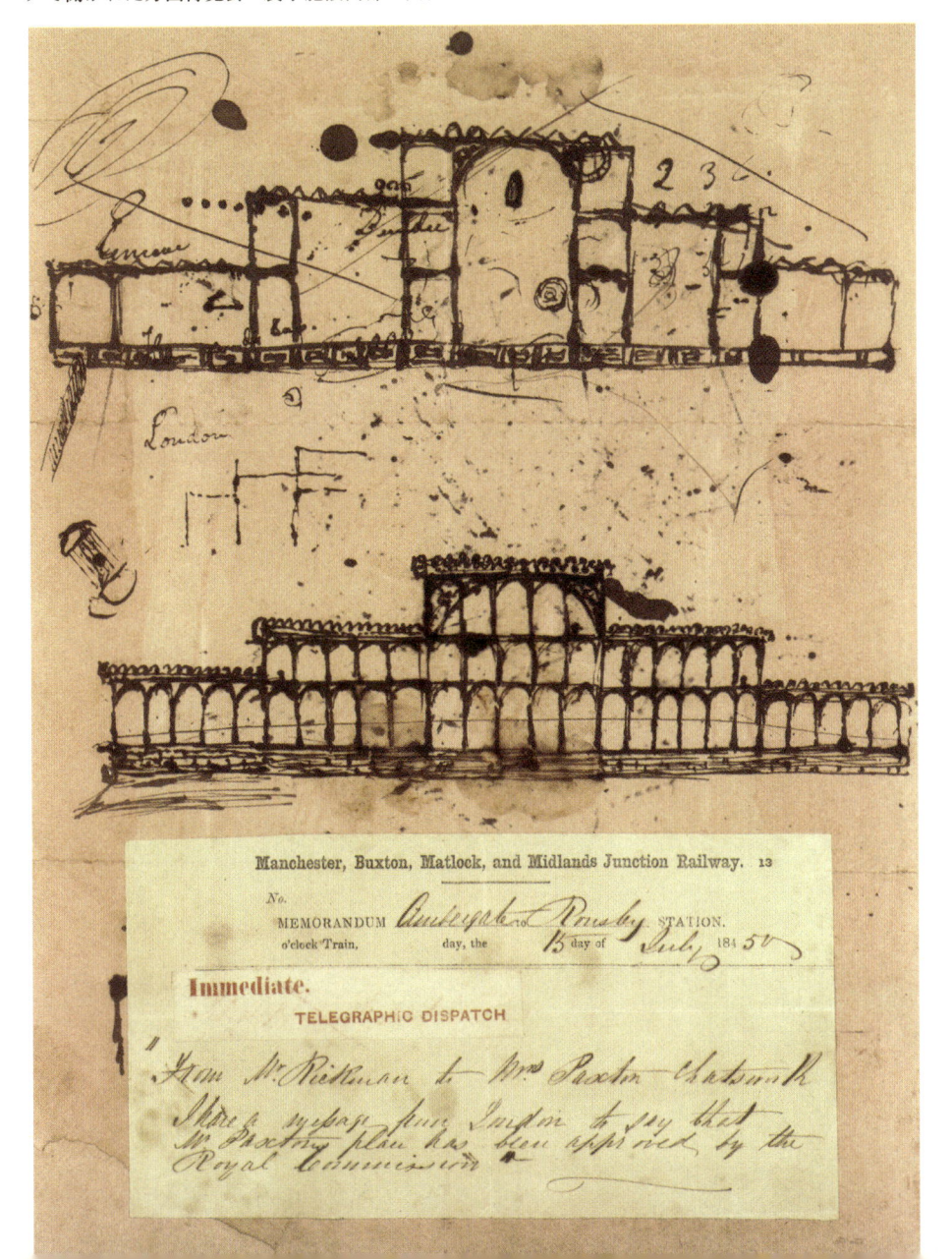

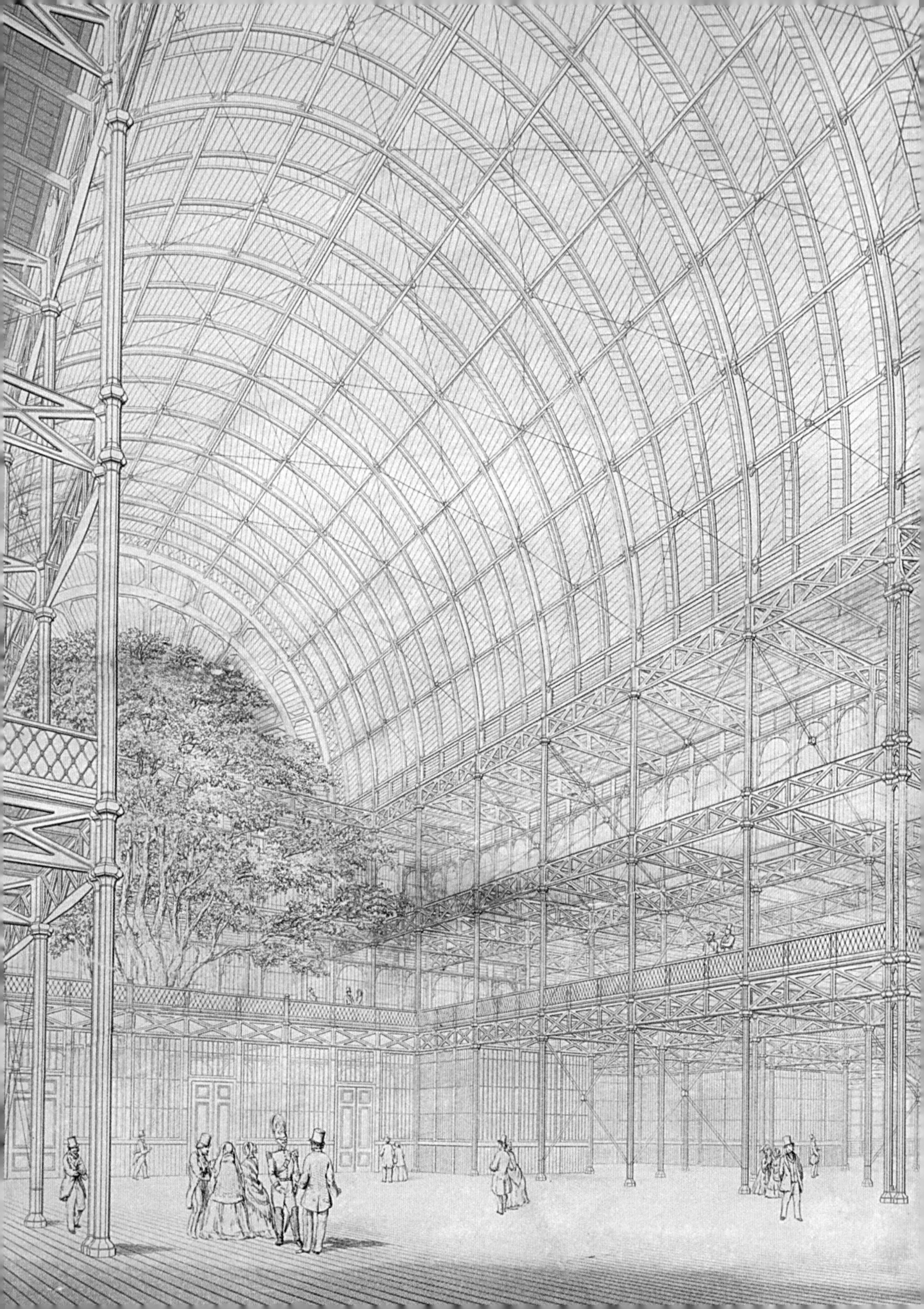

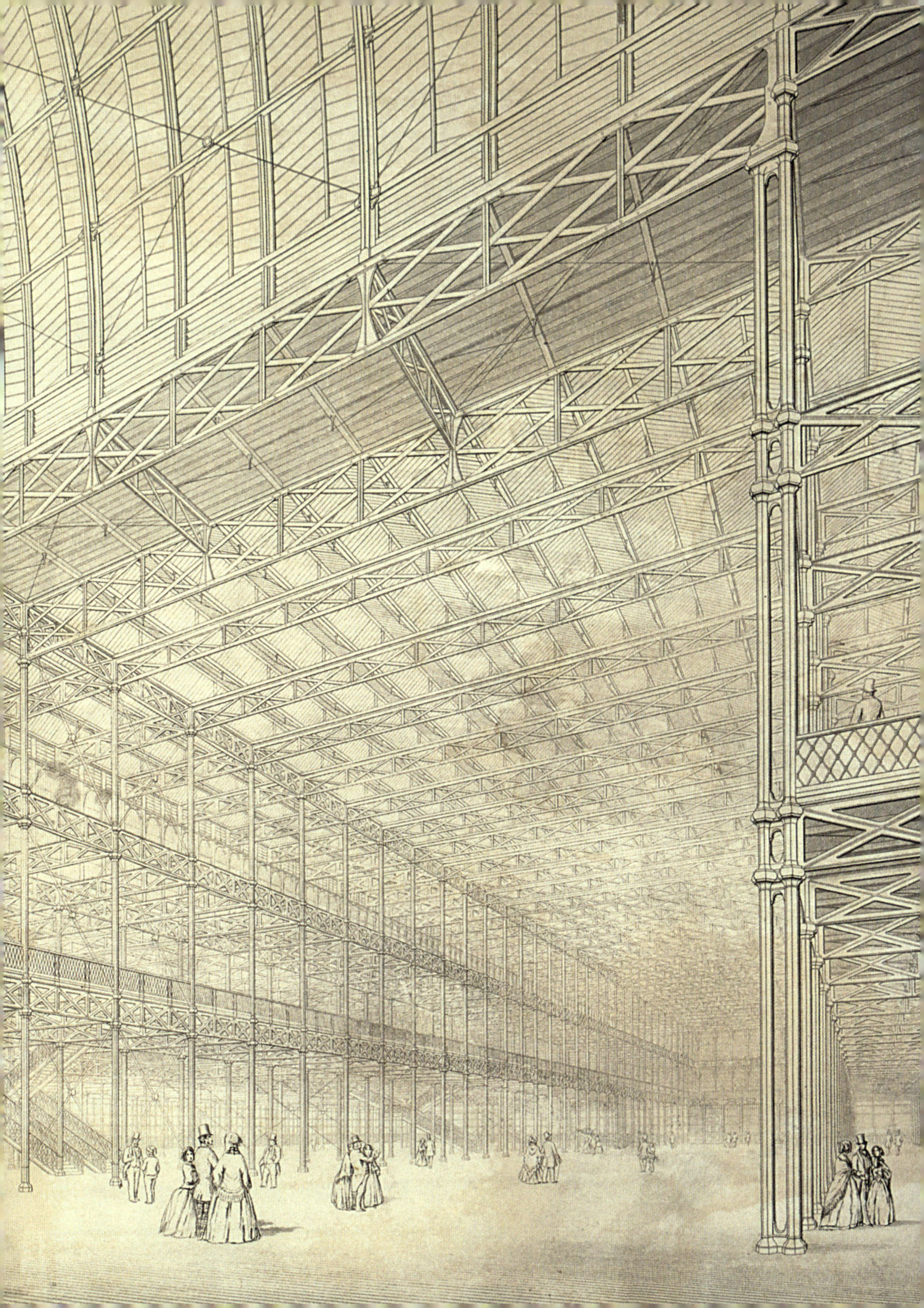

シデナムのクリスタル・パレス、ひな壇式庭園、人工の水路や噴水の俯瞰図。1854年。

　パクストンは建築家になる教育を受けたことはなかったが、さまざまな注目に値する建築物も任されていた。たとえば、チャッツワースの地所にあるエンザー村の再建（1834～42年）をしたほか、私有地の大きなカントリーハウスや城の改築も手がけた。ダービーシャーにあるジョン・オールカードのバートン・クローズィズ（1846年）、ヨークシャーにあるデヴォンシャー公爵のボルトン・アビー（1844年）、バッキンガムシャーにあるメイヤー・ド・ロスチャイルド男爵のメントモア邸（1850～55年）、アイルランドのカウンティー・ウォーターフォードにあるデヴォンシャー公爵のリズモア城（1850～58年）、パリ近郊にあるジェームス・ド・ロスチャイルド男爵のフェリエール邸（1855～59年）などだ。パクストンはジョン・ロバートソンやジョージ・ストークスといった建築のアシスタントと緊密に組んで仕事をした。ちなみに、ストークスはパクストンの娘と結婚している。

　パクストンの造園家としての仕事は、18世紀の風景式庭園の伝統と19世紀のトップクラスの園芸術が最高の形で組み合わされているが、それでも、彼のなみはずれて多様で幅広い活動のひとつに過ぎない。公園の分野での彼の業績はとくに注目すべきものだし、ガラスを建物に用いた彼の新しい手法は、19世紀で最も驚くべき建築ふたつ、万国博覧会の展示施設とシデナムのクリスタル・パレスに直接影響を及ぼした。

ピエール・ピノン

ヴィクトール・バルタール

パリ市の建築家

1805-1874 年

　ヴィクトール・バルタールはパリで生まれた。父親のルイ＝ピエール・バルタール（1764～1846年）も有名な建築家で、1818年から1846年までパリのエコール・デ・ボザールで理論を教えたほか、セーヌ川沿いの刑務所を手がけた。市民建築委員会の委員でもあった。ヴィクトールも1824年にエコール・デ・ボザールに入り、フランソワ・ドブレ、シャルル・ペルシエ、それから父親に師事した。そして在学中にいくつかの賞を受け、1834年から38年まで、ローマのアカデミー・ド・フランスがあるヴィラ・メディチへ留学することができた。パリに戻ると、1840年にパリ市のフェスティバルと芸術作品の監査官というポストを与えられた。これによって彼は、以後20年間、パリにある教会の修復と装飾を担当することになり、また、パリ市のフェスティバルの装飾や、1862年のプランス・ウージェーヌ大通り（ヴォルテール大通り）の開通式でもデザインを手がける機会を得た。

パリの教会

　バルタールはパリにある数多くの教会で仕事をした。そのほとんどがゴシック建築で、装飾や修復のほか、拡張工事も行った。教会当局と協力して、全体の装飾スタイルを決めたり、建物のさまざまな場所の備品を決めたりした。また、おそらくこれが最も重要だったと思われるが、その装飾計画を実行する芸術家を推薦するという仕事もあった（たとえば、イポリット・フランドラン、ジャン＝ルイ・ベザード、テオドール・シャセリオー）。こうして彼は、サン・セヴラン教会、サン・ルイ・ダンタン教会、サン・ジェルマン・デ・プレ教会、サンテリザベス教会、サン・ジェルヴェ教会の装飾を任されることになった。サン・ジェルマン・ロクセロワ教会のベイの修復をしたり、サントゥシュタッシュ教会の祭壇とオルガンケースをデザインしたりもした。また、サン・ジャック・デュ・オー・パ教会、サン・フィリップ・デュ・ルール教会、サンテティエンヌ・

晩年のヴィクトール・バルタール。ピエール＝アンブロワーズ・リシュブールによる写真。

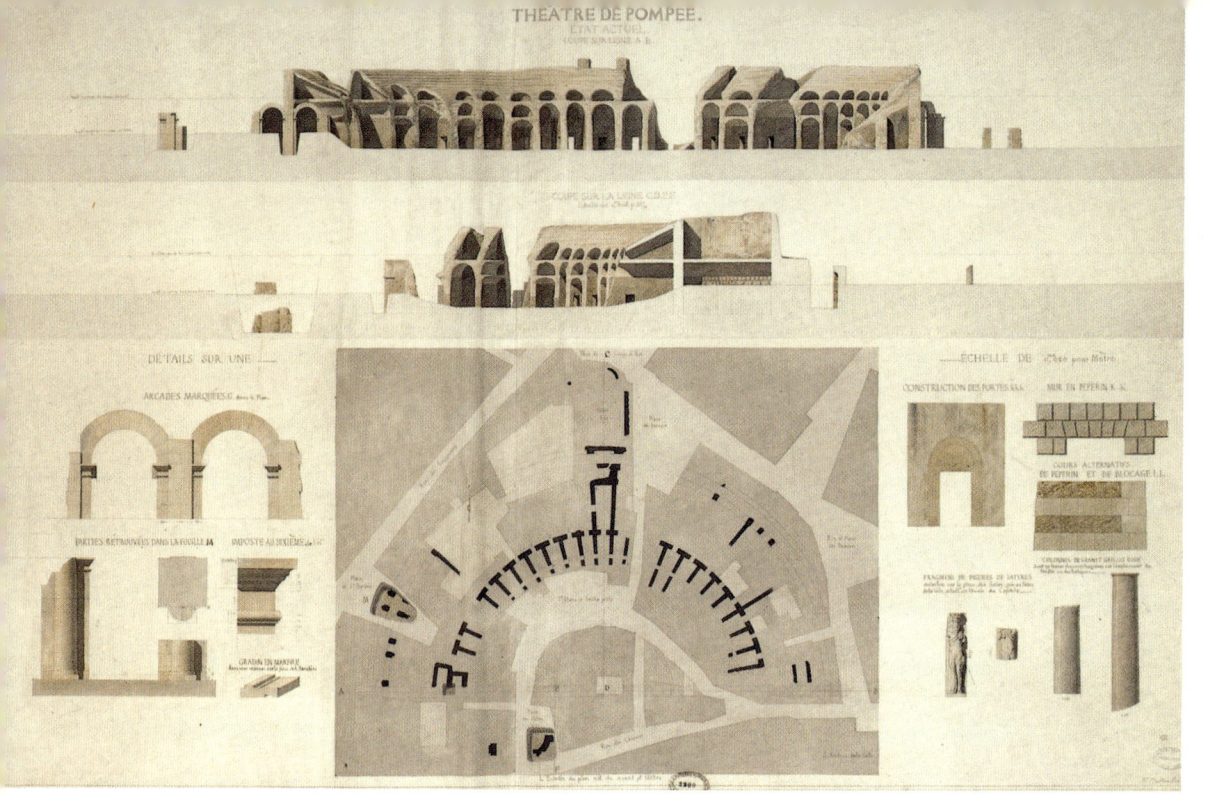

ローマのポンペイの劇場廃墟の平面図と立面図。バルタール作。1837〜38年、アカデミー・ド・フランス留学中に描いたもの。

　デュ・モン教会に教理問答の礼拝堂をつけくわえ、サン・ニコラ・デュ・シャルドネ教会の後陣を再建し、サン・ジャン・サン・フランソワ教会の入り口のポーチを造った。
　彼の大きなプロジェクトのひとつが、サン・ルー・サン・ジル教会（1857〜62年）だった。新たに開通したセバストポール大通りがこの建物を貫いていたので、内陣の奥にあった3つの礼拝堂を壊さなくてはならなかった。このためには、後陣を造り直す必要があり、そうなると、後陣が教会のメインファサードになって、新しい大通りに面することになる。また、周歩廊も大通りに沿うように造り直さねばならなかったし、後陣の半円形の部分が道路に突き出ないようにカットする必要もあった。そして彼は、大通り沿いに新しい礼拝堂と司祭館を建てた。彼の改築したファサードは、その巧みな配置が大いに称賛を得た。彼はまた、類まれな聖母の礼拝堂を設計した。その天井は、4つの大きなオープン・ダイヤフラム・アーチが、平らなヴォールトをペアで支え、中央の大きな四角い天井部分と9つの小さい天井部分を区切っていた。小さいほうの天井も、それぞれふたつのダイヤフラム・アーチが支える。しかもすべてセメント製だった。バルタールは中世後期からルネサンス初期の芸術を高く評価していた。そこで彼がいつもめざしたのは、オリジナルの建築に敬意を払いつつも、過去の模倣に頼らない、ということだった。
　そうしたバルタールの傑作が、サントーギュスタン教会で、壮麗な折衷主義の建築とめずらしいレイアウトが特徴になっている。この仕事は、1859年に知事のジョル

ジュ＝ウジェーヌ・オスマンからじきじきに頼まれたものだった。オスマンはマルゼルブ大通りの開通を利用して、セザール・ケール通りの角にある細長いくさび形の土地を教会にしたいと考えたのだ。建設工事は1860年から1871年にかけて行われた。複雑な造りにひときわ際立つのが、高さ60メートルのクーポラをもつドームだ。四角い身廊の角は面取りされ、リブをつけたドームがペンデンティヴに載っている。身廊と内陣（聖母の礼拝堂）、そしてトランセプトを作るふたつの付属礼拝堂（それぞれ半八角形）は、すべて中央で交わる。何か特定のものを指し示しているわけではないが、この中央に集めるプランは、ビザンティン建築を連想させる。装飾も同様だ。だが、とくにドーム、それから石張り仕上げは、あきらかにイタリアのルネサンスに着想を得たように見える。また、この教会で最も注目すべき特徴のひとつに、当時批判されがちだった内部の金属の骨組みがある。敷地が細長いため、身廊のヴォールトを支えるバトレスが使えなかったので、バルタールは、鉄製の柱に載せた金属の骨組みで覆うことにした。水平支柱は使わなかった。つまり、土地の形が建築の構造を決めた。これは非常に独創的なアプローチだ。

　バルタールはまた、バンク通りのオテル・ドゥ・タンブル（切手印紙局）の完成を監督する仕事もした（1846〜51年）。これはもともと建築家ポール・ルロンが始めた仕事だった。ナポレオンの墓所（1841年）とパリのオテル・ド・ヴィル（市庁舎）

パリのサントーギュスタン教会の身廊。1860〜71年。バルタールの革新的な金属の構造物がはっきり見える。

（1873年）の設計コンペにも参加したが、これらは負けてしまい、アミアンの市庁舎のプラン（1864〜68年）も、設計したが実現しなかった。また、教区の建築家として、バルタールはサン・シュルピス神学校（1849〜54年）の仕事もした。彼自身はプロテスタントで、以前ペンテモン修道院の礼拝堂だったものをプロテスタントの教会に変えたこともある（1844〜52年）し、ネラック（ロット・エ・ガロンヌ県）でプロテスタントの教会を建てたこともある。ネラックのほうは、荘厳な八角形のプランで、1852年から53年に建てられた。さらに、トロア（オーブ県）で大聖堂の聖母の礼拝堂の装飾をデザインした（1841〜45年）が、この時も、ゴシック様式を厳密に用いるべきではないか、という激しい論争を招かずにはいられなかった。パリ市の主任建築家（1860年以降）になってからは、市庁舎のプロジェクトに関与し、向かいに新館をくわえた。また彼は、墓所の設計も得意にしていた。たとえばペール・ラシェーズ墓地には、彼の代表作のヴィクトール・クーザンの墓（1866年）、彼の友人で画家のイポリット・フランドラン（1864年）とJ=A=D・アングル（1868年）の墓、ルイ=ジェームズ=アルフレッド・ルフェビュール=ヴェリーの墓（1873年）がある。またバルタールは、パリ近郊のソーに自分の別荘を建て、セスタ（ジロンド県）にあるオスマンの城を修復した。

レ・アール（パリ中央市場）

　1841年から1843年にかけ、バルタールはパリの中央市場レ・アールを昔の市場の跡地に建てるための設計計画の策定を引き受けた。そして1845年、彼はフェリックス=エマニュエル・カレ（1819年にローマ大賞受賞、パリ市の公認建築家）と一緒に、「中央市場の拡張改良工事」の建築家に指名された。1847年に敷地の正確な広さが決まると、バルタールとカレは、「堂々たる姿の建物のプラン」を出すよう求められ、1848年に8つのパヴィリオンのプランを提出した。どのパヴィリオンも巨大な鉄骨造りで、どっしりとした石造りのゲートと壁に囲まれたものだった。ほかの建築家との激しい競争もあったが、1851年、バルタールの6番目のプランが市議会と内務大臣に認可され、最初のパヴィリオンの建設が始まった。これは石張りで仕上げてあっ

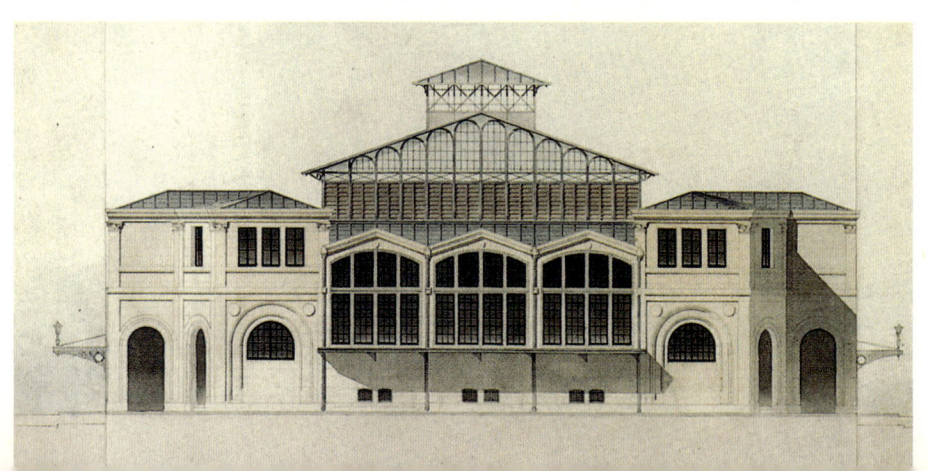

バルタールとカレによるレ・アールの石張りのパヴィリオンのデザイン、パリ、1851年。

建設直後のレ・アール。1853年の最終的な、修正した設計による。バルタールとカレは、鉄の骨組みが十分見えるようにした。

て、内部の金属の骨組みはほとんどが隠されていた。ところが、この「石のパヴィリオン」は世間でジョークのネタになり、1853年には、批判の嵐が巻き起こった。ナポレオン3世もこの建物が気に入らず、新しい鉄道駅で使っているようなスタイルに近い建築様式のほうが良い、と言って（「私が必要なのは巨大な傘だ！　それだけだ！」）、工事を中止させた。バルタールとカレは、事業計画のガイドラインに従って設計しただけだ、と釈明し、1853年、今さらながら1848年のプランに戻った。こちらのほうが、金属の骨組みがはっきり見えるようになっていた。だが、皇帝の批判は、いわば非公式の競争に暗に火をつけたようなもので、それまで以上に対抗案が続々と出てくることになった。

　最終的には、10棟のパヴィリオンを造るプランで落ち着いた。10棟はふたつのグループに分かれ、東側に6棟、西側に4棟が配置された。どのパヴィリオンも、倉庫として使う地下室があり、天井のレンガと鉄の交差ボールトが、サイコロの5の目型に配置した鉄柱で支えられていた。外装は石張り（支柱用）とレンガ張り（間仕切り壁用）だった。この基部の上には大きなアーチ型の窓があった。また、通路と越し屋根の金属の骨組みは、別の鋳鉄製の柱が支え、越し屋根（大きいほうのパヴィリオンでは小さいほうの2倍の高さがあった）には、ガラスの天窓が付いていた。通路を区切る平らな壁の上にも、大きな縦長の張り出し窓があり、この窓と高いトタン屋根が、通風と採光をもたらした。そして、ふたつのグループのパヴィリオンをとりまく道路も、シンプルな勾配屋根が覆い、その屋根にも天窓があった。建設工事がようやく完了したのは、1874年、バルタールの死去した年だった。この時、画家のアンリ・ドラボルドはこう書いた。「中央市場こそ、まさしく私たちの生きている時代にふさわしい建築の最も成功した例だと思われる。私たち自身の必要と近代的な思考から生じた建築だ」

スティーヴ・ブリンドル

イザムバード・キングダム・ブルネル

先進の鉄道技師にして船舶設計者

1806-1859年

「鉄道は今や進歩の一途にある。私はその技師として、イングランドで最も素晴らしい仕事に就いている。給料もいい。年2000ポンドだ。重役との関係もきわめて良好で、何もかもうまく行っているが、ここまでの戦いときたら、すごいものだった」。1835年12月31日、29歳のブルネルはこう日記に書いている。彼はロンドンとブリストルを結ぶグレート・ウェスタン鉄道の技師で、この前月、ロンドンの西側のウォーンクリフ・ヴァイアダクトという陸橋で工事が始まったばかりだった。工事を請け負った業者が集めた何千人もの作業員が、今やブルネルの指図どおりに動こうとしていた。だが、彼がそれまでに鉄道関係で経験したことと言えば、イングランド北東部のストックトンとダーリントンを結ぶ鉄道を1度だけ見たのと、リヴァプール・アンド・マンチェスター鉄道に1度だけ乗ったのがすべてだった。

最初の難関

ブルネルが幸運だったのは、この時代に生きていたことだ。当時のイギリスは、世界初の工業化社会として、世界初の鉄道網を整備しつつあった。彼の父親、マーク・イザムバード・ブルネルは、1769年にノルマンディーのアックヴィルで生まれた。そして1799年、イギリスへやって来て、海軍にまったく新しいアイディアを提案した。軍艦用の木製リギング・ブロック（滑車）の製作を機械化するというものだった。これによって、ポーツマスの工場ブロック・ミルは、世界で最も早く機械化された生産ラインになった。マークはイギリス人のソフィアを妻に迎え、ポーツマスでふたりの間に生まれたイザムバードは、最初パリの有名な時計職人ルイ・ブレゲに弟子入りし、それから、工作機械の分野で当時最高の技術を誇っていたロンドンのモーズリ

ブルネルの設計したテムズ・トンネルの横断図。1827年5月18日に初めて洪水が起きた直後に作られたもの。トンネルが完成したのは、1842年1月だった。

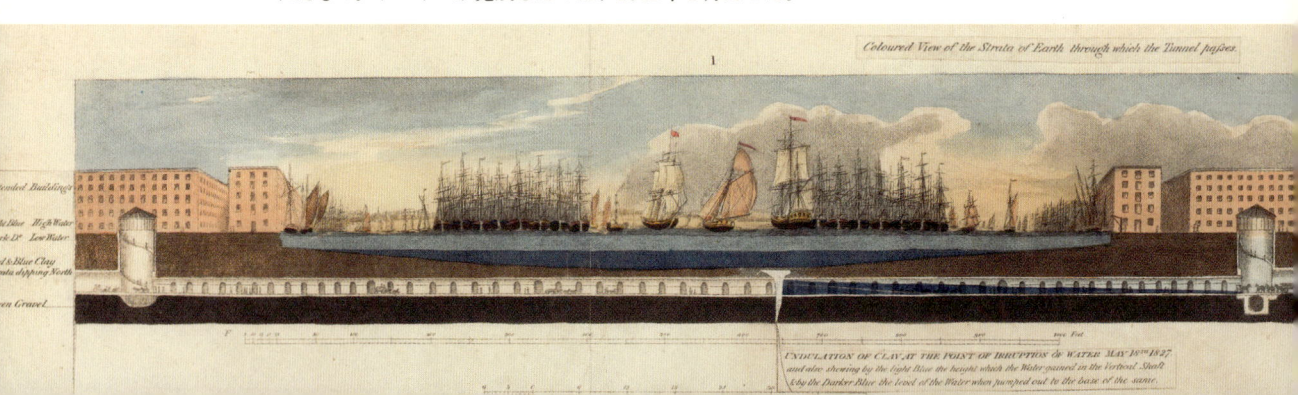

エイヴォン川のクリフトン吊り橋。タワーはブルネルの設計に従って建設された。1836〜43年ごろ。だが、施工主企業が破産したため工事が中断してしまった。完成は1864年で、技師のジョン・ホークショーとウィリアム・バーロウが仕事を引き継いだ。完成がブルネルへの追悼でもあった。

ー・サン・アンド・フィールド社で修業をした。20歳になるころには、もう父親の最大のプロジェクトを手伝えるまでになっていた。テムズ川の下を通って両岸のロザハイズとワッピングを結ぶ水底トンネルを掘るというプロジェクトだ。
　テムズ・トンネルという案は、当時ほとんど誰もが不可能だと断言するほど大胆なものだった。試しに穴を掘ってみた者もいたが、不安定な地盤が崩落する結果に終わっていた。そこでマークは、トンネルを掘る作業員を守るため、大きな鉄の骨組みで作業員を包むという方法を考案した。トンネル・シールドだ。作業員が自分の目の前にある土を掘ると、シールドがねじジャッキで前方へ押され、そこで、すぐ後ろのレンガ職人がレンガを積んで、トンネルをほんの少し前へ進める。この作業を繰り返した。それでもこれは、ひどい悪臭を放つ泥にまみれる危険な作業だった。1826年、イザムバードは年俸200ポンドの常駐技師に任命されたが、工事はますます危険で辛い仕事になっていった。トンネル内に割れ目から大量の水が噴き出したのだ。この時は、割れ目をふさぎ、泥水をポンプで排出して、工事を再開したが、1828年1月11日、ふたたび出水事故が起きた。イザムバードもその時ちょうどトンネル内にいて、あやうく死にかけた。テムズ・トンネル・カンパニーは工事を中止せざるをえなくなった。そしてブルネル父子のキャリアも、これで終わったかに見えた。実際、イザムバードが活動を再開するまでは、終わったも同然だった。
　イザムバードは療養のためブリストルへ行ったが、そこで、エイヴォン川の渓谷に新たに架けるクリフトン吊り橋の設計コンペに優勝した。彼の案は、全長214メートルという当時世界最長スパンの吊り橋だった。ただし、完成したのは1864年、イザムバードが他界した後だ。また彼は、ブリストルの造船所を改良するための地味なが

ブルネル（後方右）と同僚たち。ロバート・スティーヴンソンもいる（後方左）。蒸気船グレート・イースタン号の進水失敗時の写真。ロンドンのミルウォール・ドックにて。1857年11月。

ら有益な仕事もいくつか請け負った。当時ブリストルの商人や銀行は、大西洋の奴隷貿易で競合相手のリヴァプールにおくれをとっていることが心配の種だった。それ以上に、リヴァプール・アンド・マンチェスター鉄道が脅威になっていた。というのも、この路線に引き続いて、南のバーミンガムへ、そしてロンドンへと鉄道を伸ばす計画もあったからだ。そこでブリストルの人々は、ついに自分たちも鉄道会社を設立し、1833年3月7日、イザムバードにルート探しを依頼した。これが、彼のキャリアの転換点となった。

鉄道の設計

　1日20時間、9週間にわたって馬の背にゆられ続けたすえ、ようやくブルネルは理想のルートを見つけた。そして6月、この路線を設計する技師になった。また、グレート・ウェスタン鉄道会社（GWR）が1835年8月31日に国会で承認されるにあたっても、彼は重要な役割を果たした。彼が日記で言っているように、ここまでの苦闘は大変なものだった。本線のルートについては、できるだけ水平で直線的なものにすべきだ、ということを重視しなければならないのはわかっていた。小さな町を通らないとしても仕方ない（実際、通らないことになった）。そういう町は、後で支線で拾っていけばよい。こう考えたブルネルは、ロンドンからディドコットまでの最初の83.5キロメートルでは、線路の平均勾配を1320分の1に抑えた。
　ブルネルの独創的な発想はそれだけではない。彼は「標準」ゲージ（レール間隔

143.5センチメートル）に疑問を抱いた。このゲージは、北部の鉄道の第一人者であるジョージとロバートのスティーヴンソン父子が選んだもので、ジョージがまだ少年だったころに働き始めた炭鉱の鉱石運搬用の線路のゲージが起源だった。だがブルネルは、GWRを説得して、レール間隔2.1メートルの広ゲージで鉄道を建設させようとした。広ゲージなら、機関車も大きく重くすることができ、重心が低くなって、高速でも安定するし、将来的に成長するための柔軟性と余地も増すだろう、と考えたのだ。彼は鉄道の設計を何もかも自分で監督するつもりでいた。彼の広ゲージという発想は素晴らしかったが、GWRの最初の機関車は、彼の仕様書通りに作られたものの、信頼性に欠け、パワー不足だった。事業を救ったのは、若いが有能な機関車総監督ダニエル・グーチだったようだ。広ゲージ帝国の拡張において、グーチはブルネルの片腕となる。

　機関車の管理はグーチにまかせたが、それでもブルネルはそれ以外のことはすべて自分で見ようと、ロンドンのウェストミンスターのデューク・ストリートにある事務所から膨大な仕事を指揮した。彼は気難しい上司だった。助手の技師にも請負業者にも、残業を嫌がらずに非常に高いレベルの仕事をするよう求めた。とりわけ自分自身、労を惜しまず、いつも徹夜で働いていた。ブルネルのスケッチブックは、現存するものだけでも約50冊あり、それを見ると、橋、トンネル、駅舎などの建築物のオリジナルデザインについて、彼がどのくらい関与していたかがわかる。ブルネルはこの鉄道を美しくて役に立つものにしたいと思っていた。スケッチブックには、彼のデザインしたエジプト風の高架橋や、城郭風のトンネルの入り口、ゴシック風の橋が描かれている。また、ブリストルのテンプル・ミーズ駅（1839〜40年）は、巨大な木造屋根に、疑似のハンマービームが付いているし、バース駅はエリザベス朝様式のカントリーハウス風で、ボックス・トンネルには大きな古典様式のアーチがある。なかでもとくに素晴らしい駅は、ロンドンのパディントン駅（1852年）だろう。

　工事の全工程で最も困難で辛かったのは、当時最長といわれたボックス・トンネル

ボックス・トンネルの西側ファサード（1836〜41年）。ブルネルが古典様式で設計した。このリトグラフは、ジョン・クック・ボーンの『グレート・ウェスタン鉄道の歴史（History of the Great Western Railway）』（1846年）所収。

先進の鉄道技師にして船舶設計者

の工事だった。工事に4年以上かかったうえ、100人以上の命も犠牲になった。1841年6月にこのトンネルが完成し、これでロンドン・ブリストル間が開通した。ただし実際には、GWRはすでにもっと先まで列車を走らせていた。というのも、それまでに多くの子会社を設立していたからだ。たとえばブリストル・アンド・エクセター鉄道、サウス・ウェールズ鉄道、オックスフォード・アンド・ラグビー鉄道などで、すべてブルネルが主任技師を務め、すべて広ゲージの線路だった。ブルネルは亡くなるまでに、イングランドとウェールズで1930キロメートル以上の鉄道建設を監督した。

　ブルネルの素晴らしい頭脳は休み知らずで、どんな問題でも、安易な答えでは満足できなかった。だが株主にとっては、その答えがいつも朗報とはかぎらない。最も悪名高い例が、サウス・デヴォン鉄道だ。ここはむずかしい地形で急勾配だったので、ブルネルは、新しい技術、大気圧鉄道の試験にぴったりの場所だと思ってしまった。レールの間を走るパイプ内を真空にすることによって、列車を動かそうという技術だ。しかし残念ながら、当時の素材の技術は、真空を維持できるほど進んではいなかった。1年間実験を続けたすえ、彼は計画を断念し、この路線に機関車を走らせた。このため、サウス・デヴォン鉄道の株主は24万ポンド以上の損を出し、ブルネルはムダ遣いしすぎだと非難された。とはいえ、彼の設計の才能が素晴らしく経済的な解

1858年の夏、建設中のロイヤル・アルバート橋。コーンウォール鉄道がソルタッシュでテーマー川を渡るために造られた。船で所定の位置まで運んだ第2のトラスを水圧ジャッキで徐々に持ち上げているところ。

決策を生み出した例も、これ以上に多くある。その好例がコーンウォール鉄道で、難しい地形に86.9キロメートルの線路を設計しなくてはいけなかったが、総予算は60万ポンドしかなかった。ブルネルの出した答えは、木造の高架橋をいくつか設計することだった。これは経済的な設計の代表作で、その後どの橋も石造の橋に取り替えられたが、じつは、そうした架け替えこそがポイントだった。木造の高架橋は、ともかく鉄道を走らせて利益を稼ぐのが目的で、そうやって利益を出してから、もっと長持ちする橋に替えればよいと考えたのだ。

　ブルネルは、レンガ、石、木材、鋳鉄、錬鉄と、さまざまな素材で多くの橋を設計した。とくに有名なのが晩年の錬鉄製の橋で、その筆頭が、デヴォンとコーンウォールの間、テーマー川河口のソルタッシュにあるロイヤル・アルバート橋だ。これは1854年から1859年にかけて、まったく新しい形式の「クローズ型吊り橋」として造られた。この形だと、すべての力が構造物の内部に閉じ込められ、外部の固定点には移転されない。

蒸気船の設計

　ブルネルが鉄道の設計だけに終わっていても、史上屈指のエンジニアだと認められたのはまちがいない。だが、彼のキャリアにはもうひとつ、史上最も影響を与えた船舶設計者のひとり、という側面もある。彼が船の設計を始めたのは1835年、ちょうどグレート・ウェスタン鉄道の計画を進めている最中だった。ディナーの席の何げなさそうな会話で、彼はこう言っている。「それ（鉄道）をもっと伸ばして、ブリストルからニューヨークまで蒸気船を走らせて、そちらもグレート・ウェスタンと呼ぶというのはどうでしょう」。当時の蒸気船は、積み込める石炭の量から見て短距離の航海しかできない小さな船で、普通に考えれば、大西洋を渡れるだけ大量の石炭を積めるような蒸気船はありえなかった。だがブルネルは、逆もまた真なり、と見抜いていた。船が大きくなれば、出力と重量の割合も好ましくなる。十分に大きな船なら、風の力を借りなくても、大西洋を渡れるはずだ、と。彼のカリスマ性にくわえ、GWRの株主グループの支援もあって、グレート・ウェスタン汽船会社が設立され、ブルネルの設計に従って、蒸気船グレート・ウェスタン号の建造が始まった（1835～38年）。史上初めて、長距離航海を目的に造られた蒸気船だった。そして1838年4月に処女航海に出て、大西洋を14日間で横断した。

　蒸気船グレート・ウェスタン号は木造船だった。次にブルネルは、2倍の大きさの鋼鉄製の船を構想した。この蒸気船グレート・ブリテン号（1838～45年）は、史上最も革命的な設計の船だと言ってよい。当初ブルネルは、外輪式の船にする予定だった。だが1840年、彼はアルキメデス号という、フランシス・ペティ・スミスが発明した世界初のスクリュープロペラ推進だけの船を目にした。ブルネルは、もっと研究したいので建造を一時中止してもらいたい、と重役を説き伏せた。彼がグレート・ブリテン号のため設計したプロペラは素晴らしく、今のプロペラと比べても、効率は5

先進の鉄道技師にして船舶設計者

〜10パーセント低いだけだ。1845年、処女航海に出たグレート・ブリテン号は、大西洋を7日間で横断した。ブルネルはまたもや輸送に革命を起こしたのだ。

彼の3つ目の巨大蒸気船、グレート・イースタン号は、ブルネル最大の愚挙と見られることが多い。確かに、仰天するような工学技術の夢だった。1853年ブルネルは、蒸気船で極東まで行くにはどうしたらよいか、という問題を解きにかかった。はるか先の目的地で石炭の補給ができないかもしれないとすると、往復分の石炭を積まねばならない。数ページにわたって計算やスケッチをしたすえ、彼は全長183メートル、排水量2万7000トンの巨大な船を思い描いた。進水時世界最大だったグレート・ブリテン号の6倍も大きな船だ。このグレート・イースタン号の建造も、工期が大きく長引く非常に辛いものになった。イースタン蒸気航海会社と最初に建造を担当したジョン・スコット・ラッセルが破産したため、ブルネルはひとりで仕事を背負うはめになったのだ。しかも、1857年1月に完成した船体を初めて試しに進水しようとしたが、進水台の途中でびくとも動かなくなってしまうという大失敗に終わった。結局、この船は1859年9月7日に処女航海に出たが、翌日、甲板で爆発が起き、5名の死者が出てしまった。スチームバルブが閉じられていたせいだった。グレート・イースタン号ほど巨大な機械はそれまで造られたことがなく、これほど大きな機械を操縦しようとした者もそれまでいなかった。ブルネルは精神的にも、頭脳的にも、金銭的にも、グレート・イースタン号に傾注していたので、もしかしたら、この事故が彼の死を早めてしまったのかもしれない。わずか1週間後、彼は53歳で他界した。死因は腎臓疾患だった。グレート・イースタン号は利益を生み出すことができなかった。設計的には驚異だったが、あまりに大きすぎ、時代を先取りしすぎていた。かつてジョージ・バーナード・ショーは、分別ある人間なら周りに合わせてしまうから、進歩というものはすべからく無分別な人間に頼らねばならない、と言った。ブルネルは分別ある男とは言い難いが、天才的な設計者だった。工学技術の英雄の時代で随一の天才だったといえるだろう。

1853年のブルネルのスケッチブックの1ページ。彼の3つ目の船、蒸気船グレート・イースタン号の最初のスケッチがある。

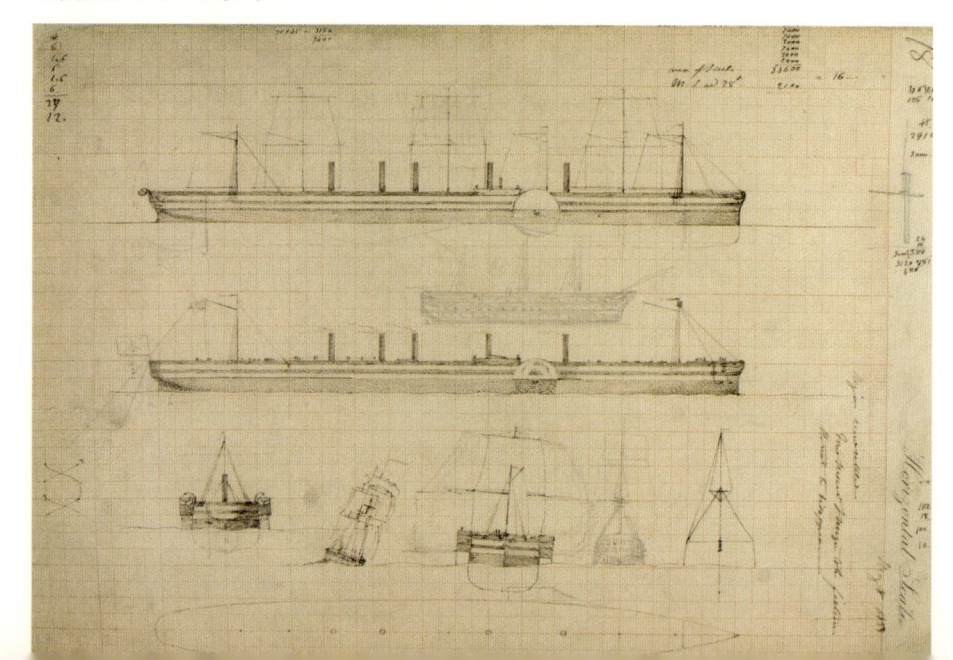

ティモシー・ブリテン＝カトリン

A・W・N・ピュージン

現実主義の革命児

1812-1852年

　イングランドの建築の歴史を見ると、美と個性は多彩なのに、理論家は少なく、革命児となるともっと少ない。そんななか、異彩を放つ名前がひとつある。オーガスタス・ウェルビー・ノースモア・ピュージン。この名をもつ男は、あまりに変人で、あまりに過激な建築家で、あまりに物議を醸した論客だったので、建築史上屈指の奇妙な運命をたどることになった。ヴィクトリア朝の時代、彼は生前も死後も、愚弄されることもあれば崇拝されることもあった。そして半世紀の間、完全に忘れ去られた。ところが1940年代以降、モダニズムの歴史家によって、彼の名前は逆説的な復活を果たした。20世紀半ばの装飾を排した、教条的な様式を生んだ父のひとりと見なされたのだ。だが元来、彼は凝りに凝った装飾をする装飾図案家だった。とくにウェストミンスター宮殿の装飾がそうだ。西洋の建築がこの150年間にたどった道へ、ピュージンがどう貢献したかは、まだ大いに異論のある問題だが、疑う余地のないこともある。それは、彼が奇妙と言ってもいいほどに働く力をもっていたということだ。彼が絶えず生み出し続けたイメージやアイデアのおかげで、19世紀の終わりには、イングランド国内の建築が世界中の羨望の的になった。

　ピュージンはロンドンの都心のブルームズベリーで生まれた。両親が住んでいたのは、当時、自由奔放なボヘミアン的生活で知られていた地区の真ん中だった。父親のオーギュスト・シャルル・ピュージンはフランス人亡命者で、建築家ジョン・ナッシュの事務所で建物や装飾の製図をしていた。実質的には下請け契約の設計士だ（こうした雇用は、大手の建築事務所が出現するまでは一般的なことだった）。それよりもっと重要な点は、父親のピュージンが、地誌作家で出版業者のジョン・ブ

ウェストミンスター宮殿にあるピュージンの肖像。友人のJ・R・ハーバートが1845年に描いたもの。片時もじっとしていられず、この絵のために20分だけ割いてポーズをとった。

リトンとも仕事をしていたことだろう。ブリトンが中世の建築について書いた多くの本で、図版を描いていた。このジャンルに対する関心の高まりには、ブリトンの寄与もあった。古い建物の実測図は、完全に正確であるべきだ、というブリトンの主張に沿って、A・C・ピュージンもそうした図の好例を描いており、なかには部分的に再建された建物の図という場合もあったが、ともかくゴシック様式の教会や大聖堂が実際にはどのようなものだったかが、よくわかったのだ。それまでの古物の図版は、たいていが不正確だったり美化していたりした。当時は、建築家が信頼できる情報に飢えていた時代だけに、こうした新しい科学的な調査がどれほど意義深いことだったか、決して軽く見ることはできない。

ピュージンの理論の構築と出版

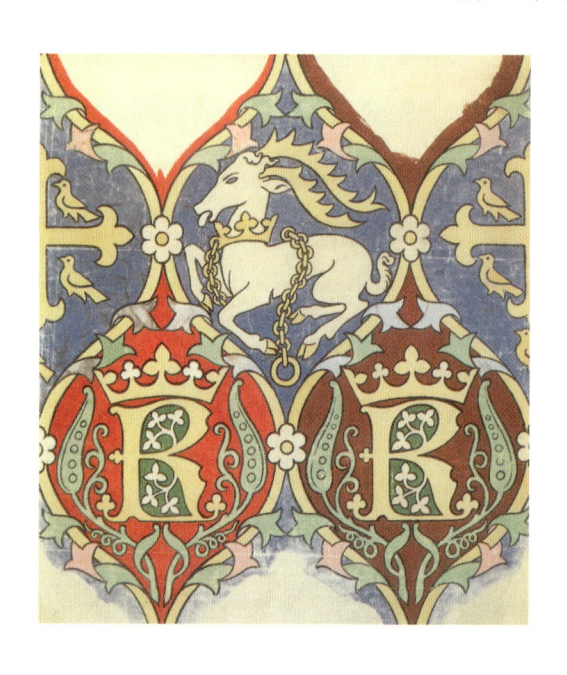

息子のピュージンも、こうした建築の測定と作図を手伝った。このおかげで、彼は中世建築について博識になったばかりか、近代建築よりもゴシック建築のほうが、構造的にも実用性からしても精巧にできている、という思いを強く抱くようになったし、建築の各構成要素は、どんなに小さいものでもそれぞれ重要なのだ、ということを理解すべきだと思うようにもなった。1820年代から30年代にかけての時代、建築界は災難続きだった。新しい建物の多くが、技術的に問題があったり、美しさという点で落第だと批判されたりした。しかも、建築家はデザイン上の問題に直面していた。効率的な最新のキッチンや配管といった専門技術を要する設備、鉄道駅のような新しいタイプの建物などから生じる問題に対しては、従来のようなシンメトリーを保つ新古典主義的な手法が通用しなかった。そこでピュージンは、当世風のデザインはすべて根本的にまちがっている、と早くから考えるようになったようだ。この行き詰った状況から抜け出すには、始めからやり直すしかない、ルネサンスがイングランドのデザインを堕落させた15世紀後期に立ち戻って再出発するしかない、と思ったらしい。

ピュージンはデザインの神童だった。1835年には、当時すでに名声を確立していた建築家チャールズ・バリーの製図を手伝って、新しい国会議事堂のコンペで勝っている。しかし、ウェストミンスター宮殿では、彼はいつも黒子だった。彼のキャリア

A・W・N・ピュージン

は、1836年の著書『対比（Contrasts）』の出版（自費）から始まった。このころには、彼はカトリックに改宗していて、ソールズベリー郊外の自分で設計した風変りな中世風の家に住んでいた。彼の著書は、近代的な生活と建築に対する攻撃だった。その最初の部分は、目を通す人がめったにいないところだが、彼独自に解釈した建築史で、イングランドの建築は宗教改革のせいで道を誤った、と主張している。しかし次の、一連の風刺画がある部分のほうは、以来多くの建築家が熟読してきた。ここで24歳のピュージンは、ナッシュやコッカレル、スマークといった当時の大物建築家の作品

前ページ：ピュージンがデザインしたウェストミンスター宮殿の壁紙の図案を見ると、中世の美術表現をもとに新しい表現を生み出す能力を驚くほど備えていたことがわかる。この例は1851年のもの。下：チードルのセント・ジャイルズ教会、1841～46年。ピュージンは生涯かけて高いレベルのデザインとその実現を追い求めた。これは彼の理想に最も近づいた例。

も、多くの二流建築家の作品も意地悪く一緒くたにし、イングランドの過去のゴシック期の輝きと比べて、こてんぱんにこき下ろしている。彼の言いたかったのはこういうことだ。道徳的な善き社会は、道徳的な善き建物を生む（これはまったく新しい考え方だ）。ごまかしや見せかけだけのものでは、近代建築の問題を解決できない。

その後の1841年の著書『尖頭式の、すなわち教会建築の正しい諸原理（The True Principles of Pointed or Christian Architecture）』では、ピュージンは明快な言葉と図版を使って、道徳的な善き建物とはどういうものか、どう造り上げるかを解説している。「便宜や構造や端正さに不必要な建物の特徴は、存在すべきではない。（中略）どれほど小さなディテールであれ、『意味をもつなり、目的に資するなり』すべきである」と彼はいう。つまり、素材と建築技術は、その用途や物理的属性を表現すべきだということだ。たとえば屋根は、まず第一に屋根としての機能を果たすべきで、雨をよけ、その内部の構造を表現するものだ。ちょうつがいのような小さなディテールですら、ちょうつがいとわかるように見えるべきであって、機械でプレスした金属片がドアの内部に隠れているようなものであってはならない。ピュージンの発想の源はゴシックと中世だが、彼の理論は、当時の考え方、主にフランス人の考え方に沿うものだった。人生の基本的要素には、合理的に一貫性をもって、表現力豊かに対処すべきだ、という考え方だ。こうした姿勢は、一般的に「現実主義」と呼ぶ。

教会と住宅のデザイン

ピュージンの顧客はごく少数しかいなかったが、みな有力者だったので、建築家としてのピュージンは、15年そこそこという短いキャリアの間に、驚くほど多くの建物を設計する機会を得た。こうした顧客の筆頭が、第16代シュルーズベリー伯爵ジョン・トールボットだった。伯爵は、イングランドで公権を認められたばかりのカトリック教徒の熱心な支援者でもあった。当時のカトリック教徒には、教会はもちろん、修道院、学校、聖職者の住宅も必要だったので、シュルーズベリーは新しい建物の計画が出てくるたびに、ピュージンを建築家として起用することを支援の条件にしてくれた。シュルーズベリー本人のためには、ピュージンは彼の傑作、スタッフォードシャーのチードル村のセント・ジャイルズ教会（1841～46年）を設計した。これは15世紀後期の完璧な教会の再現だった。建物は隅から隅まで、彫刻や壁画天井画、タイル、ステンドグラス、典礼用の衣服、真鍮と銀の装飾品で飾られていた。ピュージンは、国会議事堂での仕事を続けてきたおかげもあって、応用美術の分野でも中世の技術の復活を始めていた。実際、彼は生涯に非常に多くのデザインをこなしたので、ジ

ピュージンの「中世館」は、鉄とガラスの「水晶宮」の中にあるだけに、両者のコントラストが、ヴィクトリア朝時代のデザインのなみはずれた豊饒さと活力を際立たせる。

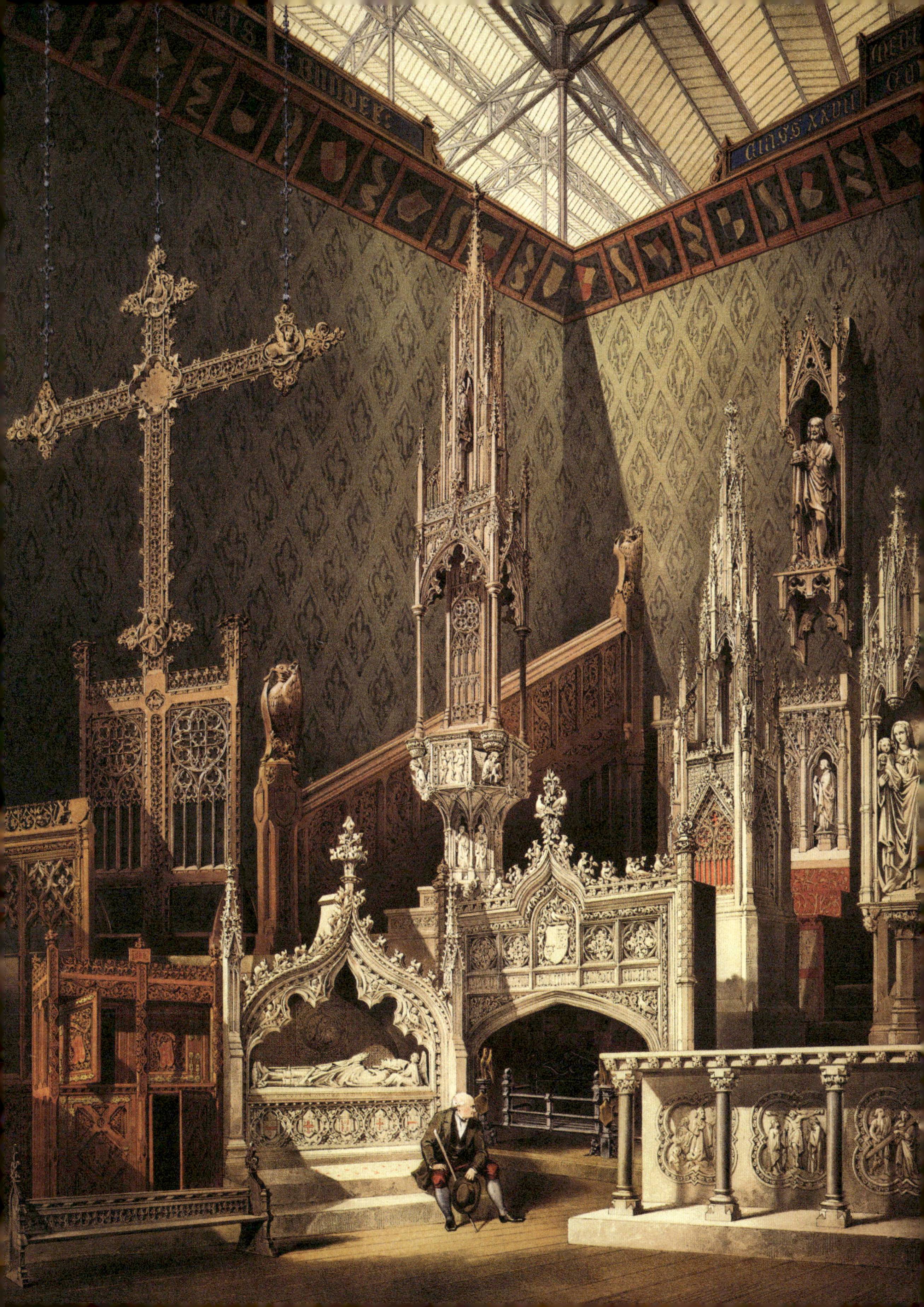

現実主義の革命児

ョージ・ギルバート・スコットやウィリアム・バターフィールド、イングランドのネオ・ゴシック建築家の第1世代全体といった熱心な崇拝者たちにとっては、頼りになるゴシック・デザインの宝庫を与えられたようなものだった。

教会建築の分野では、結局、ピュージンは生きた年数以上の数に及ぶ教会を設計したほか、4つの大きなカトリックの大聖堂も手がけた。バーミンガムのセント・チャド大聖堂（1839～41年）、ノッティンガムのセント・バーナバス大聖堂（1841～44年）、ニューカースル・アポン・タインのセント・メアリ大聖堂（1842～44年）、ロンドンのサザークのセント・ジョージ大聖堂（1841～48年）だ。しかし、彼の最も独創的で影響力の強い作品といえば、住宅建築だろう。修道院のような施設の建築では、彼は居住者の日常生活のありようを細かく映し出した（というよりも、細かく取り決めた）。たいていは、曲がりくねった長い廊下が、さまざまなタイプの部屋を結んでいて、ジョージ王朝時代のシンメトリーな建築とは大違いだ。ケント州ラムズゲートの崖の上にあった自宅、ザ・グレインジ（1843～44年）のような住宅も、同じく革命的だった。あらゆるディテールがあらためて練り直され、平面と立面が、内部の様子も建物の建築方法も表現していた。ピュージンは妥協を拒んだ。当時流行の「ピクチャレスク」建築家との共通点は一切なかった。ピクチャレスク派は、ゴシック様式のリメイクかもしれないが、風景に溶け込むようなロマン主義的な家を設計していた。ピュージンの宗教的熱情は、論理的に設計され上手に造られた建物を見たいという彼の強い思いの表れだった。自分できっちりと設計し建設する手段がほとんどない時でさえ、そうだった。猛烈に働き続け、いつもあちこちへ出かけていたピュージンは、最後に、1851年の万国博覧会で意義深い公共プロジェクトを手がけた。「中世館」を出展し、応用美術の作品を展示したのだ。その翌年、彼は他界した。まだ40歳だったが、ウェストミンスター宮殿の時計台の設計を終えたばかりで、完全に疲れ果てていた。ピュージンの作品と生涯は、再発見されるたびに、まったく新しいものを数多くもたらしてくれる。

ピュージンはラムズゲートにある彼のセント・オーガスティン教会に埋葬されている。その隣にあるのが自宅のザ・グレインジ。1843～44年に自分で設計した革命的な住宅。

マルタン・ブレッサーニ

ウジェーヌ＝エマニュエル・ヴィオレ＝ル＝デュク

建設的な意志としてのゴシック

1814-1879年

　かつて著名な建築史家ジョン・サマーソンはこう言っている。建築史上、ずば抜けて優れた理論家というとふたりだけで、そのひとりがヴィオレ＝ル＝デュクである。この見解は、現代の機能主義の全盛期ならではのもので、今では1940年代ほど説得力がないかもしれない。だが依然としてヴィオレ＝ル＝デュクは、建築について建設的な議論を繰り広げてきた論客たちの中で無比の存在だ。フランスからロシアにまで及んだヨーロッパ大陸のアール・ヌーヴォーの展開に、彼ほど大きな影響を与えた者はいない。また、彼の2冊組の著書『建築講話』（1858～72年）（飯田喜四郎訳、中央公論美術出版）をヘンリー・ヴァン・ブラントが英訳してからは、19世紀終わりのアメリカでも、ヴィオレ＝ル＝デュクの著書は建築の分野で最も広く読まれるもののひとつになった。フランク・ロイド・ライトも自伝の中でこう言っている。かつてはヴィオレ＝ル＝デュクの『中世建築事典 (Dictionnaire raisonne de l'architecture francaise du XIe au XVIe siecle)』（1853～68年）が、「世界で唯一の、本当に理にかなった建築書」だと思っていた。

　ヴィオレ＝ル＝デュクがモダニズム建築の出現に重要な役割を果たしたことは、驚きといえるかもしれない。というのも、彼の著作の大半はゴシック建築にかんするもので、彼が建築家として手がけた仕事も、たいてい修復作業だったからだ。フランスの有名な中世建築で、時に熱心すぎた彼の手が入らなかったものはほとんどない。たとえば、ヴェズレーのラ・マドレーヌ聖堂（1840年から修復）、サン・ドニ大聖堂（1846年から）、アミアンの大聖堂（1849～74年）、ランスの大聖堂（1860～74年）、ピエールフォン城（1857～79年）、カルカソンヌの城塞都市（1846年から）は、どれもヴィオレ＝ル＝デュクの手で大きく変身した。最も有名な修復はパリのノートルダム大聖堂（1845～64年）で、ここでは石1個さえ放っておかないほどすみずみまで手を入れた。上の回廊を囲むように置かれた悪魔のようなガーゴイル56体は、パリ屈

ヴィオレ＝ル＝デュクの肖像。レオポルド・マッサールによる版画、1867年ごろ。

指の有名な中世のシンボルだが、じつはこれさえ、彼が制作した近代のものだ。

　ヴィオレ＝ル＝デュクにとって中世は、建築の知識と幻想のつきせぬ宝庫だった。彼の構造にかんする合理主義は、そうした過去の遺産と不可分だ。彼はパリの有名な芸術一家に生まれ、大物の美術評論家だった伯父のエティエンヌ・ドレクリューズから古典文学と美術を学んだ。成年に達したのは、1830年代のフランスを席巻していたロマン主義革命の真っ最中だった。彼はアカデミックな原理原則に飲み込まれたくないと思い、エコール・デ・ボザールへ行くのをやめた。その代わりに、ロマン主義的な憧れを抱いて引き寄せられたのが歴史、とくに中世の歴史だった。そして、フランス南部、ノルマンディ、シャルトル、モン＝サン＝ミッシェルへ何度も巡礼の旅をしたり、寝食を忘れてフランスの建築遺産の詳細な素描を仕上げたりしていた。彼の素描の才能はまさに驚異的で、世に頭角を現したのも、20歳の時、1834年のパリのサロンで絵画部門に出展した水彩画が受賞したためだった。また、1835年に国王ルイ・フィリップに絵画を依頼され、金を稼げたおかげで、彼は翌年から２年間、イタリア各地を旅してまわることができた。そして、大量の素描を持ち帰ったが、そこでとくに注目すべきは、歴史をよみがえらせようとしている野心的な絵入りのエッセイだ。

修復の啓示

　ヴィオレ＝ル＝デュクのキャリアに転機が訪れたのは、1840年、ヴェズレーのラ・マドレーヌ聖堂の修復を任された時だった。この仕事は、考古学的判断をしなくてはならないだけでなく、構造を安定させるという非常に難しい問題もあった。この教会は荒れ果て、せっかく修復した拝廊のヴォールトも、修復工事の第１期のうちにもう崩落してしまった。もし彼がそれより前に、傷みの一番ひどかった主身廊のアーケー

下：ヴェズレーのラ・マドレーヌ聖堂の拝廊の横断面。ヴィオレ＝ル＝デュクによる修復図、1840年ごろ。次ページ：パリのノートルダム大聖堂の上部回廊にあるヴィオレ＝ル＝デュクのガーゴイル。ヴィクトル・ジョゼフ・ピアネ作、1849年ごろ。

ドを再建していなかったとしたら、拝廊に起きた災難は教会全体にとって致命的なことだっただろう。主身廊の石も、石工が手にしたとたん粉々に砕けてしまうようなありさまだった。だが、見事になしとげたこの修復工事は、ヴィオレ＝ル＝デュクにとって、いわば啓示となった。まず、これによって彼の実務能力があきらかになった。素描の才能を補完するには、この才能はとても役立つ。とはいえ、それ以上に根本的なこともあった。この修復作業をしたおかげで彼は、1830年代に取りかかった歴史の発掘を行っていく上で、構造の問題をどう扱えば有益かがわかったのだ。構造の論理で考えると、課題は、形態を外見で固定的に分類することではなく、様式形成の力学を内部から理解することだった。中世の教会を構造の論理という点から考えれば、歴史を深く把握できた。ただ絵で可視化するのではなく、その建物を最初に建てた人間の立場に自ら立ってみるのだ。ヴィオレ＝ル＝デュクの以後のキャリアは、こうした、中世の石工が建設している時の動作に自分を重ね合わせるプロセスから展開していった。

　ヴェズレーでの最初の成功に続き、1844年、ヴィオレ＝ル＝デュクとパートナーのジャン＝バティスト・ラシュスは、パリのノートルダム大聖堂の修復という最高の依頼を獲得した。この事業が彼の建築家としての評価を確定し、世の人々も、ゴシック建築のことならヴィオレ＝ル＝デュクだ、とはっきり思うようになった。初め、中世は個人的な気晴らしに過ぎなかったが、今では、建築の全面的革命の足場になろうとしていた。ヴィオレ＝ル＝デュクは、「ラール・クレティエン」（キリスト教美術）を熱心に守ろうとしている人々と一緒になって、フランス古来の建築法を復活させようという攻撃的な反アカデミズムを発展させた。合理主義とナショナリズムという2本柱を掲げて、建築界に反論を仕掛けた。ゴシック様式は、エコール・デ・ボザールで教えている古典主義よりも合理的な構造をもっているだけでなく、フランスの土地により深く根付いているのだ。

拡大する影響

　1848年に革命が起き、やがて第2帝政が到来したが、ヴィオレ＝ル＝デュクは有力な盟友プロスペル・メリメのおかげで、歴史的記念物と教区サービスを管理する行政機関で地歩を固めることができた。しかも、これらのオフィスは完全に彼の支配下に入ることになった。そこで彼は、それなら、フランス全国で活動している教区建築家全員を率いることができる、とすぐに気づいた。そして、そうした建築家軍団から、彼の有名な『中世建築事典』にある合理主義者の教訓を広めることができた。ヴィオレ＝ル＝デュクによると、「小さな芸術家軍団を作り、（中略）団結して歩を進め、同

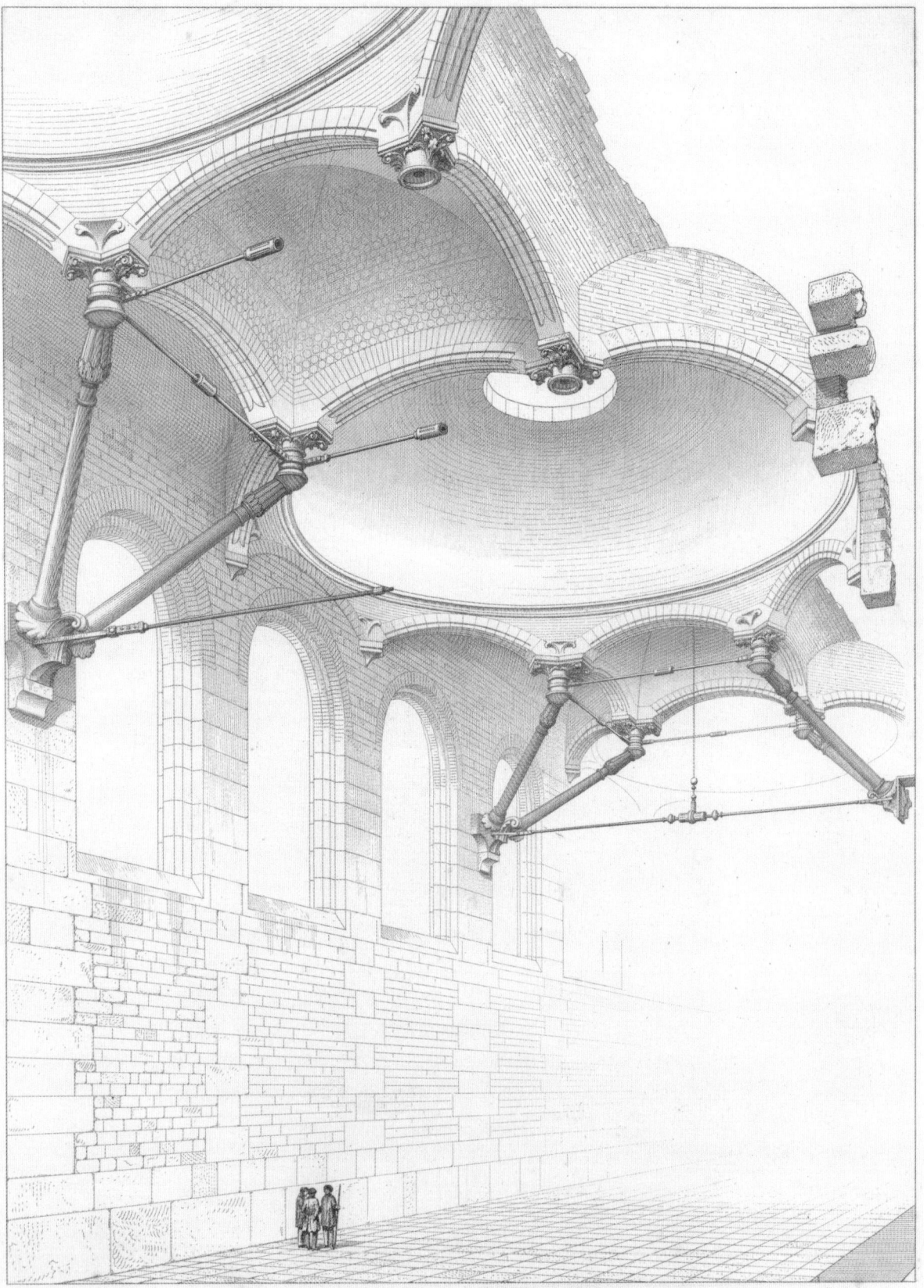

COURS D'ARCHITECTURE

PL. XXII

MAÇONNERIE

じ原理に従う新顔を指導した」という。1863年、彼は建築学の分野の精神的中心に手を伸ばして影響を拡大しようと考え、メリメと一緒にエコール・デ・ボザールのきわめて野心的な改革を促した。

　一方、この同じころ、ヴィオレ＝ル＝デュクはゴシック・リヴァイヴァリストというレッテルを貼られていることにいらだちをつのらせていて、ついに、近代的な鉄の産業建築に目を向けた。彼の有名な、鉄を使った空想のプロジェクトの数々（著書『建築講話』の第11～13部に図版入りで収録されている）は、1864年から1868年の間という短期間に設計された。これらプロジェクトはみな、結晶や細胞の構造にヒントを得たロングスパンの屋根がある大きな集会室だった。大きな空間を作るため、鉄を模範的に使っているが、彼は温室や駅舎、市場や展示場といった、よく見る小屋のような建物には興味がなかった。彼が関心を寄せたのは、非宗教的な近代にふさわしい大きな集会スペースだった。コンサートホール、市民ホール、タウンホールなどだ。「集会がますます大規模になっているので、そうした集会を開けるだけのホールがない」時代なのに、建築家は「集まった人々がくつろげ、楽に呼吸でき、自由に出入りできる」ひとつの大空間を造ることができないでいる、ということを彼は残念に思っていた。そして、こうも言っている。だから19世紀は、大勢の人々が集う場を見つけるために、中世の大聖堂に頼らざるをえない。これはこれで、彼の鉄の提案がゴシックの延長だ、ということをじつに効果的に示すものだった。

　これらの仮想のプロジェクトは、どれも実際に建てられることはなかったが、多少ゆがんだ構造の論理を示している。鉄の部材は補強に使われている場合が多く、腕木として石造りのヴォールトを支える。ヴィオレ＝ル＝デュクは近代の単純な工学構造物を推奨しているわけではなかった。彼はもっと複雑なものを求めていた。建築形態

前ページ：ヴィオレ＝ル＝デュクの『建築講話』にある図版。大きな集会室の天井に、鉄の骨組みが使われている。1868年ごろ。下：鉄の支柱を使った屋根付き市場のデザイン。『建築講話』より、1868年ごろ。

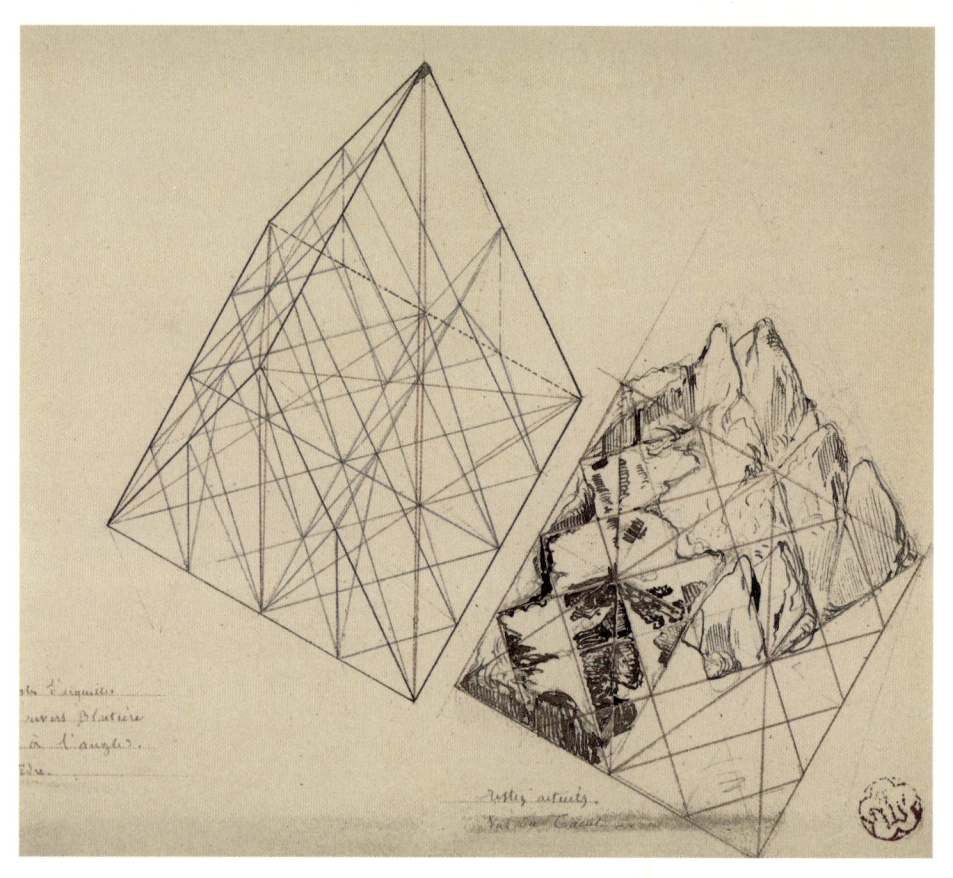

ヴィオレ=ル=デュクによる、モンブランのヴァレー・ブランシュのブレティエール針峰山頂の結晶体のような構造の研究。1874年ごろ。

の歴史的進化を理解することも、自然の生産的な原理に強く興味を引かれていたことも、そうしたことと関係がある。1870〜71年の悲惨なフランス・プロイセン戦争の後、嘆き悲しむヴィオレ=ル=デュクは、夏休みの大半をモンブランで過ごした。雄大な山脈を歩き回り、その構造と形成の論理に感嘆し、時の本質について思いを巡らせた。こうした晩年、彼は建築の活動を減らし、児童書の執筆などのような別の企画に専念した。彼が子供向けの中編小説を書いたのは、「あらゆる階級の子供」に直接働きかけることによって、国の再生に役立とうとしたからだった。フランスの若者に向け、「朝起きて仕事に取り掛かる」ためには、どういう考え方をすればいいか、どう活力を奮い起せばいいかを教えている。このころには、彼には非常に積極的に活動している弟子たちがいた。彼の影響は、先祖伝来の教会建築に彼が残した遺産を通じて広がっていただけでなく、彼の管轄していた業界誌や建築関係の出版物によっても拡大していた。1879年にローザンヌで亡くなった時、ヴィオレ=ル=デュクはまだ主流派から反逆者扱いされていたが、生きた伝説の地位を得ていたも同然だった。彼の合理主義の教えは、彼がこの世を去ってもなお響き渡っている。

マイク・クライムズ

ジョン・ファウラー

名高い都市鉄道開発者

1817-1898 年

ジョン・ファウラーは、ロンドン・メトロポリタン鉄道とフォース鉄道橋の技師として有名だ。両方とも、その生みの親を偉大な技術者と呼ぶにふさわしい業績といえる。生前のファウラーは、1000以上のプロジェクトに参加した。主に鉄道だけに関与していたわけではない。そして、こうしたプロジェクトは、長スパン構造、新しいコンセプトや素材の問題がからむことが多かった。また彼は、管理や権限委任も巧みだったし、自分の判断の正しさを顧客や株主や関係者に納得させることもできた。

ジョン・ファウラーはシェフィールドで生まれた。父親はランドサーベイヤー（土地調査鑑定士）だった。彼は若いころ、主に船舶の航行や水道を手がけていた技師一家のレザー家で修業をした。だが、レザー家での修業に次いで、機関車技術の草分けで製鉄業者のジョン・アーペス・ラストリックの弟子になったことで、ファウラーは鉄道の査定評価を経験できた。1830年代の終わりには、ラストリックの手伝いで、ロンドン・ブライトン線の石造りの高架橋を設計した。その後、北へ戻って、ジョージ・レザーの下でストックトンからハートリプールへの鉄道の建設を担当し、1841年3月の開通に際して、この鉄道会社の技師になった。ヴィクトリア朝時代、実際に鉄道の運営に責任を負っていた技師はわずかで、ファウラーはそうした数少ない技師のひとりだった。このころまででも、彼はすでに20歳の時に、ロンドンのファリンドン・ストリートの改修について議会で証言していた。このように、彼は早熟な技師だった。1865年11月には、イギリス土木学会の史上最年少の会長に就任することになる。

晩年のジョン・ファウラー。エリオット＆フライ撮影。ファウラーは自分のプロジェクトの記録写真を撮るよう、早くから終生主張し続けた。

1840年代、ファウラーはヨークシャーやリンカーンシャーの鉄道を精力的に手がけた。その多くは、マンチェスター・シェフィールド・リンカーンシャー鉄道の一部になった。彼は早いうちから、有能な助手を見つけて仕事を任せるのがうまかった。弟のヘンリーにイースト・リンカーンシャー鉄道の常駐技師を任せたし、将来の義理の兄弟ジョン・ホイットンにも、別のところの常駐技師を頼んだ。ウィリアム・ウィ

ルソンもそういった初期の協力者のひとりだ。彼は製鉄業者フォックス・ヘンダーソンの元従業員で、鉄の構築物についての専門知識を提供してくれた。だが、最も有名な助手はベンジャミン・ベイカーだった。彼は1860年からファウラーと仕事をするようになった。

　ファウラー本人は、議会からの仕事にどうしても多くの時間を取られていたので、1844年にロンドンへ転居した。そして1851年3月、イザムバード・キングダム・ブルネルからオックスフォード・ウルヴァーハンプトン・ウスター鉄道の完成を引き継いだ。この会社はグレート・ウェスタン鉄道と競合したが、それでも野心家のファウラーはロンドンへの乗り入れを考えていた。だが、必要な資金を集められなかった。

世界初の都市鉄道

　1853年、ファウラーの奮闘が始まった。世界初の都市鉄道、未来のロンドン・メトロポリタン鉄道を建設しようとしたのだ。しかも、これには議会の法案が18件も関係した。当初、この鉄道計画は比較的地味で、キングズ・クロスからエッジウェア・

下：建設中のメトロポリタン・ディストリクト鉄道。ロンドン、ブラックフライアーズ近く、1870年ごろ。ヘンリー・フレーザー撮影。次ページ：メトロポリタン鉄道のキングズ・クロス駅。1863年の開通直後の様子。

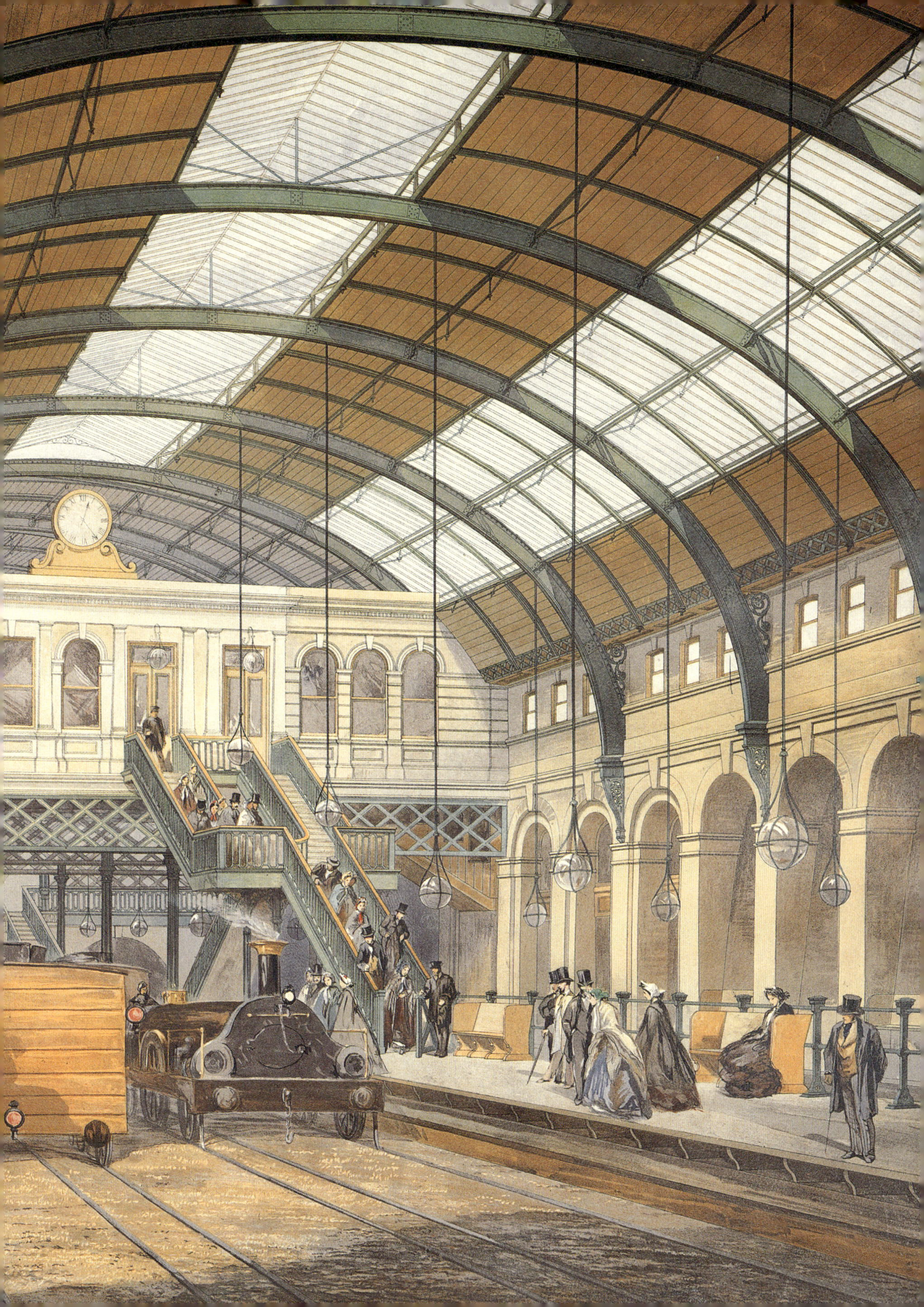

建設中のフォース鉄道橋の中央ガーダー、1889年9月。この撮影者は、請負業者の息子P・フィリップス。

ロードまでの路線だったが、ファウラーが懐疑的な株主や鉄道会社を説得した結果、路線はパディントンとファリンドンまで伸び、テムズ川の北にある主な鉄道の大半がシティとつながることになった。この路線は1863年1月に開通した。地下で蒸気機関牽引という、乗客には快適とは言い難い列車だったが、それでも大成功を収め、1860年代から70年代にかけて路線の延長が行われた。北はセント・ジョンズウッドまで、西はハマースミスまで、そして、別会社のメトロポリタン・ディストリクト鉄道を使って、ウェストエンドとテムズ川の北岸を通ってシティへ戻る路線だ。ただ、これ以上の進展は立ち往生してしまった。土地の買収費用にかかわる資本コストのせいもあったが、物理的な問題もあった。建設再開は、1880年代終わりにグレートヘッド・シールドが考案されて、ロンドンの地盤にトンネルを掘りやすくなってからのことだった。ファウラーも最初の地下鉄のコンサルタントとして、ふたたびかかわることになった。

　ファウラーはロンドンのほかの路線でも仕事をした。ロンドン・ティルベリー・アンド・サウスエンド鉄道、終点のヴィクトリア駅とヴィクトリア駅を利用する路線などだ。また、グレートブリテン島にある主な鉄道路線のほとんどで、さまざまな機会にコンサルタントを務めた。グレート・ウェスタン鉄道でも、ブルネルの後を継いでコンサルタントになったほか、路線を4倍にすることやゲージの変更、メイデンヘッド鉄道橋の再建（1891年）を手がけた。

ジョン・ファウラー

　シェフィールドのウィッカー高架橋（1848年）が示すように、ファウラーは若いころから石工の腕も優れていた。だが彼は、ほかの素材についても革新的な使い方をしてみせた。ウィリアム・フェアベンが特許をとった錬鉄製の筒状のガーダーを初めて採用した技師のひとりで、その最も有名な作品が、トレント川のトークシー高架橋（1850年）だ。この橋については、当初、鉄道検査局は路線開通を許可しなかった。ガーダーのゆがみを懸念したからだ。そこでファウラーは、土木学会の助けも借りて、検査局のお節介に反論した。検査局はガーダーの連続性という概念を理解していない、と主張したのだ。ただ最終的には、両者とも妥協して面目を保つことになった。
　この時、ファウラーは鋳鉄を使うという選択肢も捨ててはいなかった。鋳鉄の長所を知っていたので、経済的理由から鋳鉄を採用し、当時史上最長の鋳鉄製鉄道アーチをふたつ造ったこともある。1850年代のセヴァーン・ヴァレー鉄道のスパン61メートルのアーチだ。また、ファウラーのヴィクトリア橋（1860年、現在はグローヴナー橋）は、ロンドン中心部でテムズ川を渡る鉄道橋の第1号だが、ここでは、錬鉄を使った。錬鉄のほうが鋳鉄よりも軽いので、足場の再利用ができるし、建設の工期を短くできるからだ。

フォース湾鉄道橋

　ただし一般的には、ファウラーという名前を聞いたら、長い橋を思い浮かべる人の

ベンジャミン・ベイカーの有名な人間模型。フォース鉄道橋を支えるカンチレバーの原理を王立研究所に説明するために使った。1887年。中央の人物は、渡邊嘉一というファウラーとベイカーの下で学んでいた日本人技師。

ほうが多いだろう。アウター・サークル鉄道のロザーハイズでテムズ川を渡る橋、セヴァーン川の吊り橋、ハンバー川の橋なども彼は考えていたが、彼が強く望んでいたのは、フォース鉄道橋を実地に役立つよう実現することだった。この橋は、完成した1890年時点では、世界最長のスパン520メートルを誇る橋だった。共同で仕事にあたったベンジャミン・ベイカーが、カンチレバーの設計をしたり、建設用の鋼鉄の有用性を証明したりしたおかげで、フォース鉄道橋はヴィクトリア朝時代の工学技術で最大の成功例のひとつとなったばかりか、今でもスコットランドのシンボルだ。

フォース鉄道橋は、橋が錬鉄製から鋼鉄製に変わる転機となった建造物だと見られている。また、この成功は、1879年のテイ湾鉄道橋崩壊で失った土木工学界への信頼を回復することにもなった。あまり知られていないが、ファウラーはコンクリートを使ったこともあって、クロムウェル・ロードの近くで、地下鉄ディストリクト線の上に架かるアーチを建設している。これは全部コンクリートという草分け的なアーチで、スパンは23メートルだ。最初のそうした建造物は、石灰岩のセメントを使ったが失敗し、1868年2月に、ポルトランドセメントを使って架け替えたところ、こちらのほうがうまく行った。ただ、コンクリートの活用先を広げることはできなかった。そうした革新的技術に欠かせない品質管理が問題だったからだ。ファウラーは通常、基礎工事にコンクリートを利用した。また、めずらしいところでは、1880～81年に、ハロー・スクールのプールのライニングに使っている。

ファウラーの鉄道の仕事には、大きな駅も数多くある。ロンドンのヴィクトリア駅（1860年）、グラスゴーのセント・イーノック駅（1876年、1977年解体）、マンチェスター・セントラル駅（1880年）、リヴァプール・セントラル駅（1874年、1973年解体）、シェフィールド・ヴィクトリア駅（1851年）などだ。大スパンの屋根にはクレセントトラスがあり、最大でマンチェスターの64メートルだった。ファウラー本人が最も関与したのは、ロンドンのヴィクトリア駅だ。

イギリスの一流技術者の例にもれず、ファウラーも海外の仕事をした。義理の兄弟のジョン・ホイットンがオーストラリアのニュー・サウス・ウェールズ州へ移住してからは、その州政府のコンサルタントを長いこと務めた。エジプトでも、1871年からエジプト政府のコンサルタントを務め、スーダンの鉄道計画にかかわった。この仕事の結果、彼はナイトの爵位を授けられた。彼の調査が、イギリス政府のスーダンでの軍事行動に役立ったからだ。イギリス海峡の橋の計画や、カナダのノヴァ・スコシアのシグネクト・シップ鉄道、北米の都市鉄道についても助言を求められたことがあった。

また彼は、数多くの造船所や土地排水も手がけた。最も有名なのはロンドンのミルウォール・ドック（1867～68年）だ。ヴィクトリア駅と同じく、これも、ジョン・ケルクを始めとする請負業者に関係する民間プロジェクトだった。ヴィクトリア朝時代の技師で、ファウラーほど資金面で成功した者はあまりいないし、19世紀後半の

ロンドンのミルウォール・ドックでのロックゲートの設置、1867年。

彼の仕事の幅広さと規模に匹敵する者もほとんどいない。

　また、ファウラーがイギリス土木学会で会長として行った演説は、工学技術の教育という問題を初めて真剣に取り上げたもので、これを機に、この問題にかんする初の報告書が作成された。前任者のテルフォードと同様、ファウラーも助言をしたり仕事を任せたりするのが非常にうまかった。工学技術の知識があるだけでなく、管理者としても優れていたからこそ、あれほど多くのことをなしとげられたのだろう。ファウラーはボーンマスで他界し、フォース鉄道橋での仕事をたたえて准男爵の位を授けられた。

コンクリートと鋼鉄

19世紀に入り、鋳鉄、錬鉄、板ガラスが大量に利用できるようになったことで、建築の世界は変貌を遂げた。そして次に、鋼鉄の大量生産が新たに超高層ビルの時代の幕を開け、今も各地で都市の相貌を変え続けている。鉄とガラスによって、都市の区画ごと囲むこともできるようになった。ミラノにあるジュゼッペ・メンゴーニのヴィットーリオ・エマヌエーレ２世のガッレリア（1863〜77年）は、ドゥオーモ周辺の都心部を全面的に再開発するにあたっての最大の要素だった。ガラスのアーケードは、今や世界各地の都市に数え切れないほどあるが、このミラノのアーケードほど大きなものはない。ただし、この種の建築物のパイオニアはパリだ。ガッレリアの屋根も、フランスで前もって製造した部品を輸入した。鉄骨造りの伝統の柔軟性がよく表れたのは、ギュスターヴ・エッフェルが1889年のパリ万博のために錬鉄を使って、あの驚くべき塔を設計した時だった（当時は物議を醸したが、今ではフランスの首都を代表するシンボルになっている）。40年以上にわたって世界一の高さを誇ったエッフェル塔の形は、エッフェルの鉄道橋のデザインがヒントになったという。多方面に才能を発揮し、空気力学の草分けとなったエッフェルは（技師のモーリス・ケクランとエミーユ・ヌーギエも一緒に）、ニューヨークの自由の女神像の構造骨組みも担当している。

アメリカでは、金属の骨組みの建物という革新的アイデアは、19世紀半ばのニューヨークにさかのぼるが、中西部の大都市シカゴが1871年の大火災によって破壊された後、そのシカゴで結実した。シカゴは現代建築の誕生の地となり、ウィリアム・ル・バロン・ジェニーのホーム・インシュアランス・ビルとライター・ビル、ダニエル・H・バーナムとジョン・ウェルボーン・ルートによるもっと過激な作品が生まれた。バーナムとルートは、鋼鉄製の骨組みに全面的に頼った高層ビルを初めて建てた建築家だった（1881年）。そしてルイス・サリヴァンは、高層ビルの美しさに取り組んだ。彼は第１である構造表現に次いで、建築装飾の理論を展開した。このことは、機能主義のパイオニアという彼の評価に矛盾する（けれども、その本質の合理主義は、ニューヨークの初期の超高層ビルを思わせるような装飾的な傾向が強いほど、かえって際立つ）。おそらく、アメリカ人建築家で最も有名なのは、フランク・ロイド・ライトだろう。サリヴァンのオフィスから登場したライトは、「プレーリー・ハウス」シリーズ（1900〜20年）で有名になった。彼はコンクリートを使って素晴らしい成

果を上げた。たとえば、フォーリング・ウォーター（落水荘）（1938年）、革新的な構造と素晴らしい空間のジョンソン・ワックス・ビル（1939年）だ。とくに後者、彼にとっての「仕事の大聖堂」は、非常に細いコンクリートの柱を使っている。彼は長いキャリアの晩年にも、同じように大胆な作品がある。内部の長いスロープが見事なニューヨークのソロモン・R・グッゲンハイム美術館（1943～59年）だ。

　金属骨組み構造の発展を牽引したのがアメリカなら、鉄筋コンクリートの可能性を最初に徹底的に追求したのはヨーロッパだった。初めのころ試験的に鉄筋コンクリートが使われたのはイギリスで、フランソワ・アネビクはパリを拠点に、国境を越えてこの素材の使い方を発展させた。コンクリート造りの利点は、大きく広がる内部空間を作り出せることだ。フランス人のウジェーヌ・フレシネとスイス人のロベール・マヤールを始めとする技師たちは、橋などの実用的建築物の設計にコンクリートを使って、素晴らしい成果を上げ、建築家たちは美しさという面で、コンクリートの可能性を利用しようとした。アントニ・ガウディの彫刻的な構想には、むろんコンクリートが合いそうだ。だが実のところ、このカタルーニャ人建築家はコンクリートをところどころ使っているに過ぎない（だが、1926年の彼の死後も続いているバルセロナのサグラダ・ファミリアの建設では、コンクリートが広く使われるようになる）。20世紀前半、建設業が家業だったオーギュスト・ペレは、もっと現実的な取り組みをして、コンクリートを工場や橋だけでなく公共の建物にも利用できる素材にしてみせた。ペレは、本質的にはヴィオレ＝ル＝デュク型の合理主義者だったので、一連のパリのプロジェクトで近代流の古典的言語を考案し、コンクリートを実用的な素材として扱った。ディテールや色彩が良ければ、コンクリートでも魅力的に見えるようにできると考えた。彼の作品は、実用性への配慮と、芸術性や都会的な端正さとのバランスを考慮していて、国際様式やヴァルター・グロピウスなどの比較的教条的な機能主義に代わる近代的な様式が生まれる可能性を示した。ル・コルビュジエは若いころペレの下で修業したことが、コンクリートこそ新しい建築の基本だ、という彼の信念の刺激になった。ル・コルビュジエの初期のプロジェクト、とくにサヴォア邸（1929～31年）には、古典主義の記憶が見られるが、後期の作品は、機能主義的な縛りから抜け出して、彼独特の建物に移行した。たとえばロンシャンの礼拝堂（1950～55年）やラ・トゥーレット修道院（1960年）では、コンクリートを使って、厳かさと残響を表現する形態を創造した。その影響は、21世紀の建築家にも及んでいる。

オルネッラ・セルヴァフォルタ

ジュゼッペ・メンゴーニ

ミラノのヴィットーリオ・エマヌエーレ2世の ガッレリアの建築家

1829-1877年

ジュゼッペ・メンゴーニといえば、ヴィットーリオ・エマヌエーレ2世のガッレリアだ。このガッレリアは、彼が1863年から1877年にかけてミラノで設計・施工したもので、ミラノ屈指の複雑な構造をもつ挑戦的な作品だった。1861年のイタリア統一後、ミラノのインフラや諸施設、巨大な建物に新しい息吹を吹き込もうとした一連の事業のクライマックスでもある。それから100年以上たつ今も、ガッレリアは魅力を失っていない。ミラノ中心部の重要な2か所（ドゥオーモ広場とスカラ広場）の間にあるという理想的な位置にくわえ、そこにある商店やカフェの評判、その空間の壮麗さが、人々を魅了している。

科学と芸術のコンビネーション

ジュゼッペ・メンゴーニは、当時の教皇領にあったフォンタネーリチェで、裕福な中流階級の家に生まれた。1848年の革命蜂起の後、彼はボローニャ大学での数理物理学の勉強とボローニャの美術アカデミーでの勉強に専念した。こうした2分野の組み合わせのおかげで、この将来の建築家は、複雑で幅広いプロジェクトを手がけられるようになった。1861年、彼はミラノのドゥオーモ広場を設計し直すコンペに参加した。これには、のちにヴィットーリオ・エマヌエーレ2世のガッレリアとなるものも含まれていた。この機会に成功を収めたことが、彼の建築家としての目覚ましいキャリアにつながった。劇場やアパートメント、銀行、鉄骨がむき出しの屋根付き市場の設計・施工を依頼されるようになったのだ。ローマ市のために都市計画提案書を提出したこともある。メンゴーニのキャリアの特徴は、近代的な建築技術と素材を意識すると同時に、伝統や伝統的形態を尊重していたことだ。だが、そんなキャリアも、1877年12月に突然断たれてしまった。ヴィットーリオ・エマヌエーレ2世のガッレリアの足場から落ちて亡くなったからだ。そのため、彼の作品は少ししかない。しか

ミラノのヴィットーリオ・エマヌエーレ2世のガッレリア。メインのアーケードの完成直後、1867年ごろ。

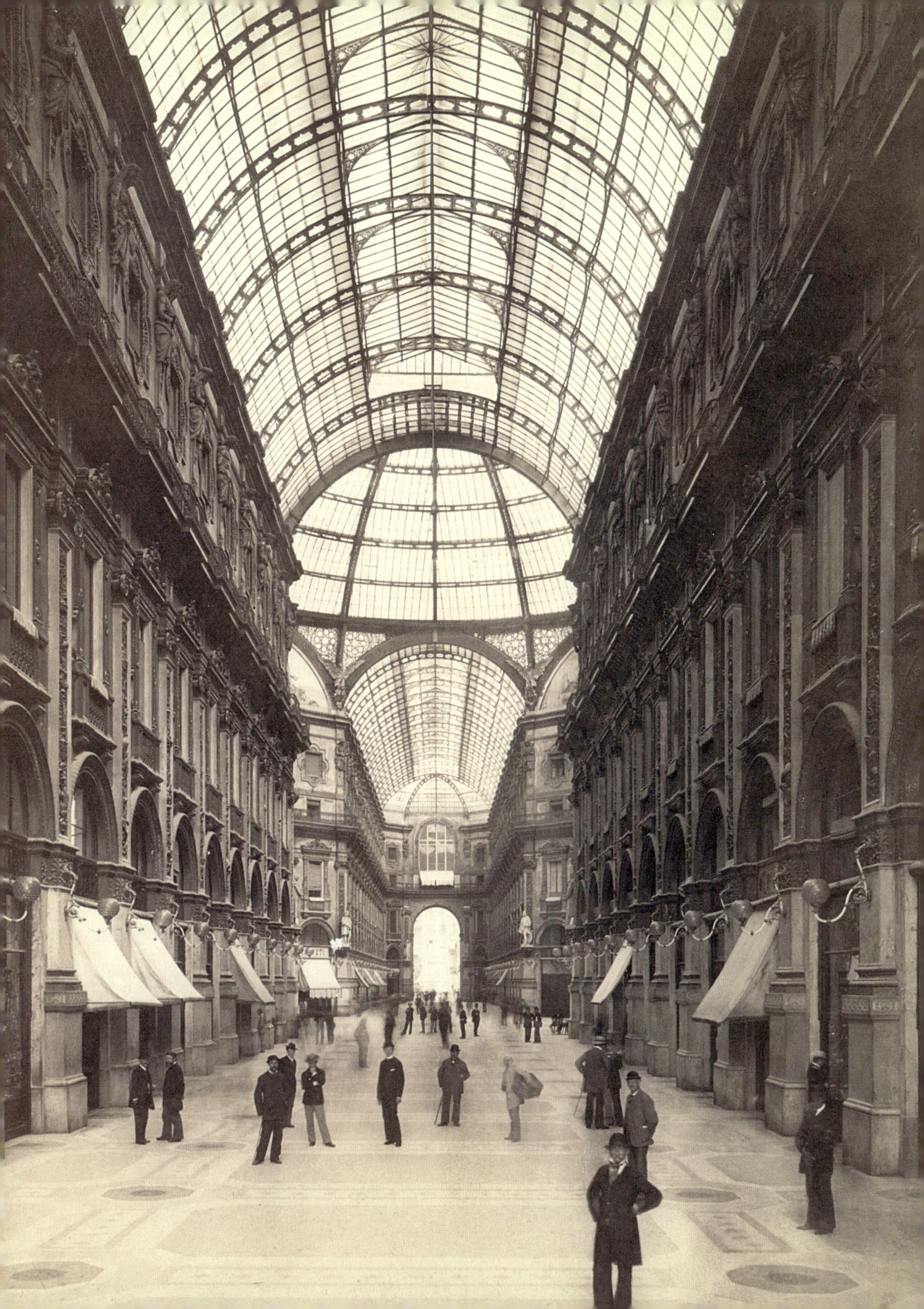

し、その作品を見ると、彼が万能型で、プロ意識の強い、非常に熟練した建築家だったことがわかる。激動の19世紀に完璧に対応し、急速に変化する社会の数々の要求を満たすことができる建築家だった。

ヴィットーリオ・エマヌエーレ2世のガッレリア

ヴィットーリオ・エマヌエーレ2世のガッレリアの建設は、きわめて複雑な仕事だった。政治上の忠誠と行政上の問題、経済的な利益と都市計画の戦略、象徴する意味と必要な機能、技術上の問題と芸術的な問題のバランスを取る必要があった。そもそも、このガッレリア建設は、大聖堂を引きたてつつ都心の構造を近代化するには、ドゥオーモ広場をどう改修すればよいのか、という長い議論の一部だった。オーストリア軍がイタリアから追い出された1859年、ミラノ市議会は、すべての市民を対象にアイデア募集のコンテストを初めて開いた。このコンテストは1861年にもふたたび

下：メンゴーニによるミラノのドゥオーモ広場の改修プランと、新しいヴィットーリオ・エマヌエーレ2世のガッレリアのデザイン、1865年。次ページ：ジュゼッペ・メンゴーニの肖像、1877年。

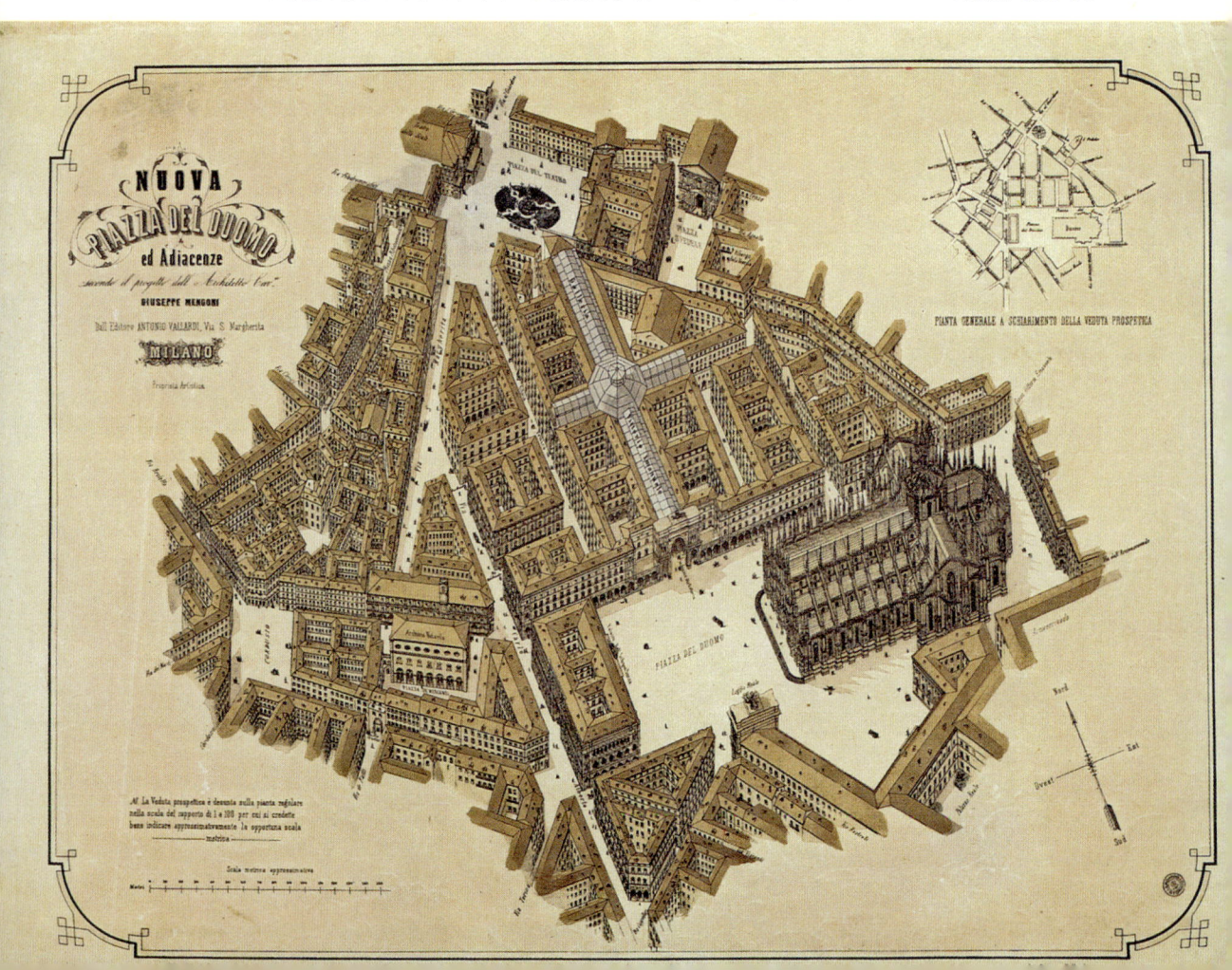

行われたが、この時は美術家と建築家だけに応募資格があり、メンゴーニは有力候補のひとりと見られていたため、1863年の最終コンペに参加するよう要請された。この時優勝した彼の設計は、巨大な長方形の広場をアーケードでとりまき、広場の北側からスカラ広場までを屋根付きの通路で結んで、その通路に洗練された商店やカフェを並べる、というものだった。これが、ガッレリア独特のレイアウトの始まりで、2本の通りが八角形の「広場」の中心で直角に交わる交差点が特徴になっていた。そしてガッレリア全体が、鉄とガラスを使った半透明の天井に覆われていて、この天井が、近代性と進歩の象徴だった。

　建築家でもあり建設の責任者でもあったメンゴーニは、なみはずれた才能を示した。彼の管理しなければならなかった作業工程では、土地を買い上げて売却したり、資金を集めたり、大規模な解体と建設を行ったりするために複雑な交渉も必要だったし、公的資金と民間資金の微妙なバランスをとったり、建築スケジュールのスピードと革新的技術の使用がうまく合うよう微調整したりする必要もあった。建設にあたったミラノ市改良会社（この事業のためだけにロンドンで設立された）は、わずか2年でガッレリアを完成させた（ただし、ドゥオーモ広場からの入り口のアーチは別で、これだけは1878年に完成した）。1867年には、一般の人々がこの都会的な街並みを満喫しながらすみずみまで歩きまわれるようになった。

　最終的には、メンゴーニは最初の設計に手をくわえ、ガッレリア全体を大きくして、建物の高さも3階建てから5階建てにした。これは、賃貸できる場所を広げて、そこからの収入が増えるようにし、建設会社と市議会の関心を促そうとしたためだった。この判断は、ガッレリア全体の雰囲気を変えることにもなった。また、このガッレリアの巨大な規模と壮大な広々した空間のおかげで、建物のタイプとしてのアーケードは近代化を果たし、普及促進していくことになる。ここの広い通路は幅14.5メートル、高いファサードは高さが25～30メートルもある。こうした「本物の街路と本物の建物」は、建築家の勇気ある姿勢と市当局の「壮大なヴィジョン」があってこそ生まれる、とパリのエコール・デ・ボザールで建築の教授をしていたジュリアン・ガデは1880年に言っている。また、設計を拡大しようという判断は、建設に必要な技術にも影響した。高さを出して、「商業活動の多様な要求に答える」ため、できるだけ耐力壁のない、フレキシブルな空間を使えるようにする必要があったし、建物の上に重量のある鉄とガラスの天井（金属部だけで35万3000キログラムもあった）を載せなくてはならなかったが、そうなると、素材の新しい組み合わせを利用しなければならなかった。こうして、小さな鋳鉄の柱と鉄製のダブルT形梁を伝統的な石積み工事と組み合わせることになった。これは、当時のミラノではほとんど知られていないやり方だった。金属製の骨組みは、石造り

の壁やファサードでは奥に隠されているが、その近代性を屋根で見ることができる。ここの屋根は、よくありがちな斜めの支柱が付いたトラスをやめ、代わりに、水平のつなぎ梁のないエレガントな扁平アーチリブで支えてある。交差点の八角形の形を写しとった大きなクーポラも同様だ。このドームは、頂点の高さが49メートル以上、幅が約38メートルもある。

　ガッレリアの部材は、イタリアには作れる会社がなかったので、パリのアンリ・ジョレの会社がフランスで事前に作り、その後、約6か月かけて組み立てた。イタリアの一般的な行動パターンや地元議会の動きを考えれば、これは見事なほどのスピードだ。また、ここでは毎日、さまざまな技術をもった約1000人の作業員がさまざまな作業をしていたが、そうした異例の建設現場で、驚いたことにメンゴーニは、最高に厳しい作業工程のすべてを取り仕切ることができた。しかも、やはりこれも驚きだが、彼は公的資金ばかりか民間の資金も集めることができた。イタリア内外の企業の参加や支援、経験を求めたのはいうまでもない。しかし、1867年に事態は暗転してしまう。経済面と行政面に問題が生じ、工事のペースが落ちてしまったのだ。結局、ドゥオーモ広場に面した入り口の凱旋門が完成にこぎつけるまでには、もう10年かかったが、

ヴィットーリオ・エマヌエーレ2世のガッレリアの鉄とガラスの屋根の縦断面。部材はアンリ・ジョレの会社がパリで製造した。

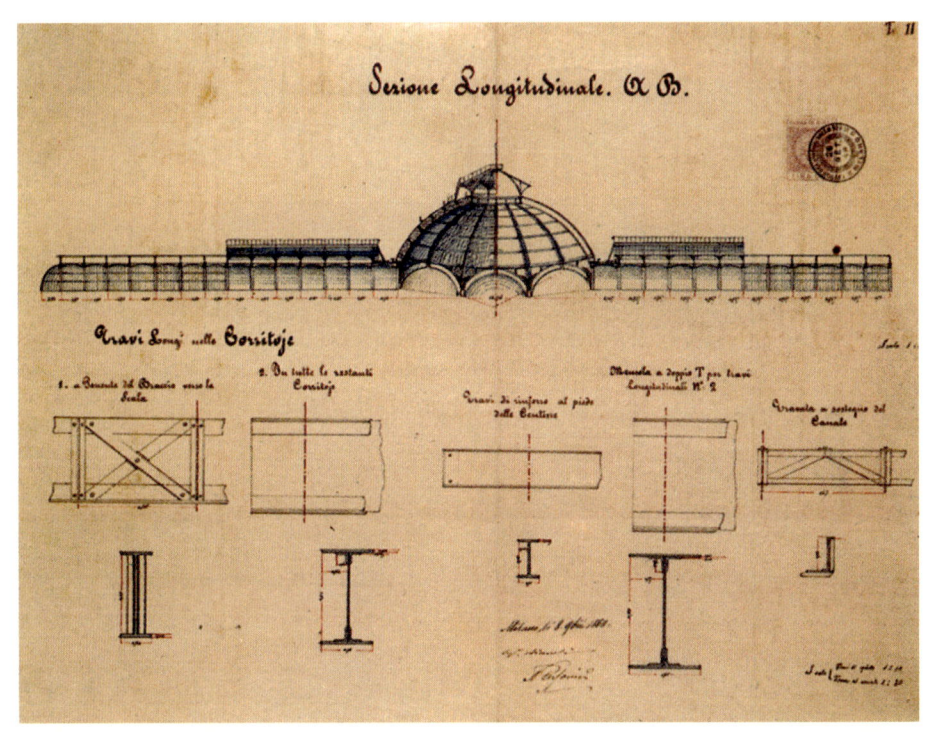

建設中のガッレリアの建物、1866年。入り口のアーチを除けば、たった2年で完成した。

それまでのあいだも、ガッレリアはミラノ市民に非常に愛された。人々は店や装飾や光を楽しみ、「鉄とガラスの空」がもたらすこれまでにない雰囲気や広さを満喫した。1892年、ミラノ工科大学の技師はこう言った。このガッレリアの功績は「鉄をこの都市に正式に」持ち込み、「鉄を古典的な石造りの建築物と競わせた」ことだといえるだろう。「今や鉄はもう補助的な役割に限定されてはおらず、それどころか、むしろ、建築の世界で新たに高い地位へ昇格した」。メンゴーニのガッレリアは、このころ登場したばかりのショッピング・アーケードの設計に影響を与え、イタリアがこの種の建物のリーダーとなるのに一役買った。彼のおかげで、こうしたアーケードは空間と光がもてはやされる場所、どんな時も楽しい都市建築に変身したのだ。

ジェラルド・R・ラーソン

ウィリアム・ル・バロン・ジェニー

シカゴ独特の摩天楼の生みの親

1832-1907 年

　ウィリアム・ル・バロン・ジェニーは、1880年代のシカゴで超高層ビルの発展をもたらした建築家グループのひとりだった。彼はマサチューセッツ州のフェアヘイヴンで生まれ、パリのエコール・セントラル（中央技工芸大学院）で土木工学の職業教育を受けた。1856年に学業を終えた後、南北戦争が始まると、北軍に工兵として加わり少佐まで昇進、1866年に退役した。その後、彼が最初に関心を寄せたのは、ランドスケープ・デザインだった。そこでフレデリック・ロー・オルムステッドに接触して職を得た。1867年には、シカゴの建築家サンフォード・E・ローリングのジュニア・パートナーとして働いていたが、まもなくローリングが仕事をジェニーに任せて、テラコッタの製造に専念してしまい、ジェニーは転職してウェスト・シカゴ公園委員会の造園技師になった。そして1869年、ジェニーはオルムステッドの下請けで、シカゴ郊外に新しい町リヴァーサイドを建設するのを手伝い、彼にとって初めての大きな建築物2棟を設計した。リヴァーサイドの給水塔とリヴァーサイド・ホテルだ。
　1871年のシカゴ大火は、ジェニーにとっては大きな好機となった。大きな商業建築プロジェクト2件の契約を獲得したのだ。だが、シカゴの全建築家にとって不運なことに、1873年の恐慌のせいで、シカゴの再建は6年間も遅れることになった。1874年には、ジェニーのキャリアは大火以前の状態に逆戻りし、小さな住宅や教会を手がけていた。そして1879年、景気が回復し始めると、シカゴの百貨店マーシャル・フィールドのパートナー、リーヴァイ・ライターから声がかかり、ウェルズ・ストリートとモンロー・ストリートの角に建てる5階建てのビルを設計してほしいと頼まれた。このライター・ビルで、ジェニーはビルの屋内の日あたりをできるだけ良くしようと、街路側の2面で石造りのピアの幅を同じにした。そして、普通ならファサードのピアが床梁を支えるところだが、ここでは鋳鉄のピラスターを置いて、そのピラスターがファサードのピアの内側の面で床梁を支えるよう

上：ウィリアム・ル・バロン・ジェニーの肖像。次ページ：ジェニーのホーム・インシュアランス・ビル。シカゴ、1884〜85年。

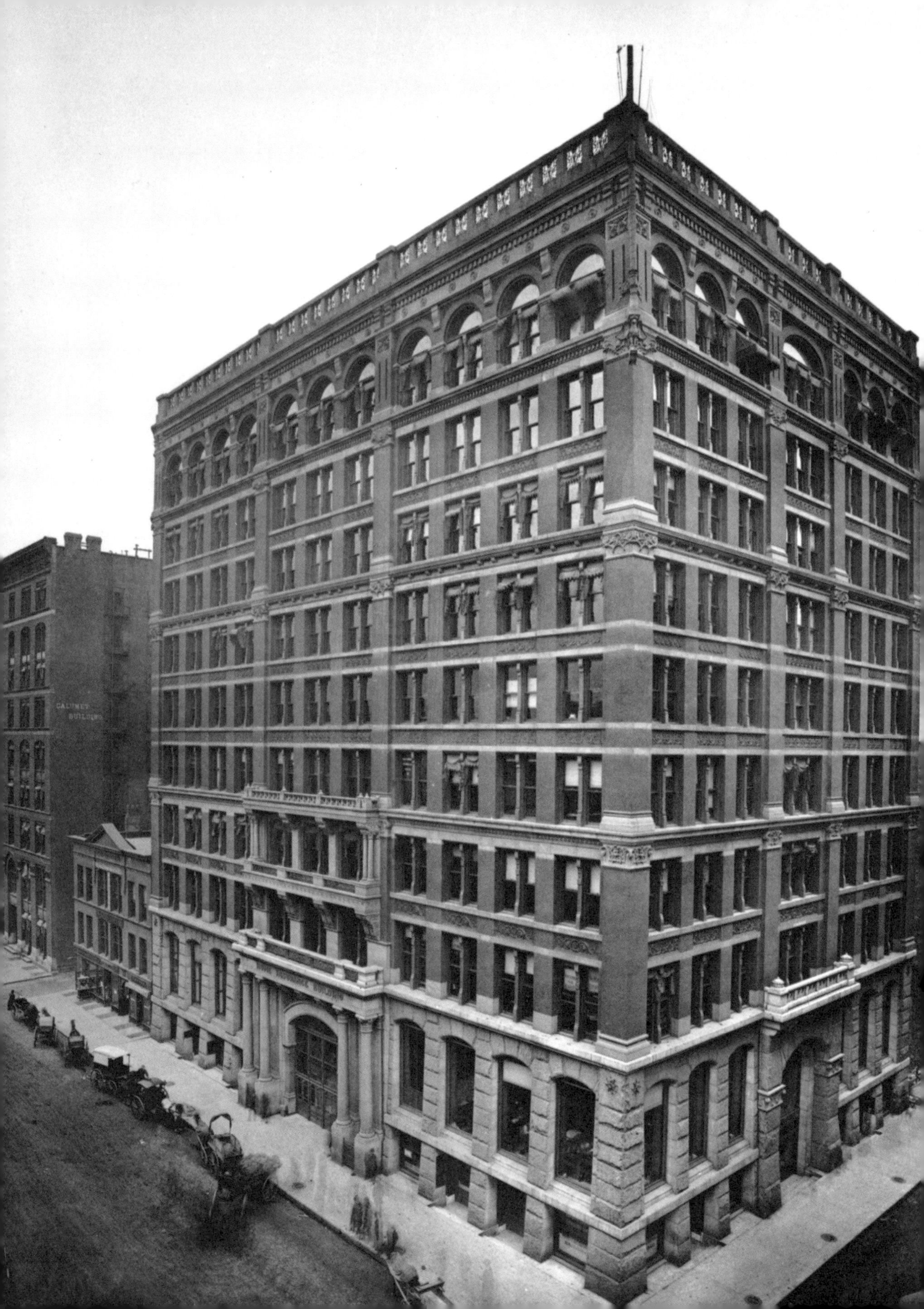
CALUMET BUILDING

ジェニーの設計したフェア・ストアの建設、1890年ごろ。この鉄骨骨組み構造は、ジェニーがセカンド・ライター・ビルで用いたものと似ている。

にした。シカゴでは1871年の大火以前にも、鉄の柱がビルの外装に使われたことはあったが、大火の後、シカゴのビルの外装に鉄の柱を使ったのは、これが初めてだった。

シカゴ初の超高層ビル

ジェニーがライター・ビル（1879年、のちに解体）を完成した後、シカゴの若手建築家たちのもとには、10階建て以上のオフィスビルを設計する依頼が続々と舞い込んだ。そうした超高層ビルは、まもなく「スカイスクレイパー」と呼ばれるようになった。そしてジェニーは、仕事をペースダウンし、長老政治家の役割を引き受け始めた。ダニエル・H・バーナムとジョン・ウェルボーン・ルートが、1881年にシカゴ初の超高層ビル、モントーク・ブロックを設計したほか、こうした初期の超高層ビルの大半を手がけた。1884年4月、ジェニーがホーム・インシュアランス・ビルの設計を依頼された時（これが、彼にとってはライター・ビルの完成から10年間で唯一の大きな依頼だった）には、シカゴではすでに、10階建て以上の超高層ビル7棟が完成もしくは建設中だった。ホーム・インシュアランス・ビルの契約は、このころのジェニーの仕事では異例と見てよいだろう。彼がシカゴの建築界で大物だから依頼が来たわけではなく、この会社の地元代理人が南北戦争時代からの知り合いで、その個人的なよしみで頼まれたからだ。20世紀初めの歴史家たちは、ホーム・インシュアランス・ビルが「初の超高層ビル」だとか「初の鉄骨骨組みの超高層ビル」だとか言っているが、それはまちがっている。同様にジェニーについても、「超高層ビルと鉄

骨骨組みの父」だと見なされていた。しかし、当時のことについての研究が進むうちに、こうした「伝説」は正しいとはいえないとわかってきた。今では、アメリカで鉄骨骨組みを考案したのはジェームズ・ボガーダスだと考えられている。彼は1850年代のニューヨークで鉄骨骨組みの建物を造った。また今の歴史家は、ジョージ・ポストが1867年に最初の超高層ビル、ニューヨークのエクイタブル・ライフ・インシュアランス・ビルを設計したと考えている。そして、シカゴ初の超高層ビルを設計したのは、バーナムとルートだ。

　ホーム・インシュアランス・ビルの構造にかんする時期や研究についての説明を読むかぎり、どうやらジェニーは、その構造を独立した鉄骨骨組みとは考えていなかったようだ。さもなければ、そのように詳しく語らなかったのだろう。ビルの背面の組積造り耐力境界壁ふたつと、屋内の鉄製ケージは、この時期によく見られたものだ。1880年代初頭のシカゴの平均的な建築にはないジェニーに独特な点となると、ビルの外部の石造りのピアに、部分的に鋳鉄を組み込んだことで、街路に面したふたつのファサードで使っただけだが、こうしたピアは、彼が以前にライター・ビルで鉄の部分を用いたのと同じようにして床梁を支えていた。ここでもジェニーの目的は、石造りのピアのサイズを小さくして、屋内の日あたりをできるだけ良くすることだった。しかし、本物の骨組みとは違って、各フロアとも、柱をラーメン構造に接合するはずの鉄製のスパンドレル梁がなかった。ビルの外側は、ピアとスパンドレルで従来からある石の組積みを使って、ふたつのファサードの構造を固めてあった。

鉄骨骨組みの発展

　シカゴの超高層ビルで初めて鉄骨骨組みの外壁が登場したのは、1885年にジョン・ウェルボーン・ルートが設計したフェニックス・ビルのライトコートだった。ルートは、当時はもう一般的になっていた鉄製の柱とスパンドレルの骨組みを、各階のライ

1913年のシカゴのパノラマ。手前がジェニーのセカンド・ライター・ビル。1889〜91年。

トコートを囲む石造りの壁を支えるのに初めて使った。鉄製のシェルフアングルも取り入れ、スパンドレル梁に取りつけた。また彼は、この同じディテールをルーカリー・ビル（1885〜88年）のライトコートの4つの壁全部でも用いた。1889年には、ルートはランド・マクナリー・ビルの設計で、耐力壁にまったく頼らない超高層ビルを初めて建てようとしていた。これは、鉄骨だけを構造材にした超高層ビルの第1号というだけでなく、初めて外装をすべてテラコッタ張りにした超高層ビルだった。

ジェニーは鉄骨骨組みの超高層ビルを発明したわけではなく、シカゴの建築家のうち、鉄骨だけで支えた建物を最初に設計した人物でもなかったが、ルートのランド・マクナリー・ビルの設計後も超高層ビルを発展させ続けたシカゴの建築家たちの先頭に立っていた。ジェニーが初めて鉄骨骨組みだけを使った建物は、彼の代表作でもある。ランド・マクナリー・ビルの建設開始直後、またもリーヴァイ・ライターが別のプロジェクトをジェニーに依頼した。これは今セカンド・ライター・ビルと呼ばれているもので、ステート・ストリートとヴァン・ビューレン・ストリートの角にあるデパートだ。ジェニーはこのビルの8階建ての正面が、その下にある鉄骨骨組みをストレートに表現するように設計した。

シカゴのマンハッタン・ビル、1889〜91年。世界初の16階建てのビルで、技術的にもジェニーのプロジェクトで最も先端的だった。

セカンド・ライター・ビル（1889〜91年）は、ジェニーの本当の全盛期の始まりを告げるものだった。このことは、彼が1890年にウィリアム・マンディを事務所のジュニア・パートナーとして迎え入れたことからもわかる。ジェニーの事務所は、1893年のシカゴ万博直前のこの時期に、数多くの超高層ビルの設計を任された。こうしたビルで技術的に最も先端を行っていたものは、1891年に完成したマンハッタン・ビルだった。このビルはバーナムとルートのモナドノック・ビル（1889〜92年）とならんで、世界初の16階建てのビルであり、初めて対風構をつけて設計した超高層ビルでもある。どちらのビルも、ジャクソン・ストリートから南の部分が拡幅されたばかりのディアボーン・ストリート沿いが建設予定地で、どちらの敷地も同じように幅が20.7メートルに減っていた。そしてどちらの建築家も、そうした幅が狭くて背の高いビルだと、風によってゆがむ可能性

ウィリアム・ル・バロン・ジェニー

がある、と非常に懸念していたので、両者とも同時に、風荷重に耐えられるようにビルの内部構造を強化した。マンハッタン・ビルでは、ジェニーは、超高層ビルで初めての門形ラーメンを用いたほか、（バーナムとルートに同じく）筋交いを挿入した。

1893年のシカゴ万博では、ジェニーはホーティカルチュラル・ビルの設計という名誉ある仕事を依頼された。これが彼のキャリアの頂点だった。その後、彼は事務所の運営をどんどんマンディに任せてもいいと思うようになったようだ。1905年、彼は引退してカリフォルニア南部へ転居し、1907年6月15日、ロサンゼルスで亡くなった。

ホーティカルチュラル・ビル。1893年のシカゴ万博のためにジェニーが設計した。

et son Gendre et Collaborateur M. Salles
Mr G. Eiffel au sommet de la Tour

ベルトラン・ルモアンヌ

ギュスターヴ・エッフェル

金属製高層建造物の工学技術の立案者

1832-1923 年

　ギュスターヴ・エッフェルは、彼の名を冠したパリ随一のランドマークを建てただけではない。彼は有能な実業家であり起業家だった。その仕事ぶりを示す証拠が、フランス、ポルトガル、スペイン、ハンガリー、ルーマニア、アメリカ、南アメリカ、東南アジアに残っている。野心的で精力的で決断力があったエッフェルは、熟練した技師の技術をすべて備えていたうえ、独創性があり、限界へ現実的なアプローチをすることができ、広報活動について良くわかっていたし、最適な協力者を引き寄せて抱え込むことができた。

　エッフェルはフランスのディジョンで生まれた。母親が家業の石炭と薪の商いをしていた。父親は独学の人で、その冒険心と知識欲をギュスターヴは受け継いだ。当時すでにフランスの主要な工科学校だったエコール・セントラル（中央技工芸大学院）での3年間の勉強を終える時、エッフェルは最終論文で化学プラントの建設について書いた。伯父がディジョンの近くにある塗料工場のマネジャーをしていたので、伯父の後を継ぎたいと思っていたのだ。しかし、家族関係がこじれてしまい、1855年、ちょうどフランスで初めての万国博覧会があった年、エッフェルは技師として働きはじめた。そして、多芸多才の技師で請負業者のシャルル・ネプヴーの下で働くようになった。ネプヴーの扱う業務は、公言していたものだけでも「蒸気エンジンの建造、工具、鍛造作業、ボイラー製造、金属加工、文房具製造、鉄道車両と土木用車両」となっていた。その後まもなく、ネプヴーの力添えで、エッフェルは鉄道会社の仕事をすることになった。そして、スパンがたった22メートルという小さな鉄橋の研究をする機会を得た。これを最初のステップとして彼は、当時のフランスで急速な発展を見せていた鉄道橋の建設に大きな足跡を残すことになる。26歳の時には、500メートルの鉄橋の建設を監督するという仕事をネプヴーから与えられた。この橋はボルドーのガロンヌ川に架ける鉄道用の鉄橋で、当時としてはフランスで最長の部類に入るだけに、これは非常に重要な仕事だった。橋脚の基礎は、空気ケーソン工法で造られた。この工法は、やがてエッフェルの得意な工法のひとつになった。

ギュスターヴ・エッフェル（左）と娘婿のアドルフ・サル。パリのエッフェル塔の頂上にあるらせん階段に立っているところ、1889年。

高架橋と橋

　南フランスでミディ鉄道会社の仕事を少々行い、トゥールーズ駅やいくつかの橋を造った後、エッフェルは1864年、32歳にして独立しようと決めた。自分の会社をもつための資金はかぎられていたが、技術には精通していたし、鉄道業界にもいくらかコネがあった。そして、技術コンサルタントの仕事を始めてから2年とたたないうちに、建設資材と作業場を買って建設業者になることができた。彼の会社が最初に任された仕事は、パリのシナゴーグ2棟の骨組みという地味なものだったが、その後、ウィレム・ノルドリングの設計した高架橋2基を建設する契約を受注した。フランス中央部のシウール川を渡す高架橋だ。ここでのエッフェル当人の貢献は、プレハブのデッキを川岸からのばしていくという工法だった。このやり方は、のちに一般的になった。1870年代初頭、エッフェル社は成長を始め、またも橋をいくつか手がけた。その中で特筆すべきは、ラトゥール～ミヨー線とシノン～レ・サーブル・ドロンヌ線の鉄道橋だ。また、構造骨組みやガス貯蔵タンクを建設したり、ボリビアとペルーで突堤や橋や貯蔵タンクを造ったりもしたし、チリの国境でプレハブの教会を建てることまでした。このプレハブの教会は今もまだ残っている。

　1875年、エッフェルはヨーロッパで大きな仕事を2件受注した。ひとつはペスト（ブダペスト）の中央駅で、ふたつ目はポルトのドーロ川を渡る大きな高架橋（マリア・ピア）だ。ポルトの高架橋のほうは、テオフィル・セイリグが設計したもので、エッフェルはセイリグと協力して、スパン160メートルという長大なアーチ橋の構想を練った。そして、足場を川の上に渡すのをやめてコストを削った結果、国際的なコンペに勝ち、おかげでエッフェルの名声も高まった。このころ、エッフェルはポルトガルとスペインでほかにもいくつか橋を建設したり、1878年のパリ万博のパヴィリオンの構造設計をしたりもしている。パリでは、1879年にル・ボン・マルシェ百貨店の増築を請け負い、その2年後には、クレディ・リヨネ銀行の堂々たる本店を建築した。

　ポルトガルのマリア・ピア高架橋で成功をおさめたことで、エッフェルはフランス中央部のマルヴジョル～ノサルグ線にも同様の橋を架けるという契約を受注した。これはトリュイエール峡谷を渡れば、谷を下って登るための費用のかかる土工事を省けた。このガラビ橋は、細かい点ではドーロ川の橋と異なるが、非常に近い関係にあり、エッフェルの傑作として今も存在する。谷を渡る部分のスパンは160メートルもあり、高さは122メートルながら、見た感じはこの上なく軽やかだ。そのエレガントな弓形が、ごく小さなディテールにまで反映されている。1884年に完成したこの橋は、後にパリで建設することになる高さ300メートルの塔への道を開くものだった。その塔は、同じ技術者チームが同じ原理、同じ計算、同じ建設方法を用いて設計・施工することになる。

トリュイエール峡谷のガラビ橋。1884年完成。純径間160メートルのガラビ橋も、エッフェル社の大きな業績のひとつだ。

自由の女神像とエッフェル塔

　1884年、エッフェルと技術者チーム、とくにモーリス・ケクランとエミール・ヌーギエは、その設計と建設の才能をさらに示してみせた。ニューヨークの自由の女神像の骨組みを手がけたのだ。この像の構造骨組みはパイロンで、それと軽量の骨組みが、巨像を形作る薄い銅板を支えている。1886年に建設されたニースの天文台の回転する鋼鉄製ドームも、素晴らしい才覚があったことを示す良い例だ。ドームがなめらかにまわるようにとエッフェルは、海水を満たした円形のタンクにドームを浮かべた。海水にしたのは、凍結を防ぐためだ。こうした発明のほか、エッフェル社は組立式橋梁の開発でも大きな利益をあげ、彼の組立式橋梁のキットは1940年まで世界各地へ輸出された。

　1889年の万国博覧会は、エッフェルが土木技師として新境地を開く機会になった。公式にはまだ何も決まっていないうちから、よそにはないようなモニュメントでフランス革命100周年記念を祝うことになっているらしい、という話がささやかれていた。非常に高い塔を建てるというアイデアは、すでにあちこちで出ていて、たとえば1876年のフィラデルフィア万博でも、305メートルの塔を建てるという提案があった。1884年5月、ケクランとヌーギエも、パリに塔をと考えはじめ、原案を作って、

4つのメインガーダーからなる鉄製のパイロンの計算もした。底部の間隔が広く、頂点で結合するようなものだ。この原案に、建築家のステファン・ソーヴェストルが大幅な修正をくわえた。1階部分と4本のメインパイルを巨大なアーチと結合し、各フロアにガラス張りのホールを置いて、ファサードにいくらか装飾的な効果をくわえるというものだった。エッフェルはこのアイデアに非常に関心を持ち、1884年9月には、この技師2名と連名で新案特許を登録した。そして、それから数か月間、このプロジェクトを公式な関係者に売り込み続けた結果、万博の基本計画と主要な建物を決めるコンペが1885年に始まった時には、コンペのひとつとして、非常に高い塔が含まれていた。これがエッフェルのプロジェクトを指しているのは明らかだった。そして彼が受託することになった。エッフェルは塔の建設費のほぼ半分を提供し、この塔を1910年まで運営する権利と、3つの銀行が共同出資する残りの資金と引き換えに、パリ市から割りあてを受け取ることにした。
　塔の工事が始まったばかりのころ、「エッフェル塔に抗議する」という記事が、当時フランスの有力紙だった「ル・タン（Le Temps）」の1887年2月14日付の紙面に載った。美術界の有名人たちの署名が入った記事で、怒りに満ちた猛烈な抗議だった。「これはフランス人の趣味の良さをだいなしにする（中略）この醜悪なエッフェル塔を我らの首都の中心に建てるとは」。この記事の全般的なトーンは、「機械建設業者の奇異な商売人の発想、工場の巨大な黒い煙突、インクのしみ」といった言葉に表れている。一方エッフェルは、彼の芸術的信条をかいつまんで語ったインタビューで、「塔の美学」を大事にしていると主張した。「私たちが技師だから、美しさなぞ頭にないとか、美しく、しかも堅固で長持ちする建築を建てようと思っていないだとか、そんなふうに考えられますか？　強さという純粋な機能は、かならずや調和という暗黙の条件に沿うものではないでしょうか」。彼はこうも言った。「ええ、もちろん、モニュ

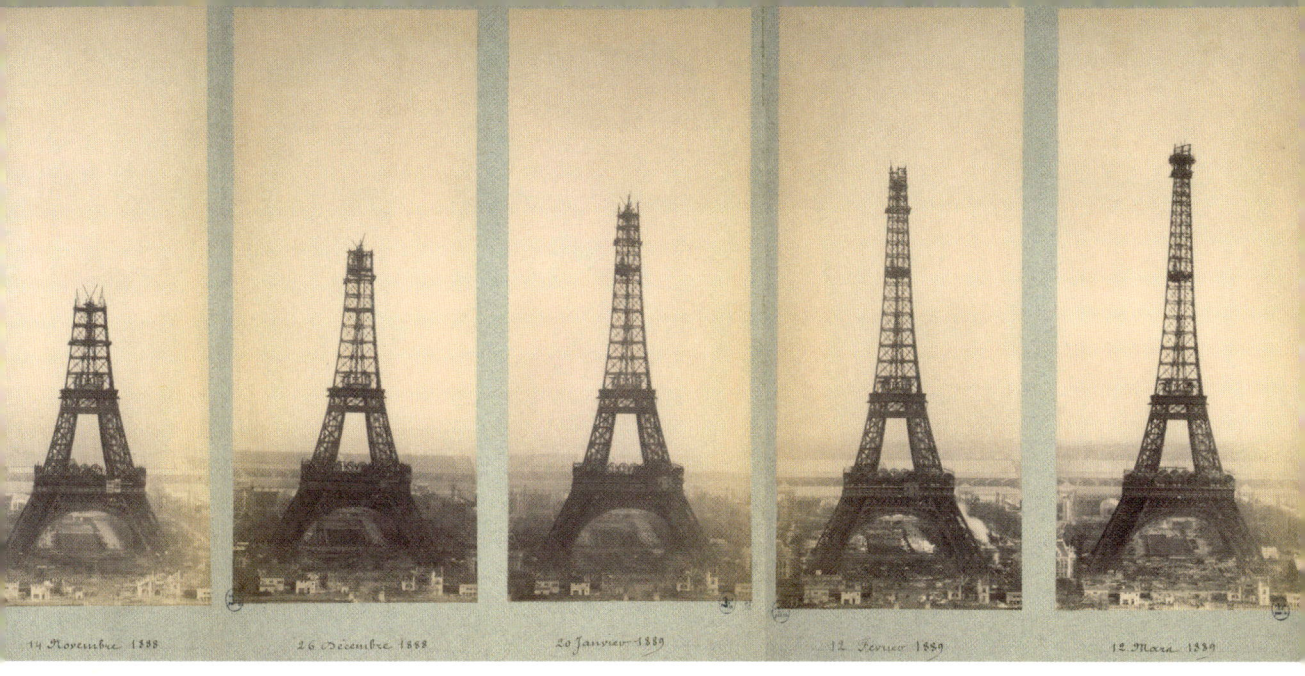

1887年10月8日から1889年3月12日にかけて撮影された写真。エッフェル塔建設の進み具合を記録したもの。

メントの4つの角のカーブは、数学的な計算で決めたものですし（中略）力と美を大いに感じさせるはずです。全体のコンセプトである強さを視覚的に反映するものになるからです」。この言葉は今も、エッフェルの美学の逆説的な証言とされている。科学と倫理の法則にのっとった合理的で抽象的な思考にもとづいているが、これに反し、彼自身の個人的な嗜好は、19世紀の保守的なブルジョアの嗜好だったからだ。

　塔の建設は、精密さと効率とスピードの名人芸だった。川側の基礎は、空気ケーソンを使って行われ、1887年6月に完了した。1200にも上る塔の部材は、700もの設計図と3000もの製作図が必要で、そのために40人の従業員が2年がかりであたった。プレハブの部材はそれぞれ、現場から8キロメートルほど離れたルヴァロワ＝ペレにあるエッフェルの工場で、1ミリの10分の1まで正確に作られた。そして現場では、150から300人が作業にあたり、大きな高架橋の建設を経験しているベテランたちが、重要なポストを担った。高さ30メートルの仮設の足場が12基すえられ、そのほかに、高さ45メートルの足場4基が、ひとつ目のフロアのガーダーを支えた。部材を持ち上げるのにはクライミングクレーンを使った。結局、この鉄塔はわずか22か月で完成し、1889年はエッフェルにとって勝利の年となった。技術的にも人気の面でも成功を収めたこの塔は、工業のシンボルであり工学技術の傑作、数十年にわたる大胆な建築の実験の到達点だと見なされた。そして、エッフェルの世界的名声を固めることになった。

金属製高層建造物の工学技術の立案者

科学者としての再出発

　ところが、その後エッフェルを不運が襲った。当時最大の金融スキャンダル、パナマ運河疑獄にエッフェルも巻き込まれてしまったのだ。運河建設を企画したフェルディナン・ド・レセップスは、パナマ地峡に運河を建設する権利をコロンビアから得ていた。彼はスエズ運河の成功で自信を深めていたので、水平運河にしようと考え、1882年に工事を開始した。ところが、中央アメリカのジャングルで多くの人命が失われるなど、工事は困難を極め、ついには、運河建設は不可能だということがあきらかになった。一方エッフェルは、運河の巨大な閘門10基を建設するために参加していた。閘門の鋼鉄製スライドゲートも含めた受注で、エッフェル塔の時の15倍の予算だった。彼は30か月以内に納品することに同意し、工事は記録的な速さで始まった。ゲートを建設しながら、現場の掘削も進んでいった。だが、当時の医療技術ではマラリアや黄熱病に対処できず、運河建設のペースがひどく落ちてしまい、投資家の信頼を引きとめておくことができなくなった。こうして民間からの投資が止まってしまった結果、1889年2月4日、パナマ運河会社は破綻し、レセップスを始めとする役員が起訴された。最終的には無罪となったが、エッフェルもこの訴訟事件に巻き込まれてしまい、エッフェル社を守るために会長職を辞任することにした。
　その後、エッフェルは理論科学者として第2の人生をスタートし、3つの新分野のパイオニアとなった。気象学、無線電信術、空気力学だ。気象学の研究は、1889年

パナマ運河の巨大なガトゥン閘門の建設、1912年ごろ。エッフェルが最初にこの設計のアドバイスをしてから約25年後。

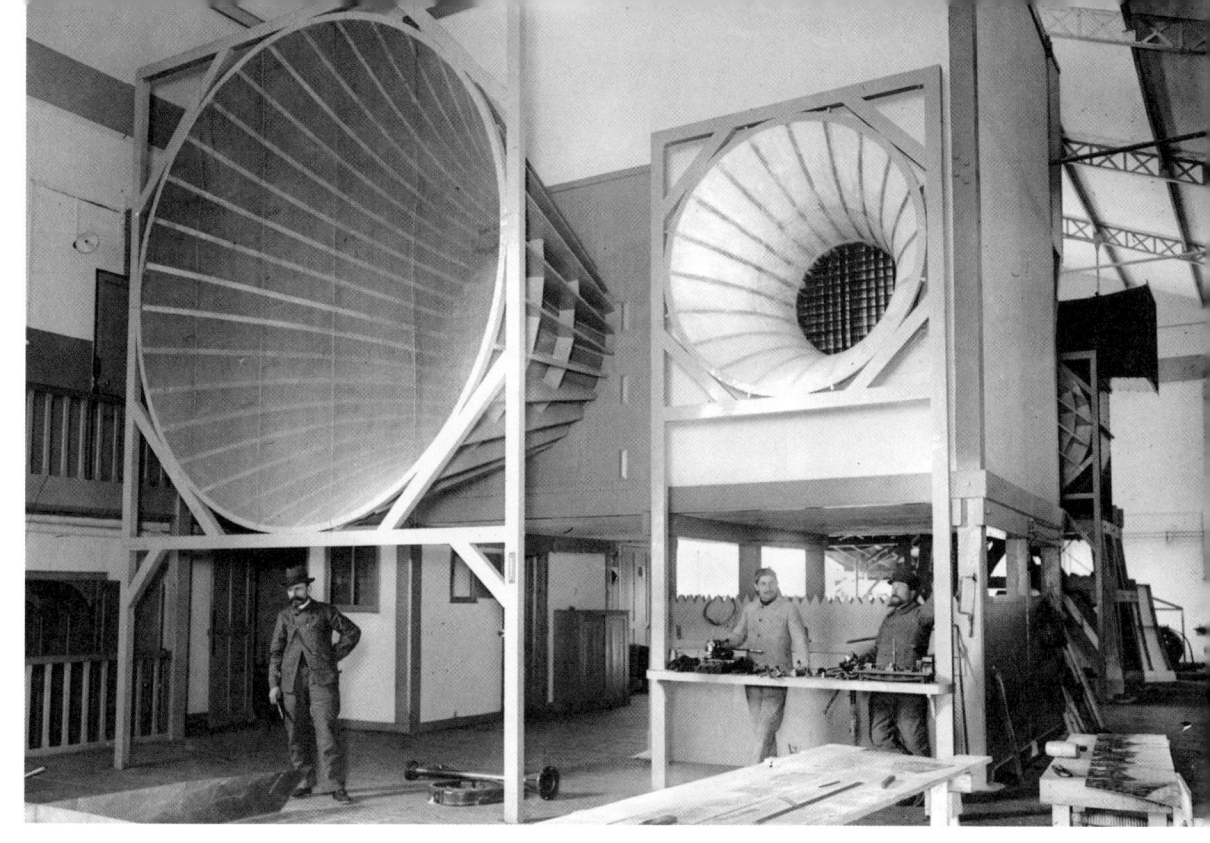

エッフェルが1912年にパリのボワロー通りに建設した風洞。構造物や航空機モデルの空気力学的性能をテストするためのもの。この研究所は今でも使用されている。

にエッフェル塔の頂上で始まった。そこに観測所を設置したのだ。のちには、パリ近郊のセーヴル、コート・ダジュールのボーリュー、ブルターニュのプルマナック、スイスのヴヴェーにもっていた私有地にもそれぞれ観測所を作った。そして、こうした観測の結果を豪華な本にまとめて自費出版した。また、エッフェル塔の有用性を実証できるような実験をするよう、多くの科学者に勧めた。たとえば、巨大な振り子、水銀気圧計、生理学の実験、初の長距離無線伝送などだ。1898年10月には、ウジェーヌ・デュクレテがエッフェル塔から送信された信号波をローマのパンテオンで受信し、その4年後、フェリエ大佐がフランス東部との良好な無線通信を確立した。その後も、エッフェル塔は戦略的価値のある場所だと見なされたため、解体をまぬがれた。だがおそらく、エッフェルが最も熱心に興味を寄せたのは、空気力学だろう。彼はパリのシャンドマルスに風洞を造って1909年から1911年まで使用した後、ボワロー通りにもっと大きな風洞を建設した。これは今も使われている。91歳で他界するまで、エッフェルはいつも研究所にいて、研究を監督したり、研究員たちが出した成果の出版を監修したりしていた。

グエナエル・デリューモウ

フランソワ・アネビク

鉄筋コンクリートのシンボル

1842-1921 年

　フランソワ・アネビクは、鉄筋コンクリートが出現したばかりのころの歴史を象徴する人物だ。だが、建設業者としては、彼はどのような役割を果たしたのだろうか？

　彼が関与したことで形作られた歴史、それはコンクリートと金属の興味をそそる合体の物語だ。新しい技術と生産が同時に到来し、20世紀初頭の建築の状況を大きく変えた。そのため、この生まれたばかりの技術がどういう性質を帯びるのかは、非常に多様な労働文化が交わるところで決まり、このことが原材料としての鉄筋コンクリートの初期のアイデンティティを形成した。多面性、異質、ハイブリッド、はては不純。しかし、この複合材料の特徴は、工業の世界と職人の技能の世界の出会いによっても形作られた。そして、まさにそこで、ふたつの異なった相反する物差しが作用し始めた。この交差点こそ、アネビクが活動したところ、もっと大きな意味では、鉄筋コンクリートの技術が形成されたところだった。

　1890年代にアネビクが開発した工程の中核は、シンプルな鉄製のスターラップだ

アネビクが1897年に開発した鉄筋コンクリートの建設システムの図。これより先の1892年に取得した特許の発展形。鉄製スターラップを使うのが基本だが、ここでは、コンクリートのビームにさらに棒を入れて強化している。

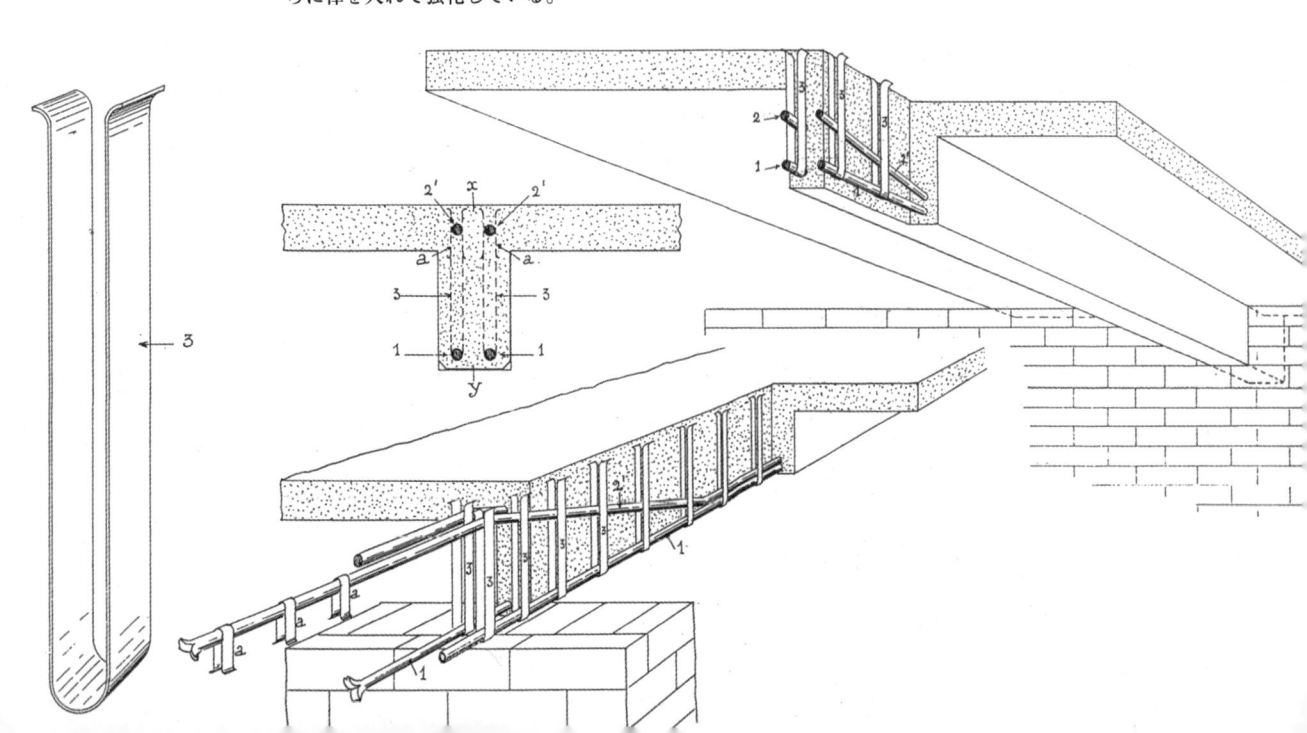

った。コンクリートの塊の中に金属を正確に置けば、スターラップがコンクリートと金属を結合し、剪断応力の影響に抵抗する。一方、この結合は、抽象的な技術と有効な作業方法の連携を生み出しもする。基本的には、それは大工の腕、石工の技なのだが、アネビクはそれに多くの用途があるだろうと予見し、その経済的な潜在力を産業規模で利用した。そして、このプロセスが動き出すや、彼は商業と技術の巨大な帝国の基礎を敷いた。このため彼は、世界各地で自らの特許を利用し管理することができたのだ。

多国籍ビジネスの新戦略

　アネビクは成功の階段を駆け上がっていった。1894年、特許を取得すると、彼は拠点をブリュッセルからパリへ移した。1900年には、フランスで多くの仕事を扱っており、その取扱量は彼の競争相手全部を合わせたものに匹敵していた。1905年には、新しい原材料の使用にかんする規制が世界中で導入されつつあったが、彼のネットワークには数百もの建設業者がいて、こうした生産ネットワークの結束と効率を、強固な多国籍企業がバックアップしていた。パリの本社から統括することで、あらゆるプロジェクトを保証し、アドバイスや技術的支援を提供した。強力で反応の早いこの企業は、鉄筋コンクリートの設計と建設の分野で、たちまち世界市場の約2割を占めるようになった。つまり、アネビクがパイオニアとなった商取引開拓システムは、発明そのものの出発点でもある異例な結び付きと関係を反映している。ある意味、彼は、自分が熟知する金属建築の世界を石造建築の世界に強く結びつけた。コンクリートと金属を組み合わせた彼のシステムにあるシンプルさと効率、建物に必要な所定の要素を容易に計算でき製造できること、それどころか、アネビクが自分の工程を売り込むために利用したものすべてが機能するさまは、さながら金属細工師が製品を売るために長年利用してきたカタログ販売システムだった。アネビクの配布した基本のプロトタイプ、事前製造の要素、処方箋、表とグラフが、いわばこうしたカタログの代わりになった。今や、伝統的な建築の限界が打破されつつあった。

　だがそれでも、彼が自分のシステムを広めて市場を支配するために設立した組織の効率は、まさにアネビクが張り合っていた建設業界の稠密な組織網の構造を詳細に分析することにかかっていた。また、組織構築の中心は、支店や代理人、忠誠の責務を負わせる仕組み、影響や便宜のためのネットワークで、アネビクはこれらを絶えず利用して、ビジネスを構築していった。この種の結び付きの良い例が、彼がたちまち築いたセメント製造業者や製鉄業者との密接な関係だ。最初のころ、彼の顧客はほとんどが仕入先で、そうした仕入先が彼の最初のライセンシーを紹介してくれた（あるいは、仕入先自身がライセンシーになった）。それどころか、このような関心の集まりによって、相互作用のシステムがあるとわかったので、彼はそれを効果的に利用した。

同じようなネットワーク作りは、彼のコミュニケーション戦略でも行われていて、手書きの図や写真が重要な役割を果たしていた。こうした図や写真は、ちょうどコンクリートが広く受け入れられかけていた時に出回り、真っ先に契約してくれた業者がすでに発注していたプロジェクトをアピールした。

　こうした初期のプロジェクトは、非常に大胆なものが多く（たとえば、フランス北部のドンとブレビエールにある1893年の工場や、ナントにある1894年の製粉所）、新興のビジネスにとってしっかりした足場になった。こうしたところを出発点にして、アネビクはネットワークを築いていった。彼の工程をめぐる技術的実験（とリスクを取ること）以上に、彼はこの初期のプロジェクトについては、システム化した技術と経済組織を組み合わせ、イノベーションが成功する出会いの場を作れるということをあきらかにするデモンストレーションだと考えていた。アネビクのシステム自体が証拠だった。そしてコンクリートの地位は上がっていった。

イノベーションと標準化

　アネビクの会社が建設の分野で前例のないほど成長できたのには、もうひとつ重要な要因がある。会社にいる技術者を社内で訓練し、まだ開発途上の鉄筋コンクリートを使いこなすのに必要な専門知識を取得させたことだ。技術者の大半は、直接エコール・セントラル（中央技工芸大学院）で集めた（逆説的な話だが、ここは金属を基本

下：リール国際博覧会、1902年。このセメント袋の展示は、アネビクの床が驚くほど荷重に耐えることを見せると同時に、セメント会社や建築家の事務所の間で関心が集まっていることを示すためのもの。次ページ：ナントのグラン・ムーラン製粉所、1895年。この「強い巨石のようなブロック」の建設は、アネビクの成長中のビジネスが最初に受注した大きな依頼のひとつだった。

にした方法を教えているのが特徴の学校だった）。たいていの場合、技術者はまずパリのダントン通りの本社を出発点にして、それから、アネビクの攻撃計画に沿って国内外の支店へ派遣された。彼らの任務は、本社と支店の間の技術的資源の流れを確保することだった。こうして、鉄筋コンクリートの評判が高まり始めた。

このような技術支援ネットワークが、自主性と結束と効率性を備えていたことは、一目瞭然だった。1905年、パリの本社では60名の技術者が働いていた。この数字は5年後には倍増していたうえ、本社以外のところに500名以上いた。また、研究所の中心からも、ずば抜けて優秀な専門家たちがたちまち育ってきた。アネビクは技術者を競わせ、彼らは鉄筋コンクリートの理論と実践に精通していった。第1次大戦前はこうした技術者の需要が大きく、技術者は基本的にあちこちの職場を渡り歩いていたので、異文化交流を促し、こうした建築材料の人気を急速に高めることにもなった。

鉄筋コンクリートの発明は、技術の知識が発展する中での出来事だった。また、そうした状況が、この素材自体の発展の形を決める一因にもなった。つまり鉄筋コンクリートの発明は、その最初期の開発に伴う標準化のプロセスと不可分だということだ。これは主に、社会的認知の問題だった。最初、アネビクのような、鉄筋コンクリートを使った建築の技術を開発していた建設業者は、再定義された産業分野の枠内で活動していた。彼らは自由になる必要があった。障壁を打破し、異例の関係を築いて、新しく生産的な組み合わせを可能にしなければならなかった。こうした新しい技術分野の輪郭を形作ったことで、アネビクは競争相手から抜きん出ることができた。戦略の核に工程と素材と製品を置き、鉄筋コンクリートにイメージをもたせ、「顔」の見えるものにした。建築家と技術者が協力してプロジェクトにあたるようになった1905年ごろから、鉄筋コンクリートは共有する文化となり、多くの多様な社会的因子を結びつけるものになった。

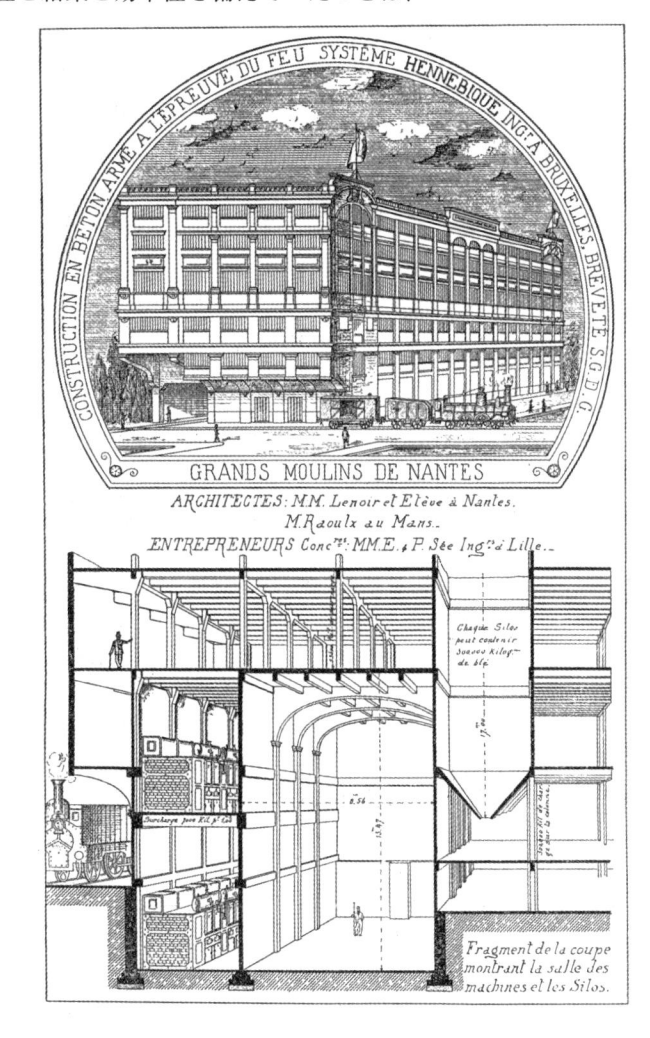

異種交配がどういうプロセスで起きたのか、説明するのは難しい。始まりも終わり

カイロのアジャンス・アネビク、1899年ごろ。世界各地のオフィスの目的は、会社の本部と遠くの支店が技術情報をスムーズにやりとりできるようにすることだった。

もなく、起源も接点もない（あるいは、ありすぎて数え切れない）。ただ異種交配が起きたというだけだ。数々の力の相互作用が残す影響によって、アネビクのような人間が指揮官となる歴史は形作られる。いえることがあるとしたら、素材の未来が構築されるための基礎を、この優れた建設業者が敷いたということではないだろうか。

ジョルディ・オリベラス

アントニ・ガウディ

独特の創作スタイルを持った職人建築家

1852-1926 年

　ガウディは、その独特で一風変わった作品で広く知られている。伝統的な手法を用い、独自の方法で構造形態を設計した。実際、ガウディの作品が非常に重視されている理由のひとつは、その複雑な形態が標準から大きく外れているからだ。20世紀の建築が、平面的で直線的な方向へ向かったのに対し、ガウディはもっと複雑な幾何学を組み込んだ。後期のプロジェクトでは、ゴシック建築のヴォールトとアーチの代わりに、カテナリー曲線、双曲放物面、回転双曲面を使った。これらは、物差しのようなシンプルな道具があるだけで比較的容易に組み込める面を彼に与え続けた。

　建設業界がコスト効率の高い形態を大量生産する現状に抵抗心を抱き、彼は一般的なトレンドに背を向けた。そして不屈の努力と独創性を体現するようになった。ただし彼の独創性に対しては、当初から熱狂する人もいれば拒絶する声もあった。ガウディの作品は無難とは程遠い。そのため、議論や解釈が絶えない理由はわかりやすい。彼はいわば一匹狼で、自らを建築家であり職人であると考えていた。また、彼自身の見解や未完のプロジェクトを解き明かす著作や図面がほとんど残っていない。これらのことから、そうした解釈が定まり始めたのも最近に過ぎない。彼の作品の解釈は、彼の生涯、シンボル、建設、形態と、さまざまな角度から作品を検討することから始まる。そして、どこからみても、彼の時代以上に深く理解し高く評価することになる。

　また彼は、未完の傑作をふたつ残した。ひとつはコロニア・グエル教会堂だ。コロニア・グエルはバルセロナ近郊にある工場労働者の住宅地で、教会堂は地下礼拝堂だけが1915年にほぼ完成したが、このプロジェクト用のひもを使った模型（フニクラ・モデル）を写真に撮って、手書きで加筆した記録が残っている。ふたつめはサグラダ・ファミリア（「聖家族」）教会で、これの最終的な構想は模型で示されていたが、その模型が破壊されてしまったので、その後、模型の破片や当時の写真などをもとに、また模型を作り直した。ガウディが死の直前まで集中していたサグラダ・ファミリアの建設工事は、死後も現在まで続いているが、建設が進む間に、建築技術は大きく進化した。中世の大聖堂の場合の比ではない。そのため、ガウディの遺産の批判的解釈にくわえ、彼の作品を継続して建築した部分も議論の的になっている。

独特の創作スタイルを持った職人建築家

初期の折衷主義

　アントニ・ガウディは1852年、レウス近郊のリウドムスで生まれた。そしてレウスの小学校に通い、その後、バルセロナ建築学校へ進学し、1878年に卒業した。建築士として働き始めてからの10年間には、バルセロナのカサ・ビセンス（1883～85年）やグエル邸のエントランスと厩舎（1887年）、サンタンデール近郊のコミージャスのエル・カプリーチョ（1883～85年）などの作品があるが、どれについても、ネオ・モサラベ様式の壁（と色鮮やかなセラミックタイル）など、ムーア人を起源とする装飾的な折衷主義が注目すべき点だ。同時に、塔、窓、扉といった要素をさまざまな形態で造り上げたガウディの技術も特筆に値する。また、これらの要素は錬鉄などを使ったディテールの設計についても、彼が素晴らしく熟達し、想像力に富んでいたことを示す。1883年、31歳の時には、サグラダ・ファミリアを建築する仕事も与えられた。ガウディはこの工事を死ぬまで続けることになるが、1926年に亡くなるまでに、この教会の設計を4通り作った。

　1886年から1891年にかけて、ガウディは大事なパトロンとなった実業家エウセビオ・グエル（エウゼビ・グエイ）の邸宅の設計と建築を行った。一見するとグエル邸の増築をするためのプランとして始まったもののように見え、オーナーがヴァーグナーの音楽を楽しめるようにした部屋を造っているが、じつはこの新しいスペースが中央ホールとなって、その周囲に、残りの居住スペースが配置された。また、半地下の厩舎と中二階のオーナーのオフィスの上、かなり高いところに中央エリアがあって、上部の放物線形ドームの側面から光が差し込むようになっていた。メインフロアは、すらりとした柱とアーチで区分され、通りと中庭に面したギャラリーが、光と視線を巧みに通したりさえぎったりして、屋内と屋外の魅力的な変化を生み出している。

　1888年から1894年には、ガウディはバルセロナの聖テレジア派の修道院を建築した。また、1887年から1893年まで、アストルガの司教館の設計と建築を手がけた。この司教館の仕事は、1891年から1894年までは、レオンのカサ・デ・ロス・ボティネスというアパートメントビルの建設と並行して行われた。20世紀に入ってからのガウディは、バルセロナのトレ・ベリェスグアルド（1900～02年）の設計と建築のほか、バルセロナの新興地区で立て続けにアパートメントビルを3つ手がけた。カサ・カルベット（1898～1904年）、カサ・バトリョ（1904～06年）と、通称「ラ・

見学者たちにサグラダ・ファミリアの工事を見せるガウディ、バルセロナ、1915年。

サグラダ・ファミリアの模型。ガウディの死後、1936年に模型が破壊されてしまうまでの間に、教会の地下で撮影された。

ペドレラ」(「石切り場」) のカサ・ミラ (1906〜10年) だ。この3つのうち最初のものは、中庭と部屋の配置やネオ・バロック風の装飾がどちらかというと因習的といえる。対照的に、カサ・バトリョの改築では、ガウディは驚くほど有機的な印象を与えている。メインフロアのボーウィンドウや1階の入り口は、まるで細い骨の柱でこじ開けられた肉の石のように見える。階段の空間から中庭の空間への連続も、流れるように垂直に配置されている。中庭のさまざまな色の表面仕上げとファサードのセラミックやペイントの装飾は、この地区のほかの建物のバルコニーや装飾と比べて見ると、よそが非常に単調に見えるし、こちらがちゃめっけたっぷりの代案になる。同じことは屋根裏の屋上の独創性にもいえるだろう。放物線形のアーチの上の屋上は、セラミックの外装で仕上げ、塔が隣接する建物との区切りになっている。

　ラ・ペドレラも、何もかもが独創的で目立つ存在だ。ガウディはうねるような形の石のファサードを使って、波のシンフォニーを奏で、そこに開口部とバルコニーを点在させた。石とレンガと鉄柱と鉄製ビームによる構造を (ある程度制約して) 使って、直角の部分のない屋内空間を作り出す一方、ファサードの外観は、非耐力の壁という考えを否定した。カサ・バトリョよりも空間にかんする選択肢が多かったので、このカサ・ミラでは、円形の中庭と楕円形の中庭 (内側の部屋とエレベータースペースの換気と採光のため) が、全体の配置のカギになっている。屋根裏は、セラミックレン

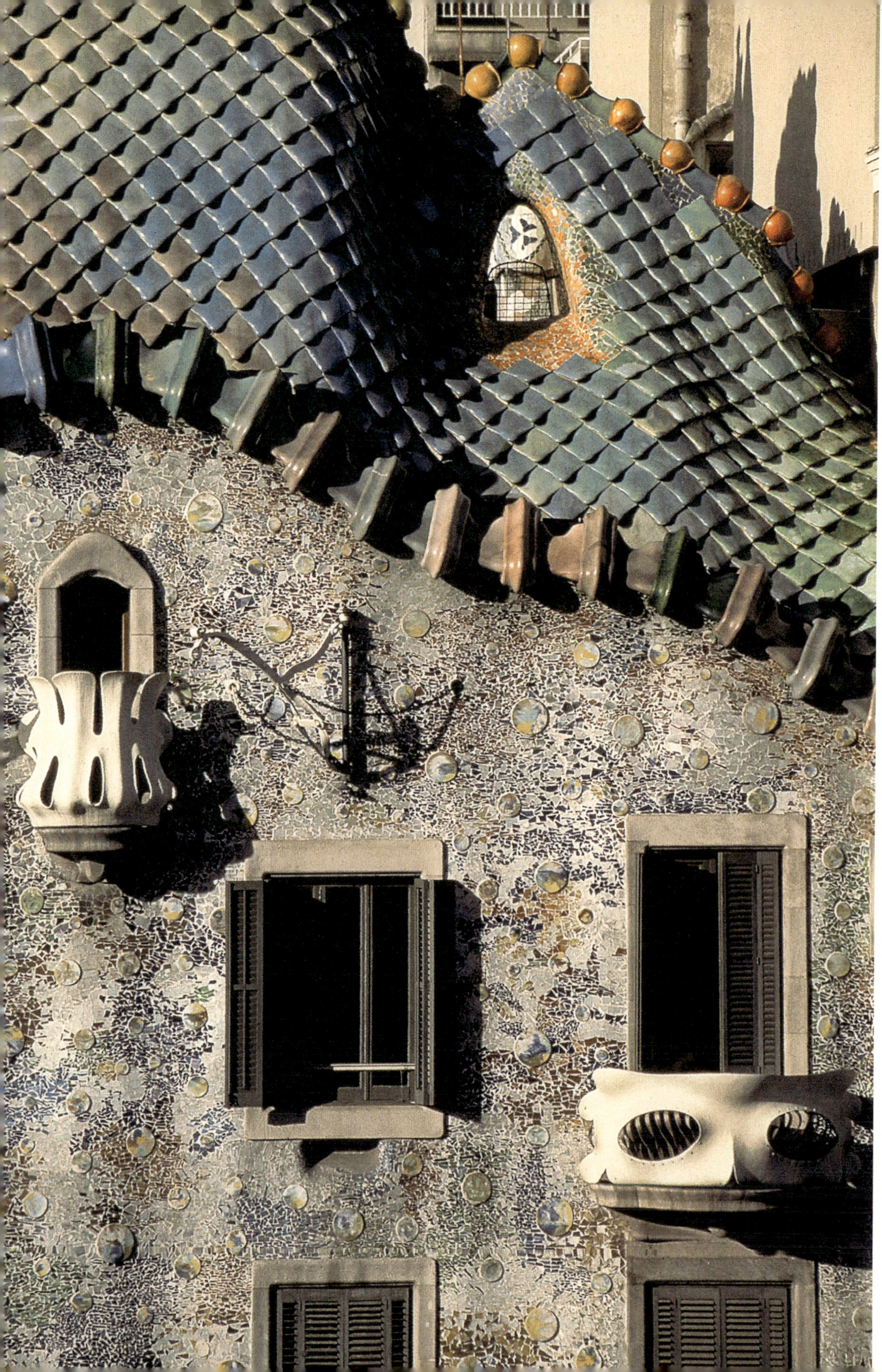

ガの放物線形アーチで、建物全体に斜めに冠を載せたようにしてある。屋上のテラス、小塔と煙突の奇抜な形態は、「建造建築」と「彫刻的建築」の境界があいまいになる建築の奇観のひとつだ。

形態と構造の分析

　1904年から1914年にかけ、ガウディは建設に対する考え方をまとめ上げた。形態と構造は互いに強く依存し合うというものだ。1900年に着手したグエル公園で、静力学的図式解析から導き出した形態を用いて、アーチ、丸天井、壁で実験を重ねた結果、カテナリー・アーチという形をベースに設計するようになった。そのために作ったのが、ひもを使った模型（フニクラ・モデル）だった。上下にひっくり返せば、建物の望ましい形になる、と彼は考えた。上から次々とひもを吊るし、建物のさまざまな部分に対応する重りをつけてぴんと張り、軸圧縮を受ける線形の構造要素、柱やアーチの軸の位置を設定していく。確かに、当時もすでに、連力図を利用する方法は良く知られていたが、建物を多角形の3次元的配列として構築した者がそれまで誰もいなかったのも確かだ。また、軸の重さを調整するためのひもや鎖や砂袋にくわえ、壁やヴォールトを埋める材料を想定して、シルクペーパーも使った。この逆さ吊りの手法を用いて、ガウディはコロニア・グエル教会堂とその地下礼拝堂の空間の模型を作り、それから、その写真に加筆して、建物の内外の姿を決めた。こうした模型を使った方法は、1980年代の終わりにフライ・オットーやライナー・グラーフなどがふたたび検証したが、最近も、デジタル・モルフォジェネティック・アーキテクチャで利用するために再評価されている。

　コロニア・グエル教会堂で完成している部分、地下礼拝堂とポーチ（階段があるところ）を見ると、ガウディがこの主身廊をどうしようとしていたかがわかる。めざしていたことのひとつは、ヴォールト構造の水平方向の強度を外側のバトレスやフライングバトレスで相殺するオジーヴ構造を乗り越えることだった。ガウディはこうしたバトレス類のことを軽蔑して「松葉づえ」と呼んでいた。フニクラ・アーチと傾斜した柱を利用して、そうした「松葉づえ」を取り除こうとしたのだ。

　ガウディの手法は、建物の構造の分析としてはじつに独創的だ。座屈と張力を結びつけるほかの計算方法を使う代わりに、ガウディは物理学的に無理のない構造のバランスをもっと経験的に探そうとした。最初は放物線形アーチの構造で、のちにはフニクラ・モデルの3次元の多角形で研究を重ね、そうしてたどり着いたのがサグラダ・

カサ・バトリョ、バルセロナ、1904〜06年。既存の建物を改築するにあたって、ガウディは1階分増築し、巨大なドラゴンのうろこのようなセラミックタイルで屋根をふいた。ドラゴンは、この邸宅を献じた聖人サン・ジョルディを示唆する。

独特の創作スタイルを持った職人建築家

ファミリアだった。彼の手法は経験にもとづいているが、理想的な構造や寸法、幾何学的形状を突き止められる優れた直観がもたらしたものでもある。ガウディは硬い石の作品を想定し、伝統的な建築資源と材料を使った。鉄筋コンクリートの利用を考えたのは、晩年の1925年ごろになってからだ。彼の形態は、（20世紀に主流となった形と違）耐久力のある構造とそのほかの建築工程の区別があまりはっきりしないので、大きな開口部や透明部を組み込めない。しかしガウディは、最大の張力の及ぶ点にマッスを置き、開口部を軸から離した。もっとアカデミックなカタルーニャのモダニズム建築とは異なる。アカデミックなモダニズム建築のほうが制約や雑音が多い。一方ガウディは、伝統的な手法を選んだが、それでもって素晴らしい成果を上げた。

コロニア・グエルの教会堂を設計した経験から、ガウディはもっと大きなサグラダ・ファミリアも変えていった。最終案では、アーチに替えて、斜めに傾いた木のような柱の構造が屋根のヴォールトを支えた。ヴォールトは放物体によって結ばれていて、いくつもの双曲面の穴によって、光が天井から差し込む。晩年、ガウディはヴォ

コロニア・グエルの実用模型、1908〜15年ごろ。ひもとおもり用の袋とシルクペーパーを使った模型は、アーチとヴォールトのカテナリー形状を作り出すために逆さ吊りされた。

コロニア・グエル教会堂の透視図。逆さ吊り模型の写真に鉛筆で加筆したもの。

ールトの設計変更にくわえ、塔のファサードのひとつで、建設の仕上げを自分で行った。教会の外観を思い通りにするためだ。彼の作業の進み具合は、寄付の額次第だった。また、この時期、中世の大聖堂を建てた棟梁たちを連想させるような、建築現場の作業場に住む建築家で彫刻家、という神話が生まれた。

コロニア・グエル教会堂の地下礼拝堂。荒削りの傾いた柱が、クモの巣のような石造りのリブとヴォールトを支える。

ガウディの遺産

　ガウディの作品は、副次的な空間にこそ彼の純然たる建築が見られる、と強調する論評がよくある。たとえば地下室、屋根裏、補助的エリアなどで、そうしたところでは装飾やシンボルがくわえられておらず、構造をもっと良く味わえるという。それでも、表面仕上げを施したアーチのある空間や、メインルームの装飾にも目を向けるべきだろう。こうした空間こそ、ガウディがそうした類まれなアンビアンスで雰囲気を高めて、なしとげたことを十分に味わえるからだ。彫刻を施した漆喰仕上げ、格間、タイル張り、ペイントのグラデーション、光の反射した輝き、さらには数々の造作や調度すべてが、こうした空間の魅力を生み出しているばかりか、その空間を使う人々の感覚を十分に満足させるよう設計されている。構造と建設の技が生み出す感覚は、彼の構造にも当時の写真の中にも、まだはっきりと感じることができる。ガウディが優れた建築家だったのは、彼の構造が大胆だからというだけではない。彼の形態が独創的だからでもある。それらは独特で多様できわめて独自な創作物なので、誰かが彼の遺産を引き継ごうとしても難しい。友人のフランセスク・バランゲーは誠実な協力者だった（ガラーフのボデーガ・グエルは、バランゲーとガウディの両者の作品だと認められている）。ジョゼップ・マリア・ジュジョールはガウディの「右腕」で、とくに装飾を手がけた。ジョアン・ルビオーとセサール・マルティネールはガウディの建築システムをある程度続けている。

　ガウディの建築の独創性は、驚きと遊び心にあふれた要素をたびたび用いたことを

考え合わせると、いっそう強く感じられるようになる。とくに、自由度の高かった作品がそうだ。合理主義の観点から見ても、彼の建築上の解決策には筋が通っているが、その一方、彼はアンチ合理主義に位置づけることもできる。彼はこうしたパラドックスを体現している。そのためシュールレアリストは、ガウディの最も幻想的な側面を高く評価し、象徴派は、彼がイデオロギーや宗教のシンボルを反映させていることを高く評価する。また有機体説を採る人々は、彼が自然から引き出した教訓を描き出したと評価する。ガウディにかんしては、逆もまた真なりだ。だからこそ、彼の建築は今なお、多くの人の熱烈な興味をかきたてる。

1926年、ガウディが死去した年のサグラダ・ファミリア。後陣の壁とキリスト降誕のファサードの工事はほぼ完了している。下方は、ガウディの学校の波状の屋根。建設作業員の子弟の教育のため、1909年に設計した仮設の校舎。

ロバート・トゥオンブリ

ルイス・H・サリヴァン

「アメリカン」スタイルを提唱した装飾家・超高層ビル設計者

1856-1924年

ルイス・サリヴァンはアメリカ第一の建築装飾家であり、初めて超高層ビルをふさわしい姿にした建築家、共同作業で「アメリカン」スタイルを生み出した最初の建築家だった。伝統的な徒弟制度と近代的な教育、この両方で訓練を受けた人でもある。彼はマサチューセッツ州ボストンで生まれた。両親はアイルランド人移民とフランス系スイス人移民だった。まだ16歳の時、マサチューセッツ工科大学の「建設と建築」課程（当時のアメリカでは、この種の課程は同大学しかなかった）に入学したが、大学のカリキュラムが不満で、1年後に退学してしまった。その後、フィラデルフィアのフランク・ファーネスの事務所でしばらく働いたが、アメリカの景気が後退していたうえ、家族がシカゴへ転居したこともあって、彼もシカゴへ移った。そして、ウィリアム・ル・バロン・ジェニーの事務所に雇ってもらったものの、やがて、（MITのカリキュラムと西洋の建築教育の）「源」へ行こうと決め、パリのエコール・デ・ボザールへ留学した。それからローマで数週間を過ごし、シカゴへ戻った。その後7年間は、フリーの製図工として、何人かの建築家の下請けをした。建築家ダンクマール・アドラー（1844～1900年）もそのひとりで、1882年、アドラーはサリヴァンを事務所のジュニア・パートナーに迎え、1883年には共同経営者にして、事務所の名もアドラー&サリヴァンに変えた。1895年に事務所が解散した後は、サリヴァンは1924年に亡くなるまで個人で活動した。

装飾とファサード

ダンクマール・アドラーは全国的な知名度のある音響技師で構造技師だった。彼がサリヴァンを雇ったのは、装飾とデザインの面での自分の力不足を補うためだ。相互補完という点で、ふたりは完璧なコンビだった。協力して建築計画を立てた後は、アドラーが構造と技術を担当し、サリヴァンが装飾と室内のレイアウト、ファサードの構成を引き受けた。この好例は、ふたりの最大にして最も有名な共同作品、シカゴの

ルイス・H・サリヴァン

　オーディトリアム・ビル（1886〜90年）だろう。このビルは、当時の北米で最も巨大なビルで、17階建てと、シカゴ一高いビルでもあった。室数400のホテルにくわえ、オフィスと店舗が136も入居していて、それらがビルの3分の1を占める4200席の劇場とバックアップ施設を財政的に支えていた。アドラーの手がけた劇場の音響は最高レベルだと評価されたし、起伏のある地盤の沈下を防ぐよう、タワーの重量を巧みに分散したアドラーの腕は、構造の名人芸だと見なされた。サリヴァンのほうは、やや地味ながら堂々たるファサードを造った。シカゴの文化と経済にとって重要な存在であるこのビルにふさわしいファサードだった。だが、批評家や世間にとりわけ強い印象を与えたのは、サリヴァンの装飾、とくにロビーや階段、メインダイニングルームといったパブリックスペースの装飾だった。ビルの中で最も華麗な装飾が施された

前ページ：1885年のサリヴァン。アドラー＆サリヴァンにいたころのもの。下：アドラー＆サリヴァンのオーディトリアム・ビル、シカゴ、1886〜90年。

劇場では、シェブロンのモールディングが吸音天井のアーチに六角形の模様を刻んでいて、その六角形の内側には葉の模様があり、それらの模様が花開いたところが、電灯や換気口を隠した格子のある突起（ハチの巣に似ている）になっていた。これも、アドラーとサリヴァンそれぞれの得意分野が見事にひとつになった例だ。

サリヴァンの装飾は、アメリカ版のアール・ヌーヴォーだというレッテルを貼られることが多いが、それではサリヴァンの個性を過小評価することになる。サリヴァンの装飾も、あふれるような勢いを予感させる精気に満ちた、非幾何学的な植物の形をもとにしているものが大半で、それにシンプルな幾何学形がアクセントをつけたり、植物の形を囲んだりしているが、ヨーロッパのものに比べると、もっと濃密で官能的で複雑で、トロンプ・ルイユの効果が強かった。とくに、テラコッタや漆喰、ガラス、金属を使って、建築上適切な場所に配置された場合は、なおさら個性を発揮した。1890年代から1910年ごろにかけて、彼を模倣したり彼の影響を受けたりしたいわゆる「サリヴァン派」の装飾家がアメリカ全土に続々と現れた。その名残りは古典主義が主流の時代も、後のリヴァイヴァルの時代も、モダニズムの初期にも細々と続幌き、ようやく大恐慌の時期になって終わりを告げた。

「超高層ビルの問題」に取り組む

1890年代のいわゆる「超高層ビル問題」にも、装飾は大きな解決策になった。たいてい（かならずとはかぎらない）鉄骨造りの10階建て以上の新しいオフィスビル（時には住宅用ビルも）は、どういう姿にするのがベストか、という問題だ。1890年から1904年にかけ、彼は24の設計を手がけた（うち、7つが実際に建設された）。その大半が2種のタイプで、彼のいう「垂直構法システム」と、一部の人から「骨格構法システム」と呼ばれるものだ。前者は、たとえば彼の最初の高層ビル、ミズーリ州セントルイスのウェインライト・ビル（1890年）で、ここでサリヴァンは、窓とスパンドレルに見えるビームをファサードの柱よりも引っ込めた。これを鋭角的に見上げると（都会のビルはたいていこうなる）、3階から上のアティクまで、力強い垂直方向のリズムが生まれる。これから、彼の有名な著作『高層オフィスビルの芸術的論考 (The Tall Office Building Artistically Considered)』（1896年）の次のような言

上：シュレシンジャー&メイヤー百貨店（現カーソン・ピリー・スコット百貨店）、シカゴ、1898〜1904年。鉄骨の骨組みが見え、装飾は最小限にとどめている。前ページ：アドラー&サリヴァンのウェインライト・ビル、ミズーリ州セントルイス、1890年。垂直方向の力強いリズムが見られる。

葉になった。超高層ビルの「主な特徴」は高いことなのだから、超高層ビルは「高くなければならない。1インチでも高く。（中略）下から上まで（中略）歓喜に満ちてそそり立ち（中略）そこに異を唱える線などひとつもいらない」。このシステムでは、アティクやはめ込まれた石造りの要素や入り口は装飾が多用され、基部と柱はたいてい無装飾のままだ。例外は、彼の最も印象的な超高層ビル、ニューヨーク州バッファローのギャランティ・ビル（1894〜96年）で、こちらのファサードは装飾で埋めつくされている。

しかしサリヴァンは、鉄骨フレームつまり、部材を垂直と水平に組み合わせた3次元の格子も、「高いこと」に負けず劣らず超高層ビルの特徴だとわかっていた。彼の「骨格構法システム」が最もはっきり見られるのは、セントルイスのケミカル・ナショナル・バンク・ビル（1894年ごろ）の提案だ。ここでは、ビームと柱が同一平面上にあって、スパンドレルがなく、窓は最小限で、アティクと基部以外ファサードの装飾もない。そのため、垂直性よりも構造が強調されている。クリーム色単色の壁は、当時としてはまれなほど引き締まった感じで、後の軽い、皮膚のようなファサードを先取りしていた。彼の骨格プロジェクト6本のうち、実際に建ったのはひとつだけ、シカゴのシュレシンジャー＆メイヤー百貨店（1898～1904年）だけで、格子が非常にくっきりしている。過去を引用するのも、高さを無にするのも拒んだ結果、サリヴァンは影響力をもつ存在になった。それどころか、模倣があふれた彼の垂直システムは、はるか後の1965年になってから、エーロ・サーリネンが設計したニューヨークのコロンビア・ブロードキャスティング・システム本部ビルで、誇張された形で再登場した。また骨格システムも、たいていはガラスをもっと多用し、石の部分が少ない形ながら、今もあちこちに見られる。

国民的な「民主的」スタイルを作る

　超高層ビルは、都市化と工業化が急速に進むアメリカの典型的な建物になる、とサリヴァンは早くから見極めていた。超高層ビルが、アメリカの創造性、大胆さ、効率的な問題解決力といった民主主義の決定的な特色の縮図になり、そうした特色が、長く待たれているアメリカならではの様式を作る基礎にもなるだろう。そう信じていたサリヴァンは、1885年のスピーチ「アメリカの建築の特徴と傾向」でこう語った。すべてのアメリカ国民のうち、起業家こそ「基本的なアイデアを独自に育て（中略）巧みで多様で着実な分枝を伸ばすこと」、つまり、企業を成功に導くことが最もよくできる。だから、建築家も起業家の大胆さにひけをとらないよう、商業デザインの分野でもアメリカの国民的（つまり「民主的」）様式の決め手となる側面に目を向けるべきだ。

　しかし、やがてサリヴァンは起業家や同業者仲間を信頼できなくなり、世間に向けて発言するようになった。時には過激な発言もあった。先に引用した1896年の論評でも、彼は当時の典型的な超高層ビルをこてんぱんにたたき、「不毛な大建築、未熟で粗野で野蛮な塊、どこからどうみても永遠の争いの叫び」、「低俗な激しい情熱」つまり起業家の無慈悲と強欲の表れだと評した。その5年後には、自らの職業、とくにアメリカ建築家協会を臆病だとこき下ろし、協会は「独創性がなく」、「模倣以外の何物でもないもの」を設計しているし、当時協会の会長だったボストン出身の大物ロバート・S・ピーボディは「くだらない馬鹿げた」年次演説をしている「まったくもっ

て世間の厄介者」だ、と酷評した。こうした攻撃を何度も繰り返した結果は、当然の報復だった。1900年から依頼が激減し、財政的にも破綻したため、サリヴァンは意に染まないながらも必要に迫られ、中西部に点在する僻地の小さな仕事を引き受けるようになった。彼の考え方と名声の維持という面で見ると、当時最も重要なのは、1906年から1919年にかけて手がけた9つの銀行（うち1件は改築）だ。数週間にわたって内陸の田舎町で暮らし働き続けた経験が、彼の民主主義観を変えた。大都市で大きな予算の超高層ビルを設計していた時のサリヴァンは、民主主義とは、自己発見を通じて実現する断固たる個人主義、他人とは無関係に発展させていく個人主義であって、これの最上の例が起業家だが、可能性は誰にでもある、と考えていた。しかし、小さな町で低予算の銀行を設計し始めたら、民主主義とは、集団が力を合わせることであって、そこでは個人主義は所属意識と貢献が強化する、と思うようになった。「集団性のない個人主義は、確実な破壊を意味する」と彼は、ミネソタ州オワトナの銀行を完成した1908年に書いている。「だが、個人性のない集団主義は、抽象的概念だ」。

サリヴァンのふたつ目の銀行、アイオワ州シーダーラピッズのピープルズ・セーヴィング・バンク（1909～11年）についての1912年の小論は、彼の考え方の変化をよ

ピープルズ・セーヴィング・バンクのバンキングルーム、アイオワ州シーダーラピッズ、1909～11年。この主要スペースを「民主的」で開放的な配置にすることによって、顧客に安心感を与えようとした。

く表している。「ほとんどの顧客が労働階級」だとわかっていた彼は、窓口業務を行うバンキングルームを重視した。そこが「プランのうち『民主的』と呼べるような（中略）最も関心を寄せた点」だった。つまり、何よりもまず、入り口を遮るものなく見通せるようにする、全部がよく見えるようにするということだ。たとえば金庫室の重厚なドアも、営業時間中は常に開いていた。そのことが、貴重品をすぐ利用できることや、保管スペースのセキュリティを保証するシンボルだった。建物自体がレンガでできた立方体の「金庫」なので、その中の保管スペースのセキュリティは万全だと顧客を安心させるためだ。重役室も、閉じた扉の向こうに隠れておらず見渡せた。しかも、重役室よりも顧客のためのバンキングルームや待合室のほうが豪華だった。凝った装飾の窓口の格子は、行員と向かい合うと、思いがけない美の発見があったし、頭上の天井画には、農村の生活や銀行と労働の関係が描かれていて、顧客への賛辞になっていた。こうしたことはみな、「プランの近代的で『人間的な』要素と呼べるだろう。幹部と従業員と顧客の間に気楽さや信頼や友情が生まれることをめざしているからだ」と彼は言う。つまり、その町全体の人間関係がそうなるように、ということだ。

だが、サリヴァンが民主主義の象徴と考えたものは、豪華に飾った空間だけではなかった。銀行をどう造るかもシンボルだった。9つの銀行のうち8行が、「タペストリーレンガ」という新しい素材で仕上げられた。この素材は、焼いた後「まさにあらゆる色を呈する」粗い質感が出るように、粘土を削ったり砕いたりして作る、とサリヴァンはシーダーラピッズの仕事をしていた1910年に書いている。こうしたレンガが「最も効果を発揮するのは、積んだら目地をきちんとかき落とし、個々のレンガがひとまとまりになってそれぞれの役目を果たすようにしておき、（中略）その塊がその色と質感をおおらかに自由に表現するようにしておく場合だ」。ここで、「レンガ」を「人」に、「塊」を「社会」に置き換えてみると、サリヴァンの民主主義観も建築観もあきらかになる。全体的効果を出すには、無数の個人が何よりも

マーチャンツ・ナショナル・バンクの豊かな装飾のエントランス、アイオワ州グリネル、1913〜14年。

善のために協力することが必要だが、個人それぞれの個性を失ってはならないということだ。「建物を造るには、オーナーと建築家、このふたつがいる、といわれてきた」と彼は言う。だが実のところ、それには「頭の良いレンガ製造業者」や「さまざま働きをし、技術的に支援してくれる」職人も必要だ。「現代社会の発展とはそういうことだ」。「(貢献する者)各自が、各自と全員に作用し合う」。彼の銀行に実際に足を踏み入れ、その銀行の造りを知れば、民主主義的生活とはどうあるべきか、という意識が高まるだろうと彼は考えた。装飾も非常に重要だった。サリヴァンの銀行は装飾的なファサードが有名だが、筆頭がアイオワ州グリネルのマーチャンツ・ナショナル銀行（1913〜14年）だ。ここで一番目を見張るほど素晴らしいのは、入り口の上、中心に円窓のある大きすぎるほどの装飾で、目を引くように、人々が立ち止まり、見上げ、考えるように、という意図で作られた。というのも、民主主義を行動で表現してもらいたい、とサリヴァンが思ったからだ。四角、ひし形、円の複雑な組み合わせは、タペストリーレンガのアンサンブルをもっと強烈にしたもので、象徴的にコミュニティを賛美している。そこでは、それぞれの図形が隣の図形の領域に頼りながらも、その境界を押し破り、それぞれの独立を宣言しつつ、ほかの図形と協力して、建築的な調和を作り上げている。これが比喩的に語るのは、集団で協力し合うこと、つまり、サリヴァンの考えた（というより、望んだ、と言うほうが正確だろうが）民主主義だ。

　サリヴァンの銀行は批評家や世間から高く評価された。今でもそれぞれの町で大切にされているし、今では彼の最高傑作に数えられている。しかしそれでも、彼のキャリアが存命中に復活することにはならなかった。1909年から最後の作品（楽器店のファサード）が完成した1922年までの13年間、彼が受注できたのはわずか19件だった。そのうち建設できたのは12件で、うち8件が銀行だ。こうなったのは、彼のきわめて装飾的なスタイルが流行遅れになったからなのか、それとも彼の「反体制的」見解に顧客が恐れをなして逃げたからなのか、いずれにせよ、彼はほとんど無収入になってしまった。1910年代の終わりには、友人や同業者からの施しに頼って暮らしていた。1888年から1893年まで彼の事務所で献身的に働いていたフランク・ロイド・ライトも、支援者のひとりだった。『アイデアの自伝（The Autobiography of an Idea）』と『人間の力の哲学に合致する建築装飾（A System of Architectural Ornament According with a Philosophy of Man's Powers）』（ともに1924年）は、サリヴァンの晩年の著作だ。死の前日の1924年4月13日、サリヴァンはライトに1束の図を渡した。ライトが後日その一部を出版したのが『天才と衆愚政治（Genius and the Mobocracy）』（1949年）で、彼の「敬愛する師」へささげた著書だ。ライトはこの著書をこう締めくくっている。「今日の建築活動が尊敬に値する理想に近づいたとしても、（中略）その活動の起源はかならずや（中略）ルイス・H・サリヴァンというひとり（の男）にある」。これは言い過ぎかもしれないが、サリヴァン本人が聞いたら、その通りだと言ったに違いない。

ロバート・マックカーター

フランク・ロイド・ライト
内部空間の建築家

1867-1959 年

　フランク・ロイド・ライトはアメリカで最も重要な建築家であり、彼の作品は世界中の現代建築の源流となった。ライトが72年間にわたるキャリアで設計した建物は、完成したものが600以上、計画案に終わったものも600以上あり、いずれもほかに類を見ないほど多様だった。だが彼自身は、そのライフワークをひとつの業績と考え、その基礎となる基本原理を強調している。彼の第1の原理は、空間構成を決めるにあたって、屋内の居住空間、彼の言う「内部の空間」を最優先することだった。第2の原理は、空間の本質的特徴は空間の作り方によって決まるということ、つまりライトの言う「素材の性質」と連動することによって決まる、ということ。そして第3の原理は、建築は自然の「中に」場所を作り、その時、屋内空間と屋外空間が共に織り込まれて完璧な全体ができる、ということだった。建物のデザインはそれが芽生える土壌から始めるべきだ、とライトは信じていた。

　ライトはウィスコンシン州マディソンで育った。その生い立ちが語るキーワードは、自然の形態の研究、ユニテリアン派の信仰、そしてアメリカの超絶主義哲学、とくにラルフ・ウォルドー・エマソンの著作だ。建築家としての教育は、1888年から1893年にシカゴで受けた。ルイス・サリヴァンの事務所での修業だった。エコール・デ・ボザール流の古典主義を否定していたサリヴァンは、アメリカにふさわしい建築とは、地域に根ざしてこそ生まれ、その土地の気候、風景、建設方法、素材次第で多様なバリエーションができる、と信じていた。そしてライトが、この預言を実現することになる。

内部の空間

　真にアメリカ的な建築の確立という面で、ライトが最初になしとげたことは、とくにアメリカ的な建物のタイプ、つまり郊外の一戸建て住宅の完成だ。1910年、彼の作品集がドイツのヴァスムート社によってヨーロッパで初めて出版された時には、ライトはすでに約150の建築作品を完成させており、その大半が住宅だった。のちに「プレーリー・ハウス」と呼ばれるようになるものが初めて定義されたのは、1901年のプロトタイプ的な設計2件で、これらは有名な女性誌「レディース・ホーム・ジャーナル（Ladies' Home Journal）」に掲載された。プレーリー・ハウスのうち、ライ

フレデリック・ロビー邸の居間、シカゴ、1908年。家具、照明、ステンドグラスの窓など、この時期の写真に写っているものはすべて、ライトが自分でデザインした。

トの都市住宅の代表作はイリノイ州シカゴのフレデリック・ロビー邸（1908年）だ。ここの設計では、平らな用地を利用して、空間が次々と重なり合いながら展開するダイナミックな屋内空間を作り出した。そのクライマックスが有名な居間とダイニングルームで、これらは暖炉の中央の開口部を突き抜けていく共通の天井で結ばれている。一方、ニューヨーク州バッファローのダーウィン・マーティン邸（1904年）は、ライトの郊外住宅の代表作だ。こちらは、十字形の空間が互いに貫通し合いながら連続する構造物5つが、周囲の風景に織り込まれている。このプランは形態構成の傑作で、この上なく見事に連結した屋内空間に住むのは、非常に有意義な体験だった。

　ライトのプレーリー・ハウスでは、どっしりした暖炉が中央を占める一方、目の高さではあらゆる方向が開放された空間、家を大地に重ねていくかのようなアウトライディングの壁と突き出たひさしが、郊外の場所に幾何学的な秩序を与え、住宅と風景が互いにしっかりと結び付いていた。こうした住宅は、シンメトリーなプランという形態的秩序が、互いに浸透し合う空間のダイナミズムとあいまって、開放的で多機能的な室内を生み出しながら、周囲の自然に溶け込む。こうしたことは、以来、近現代の住宅建築で最も流行した特徴になっている。プレーリー・ハウスは、近現代の住宅はどうあるべきかという問いを具体化したもので、そこに住む人は快適さとインスピ

レーション、隠れ家と景色、自由と秩序を同時体験できる。

　アメリカの住宅の改革にくわえ、プレーリー・ハウスの時期（1900〜20年）の彼は、公共建築物でも新しい形態を展開した。20世紀に入るころ、アメリカの公共建築にふさわしい形態というのはまだ出現していなかった。公共の建物には堂々たるモニュメントのような印象が必要だったが、サリヴァンが完成した鉄骨構造の超高層ビルでは、そうした印象を打ち出せないのは明らかだった。公共建築にふさわしい印象とはどういうものか、ライトなりのヴィジョンを実現して設計・施工したのが、製造会社のオフィスが入ったニューヨーク州バッファローのラーキン・ビル（1904年、1950年解体）と、イリノイ州オークパークのユニティ・テンプル（1908年）というユニテリアン派の教会だ。これらふたつのビルのプランはシンプルな長方形で、中央の複数階分の吹き抜け空間を取り囲むメザニンからその吹き抜けを見渡せる。また、高い採光窓と連続する天窓から光が差し込み、目の高さでは外は見えない。ビルの外側のほうは、どっしりと非開放的な印象で、当時どこにもなかったような厳粛な形が、どちらかというと、ひたすら直線的な古代の記念碑に近いのではと思わせる。

　ライトの考える公共建築とは、囲いをめぐらせた内向的な地区のような形態でなくてはならなかった。外から見たら、共通の目的で団結した強力な独立集団の類に思われるようなものだ。こうした集団に割って入ると、低く、暗く、水平に回転する動きが続いて、押し込められたと思ったら、次には、垂直に高く抜けるような、明るい、

ラーキン・ビルの外観、バッファロー、1904年。これを「レンガの単純な崖」と言ったライトは、付帯設備と階段を角の塔に、主となる仕事場を中央に置いた。

隠された中央の空間に出る。中央の空間は、ライトの「完璧な」幾何学図形である正方形と立方体で秩序づけられていて、その単独性、そこで形態と構造と素材と光が融合する様子は、まさにモニュメントのようだ。ライトの公共建築は、聖なる空間として体験するように造られた。その建物の役割が何であれ、その内省的な屋内には上から超越的な光があふれるように差し込み、そこにいる人の道徳心を啓発するような効果をもたらす。

　1909年に公私ともに危機が訪れたが、その後ライトは、ウィスコンシン州スプリング・グリーンの近くに、タリアセン（1911年）という自宅兼スタジオを建てた。この時期に彼が建てた比較的大きな住宅の数々と同じく、このタリアセンも中庭を囲むように構成されている。この家が立つ丘の上をとりまいてはいるが、完全に囲い込んでしまっているわけではない。それから10年間、ライトは中庭のある公共建築物を次々と設計した。そのプランは、彼の建ててきた中庭のあるアシンメトリーな住宅とは対照的に、厳格なまでにシンメトリーで、ライトが公共の領域と私的な領域を区別するためにシンメトリーを用いていたことを端的に示している。たとえばシカゴのミッドウェー・ガーデン（1913年、1929年解体）は、音楽と食事を楽しむための屋内外の庭だが、おそらく、ライトが最も一変させた総合芸術作品と言ってよいだろう。ここで彼は、建築の設計だけでなく、バンドシェル型の野外音楽堂、インテリア、家具、食器、彫刻、装飾品、造園のデザインまでも手がけたからだ。また東京の帝国ホテル（1914～22年、1968年解体）は、堂々たるモニュメントのようでありながら巧妙に計算された建物で、不安定な土壌に沈み込むピア構造の基礎に浮かぶように設計されている。これは革新的な地震対策だった。しかも、完成直後の1923年に破壊的な関東大震災が起きて、耐震性を試されることになったが、この建物は生き残った。

素材の性質

　ライトは設計のたびに新しい素材を試したと言ってもよいが、その彼が一貫して意欲をそそられ挑んだのが鉄筋コンクリートだった。早くにユニティ・テンプルをすべてコンクリートで造るのに成功していたとはいえ、ライトはコンクリートが本来的に秩序に欠けること、どんな形でもデザイナーの望むとおりに成形できることを批判的に見ていた。ほかの建設材料と違い、コンクリートはふさわしい用途を決めるための「性質」を示さないからだ。1906年、ユニティ・テンプルがまだ建設中だったころ、ライトはコンクリート・ブロックを使った手法を考案したが、それを実行に移したのは、17年後のコンクリート・ブロック住宅だった。その一例がロサンゼルスのサミュエル・フリーマン邸（1923年）で、特注でデザインした形に成型した鉄筋コンクリートを使って建設された。コンクリート・ブロック住宅を手がけて、ライトは鉄筋コンクリートに合う表現方法を見つけた。コンクリート・ブロックのモジュールの秩

次ページ：落水荘、ペンシルヴェニア州ミルラン、1938年。どっしりした石造りの壁、鉄筋コンクリートの床、滝の上にせり出すカンチレバーの天井で、岩場に据えられている。

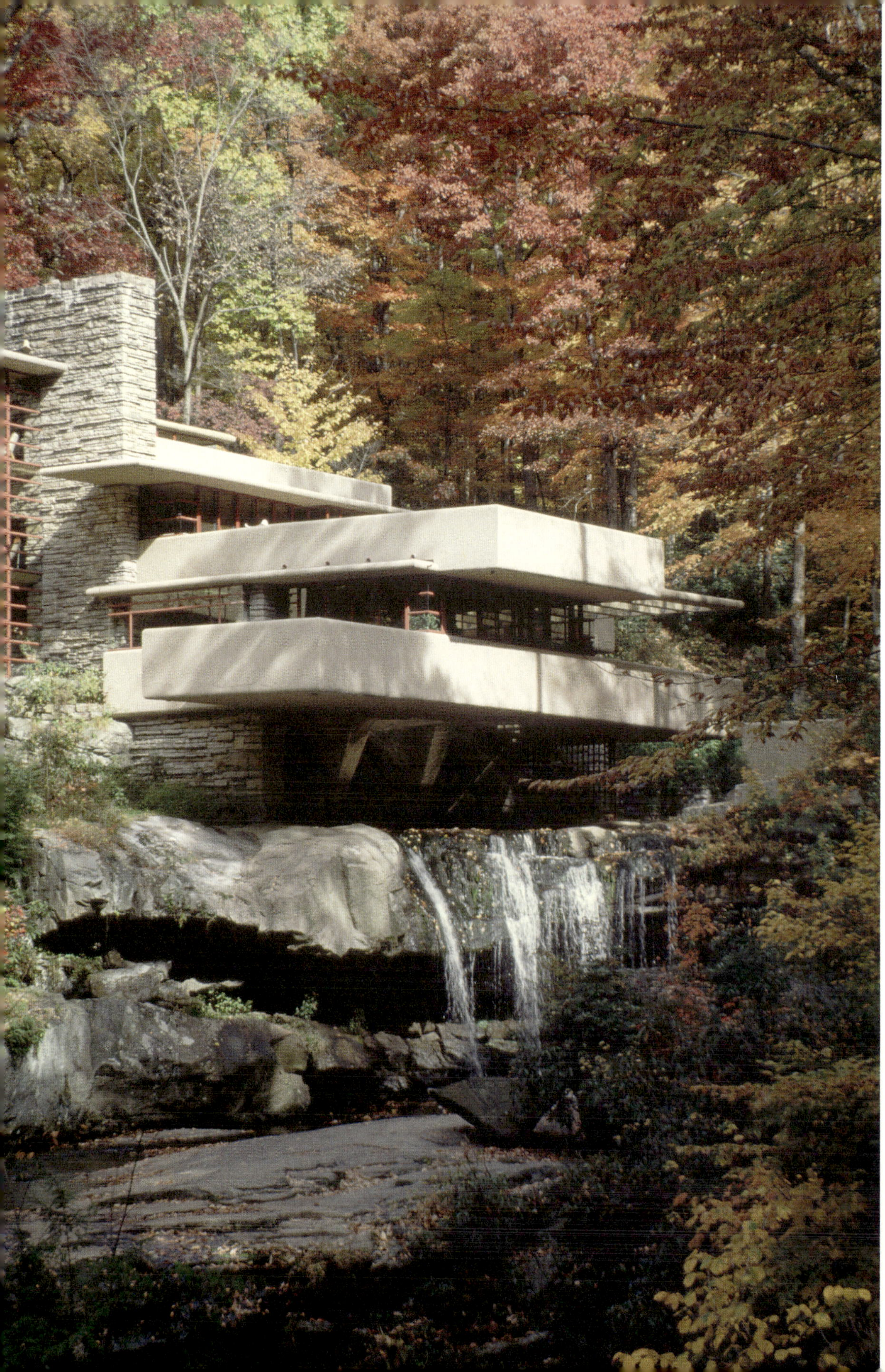

序が、それまで形をもたなかったこの素材に性質を与えたのだ。

自然の中に住む

　1932年、ライトは『自伝』を出版した。これを機に顧客が増え、ライトはタリアセン・フェローシップを設立した。これは徒弟制度によって建築家を育てるための学校で、弟子たちは新しい製図室を教室に、働きながら建築を学ぶと同時に、農作業も行った。ペンシルヴェニア州ミルランのエドガー・カウフマン邸（1938年）、通称「落水荘」と、ライト自身が冬を過ごすための自宅兼スタジオにしたアリゾナ州スコッツデールのタリアセン・ウェスト（1940年）は、ライトの信念を端的に示す例だった。つまり、建築はその場所から生まれるものであって、それゆえ、「国際様式」の建築などありえない、ということだ。近代建築の国際様式という呼び名は、1932年に初めて登場していた。渓流沿いに建つ落水荘は、ライトの「自然の」家の最高傑作で、自然の中で心からくつろげる場所だ。タリアセン・ウェストのほうは、フェニックスの北東の砂漠地帯にある。季節ごとに取り替えるキャンバス地の屋根で人生のはかなさを示す一方、自然石の塊をはめ込んだコンクリートの壁に、この風景の中に大昔から住んでいたネイティヴ・アメリカンの彫刻がアクセントとなって、それらが場所の永続性を示す。こうして、そんな人生も場所も共にたたえる建築になっている。

　また、ウィスコンシン州ラシーンのジョンソン・ワックス本社ビル（1939年）も、ライトの素晴らしい「労働の大聖堂」だ。ここの革新的なコンクリート製の柱は、細い胴部に載った頂部がシェルのように開いていて、その足元の小さな真鍮製のシューが、中央の事務室の床に優しく触れている。室内の壁面は流線形のレンガ貼りで、まるで石造りの教会のクリアストーリーや天窓のように積まれたガラスチューブから光が差し込む。タリアセンの製図室と同様に、ここでは柱の木々の中、天窓の木漏れ日

ジョンソン・ワックス本社ビルの「大きな仕事部屋」、ウィスコンシン州ラシーン、1939年。

を浴びながら、まるで森の中にいるかのような感じで働ける。ジョンソン・ワックス本社ビルの中央の部屋は、働くための場所であって、礼拝の場ではないが、それでもライトが、日々の儀式的行為と機能をともに聖なる空間に置くことによってたたえようとしたことをよく示している。

　ブロードエーカー・シティ（1934年）も、ライトの先見的な計画案で、ジェファーソン流の土地区画整理を前例のない規模で行い、農業と居住の秩序あるパターンを確立しながら、それぞれの家庭に自然の中の居場所を与えようとしたものだった。このプランでは、公共建築と商業建築と宗教建築が、一戸建て住宅という基礎構造に織り込まれ、空間的社会的に適切で明確な秩序を郊外地区に与えようとしている。そしてウィスコンシン州マディソンのハーバート・ジェイコブス邸（1937年）は、いわゆる「ユーソニアン・ハウス」の第１作だ。ユーソニアン・ハウスとは、当時のアメリカで急増していた中流階級のために、手ごろな価格でエネルギー効率の良い小形の家を、と考えて考案したもので、ライトはさまざまな気候、さまざまな建築方法に合わせたユーソニアン・ハウスを多数設計した。どの家も、総床面積が驚くほど少ない中にゆったりとした空間を実現した傑作で、そこに住む家族が太陽の光を浴び、自然に育まれながら日々の生活を送れるようになっている。

　晩年の10年間も、ライトは信じがたいほど創作意欲旺盛で、タリアセンから数多くの作品が生まれた。この時期の傑作のひとつに、ニューヨークのセントラルパークに面して建てられたソロモン・R・グッゲンハイム美術館（1943〜59年）がある。鉄筋コンクリートの可塑性を見事に表現したこの美術館は、驚くほどダイナミックな空間を体験できるものでもあり、展示されている美術作品もそれを見る人も、らせんを描きながら空へ向かっていく開かれた空間に浮遊しているかのようだ。また、ペンシルヴェニア州エルキンズ・パークのベス・シャローム・シナゴーグ（1954年）は、折り曲げて地面に据えたようなコンクリートの台座に鎮座し、その半透明のテント状の屋根は天へ昇っていくための階段のようで、永久に住み続けもし永遠にさすらいもする人間の状態を力強く端的に示している。そして、ライトの最も素晴らしい用地設計と言えるのは、ライトの存命中にはまだ未完成だったが、カリフォルニア州サンラファエルのマリン郡庁舎（1957〜59年）だろう。ここでは、いくつもの水平面がなだらかな丘に橋を架けるように連なっている。

　ライトの最大の業績は、質素で安価ながら、その場所に合った豊かな体験をもたらしてくれる住まいを生涯にわたって数多く設計したことだと言ってもよいだろう。驚くほど謙虚なことだが、ライトは、建築はそこで送る日々の生活のための背景や額縁だと考えていた。彼の設計にある知的な形態の秩序は、そこに住む人が快適に体を休めたり、精神的な事柄に没頭したりできるようにするためだった。ライトの体系的な構想、場所と素材と屋内空間の秩序を人間の活動や体験に結びつける考え方は、20世紀においてはほかに類を見ないものだった。

ソロモン・R・グッゲンハイム美術館、ニューヨーク市、1943〜59年。美術作品は、らせんを描きながら上昇していくコンクリートのスロープの外側の壁に展示されている。

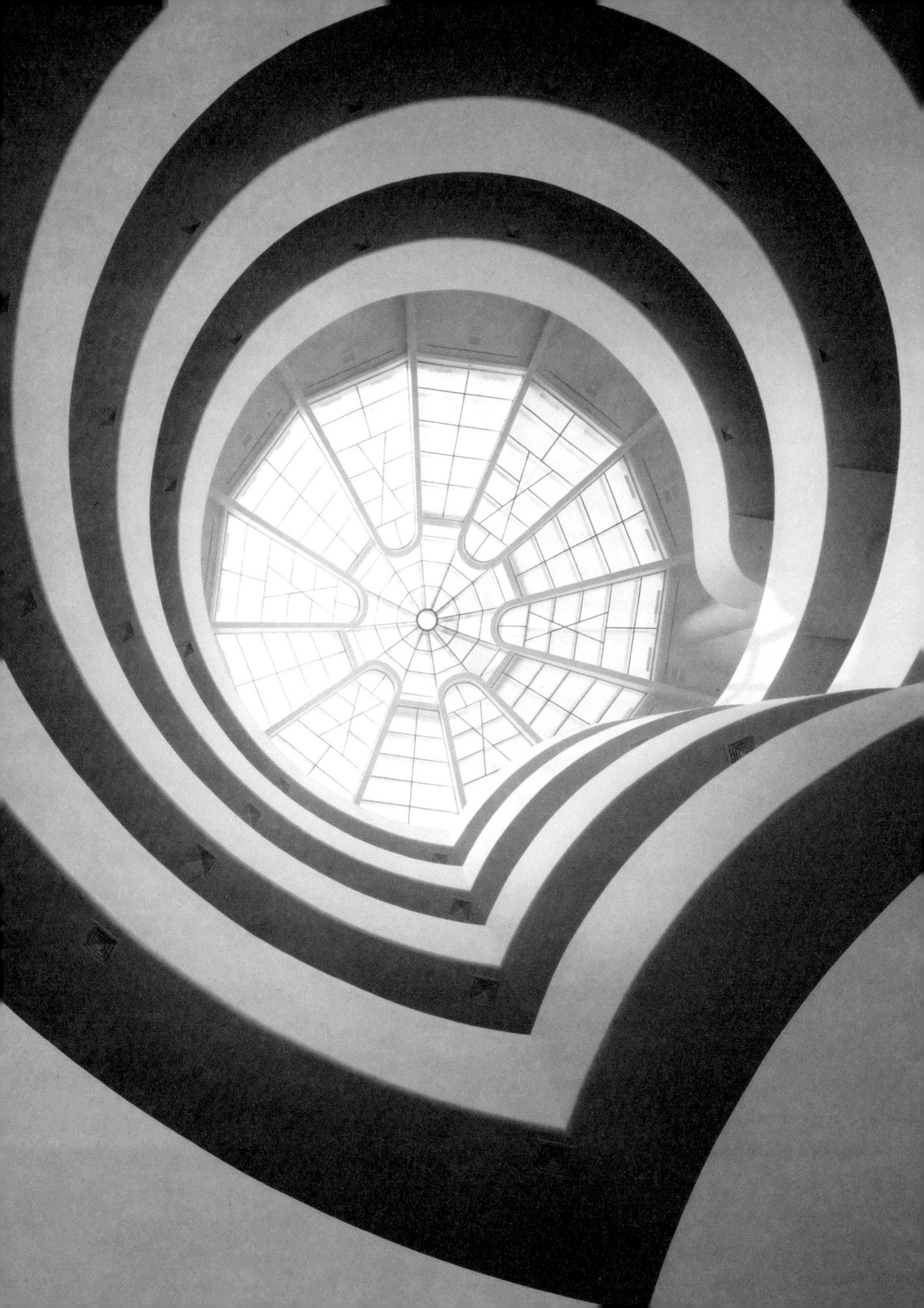

カーラ・カヴァッラ・ブリトン

オーギュスト・ペレ

コンクリート建築の美学言語とドクトリン

1874-1954年

　オーギュスト・ペレは、20世紀前半のフランスを代表する建築家であり建設業者で、鉄筋コンクリート建築の有力な提唱者だった。コンクリートのための独特な美学言語と、建築設計のための包括的なドクトリンを建築の世界に与えた。20世紀初頭、ル・コルビュジエを始めとする若手建築家から進歩的な革新者と認められ、「コンストリュクチュール」（建設者）として非常に称賛されていた。建設業者として、理論家として、建築家として、彼の知識と技術は、献身的で熟練したプロの仕事の決定的な模範だった。父親から相続した建設会社ペレ・フレールを兄弟のギュスターヴ、クロードと一緒に運営してはいたが、オーギュストはいわば起業家で、最初の設計段階からディテールの仕上げにいたるまで、構想と建設のプロセスをすべてコントロールしていた。

　ペレの作品には、教会、劇場、芸術家のスタジオ、ミュージアム、産業用倉庫、大規模な都市開発計画があり、とくに、パリ、アミアン、ル・アーヴル、カサブランカの再開発が有名だ。鉄筋コンクリート構造に十分な建築表現をもたせたことによって、ペレはフランス人の鉄筋コンクリートに対する評価を高めた。フランス人から見たら、鉄筋コンクリートは以前はもっぱら産業用の建物に使う粗悪な材料だったが、それが、上質の木材や石材の時と同じ配慮をもって扱うべき非常に洗練された建築材料だと見なされるようになった。とくに、この新しい材料の技術的潜在力と建設技術について、未来の世代が理解できるようになったのも、ペレのおかげだった。20世紀の半ばには、ペレはそのドクトリンと実践の両方によって、コンクリート建築の主唱者という評価を確立していた。そして、「ラルシテクチュール・ドージュルドゥイ（L'Architecture d'Aujourd' hui）」誌、「ラルシテクチュール・ヴィヴァン（L'Architecture Vivant）」誌、「テクニック・エ・アルシテクチュール（Techniques et Architecture）」誌といった有名な建築雑誌で、量感、構造、材料などをテーマにした議論に加わって、フランスの現代建築の形成に大きな影響を与えた。

パリのレイヌアール通り51～55番地のスタジオのオーギュスト・ペレ（ひげに蝶ネクタイの人物）、1937年ごろ。ペレは自分で使うためのアパートメントがあるビルを設計した。

オーギュスト・ペレ

古典主義の近代化

　フランスの建築界に長く受け継がれてきた合理主義の伝統（とくに、ウジェーヌ＝エマニュエル・ヴィオレ＝ル＝デュク、オーギュスト・ショワジー、ジュリアン・ガデ）に根ざしていたペレは、こうした19世紀の理論家と、20世紀にふさわしい新しい建築を求める声との間でうまくバランスをとっていた。そして、決定的システムとして、古典主義の近代化という道を採った。彼の作品は、古典主義の継続性が建築の新しい秩序を形作るという信念、また、フランスの建築の正式な伝統が時代を超えて脈々と受け継がれてきたことに対する深い認識にもとづいていた。
　ペーター・ベーレンス、フランク・ロイド・ライト、オットー・ヴァーグナーとならんで、ペレはこの英雄的な世代の建築家のひとりだと見なされることが多い。ペレが最初に手がけた鉄筋コンクリート造りの建物は、パリのフランクラン通り25番地のアパートメントだった（1904年）。この多層階の建物では、フランソワ・アネビクが1892年に特許をとった構造法を用いており、その骨組みがファサードにはっきりと現れ、陶芸家のアレクサンドル・ビゴがデザインしたセラミックタイルの模様が強調されている。また、ポンチュー通りのガレージ（1906年）では、どれほど地味

上：シャンゼリゼ劇場、パリ。分解不等角投影図から、鉄筋コンクリートの構造骨組みがよくわかる。1911～13年。次ページ：建築中のノートル・ダム・デュ・ランシーの内部、1922～24年。丸天井、支柱、プレハブのウォールスクリーンが見えるが、すべてコンクリートで造られている。

な建物でも、空間の構成、バランス、構造骨組みの調整を慎重に扱えば、堂々たるモニュメントのような印象を最大限に打ち出せる、という彼の能力を実証してみせた。そうした手腕が十分に表れているのが、ここの正面のファサードだ。そして、アンリ・ヴァン・デ・ヴェルデの設計をもとに発展させたシャンゼリゼ劇場（1911～13年）で、ペレはモダニズム的古典主義という理想を存分に取り入れた。建物の構造自体は、注意深く練り上げられたシステムで、ここでもコンクリート構造を用いているが、ファサードのほうは、彫刻家のアントワーヌ・ブールデルが制作した浅浮き彫りで装飾してあり、内部の丸天井には画家のモーリス・ドニが壁画を描いた。

　ノートル・ダム・デュ・ランシーの教会（1922～24年）は、ペレの作品が本質的に抱える葛藤をあきらかにする建物だ。グレコ・ゴシックの伝統に手を伸ばしたことからわかるように、彼は建築の長い血統に忠実であろうとしていたが、その一方、鉄筋コンクリートの可能性を十分に探ろうとするなど、近代的で急進的な姿勢も見せている。この教会は、パリの北東、労働者階級の町ランシーにあり、全体が打放しコンクリートでできていて、コンクリートのモニュメント的な可能性を示すと同時に、ほっそりした柱でその抗張力を表してもいる。当時、この建設が広く公開されたことから、20世紀に伝統的な教会設計を再考するにあたって、この教会は重要なモデルになり、とくに、アメリカと日本で活動していたチェコ出身の建築家アントニン・レーモンドに大きな影響を与えた。また、この教会のカーテンウォールは、着色ガラスをはめ込んだプレハブのコンクリート製の格子で、モーリス・ドニがデザインし、ガラス作家のマルグリット・ユレが制作した。身廊には、浅いアーチのヴォールトを載せた先細りの柱がならび、めったにないほど軽やかで優雅な室内空間を実現している。

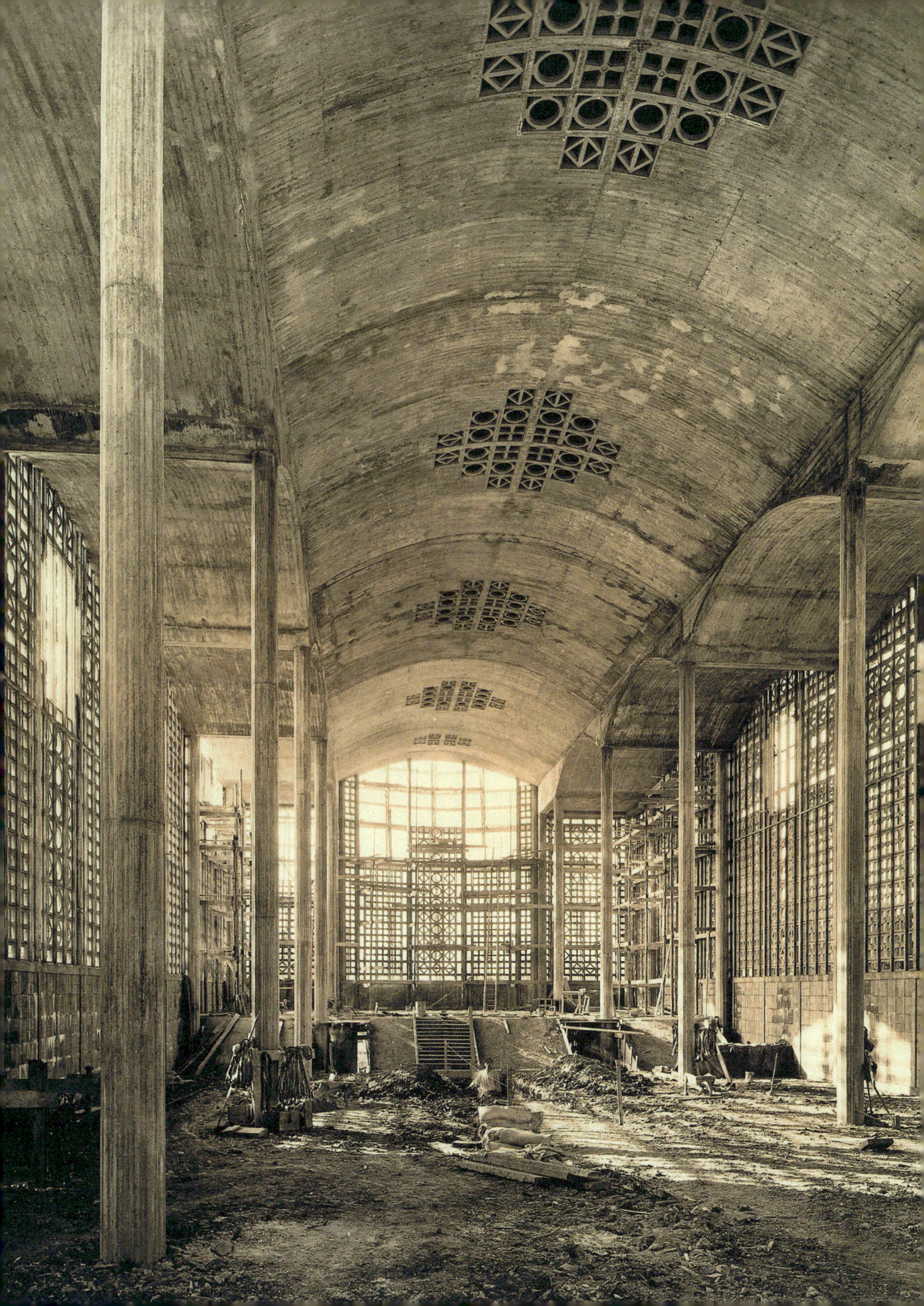

公共事業博物館、パリ、1936～48年。建設中のグランドホールの階段。

　この教会で一貫性のある建築言語を操ったことによって、ペレはたちまち、この新しい建築システムの第一人者になった。
　パリのレイヌアール通り51～55番地のアパートメント（1930～32年）では、ペレはフランスの伝統的な窓に見られる人間的な形態に愛着をもっていることを示した。このアパートメントにあるペントハウスの自宅は、パリ16区の都会的な落ち着いた家庭生活をたたえるものになっていた。フランクラン通り25番地のアパートメントと同様、レイヌアール通りのアパートメントも、建設が難しい場所での投機的なプロジェクトだった。この場合は、三角形で急勾配の傾斜地だ。だがペレは、自らの経済原理に従って、建築法が許すかぎりの変則技をフル活用した。
　シャイヨー宮付近、イエナ広場の大きな三角形の土地に建つ公共事業博物館（1936

182

〜48年）は、コンクリートという材料にふさわしいフランスの新しい建築のオーダーとはどういうものか、ということにペレが関心を抱いていたことをはっきりと示している。ここでは、優美な細部装飾、コンクリートにさまざまな石を混ぜた着色、びしゃんで打って仕上げた表面の質感などを見ると、彼のコンクリートの扱いが職人技の域にあったことがよくわかる。また、モビリエ・ナショナル（国有動産管理局）（1946年）は、フランスの国有の家具を保管・修復するための工房として、「オテル・パルティキュリエ（個人の大邸宅）」の形式で建てられた。

　ペレの後期の作品は、若いころの都市研究の延長線上にある。たとえば、戦後にル・アーヴルの再建（1949～56年）を委託された時には、献身的な弟子たちを率いて、自らのドクトリンを大規模に実現した。ここでペレ自身が設計したのは、町の広場とギリシア十字型のサン＝ジョゼフ教会（1952年）で、とくにこの教会は、ノルマンディの海岸線の目印代わりになっている。ル・アーヴルの都市計画は、厳密なエレメンタリズム・モデルにもとづいており、この標準化された構造システムの枠内で、必要に応じて都市を拡張していくことができるようになっていた。

文化的貢献

　ペレの友人だった詩人で社会評論家のポール・ヴァレリーと同様、ペレも、創造的プロセスがある特定の知的洞察を練り上げるとわかっていた。ペレにとって、設計するための構成手法は、詩作とよく似ていた。反復し配列を練り上げるプロセスをともない、文化的な慣習と背景に制約される。こうした文化的社会的意図の多くは、それらをもたらす設計手法と同じく、ペレの簡潔な警句にまとめられている。そうした警句を集めて1952年に出版したのが、『建築理論への寄与（Contribution a une theorie de l'architecture）』だった。

　ペレの文化的貢献は、第2次世界大戦前のパリで活動した文学者や知識人の傾向に沿うものだった。彼らはフランスの古典主義の伝統を近代的に再解釈しようとしていた。たとえば、ヴァレリーの建築についてのソクラテス式対話『ユーパリノス——あるいは建築家』（1921年）では、古典主義的理想に忠実であろうとして、フランスの文化が変わらず追い求めてきた夢が、変化や近代的革新をもたらす一時的なプロセスと遭遇するさまを明確に表現する方法を探っている。そのユーパリノスのモデルだと見なされているペレのほうも、その作品は複雑で謎めいてさえいると評されているが、建築の経済性を重視する原則とバランスを取りながら、新しい材料の技術的審美的可能性をモダニズム的に追求しようとしていた。つまり彼の場合、建築家・建設者としての作品は、明確な形態が複雑でつかみにくい意図を隠していると言ってもよいだろう。

デーヴィッド・ダンスター

ルートヴィヒ・ミース・ファン・デル・ローエ

最後の偉大な形態考案者

1886-1969年

　1965年にル・コルビュジエが亡くなった時、批評家のレイナー・バンハムは「アーキテクチュアル・レヴュー（The Architectural Review）」誌に「最後のフォームギヴァー（形態を与える人）」と題する追悼文を寄稿した。だが、ミース・ファン・デル・ローエ本人は否定しているが（「形態は私たちの作品の目的ではない」）、1969年に他界したミースこそ、最後の偉大な「形態の考案者」だった。ミースはドイツのアーヘンで石工の息子として生まれた。彼は建築学校で教育を受けたことがなく、ペーター・ベーレンスの弟子となって修業を積み、第1次世界大戦後、ベルリンで小さな個人事務所をかまえた。1938年には、生まれ育ったドイツを出てアメリカへ移住した。活動を続けるためでもあり、イリノイ工科大学で新しく建築学科を立ち上げるためでもあった。そして、以前のようなコンクリートフレームの試みをやめ、鋼鉄とガラスの建物を手がけるようになった。これが今では彼の代名詞になっている。まだヨーロッパにいたころ、ミースは高層ビルのプロジェクトや、住宅の柔軟性（ヴォイセンホーフ・ジードルンク、シュトゥットガルト、1927年）、個人住宅のための開放的なプラン（トゥーゲントハット邸、ブルノ、1928〜30年）を試みた。こうした試みの成果は、ファイルに整理し、のちにアメリカで再利用した（と、ミースはエーリヒ・メンデルゾーンへの手紙に書いている）。そのため、シカゴで高層ビル建設のチャンスが来た時、ミースはすでに明確なアイデアをもっていた。下書きから生まれたビルではなかったということだ。

考案と革新

　世界初の鉄骨骨組みのアパートメントビル、26階建ての860〜880番地レイクショア・ドライヴ・アパートメント（1948〜51年）は、その構造と付帯設備の新しい工夫も注目に値する。この鉄骨構造はミースの技師フランク・コーナッカーが設計したが、その構造がどれほど揺れるか、ほとんどわからないままの設計だった。オヴ・アラップの語った話によると、風が猛烈に吹き荒れた日にビル最上階でパーティをしていたら、バスタブの水がばしゃばしゃと外へはね出てしまったという。むろん今では、そ

んな危険な構造設計は許されない。同様に、浴室と台所の空気処理システムも音がうるさく、エレベーターの具合が悪いとバランスも悪くなった。ミースは空調装置をつけたいと思っていたが、開発業者のハーバート・グリーンウォルドにはその予算がなかった。この斬新な開発計画では、脇役にすぎない環境基準もまだ実験段階だったが、のちにミースがグリーンウォルドの依頼で設計したアパートメントビルでは、本格的に実施した。最も疑問なのは、どうみても構造を支えていないマリオンに支柱が連結されている点だ。これについては、1952年11月の「アーキテクチュアル・フォーラム（The Architectural Forum）」誌掲載のインタビューで、ミースはこう説明している。「まず、あのマリオンの本当の理由をお話します。それから、納得できる理由をお話しましょう。マリオンがビル全体にもたらすリズム、それをそのまま広げることが大切だったのです。コーナーの柱に鋼鉄の部分（I形ビーム）が接合していない模型で見てみたら、うまく出てませんでした。これが本当の理由です。でも今では別の理由もあります。コーナーの柱を覆うプレートが波打たないように強化するには、鋼鉄の部分

建設中の860～880番地レイクショア・ドライヴ・アパートメント、シカゴ。完成は1951年。

が必要だったということです。それに、その部分を持ち上げて設置する時、強化にプレートのほうも必要でした。いや、もちろん、これはこれで立派な理由ですが、本当の理由は別なのです」。

レイクショア・ドライヴ・アパートメントの設計と並行して、ミースはイリノイ州プレーノーのファンズワース邸（1945〜50年）も手がけた。これはクリアスパンの平屋建ての週末用別荘で、当時からフォックス川の洪水が起きると浸水してしまうとわかっていた土地に高床式で建てられた。全面ガラス張りで、中心となる浴室と細長い台所がアシンメトリーに配置され、その後のミニマルな住宅の判断基準になった。この直後、ミースはシーグラムビル（1954〜58年）を受注した。これはガラス張りにブロンズ材フレームの建物で、パーク・アヴェニューから奥へ引っ込めて、ビルの前に広場を設けた。ニューヨークの市街で数年ぶりにできた「公開空地」だった。ミースの最後の大きなプロジェクトは、ベルリンへの凱旋ともなるベルリンの新ナショナル・ギャラリー、平屋建てクリアスパンの展示スペースだ（1962〜68年）。ミースが用いた形態（タワー、大きなホール、パヴィリオン）からすれば、ミースを形式主義者だと批判することもできる。だが逆に、建築材料の調達、建設用地の形状、顧客の要望を考慮して適応した点を見ると、彼は驚くほど実際的だったとも言える。そうした制

ファンズワース邸のプラン、イリノイ州プレーノー、1951年。周囲の風景に溶け込んだ田舎の別荘。今では20世紀で最も有名な家のひとつだ。

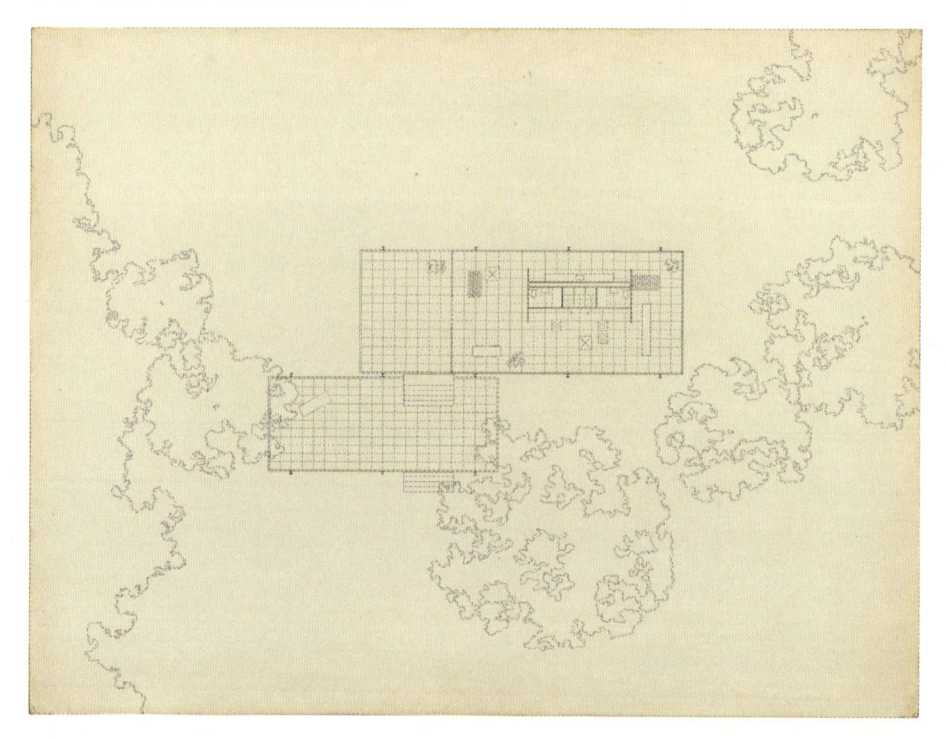

新ナショナル・ギャラリー、ベルリン、1962〜68年。ミースのガラス張りのクリアスパンのパヴィリオンは、美術館の屋上に置かれており、外側の8本の柱に支えられた四角形の鋼鉄の屋根がある。

約を前にしたら、余人ならば妥協という形式主義の敵に下るしかないだろう。彼は著作が少ないうえ、ほとんどがさらっと流したような言葉なので、彼の謎を解くカギはほとんどない。だが、いくつか残る逸話によると、えらぶったところのない穏やかな人で、あらゆる可能性を探って、さらにそれを長期間に渡って考えるような人間だったようだ。だから結局は、建築そのものという事実だけが、立派な理由と本当の理由の違いを裏書きできる。

未来のヴィジョン

　その作品だけが名声を支えていたミースは、1969年に亡くなるとまもなく、多元主義の敵、「ガラスと鋼鉄」の建物の父、などという烙印を押された。20世紀後半の都会に出現した風景の特徴であるこうしたビルを批判的に見る者は、ミースが都市を無個性にしたと批判したのだ。だが2001年、ニューヨークでふたつの展覧会が開催された。「ベルリンのミース」と「アメリカのミース」だ。その数年前にマンフレッド・タフーリが仕掛けた反論もそうだが、これらの展覧会は、ミースの作品が実際には沈黙と秩序の建築だったと示唆している。ミースの作品では、モダニズムの表現の武器（機能、材料、構造）が、整然とした表面の下にそっと潜みながら、建物の用途に対応する。都会生活の「アノミー（無規範状態）」、ミースが1920年代から30年代にかけて経験したベルリンの混沌とは対照的だ。彼の作品は、できるかぎり価値判断から自由であろうとした。このことこそ、ミースが建築史上最高の建築家のひとりである理由だ。ただ20世紀最高の建築家だというにとどまらない。15世紀から16世紀にかけ、考古学的に古代を研究し、古代の復興を試みた人々は、今では古典主義建築と呼ぶものを生み出したが、ミースもそうした人々に似て、ゆっくりと徐々にではあるが、整然とした建築の語彙を開発した。こうしたミースが築いた土台をもとに、いわゆる合理主義者であるヨーロッパの建築家が作品を生み出している。この孤独好きで意志の強かった建築家は、今もなお、未来のヴィジョンを提供している。古代の聖なる美術にも似て、時を超越したかのような彼のヴィジョンは、同類の作品が造られていた時代を越えていく。

ティム・ベントン

ル・コルビュジエ

コンクリートか石か、木材か金属か？

1887-1965 年

　ここに 1 枚の写真がある。シャルル＝エドゥアール・ジャンヌレという若者とその友人ふたりが、スモックを着て作業をしているところだ。3 人が取り組んでいるのは、彼の最初の建築作品、ファレ邸（1907〜08 年）のファサードとなるスグラッフィートの松かさ模様だ。1920 年代にル・コルビュジエと改名した彼が、建設プロセスに直接かかわっている姿をとらえた写真は、これが最後と言ってよい。彼はめったに建設現場に出向かなかったし、建設にあたる職人の腕が悪いとぼやいてばかりいた。それでもル・コルビュジエは、20 世紀屈指の偉大な建築家だと言える。彼の設計をもとに、70 以上の建物が造られたし、著書も 50 以上ある。著書の一部は多くの言語に翻訳され、建築の新しい考え方を建築家に提示した。彼が強い影響を与えたわけは、ひとつには、国際的なモダニズムのメッセージを強化したからだ。構造と囲い（屋根や外壁）を切り離して考え、ルーフテラスや大きな板ガラスを用い、屋内空間を大きく開放した。だが、彼の影響力の理由はもうひとつある。早くも 1929 年に、ル・コルビュジエがモダニズムに逆行する動きを始めたからだ。石、木材、タイルといった自然の素材の利用を再発見し、鉄筋コンクリートも、木製の型枠の痕跡を表面に残すことによって立体的な質感を出した。彼の建築はますます彫刻的で色彩に富んだものになっていった。とくに、第 2 次世界大戦後の作品に顕著だった。とはいえ、すべての作品にわたり言えることもある。ル・コルビュジエは、いわば構築プロセスとの対話を通じ、屋内外の形態を発展させていったということだ。

モダニズムの原理

　1915 年にジャンヌレという若者が描いた図は、まったく新しい建設方法の特許を取ろうとして失敗に終わった時のもの（いわゆるドミノ型住宅）だが、モダニズムの基本原理を完璧に表現していた。構造を屋根や外壁から切り離せば、壁をすべてガラスで造ることができるし、内部の壁も、どの階でもどんな形態にしてもよい。この考

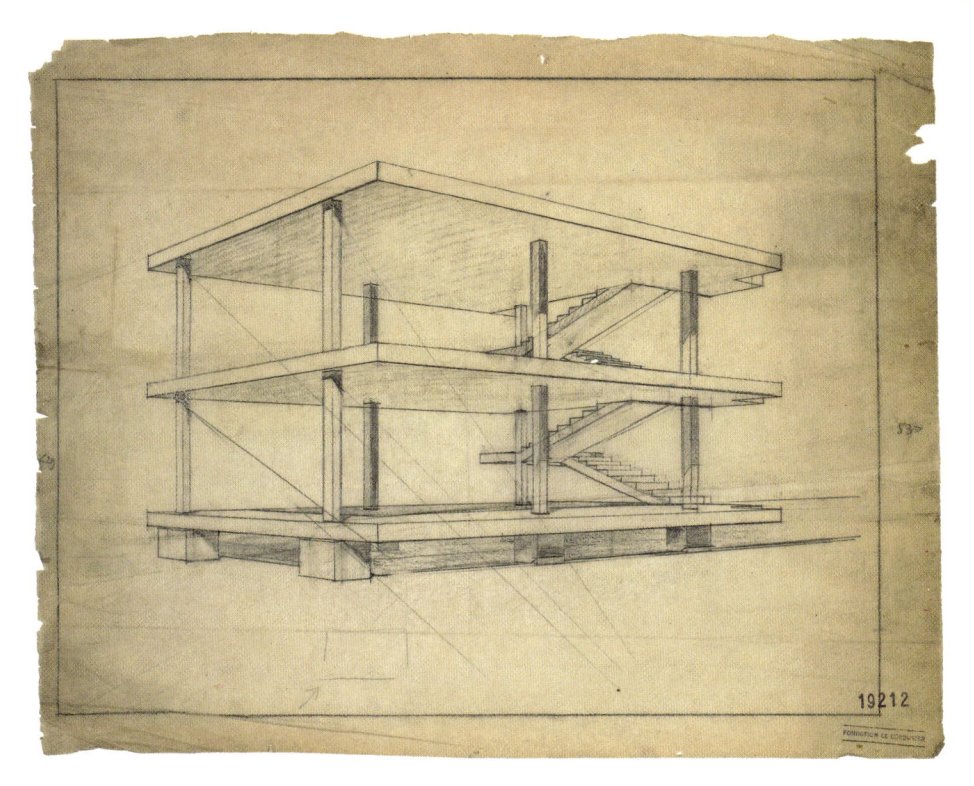

上：ドミノ型住宅プロジェクトの特許申請用に準備した図、1915年。
前ページ：オクターヴ・マッセイ、シャルル＝エドゥアール・ジャンヌレ（ル・コルビュジエ）、ルイ・オーリエ。ファレ邸の装飾切妻を制作中、1907年。

　え方はあまりに過激だったので、本人すら、しばらくはその意味を十分に把握できないまま、このドミノ・システムで住宅を設計していた。そのためこの段階のシステムでは、コンクリートの支柱は露出せず、従来型の窓が使われた。だが、露出したコンクリートの支柱（1920年代にル・コルビュジエが「ピロティ」と名づけたもの）は、彼のトレードマークになり、インターナショナル・モダン（国際様式）の建築家ほとんどのトレードマークにもなった。

　この原理の出発点は「構造合理主義」だった。建物の形態はその構造が決める、という考え方だ。これはル・コルビュジエの「新しい建築の5つの要点（いわゆる、近代建築の5原則）」（1926年）に要約されて有名になった。まず「ピロティ」（細い鉄筋コンクリートの支柱）。これで建物を地面から持ち上げる。次に、自由な平面。ピロティが建物の負担を引き受けるので、どの階もさまざまな配置ができる。その次が、自由な立面。構造上、立面を自由に構成できる。次に、床版から支えられる水平横長窓。そして、屋上庭園。平らな屋上を利用して、建物が占める区画を再生する。

　ル・コルビュジエはこの5つの要点を図を描いて解説している。従来型の住宅は、耐力壁で建てるため、必然的にフロアプランはどの階も同じになる。しかも、外側の開口部はどれも構造を弱めてしまう。だが対照的に、鉄筋コンクリートの建物は、光と空気が下部に流れ込む。ということは、ル・コルビュジエによれば、こうした建物

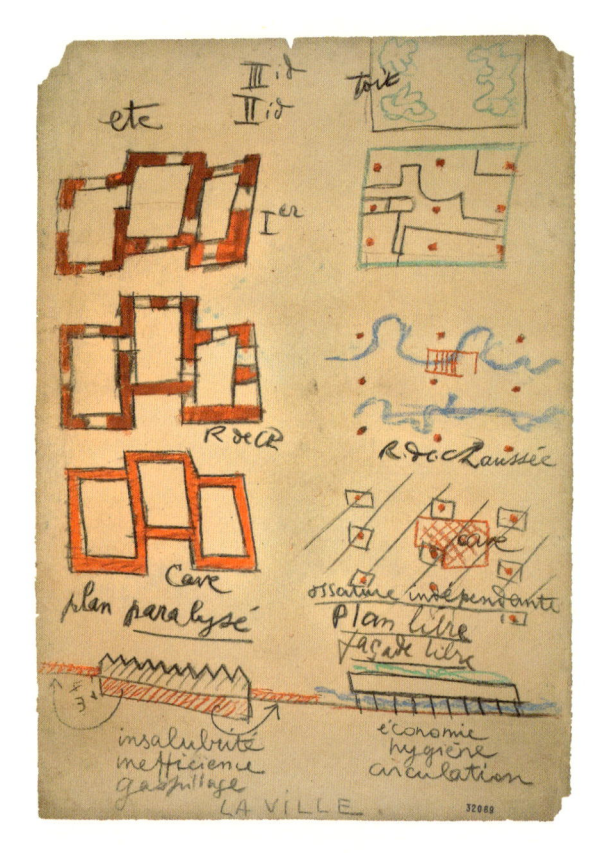

ブエノスアイレスで行った「近代的住宅のプラン」と題した講演の最中に描いた図。1929年10月。

なら経済的、衛生的で、空気の循環も開放的になる。この5つの要点は、構造から引き出した論理にもとづいていたが、たちまち様式の構成原理となり、ル・コルビュジエやその多くの模倣者が1920年代から30年代にかけて繰り返し用いた。ル・コルビュジエの師匠だったオーギュスト・ペレは、構造合理主義を納得の上で信奉していたが、ル・コルビュジエのほうは師匠と違って、建物の外観で構造を表現することに本当に関心があるわけではなかった。鉄筋コンクリートがもたらした奇跡のおかげで、ル・コルビュジエは業績を残せたが、彼の価値の尺度は形態と美学であって、構造合理主義者の道徳的判断ではない。構造合理主義者ならば、その建物はその構造を「正直に」表現しているだろうか、と問うところだが、彼はそんなことはしなかった。

構造を満足のいく形態で目に見えるようにすべきだ、というのは、西洋建築の伝統のひとつだ。そうしたら構造の論理がゆがんでしまうとしても、そうしなければならない。そのため、ギリシア式のまぐさ式構造（円柱がエンタブラチュアを支えるシステム）がローマ帝国時代に（さらにはのちにルネサンス期に）発展し、ピラスターや半円柱が生まれたが、そこではもう、元来の構造の論理はあてはまらない。同様の形式主義は、5つの要点を適用した近代建築にも忍び込む。形態が建設の真の論理を支配していることをはっきり示す例が、ヴェルサイユ近郊のポワシーにあるル・コルビュジエのサヴォア邸（1929～31年）だ。その南東のエントランスのファサードは、まるでファサードが上の壁を支えているように見えるが、実際には、上のフロアは、ピロティの列から突き出たカンチレバーのように造られている。

のちにル・コルビュジエは、外壁や屋根の残りの機能を分離するために同じ原理を用いるようになった。遮光や換気、プライバシー、素晴らしい眺めの開放的な窓を提供するためだ。遮光については、コンクリート製の薄い直立したバッフルを巧みに調整したリズム、彼の言う「オンデュラトワール（波動）」で並べることで実現できた。逆に、ファサードに対しては、彼はもっとマッシヴな「ブリーズ・ソレイユ」という

上：ル・コルビュジエとピエール・ジャンヌレが手がけたサヴォア邸の南東のファサード。ポワシー（ヴェルサイユ近郊）、1928〜31年。下：マルセイユのユニテ・ダビタシオン屋上のキンダーガーテン（幼稚園）。1945〜52年。コンクリート製の「ブリーズ・ソレイユ」を用いているのがわかる。

日除けを考案した。これはコンクリート製の格子で、角度を調整して、強烈な太陽光が屋内に差し込まないようにすると同時に、朝や夕方の日光は室内に取り入れられるようにする。1951年9月5日、彼はいわゆる「第4の壁」というシステムの特許をとった。ファサードを分割して、ガラスや合板やアルミニウムのパネルと、食器戸棚などの家具や設備を内側に組み込んだ換気ストリップに分けるためのシステムで、これらはすべて、「モデュロール」という彼の考案した比例体系にもとづいていた。

鉄筋コンクリート

ル・コルビュジエの素材と言えば、たいていの人が鉄筋コンクリートだと思うはず

だ。そして彼は、完全に工業化した鉄筋コンクリートの可能性を利用する方法を見つけようとしたが、うまく行かなかった。ボルドー近郊のペサックの邸宅（1925〜26年）を手がけた時、彼は依頼主を説得して、非常に高価なインガソール・ランド社の機器を購入させようとした。スチール製ワイヤの網にコンクリートを吹きつけて強化したいと思ったのだ。だが結局、この「吹きつけ」素材は扱いにくいとわかり、すぐにあきらめて、1920年代のピュリスムのヴィラ（白の時代の住宅）はすべて手製の方法を用いた。炭殻コンクリートブロックの壁の仕上げも、手でセメントの下塗りをした。もっとも、こんなふうだったからこそ、「機械の時代」の完璧な精密さを当時の技術で出せたのだろう。奇妙なことだが、あの「吹きつけ」はのちに、ロンシャンのノートルダム・デュ・オー礼拝堂（1950〜55年）に再登場する。壁の成型された曲線を描く形態を作り出すのに使ったのだ。

鉄筋コンクリートは、機械の時代の進歩のシンボルとして始まった。革命的な変化を促すものだったが、やがて近代化に向き合う不朽の人間性の証拠になった。コンクリートは機械から人の手へ、純粋な形態から触感のあるものへ、完璧なものから傷のあるものへ、幾何学的形態から有機的形態へと移った。こうした変化は、2通りに解釈できる。まず、時がたってまるで錬金術のような変身を果たし、ほかの素材（木材、石、レンガ）と同じ経路をたどったこと。そして、コンクリートの実践と理論が、当初から概念がひどくあいまいだったことだ。

構造の負荷が最小限になっているように見えなければいけない、あり得ないほど細く薄いスチールやコンクリートのフレームで支えなくてはいけない、という考え方には、ル・コルビュジエはすぐに興味を失った。彼といとこのピエール・ジャンヌレがパリのシテ・ユニヴェルシテール（大学都市）地区のスイス人学生のために建てた学生会館（1930〜31年）では、彼は細いスチールの支柱にもとづくプロジェクトをやめ、（彼によれば）以前拾ってとっておいた犬の骨をモデルにしたマッシヴなコンクリートの柱を造った。彫刻的な形態で構造のドラマを表現したいと思ったのだ。こうした有機的な形の柱は初めてで、かんなをかけてない木製の型枠で成型したのだが、その型枠の残した繊細な質感が、今も柱の表面に見られる。また、この建物では、粗硬石の壁も使っているのがわかる。粗硬石（ピエール・ムリエール）は、人目に付かないところの建設資材としてパリのあちこちで使われていた石材だ。彼が自宅用に設計したナンジェセール・エ・コリ通りのペントハウス・アパートメント（1931〜34年）でも、境界壁のピエール・ムリエールが露出していて、赤レンガの煙突の煙道とセットになって、素晴らしく装飾的な効果を出していた。こうして粗末なピエール・ムリエールを使うことで、ル・コルビュジエは石の色彩と質感を利用しながらも、アカデミックな建築家の陣営に加わらずにすんだ。彼らなら、彫刻と仕上げを施した石を古典的なファサードに使うはずだからだ。

5つの要点のうち、もうひとつ捨ててしまったのが、平坦な屋根だった。1928年

ノートルダム・デュ・オー礼拝堂、ロンシャン、1950〜55年。

アンドレとシュザンヌのジャウル夫妻邸、ヌイイ、パリ、1951～55年。居間。

にバルセロナを訪れて以来、彼は端から端まで薄いタイルを張ってあるカタルーニャ式のヴォールトに魅了されていた。自宅のペントハウスでは、コンクリートのヴォールトを使って工場の建物に似せていたし、1935年のラ・セル・サン・クルーの小さな週末用別荘でも、コンクリートのヴォールトを使い、それを土と草で覆った。また、インドのアーメダバードにある素晴らしいサラバイ邸（1951年）でも、植物で覆ったコンクリートのヴォールトを用いた。しかしパリでは、ヴォールトに関心をもつきっかけとなった地点へ回帰し、アンドレ・ジャウルと彼の息子のためにヌイイに建てた2棟の住宅（1951～55年）は、本物のカタルーニャのレンガとスチールのケーブルを使ったヴォールトを採用した。カタルーニャのブリックタイルの暖かな色とヴォールトの形が生み出す親近感は、1920年代に彼が建てた住宅よりもはるかに大きい。並行する大小ふたつのヴォールトは、プランのさまざまな機能を整然と配置するためのルールとしても使われている。大きすぎるほどのビームのザラザラしたコンクリートが、赤いヴォールトや白い壁と対照をなす。サロンの天井高を2倍にして空間を広げ、光があふれるように差し込むようにしたことも、これもまた驚きだ。

新しい素材の喜び

ル・コルビュジエは1929年から、新しい素材、もっと豊かな質感、もっと複雑な形態を使う喜びをふたたび見い出し始めていた。わずか3年前に提唱した「新しい建築の5つの要点」をもう捨てようとしていた。ボルドーの北、レ・マスにあるフランス救世軍司令官アルヴァン・ペイロンのサマーハウスは、1935年にピエール・ジャンヌレと共同で設計したものだが、夏の数か月間に野外でシンプルな暮らしを楽しむための質素な空間配置がまるで詩のように素晴らしい。寝室は東の端に置かれ、1階の主寝室と居間には海を眺められる窓がある。その下の食堂も同様だ。天気の良い日には、屋根のあるバルコニーとテラスで野外生活を楽しめる。この家の木造部分は、

ル・コルビュジエとピエール・ジャンヌレ、アルヴァン・ペイロンのサマーハウス、ロワイヤン近郊レ・マス、1935年。

　当時ル・コルビュジエの事務所で助手を務めていた日本人建築家坂倉準三が細部装飾を施した。
　ル・コルビュジエの木材に対する思いが表れている最後の作品が、1949年に自分と妻のために設計した休暇小屋で、ロクブリュヌ＝カップ＝マルタンの岩場にある。ひいきにしていたコルシカ人大工シャルル・バルベリスと共同で、ル・コルビュジエは3.66メートル四方のモデュロールをもとに、非常にコンパクトなプランを作った。すべてのものがそれぞれしかるべき場所に整然と配置され、壁や天井は合板と着色した断熱材でまとめられた。ディテールには手作り感があふれているが、この小屋は全部コルシカで製作され、ロクブリュヌまで鉄道で運ばれてきた。列車がこの小屋のちょうど上で停車し、積んできたパネルを下ろしたのだ。この小屋と近くにある別の小屋で、ル・コルビュジエは晩年の15年間を過ごしながら多くのプロジェクトを手がけた。そして、彼が1965年に海水浴中に亡くなったのも、やはりこの場所だった。

ロクブリュヌ＝カップ＝マルタンのル・コルビュジエの小屋、1949年。個人的に使うために設計した。

アンドレイ・ゴザック

コンスタンティン・メーリニコフ

未知への飛躍

1890-1974 年

　コンスタンティン・メーリニコフはモスクワで生まれた。1905年から1910年までモスクワ絵画彫刻建築学校の一般課程に通い、その後絵画を学んだが、1914年に建築学科の4年生に直接編入した。そして、ロシア史上重大な年となった1917年、建築の学士をとった。1920年には、ヴフテマス（高等芸術技術工房）の教授に就任した。これは同年、彼の母校とストロガノフ応用美術学校が統合してできた学校だった。その後4年間、メーリニコフはモスクワでいくつかの建築コンペに参加した。模範的労働者の住宅（1922～23年）、労働宮殿（1923年）、アルコス共同出資会社ビルと新聞『レニングラード・プラウダ（Leningrad Pravda）』紙モスクワ支局（1924年）などだ。彼の設計で初めて建設されたものは、1923年の農業博覧会のマホルカ・タバコ・パヴィリオンだった。これは木造のパヴィリオンで、その新鮮な構成が報道関係者からも仲間の建築家からも注目を集めた。

「輝かしき10年」

　その後もメーリニコフは、モスクワのノヴォ・スーハレフスキー市場（1924～26年、解体）と1925年のパリ万国博覧会のソ連パヴィリオンの設計で、木造建築というテーマを展開した。パリ万博のパヴィリオンは、彼にとって大きな節目だった。これによって彼は、国際的にも有名になり成功を収めた。ル・コルビュジエもソ連パヴィリオンのことを「万博で唯一見る価値のあるパヴィリオン」だと断言した。また、知名度が上がったおかげで、パリのタクシー・ガレージの設計を依頼された。これは1000台収容という大きなもので、このために彼は2種類の設計図を描いた。このガレージは結局建てられなかったが、この仕事を機に、メーリニコフはガレージに興味をもった。モスクワでは、ガレージの建設はまだこれからだった。彼はガレージの機能を細かく研究し始め、ギアをバックに入れなくても車を出し入れできる駐車システムを思いついた。そして、モスクワのガレージ2棟を設計し建設した。バフメーチェフスキー・バス・ガレージとノヴォ・リャザンスカヤ通りの貨物車両専用ガレージだ（1926～29年）。

　1927年は、メーリニコフにとって最も多作な年のひとつだった。まず、労働者ク

自宅のメーリニコフ。モスクワのクリヴォアルバッキー通りにあるメーリニコフ邸は1927年に完成した。

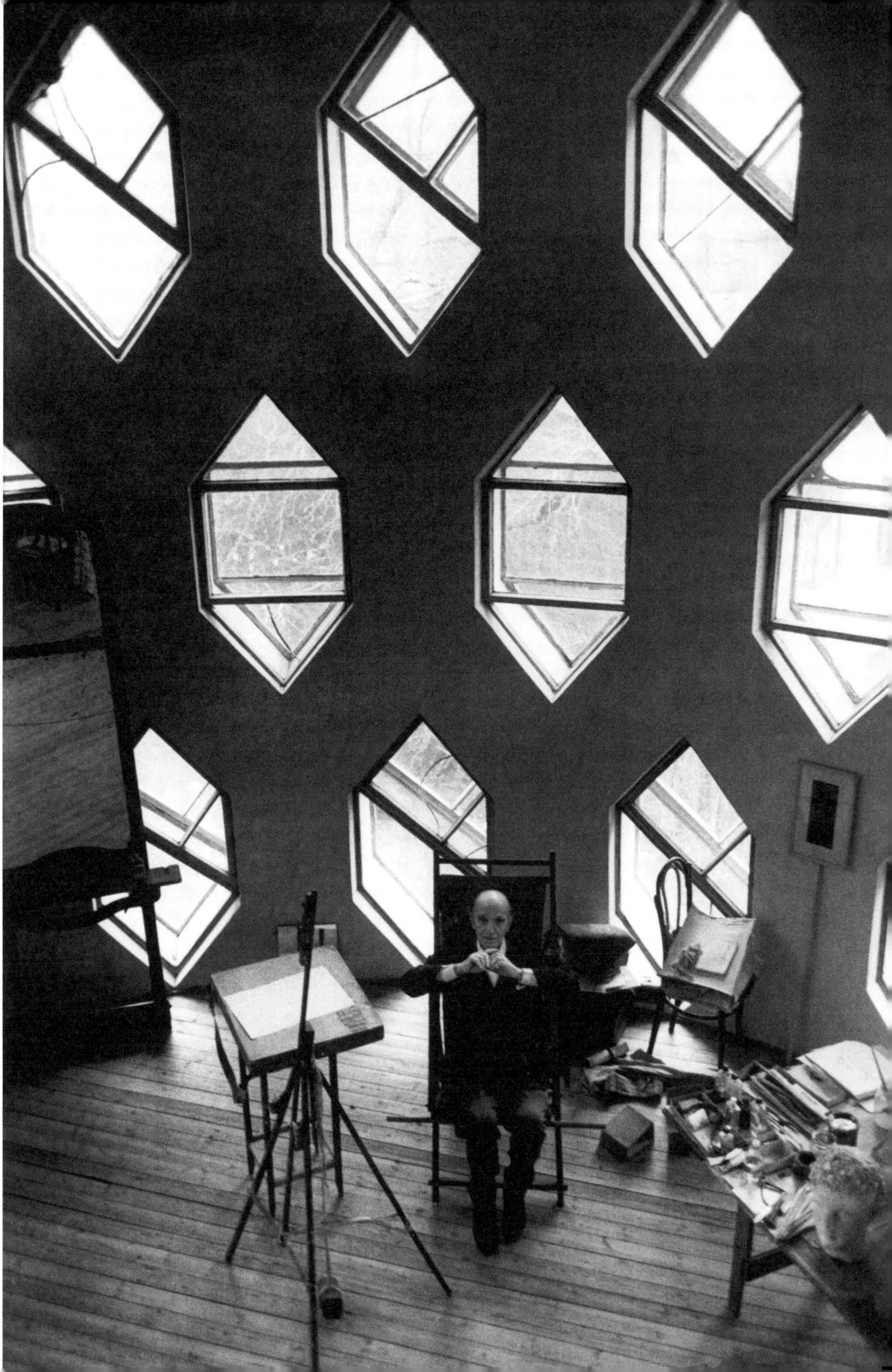

ラブをいくつも設計し、そのうち6つが、この後数年間で建設された。モスクワにあるフルンゼ・クラブ（1927～29年）、ルサコフ・クラブ（1927～29年）、カウチュク・ゴム工場付属クラブ（1927～29年）、スヴォボーダ工場付属クラブ（1927～29年）、ブレヴェーストニク工場付属クラブ（1929～31年）と、ドゥリョーヴォの磁器工場付属クラブ（1927～28年）だ。これらのうち最も有名なのは、ルサコフ労働者クラブで、座席のある3つの区域が必要に応じて1つの大きなホールに変えられるようになっていた。もうひとつ、建設されずに終わってしまったが有名なものに、ズーエフ労働者クラブの設計図がある（1927～29年）。これは5つのシリンダー（円柱）が交差しており、のちにモスクワのクリヴォアルバツキー通りに建てた自宅（1927年）の設計の先駆だった。「5つのシリンダーのユニット」というアイデアについて、のちにメーリニコフはこう書いている。「わが家の素晴らしいデュエットとなって私のもとに戻ってきた」（自宅のほうは、2本の交差するシリンダーのタワーがある）。

　1929年、メーリニコフはサント・ドミンゴの灯台を設計するための国際コンペに参加した。これはクリストファー・コロンブスの記念碑ともなるものだった。記念碑を造形する場合の伝統的な手法にくわえ、彼はキネティックな要素も組み込み、風によって向きが変わるように設計した。この後の1930年代初めは、メーリニコフにとってもロシアのアヴァンギャルド全体にとっても運命的な時期だった。ソ連当局の締めつけが始まり、芸術も全面的に全体主義が支配するようになったのだ。1923年から1933年までの、メーリニコフ自身が「輝かしき10年」と呼んだ時期は終わりを告げた。仕事の依頼がなくなったうえ、1937年に第1回全連邦ソヴィエト建築家同盟総会で痛烈な批判を受けた後は、1933年から務めていたモスクワ第7都市建築設計室の主任建築士のポストも失った。しかも、モスクワ建築大学で教壇に立つ権利も失った。

　世界的に有名な建築家であり、1933年のミラノ・トリエンナーレに招かれたわずか12名の国際的スターのひとりだった人間が、今や世間から忘れ去られた状態にあった。メーリニコフの人生は劇的に変わり、昔とった絵画の学位を利用して、肖像画や公式の歴史画の注文を探す生活を送っていた。この時期の最も重要な建築作品は、モスクワの赤の広場の重工業人民委員会の設計コンペ案（1934年）と、1937年のパ

メーリニコフの設計した現代産業装飾芸術国際博覧会ソ連パヴィリオン、パリ、1925年。

ルサコフ労働者クラブ、モスクワ、1927〜29年。モスクワとその近郊にあるメーリニコフの作品のひとつ。3つの突き出た座席区域をひとつの大きなホールに変えることができた。

リ万博のソ連パヴィリオンの設計コンペ案だ。前者のコンペでは、ふたつの設計がずば抜けていた。メーリニコフとイワン・レオニドフだ。両者とも、20世紀の建築を代表する著名建築家で、20世紀の建築の発展に新しい地平を開いた。戦後も、メーリニコフは建築の世界へ戻ろうと、何度か設計コンペに参加した。そのひとつが、1964年のニューヨーク万国博覧会のソ連パヴィリオンの設計で、彼の案は依然として斬新だった。彼の最後の作品も設計コンペに出したもので、1967年のモスクワのアルバート通りの子供用映画館の設計案だ。晩年の彼は、自伝の原稿を書いて過ごしたが、その自伝『わが人生の建築（Architecture of My Life）』は死後になってから出版された。

発明と発見

　メーリニコフの作品は、20世紀の一般的な分類にあてはめるのは難しい。何かひ

とつのスタイルや傾向という狭い範囲には収まらないからだ。また、彼の形態言語に合う用語を見つけるのも容易ではない。それでも、彼はその強い気性にふさわしく、独創的な感覚で新しいものを生み出す力をもっていたが、彼の空間や構造や芸術についての考えには鋭い自己矛盾があった、というのが、たいていの評価だ。実際、メーリニコフは独特のものを創造し、それまで誰も知らなかった形態を発見した。その意味では、彼と比較できるのはパブロ・ピカソしかいない。ピカソも自分のスタジオを新しい形態を創造するための研究室だと考えていた。メーリニコフは「芸術家の強い精神」を何よりも重視した。そして、技術的な機能性や建設法から美しい形態や芸術的な構成にいたるまで、建築にかかわる事柄すべてに創造力を発揮した。彼が発明した技術も、その多くは特許を取れたはずだ。たとえば、自宅の壁に使った格子造りやハチの巣状にレンガを積むシステム、バスのガレージや駐車場の出入庫システム、労働者クラブの部屋の大きさと機能を変更するのに使った「フレキシブル・ルーム」のシステム、『レニングラード・プラウダ』紙のビルやコロンブス記念碑設計案のブレード状のウイングに見られるような回転する床のある動く建築などだ。だが、メーリニコフが芸術的・形態的に発見したものは、特許を取れるはずがないし、彼の建築の詩的要素を定義することも、彼の建築それぞれの特徴的な独自性を記録しておくことも、どうしたらできるというのか。

　メーリニコフの作品を研究すると、たいていの場合、彼の建築の特徴は「斬新」で「ダイナミック」で「表現力豊か」だと書いてしまう。これらは、メーリニコフのデザインと構造ほぼすべてに顕著な特質だ。空間的な広がりのある形態が、対照をなすように斬新な形で衝突する。多角的な動き、ベクトル、力。彼の作品は内に緊張をはらみ、形態が変化し、シンメトリーが故意に破られ、斜行する面が好んで使われている。相互に作用しながら幾何学的な変化を見せる形態が全体として与える印象は、非永続、可動、動的な平衡状態への接近だ。ならば、このきわめて複雑なイメージを要約するにはどうすればよいのだろう？　その答えは、メーリニコフの自邸のファサードに刻まれている次の言葉にあるのかもしれない。「コンスタンティン・メーリニコフ、建築家」。この言葉は、彼の比類なき個性の証言でありシンボルでもある。生涯を通じ、メーリニコフは断固たる個人主義者で、どのような建築運動であれくみするのを拒んだ。彼の建築のルーツも、国内外の先人の試行錯誤の中にあるはずだ。だが、彼は模倣することなど考えず、自らの設計とアイデアの自主性を力強く守った。生まれつき独創的な発案力と大胆な想像力をもっていた。自ら言ったように、彼の建築は、可能性を押し広げるものだった。どのような建築を手がけるにしても、彼はそれをダイナミックな力の衝突に変えた。それは一瞬凍りついたかと思うと、未知なるものへ一気に飛躍していった。

リッカルド・ディリンディン

ピエール・ルイージ・ネルヴィ

エンジニアの変貌

1891-1979 年

　自分の職業について語る時、ピエール・ルイージ・ネルヴィはいつも建造物を建設するという活動の概念に忠実だった。建設するということは、全力をつくして所与の目的の達成に専念すること、つまり、構想から完成まで、建設のどの工程でも原理を厳密に適用することによって、最小の手段で最大の成果を上げることだ。だが、ネルヴィが出来栄えの美しさも考慮に入れていたのは明らかで、美しさを二の次に見ていたわけではなかった。彼の遺産は、技術的にも経済的にも絶対的な厳密を追求した彼の主義をはるかに超越したところにある。形態という遺産、彼の作品に見られる形態だ。そうした側面というのは、今でも巧みな設計の結果であり、非常に合理的に組織された建設現場の解体後に現れる。こうした形態の遺産は、建築評論家や建築史家から広く称賛されているが、一般の人々からも賛美され、このイタリア人エンジニアはまだその全盛期にあった時から、伝説的な存在とみなされていた。

　ネルヴィは北イタリアのソンドリオという小さな町で生まれ、1913年にボローニャ大学の工学部を卒業した。独立して仕事を始めたのは、1923年のローマだった。そこでまず、共同所有の建設会社2社のうちの1社目を設立したのだ。1950年代まで、彼の設計の仕事というのは、建設業者としての仕事に関連するものにかぎられていて、彼が設計の仕事と建設業の仕事を分けて考えることはめったになかった。ところが、国際的にも名声と地位が高まった結果、キャリアの最終段階になって、構造設計やコンサルタントの仕事だけを頼まれるようになった。しかも、有名で職業的に重要な依頼が世界中から来た。

技術者にして芸術家

　当初から、ネルヴィは鉄筋コンクリート建築の設計と建設を専門にしていた。彼の作品が突然有名になったのは、1930年代初め、フィレンツェの新しい市立スタジアムが国際的な建築評論家に絶賛されたおかげだった。建築サイドの工学技術に対する感覚が、文化的に大きく変わりはじめていて、19世紀の芸術家が自分たちと産業革命時代の表現を区別するために作った壁も、崩れようとしていた。モダニズムのアヴァンギャルドが次第に縮小し、その根本原理が定着しはじめると、今度は工学サイド

ネルヴィが1939〜42年にオルヴィエート、オルベテッロ、トッレ・デル・ラーゴ・プッチーニで建設した航空機格納庫のひとつ。外装材を取りつける前の構造体だけを記録した写真。

の仕事が、建築界から決定的な影響を受けるようになった。ネルヴィもこうした文化的現象の渦中にいた。フィレンツェのスタジアムで成功をおさめた後も、新たに建設するたびに、ネルヴィは建築の世界で存在感を強めていった。ネルヴィにとっては、設計の仕事も著述の仕事も、技術と造形の両分野に参加することだった。そして作品の発展に伴い、彼はエンジニアとして初めて国際的にも、技術者でもあり芸術家でもある人物、エンジニアでもあり建築家でもある人物だと認められるようになった。

フィレンツェのスタジアム建設後、そこで有名になった要素（メインスタンドの上の張り出し屋根、マラトンの塔、そして何より、屋外の座席へ向かう3つのらせん階段）を携えて、ネルヴィは次に、中央イタリアで軍の航空機の格納庫を2度手がけた。1度目はオルヴィエトの格納庫（1935〜38年）で、2度目は1939年から1942年にかけて建設したオルヴィエト、オルベテッロ、トッレ・デル・ラーゴ・プッチーニの格納庫だ（すべて1944年に破壊）。これらの格納庫の成功（この時もまた、同業者からも批評家からもメディアからも称賛された）は、戦後のネルヴィの成熟度を予言するものだった。戦後の彼は、きわめて独創的な屋根構造の達人という地歩を固めてい

った。しかも、2度にわたる格納庫建造の合間に、決定的な一歩を踏み出していた。あの格納庫は両方とも、アーチが直角に交差するジオデシック構造にもとづいていたが、1度目のほうは現場打ちコンクリートの一体構造で、2度目はアーチの大半がプレハブのトラス要素を組み立てて造ったものなのだ。これによって、この後ネルヴィの作品の指針となる原理が決まった。構造部材のプレハブ生産が、経済性を最大限に追求する彼の武器になった。

伝説的な建設者

ネルヴィ自身が指摘しているように、実際、プレハブ生産には多くのさまざまな利点があった。木造の骨組みにある経済的な問題も形態上の制約も一気に解決できた。建築部材を大量生産でき、建設期間を大幅に短縮でき（これが決定的な要因であることが多い）、しかも、「非常に豊かな形態、優美で洗練された表面、同じ要素の反復がもたらすリズム」を得られた。建設界の伝説的英雄になった戦後のネルヴィは、この2方面の利点を裏書きしていった。傑作と言われている彼の作品の大半が、なみはずれて効率的に組織された工程と建設現場のもたらした成果だった。（つまり、なるべくしてなった傑作ということだ）。

ネルヴィのプレハブは、第2次世界大戦中に彼自身が開発して特許をとった鉄筋コンクリートのバリエーションを使用するのが基本で、彼はこの素材を「フェロセメント」と命名していた。この素材は、小径の針金でできた金網を何層も重ね、その軽量の補強材をセメントが多めのモルタルに組み込んで作る。そうしてできた建材は、非常に弾性が高く、ひび割れに対する抵抗力もある。このフェロセメントはさまざまな用途があり、ネヴィルの後半生の重要な要素となった。総じて、彼はもっぱら屋根構造の内側の面の構造設計を研究していたが、とくに伝統的な類型のもの、つまり、スラブや単純なヴォールト、ドームに多くの時間を割いていた。こうした類型にも、そのほかのあまり一般的でない類型に対しても、彼は3種の望ましい形態の案をあてはめた。床スラブの場合には、アイソスタティックなカーブにもとづくリブの連続パターンが表面を横切る。現場打ちのコンクリートでも、フェロセメントの型枠を使うだけで、そうした複雑なカーブをなぞることができる。（その型枠は次に、プラスター・キャストを使って造形し、スラブのさまざまな部分でモジュールとして再利用する）。この初期の例が、ローマのガッティ毛織工場の地下倉庫だ（1951年）。ヴォールトとドームは、主として、構造体がひし形を描いて交わるパターンか、波形の表面（波を密にすれば抵抗力が高まる）のいずれかにもとづいていた。どちらの場合も、屋根はプレキャストのフェロセメントの部材で造られた。プレハブの部材の特定の部分に鉄筋コンクリートのリブを組み込んで、フェロセメントの部材を組み立てた。この有名な例は、トリノ博覧会のホール2棟（1947～48年、1949～50年）と1960年のロー

マ・オリンピックの競技場2棟だ。

　同様に、完成した瞬間から有名になった屋根はほかにもある。その構造と建設は、いろいろな理由から、前述のような多数派グループとは違って例外のうちに入る。たとえば、パリのユネスコ本部（1952〜58年、デザインはマルセル・ブロイヤーとベルナール・ゼルフュス）、ミラノのピレリ・ビルの構造（1955〜60年、建築デザインはジオ・ポンティ）、ローマ・オリンピックのためのフラミニオ・スタジアムとコルソ・フランチャ高架道路、トリノの労働会館（イタリア統一100周年記念行事「イタリア61」のために建設されたビルのひとつ）、マントゥアのブルゴ製紙工場（1961〜63年）などだ。

　ネルヴィのキャリアの頂点は、その驚異的な出世を象徴するようなものだった。1964年、教皇パウロ6世に選ばれ、ヴァチカン市国の扇形のパウロ6世ホールを設計したのだ。しかもネルヴィは、歴史的芸術的に貴重なものがどこよりも密集したところで仕事をすることになった。建設現場はサンピエトロ大聖堂のすぐ近くで、ベルニーニの列柱廊が見え、ミケランジェロの造ったドームが影を落とすところだった。1971年6月30日、パウロ6世が落成式で語ったように、ネルヴィはこうした場であっても思い切ったことができる「建築家」で、そうするだけの「天分と美徳」をもっていた。教皇の言葉とこの依頼からは、有力だが近づきやすい大家という人物像が浮かぶ。才能あふれる実務家、建設システムを開発した巨大建設現場の英雄は、わかりやすくて時に伝統的な魅力を備えた形態を創造することもできた。こうしたことはす

ガッティ毛織工場の地下倉庫、ローマ、1951年。

建設中のパラッツェット・デロ・スポルト、ローマ、1956〜57年。バトレスが屋根に達すると、プレハブの部材の区切りとなる細いリブに変身する。

べて、ネルヴィの偉大さを物語ると同時に、余人には生み出せない建築コンセプトの真髄でもあった。

新しいヴィジョン

　1970年、モダン・ムーヴメント（近代運動）の大物たちはすでにこの世になかった。ミース・ファン・デル・ローエとル・コルビュジエ（両者とも1880年代生まれ）も、フランク・ロイド・ライト（1867年生まれで、91歳の長寿を全う）も他界し、モダニズムの建築や都市計画のアジェンダも、その多くが公然と疑問視されるようになっていた。少なくとも西洋諸国ではそうだった。だが、アメリカの自信とエネルギーが、現代建築に新しい目的意識を与えていた。新たな自由と表現性へいたる道を指し示したのは、フィンランド系アメリカ人建築家のエーロ・サーリネンやブラジル人オスカー・ニーマイヤーの作品だった。1961年、サーリネンが51歳の誕生日を迎えた直後に亡くなったころ、ニーマイヤーがコンクリートの美の可能性を探った作品が、ブラジルの新首都ブラジリアで華々しくヴェールを脱いだ（1956～64年）。ニーマイヤー（1907年生まれ）は21世紀まで活動を続けた。ライトなき後のアメリカで20世紀最高の建築家と言われるルイス・カーンは、1974年に死去したが、独特な構造の力がみなぎる建築作品を生み出した。彼の「サーブド・スペースとサーバント・スペース」という定義は、ノーマン・フォスターら「ハイテク」世代の建築家に影響を及ぼしたが、この定義は、大きな建物では機械設備をどう扱うべきか、という重要性を増していた問題を反映したものだった。日本では、一時期ユートピア的な都市像が席巻した。それを提案したひとりが丹下健三で、彼はル・コルビュジエに日本独自の伝統を組み合わせて、日本流の新しいモダニズムを生み出した。

　20世紀の後半は、建築がエンジニアと対話を再開することで生き返った時代だった。エンジニアは、ただ手助けするだけという従来の役割にますます縛られなくなっていった。それどころか、オヴ・アラップのような人物だと、そういう肩書をあてはめるのは難しい。アラップは北欧出身の両親のもとドイツで育ち、デンマークで教育を受け、ロンドンを拠点にして、多くの専門分野にわたる世界的な設計帝国を築いた。シドニー・オペラハウス（1956～73年）は当時無名だったデンマーク人建築家ヨーン・ウツソンの設計だが、その奇抜なデザインの実現にアラップが果たした役割は、根本的なものでもあり論議の的でもあった。あちらでもこちらでも、昔から建築と工学を区別してきた境界があいまいになってきていた。それを端的に示すのが、職業を簡単には分類できない人物の経歴だ。たとえばジャン・プルーヴェは、工学を学んだエンジニアで、プレハブ建築の新技術を開拓し、素材の新しい利用法を探求した。と

くに、ずば抜けて革新的なガラス張りのファサードが有名だ。だが彼は、「建設家」と呼ばれることを好み、1960年代はパリのフランス国立工芸院の教職も兼ねた。また、新世代のハイテク建築家たちにインスピレーションを与えた存在でもあった。そうした新世代が、リチャード・ロジャース（1933年フィレンツェ生まれ）やレンツォ・ピアノ（1937年ジェノヴァ生まれ）などで、ピアノが勝ったパリのポンピドゥー・センター（1971～77年）の設計コンペでは、プルーヴェが審査委員長を務めていた。もうひとり、ハイテク建築家、とくにノーマン・フォスターに影響を与えたのが、リチャード・バックミンスター・フラーだった。フラーはジオデシック・ドームで有名だが、もっと重要な役割も果たした。サステナブルデザイン（環境に配慮したデザイン）を予言した人物であり、先見の明をもつ環境問題研究家だった。フォスター自身は、前例のない規模で建築を手がけ、香港の香港上海銀行のプロジェクト（1981～85年）の成功を皮切りに、世界各地で活動するようになった。最近の有名な建築作品には、フランス人技術者ミシェル・ヴィルロジューと共同で設計した南フランスのミヨー橋（2004年）がある。

　一方、サーリネンとニーマイヤーが掲げた表現主義の灯火を継いだのは、フランク・ゲーリーだった。1990年代末期のグッゲンハイム美術館ビルバオやロサンゼルスのウォルト・ディズニー・コンサートホールも含め、彼の非常に彫刻的な建築は、高度な工学技術に支えられているが、そうした工学技術自体、前の世代の知らなかった機器、つまりコンピュータが可能にしたものだ。ゲーリーの作品は、脱構築主義デザインの理論と関連づけて語られる場合もあるが、本質的には、コンクリートと鋼鉄の可能性を想像力豊かに探ったものだった。ゲーリーの建築も、アメリカ人ダニエル・リベスキンド（1946年ポーランド生まれ）やイラク人ザハ・ハディッド（1950年バグダッド生まれ）といった若手建築家の建築も、エンジニアの技術に頼っている。こうした若手世代で、狭量な合理主義者を愕然とさせる彫刻的設計手法を取る者に、建築家でエンジニアのスペイン人サンティアゴ・カラトラバがいる。カラトラバは一度見たら忘れられないような橋の設計で有名になったが、その影響は世界中のオペラハウスや鉄道駅、ミュージアムに及ぶことになった。同様に分野をまたぐドイツ人建築家でエンジニアのフライ・オットーは、とくに軽量の張力構造と膜構造の開発で知られる。その構造を用いた1972年のミュンヘン・オリンピックのスタジアムは壮観だが、じつはオットーは、木材やボール紙といったもっとベーシックな素材を扱うのも好きだ。20世紀終わりの環境危機が、建設に携わる者すべてに新しい難問を投げかけている。伝統的な建築手法が見直され、適応性、経済性、柔軟性があらためて重視されるようになった。たとえば隈研吾は、日本建築の伝統を解釈し直して、自然素材を使うことがただの流行に終わらない新しい時代を作ろうとしている。サステナブルデザインという未解決の難問は、21世紀の建築関係者が緊急に取り組まねばならない問題だ。

ロレッタ・ローランス

R・バックミンスター・フラー

未来のデザイン

1895-1983 年

　R・バックミンスター・フラーは自分のことを先駆的な総合デザイナーだと言っていた。最新の科学技術を利用し、将来必要なものを見越してデザインするということだ。未来のためのデザインを彼がどれほどなしとげたか、については意見の分かれるところだが、彼が工学の原理と技術をデザイン・ツールとして利用する力をもっていたことは疑問の余地がない。彼は優れた発明家で、数多くの特許をとった。しかも、その特許品は、プレハブの浴室、新しいタイプの地図、ロウイング・ニードル（新型の手こぎボート）、オクテット・トラス構造など多岐にわたる。また彼は、実業家であり、作家であり、先見的な思想家であり、数学者であり、教授であり建築家だった。ただしフラー自身は、建築家と言われることを好まなかった。建築家なぞというものは、伝統と様式の尺度に縛られたまま外見を飾るだけの仕事だ、と切り捨てていた。もっとも、そんな彼も、1970年のアメリカ建築家協会ゴールドメダルは喜んで受けとった。AIAゴールドメダルは、建築に大きな貢献をした人物の生涯にわたる功績をたたえて贈られる賞で、フラーはその建築作品、とくにジオデシック・ドームの開発と、彼の人道的活動、とりわけ宇宙的な視点で人類の生存と成功を願ったことを評価された。このほかの彼の業績としては、大量生産の住宅や3輪自動車のデザイン、ワールド・ゲームという概念の構築などがある。地球上の資源を追跡するワールド・ゲームは、将来に対するフラーの懸念の表れだった。

　もっともフラーは、最初からそのような高邁な目標を抱いていたわけではない。彼はマサチューセッツ州の私立プレパラトリー・スクールであるミルトン・アカデミーで優秀な成績を収め、晴れてハーヴァード大学に入学したが、その後せっかくの機会をふいにしてしまう。1913年、試験をさぼって、ハーヴァード大初の放校処分になったのだ。そして、カナダの織物工場で働くよう送り出されたが、これは結果的に、彼への罰というよりもインスピレーションになった。工場にいる間に、彼は自分が機械や発明に向いていると本気で思うようになったのだ。ただし、彼はこんな自覚をするよう期待されていたわけではない。家族にすれば、工場でほこりまみれで働いたらハーヴァードへ戻る気になるだろう、と思っていた。しかし、家族の願いどおりにはならなかった。1914年に2度目の放校処分を受けた後、彼は家族の友人の力添えで、

ノース・カロライナ州のブラック・マウンテン・カレッジのフラー。この大学では1948年と1949年に教壇に立った。

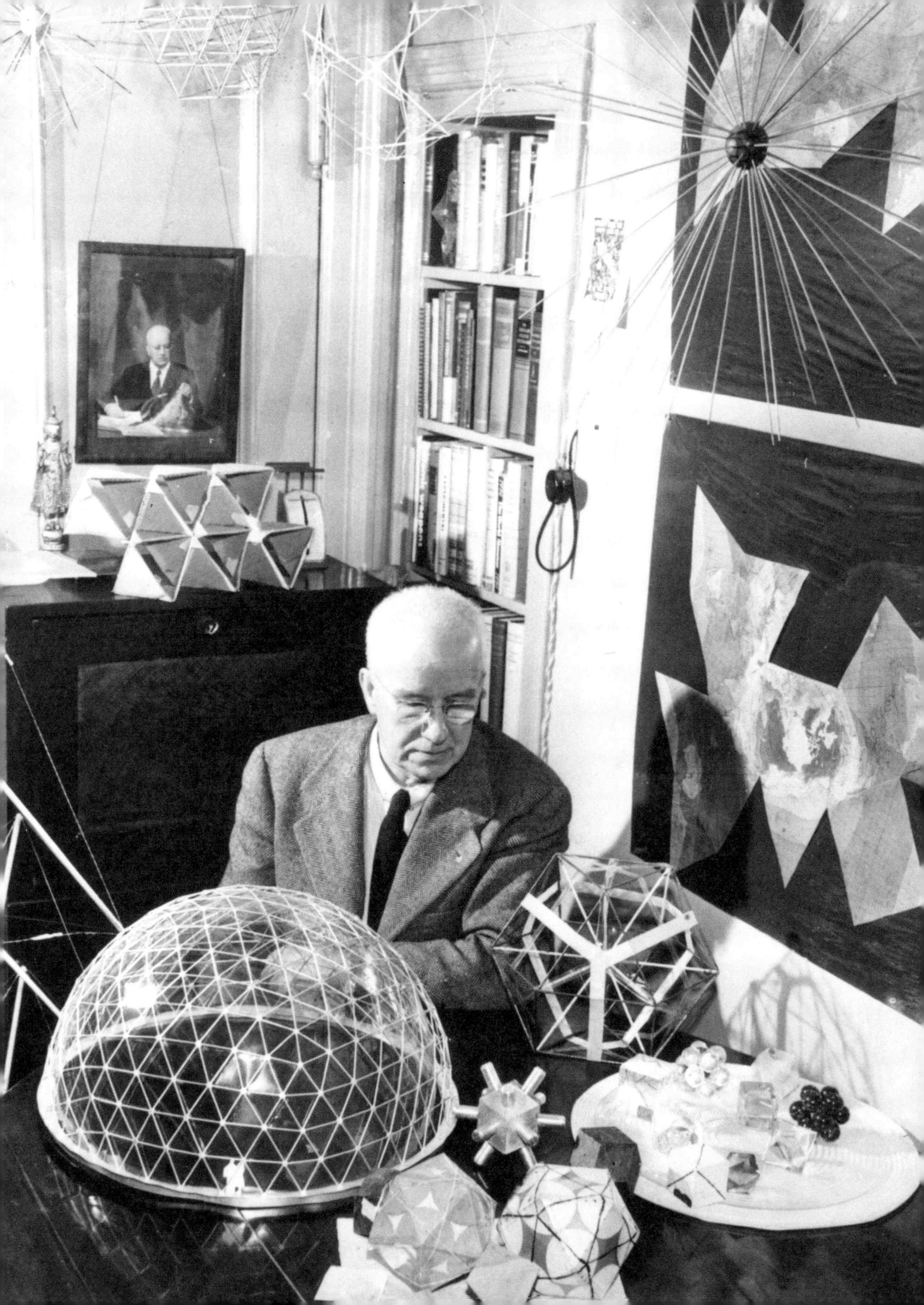

アーマー&カンパニーという食肉加工業者の現金出納係に就職した。その後、1917年にアーマー社を離れてアメリカ海軍予備軍に入隊し、特別将校訓練プログラムを受けた。高校卒業以来、フラーが正規の訓練をまともに受けたのは、これだけだ。その後の教育や訓練は、ほとんどが織物工場の訓練のようなものだった。現場で学び、既存の形態やシステムを直観的に取り入れていった。第1次世界大戦が終わると、彼はしばらくの間あちこちを転々とした。まずはアーマー社へ戻ったが、それからトラックのセールスマンを短期間行い、また海軍の予備軍へ戻った。予備役を別とすれば、彼は無職だったが、1922年、義理の父親で建築家のジェームス・モンロー・ヒューレットに会社設立を持ちかけられ、ストーケッド・ビルディング・システム社を共同で立ち上げた。この時のヒューレットは、フラーに職を与えただけではなかった。産業工程をフラーに教えることで、フラーがライフワークの基礎を築くのを手助けしたとも言える。

ダイマクション・プロジェクト

　フラーが住宅デザインを手がけたのは、大量生産も動機のひとつだった。産業工程と工学的原理を組み合わせて「より少ないもので、より多くのこと」をなすこと、最少の資源を使って最大の成果を上げることこそ、最も効率的な方法だ、と彼は考えていた。こうした考え方は、ストーケッド社を設立する時に父のヒューレットから教えられた。ストーケッド社は建築資材の製造と建設を行う会社で、ヒューレット自身が第1次世界大戦中に発明した軽量で経済的で、頑丈で大量生産できる繊維補強コンクリートブロックを主に扱っていた。こうした特徴は、フラーがデザインした大量生産の住宅にも多かれ少なかれ見られる。彼が初めて単独で手がけたプロジェクト、ダイマクション・ハウス（1927～29年）から、ダイマクション展開型ユニット（1940年）、ダイマクション居住装置（ウィチタ・ハウス、1945～46年）、そしてジオデシック・ドーム（1945～49年）にまで通じる特徴だ。
　ストーケッド社は住宅建設用のブロックを大量生産した。そしてフラーは、住宅をまるごと大量生産することを考えはじめた。のちにダイマクション・ハウスに結実するアイデアで、1927年にストーケッド社を追い出される前からそうしたアイデアを温めていた。ダイマクション（Dymaxion）とは、ダイナミズム（dynamism）、マキシマム（maximum）、イオン（ions）を合体した造語で、この住宅の基礎となる思想の意味を伝えるために開発されたものだが、この言葉はやがてフラーの代名詞にもなった。ダイマクション・ハウスが当時流通していた大量生産の住宅モデルと違う点は、現在のトレーラーハウスやモジュラーハウスに似て、設備まで完全に整っていたことだ。当時の従来型の住宅モデルとしては、フラー同様、自動車製造と同じ手法で住宅を製造したいと考えたハワード・フィッシャーの住宅や、基本的に住宅の建築キットを販売していたシアーズ・ローバック社の組立式住宅などがあった。ダイマクション・ハウスは生産には至らなかったし、フラーがこれで起業することもなかったが、

これがフラーのキャリアの始まりになった。彼はダイマクション・ハウスがメディアから注目されたのを利用して、その後のプロジェクトの支援を引き寄せた。1930年代に入るころは、力が及ぶのは主にシカゴやマンハッタンだけだったが、30年代の終わりには全国的な有名人になっていたし、1950年代には、彼は世界的にも重要な人物だった。

　ただ、国際的な名声を得るまでの道は平坦ではなく、のっけから失敗したこともあったし、問題だらけだった。フラーがデザインした一体型の金属製浴室（1937年）は、11回目の改良でやっと生産にこぎつけた。3輪自動車ダイマクション・トランスポーテーション・ユニットは、非常に期待されたプロジェクトだったが、1933年のシカゴ万国博覧会の入口近くで運悪く事故を起こし、その後新聞で酷評されたため、生産に入ることができなくなった。また、雑誌『Tスクエア（T-Square）』を買収して『シェルター（Shelter）』と改名し、建築において標準化と大量生産が果たす役割についての自分の見解を広めようと、「ユニバーサル・アーキテクチャー」という連載記事を載せたりした。だが『シェルター』誌は短命に終わった。それでもフラーは、建築にも産業プロセスを適用すべきだと提唱し続け、講演会で国際様式の美学をこき下ろしたりもした。たとえば、彼はダイマクション・ハウスを「生活のための機械（machine for living）」と呼んだが、ル・コルビュジエも自分のサヴォア邸（1929～

フラーの実験的なダイマクション・ハウスのデザイン、1927～29年。大量生産する六角形の平屋のユニットで、中央の支柱からケーブルで吊る。

31年）を「住むための機械（machine a habiter）」と呼んだ。両者とも、「機械の時代」の表現を探していたが、フラーが機械を人間の役に立てたいと思っていたのに対し、ル・コルビュジエは機械を利用して芸術的な理想を達成したいと思っていた。皮肉なことだが、フラーの住宅のデザインは、国際様式の建築家の展開と似ていた。ダイマクション・ハウスはル・コルビュジエの「新しい建築の5つの要点（近代建築の5原則）」（1926年）を利用しているし、ウッズ・ホール・レストラン（1954年）のようなジオデシック・ドームも、たとえばミース・ファン・デル・ローエのファンズワース邸（1945〜50年）のような、1950年代のモダニズムが好んだ直交する金属とガラスの構造を半球形にしたものに似ている。

　しかし、フラーが特許の取得と大量生産に初めて成功した住宅、ダイマクション展開型ユニット（グレイン・ビン・ハウス）は、そうしたパターンにあてはまらない。これのもとになったのは、バトラー製造会社の製造した波形の鉄板を円筒形にした穀物貯蔵庫だ。もしかしたら、アメリカ製の穀物貯蔵庫が20世紀初頭にヴァルター・グロピウスに大いに影響した、とでも言いたい皮肉かもしれない。これは1家族用の小さな家で、基本的には穀物倉庫を住めるように改造した住宅だ。というよりも、シェルターと言うほうが適切だろう。1941年にアメリカが第2次世界大戦に参戦した後、この住宅は軍の宿舎として利用されたが、戦時中は鋼鉄の使用が制限されたため、この住宅の生産もかぎられたものになった。

　フラーのもうひとつの住宅デザインも、かぎられた数しか生産されなかった。ダイマクション居住装置だ。この開発は、戦争の終結を見越して始まった。この住宅を生産するようになれば、戦争が終わった後も、工場が稼動を続けられるだろうし、帰還兵の働き口になるだろう、と思ったのだ。フラーはカンザス州ウィチタにあるビーチ・エアクラフト社の工場で、航空機の代わりに大量生産の住宅を製造できるよう設備を入れ替えた。この住宅、通称ウィチタ・ハウスは、最初のダイマクション・ハウスの改良版だった。オリジナル版と同じく金属製で、帯状の窓に非耐力壁、中央の支柱に支えられていた。ただし、こちらは六角形ではなく円形で、ルーフデッキがない。それに以前のものは、ゆうに1階分地上から持ち上がっていて、家の下に駐車スペースがあったが、今回はほんの少し地上から持ち上がっているだけだ。だが結局、製造されたのは試作の2棟だけだった。その2棟は空軍が購入したが、その後空軍からフラーの会社へ売り戻された。そして、ウィリアム・グレアムが購入し、2棟合わせて基礎の上に据えて建てた。現在は、復元したウィチタ・ハウスがミシガン州ディアボーンのヘンリー・フォード博物館にある。この住宅がなぜ生産に入らなかったのか、についてはさまざまな説がある。ひとつは、フラーがまた失敗するのではと心配し過ぎて、本格的な生産に踏み出せなかった、というものだ。資金面で問題があった、という説もある。いずれにせよ、ウィチタ・ハウスも最初のダイマクション・ハウス同様、かぎられた数しか作られなかったが、それでもフラーが次へ進むのには役立った。次のプロジェクトでは、ジオデシック・ドームのように、もっと成功を収めることになる。

R・バックミンスター・フラー

ジオデシック・ドーム

　ジオデシック・ドームは、20世紀の建築で屈指の重要な発明だ。自己支持型の半球形ドームで、大量生産した4面体の構成部品でできている。内部には支持体がないので、外から見た敷地に応じて最大限の広さの内部空間を作り出せる。基本的には、寸法無制限の構造物だ。これは、フラーが力のベクトル構造を研究したことから始まった。一部の有機化合物の4面体の空間格子の内部にもある、最小限の構造で最大限の強度をもたらすシステムの研究だ。ほかに彼が影響を受けたのは、ドイツのヴァルター・バウアースフェルトの作品で、イェーナにあるバウアースフェルトのツァイス1型プラネタリウム（1923年）は、フラーのジオデシック・ドームの概念よりも25年以上も前にさかのぼる。フラーが自分のデザインの特許をとったのは1954年だった。

　フラーがジオデシック・ドームに取りかかったのは、1948年の夏、ノース・カロライナ州のブラック・マウンテン・カレッジで教えていた時だった。ボール紙やプラ

ユニオン・タンクカー・カンパニー・ドーム、ルイジアナ州バトンルージュ、1958年（2007年解体）。この不透明な平屋のユニットの内部面積は、約1万770平方メートルある。

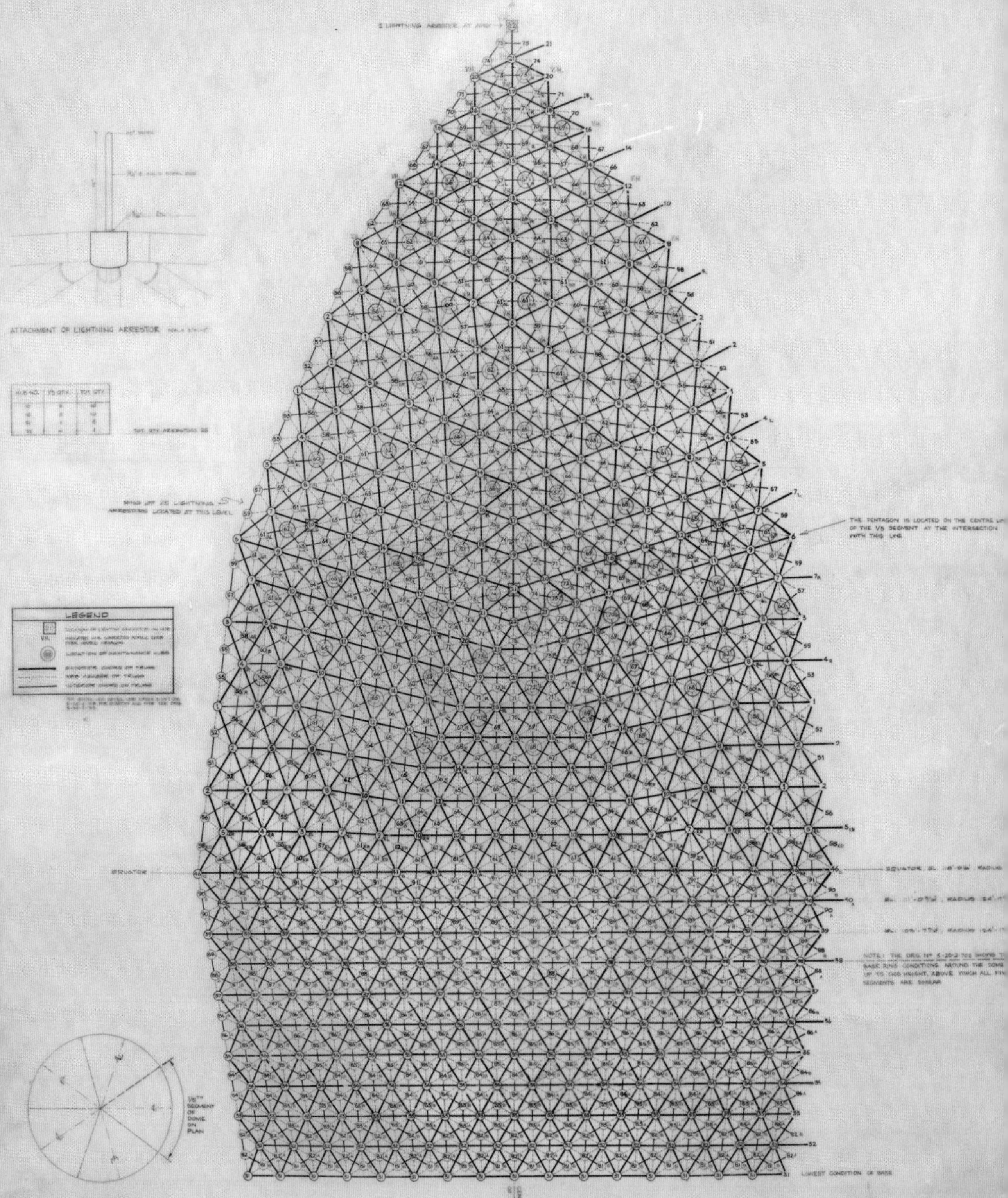

DEVELOPED EXTERIOR ELEVATION OF ONE FIFTH SEGMENT DOME

Compagnie Canadienne de l'Exposition Universelle de 1967
Canadian Corporation for the 1967 World Exhibition

SIMPSON GUMPERTZ & HEGER, INC. STRUCTURAL ENGINEERS
PAUL LONDE AND ASSOCIATES MECHANICAL & ELECTRICAL ENGINEERS
CAMBRIDGE SEVEN ASSOCIATES, INC. EXHIBIT ARCHITECTS
GEORGE F. DIER ARCHITECT CANADIAN ASSOCIATE

UNITED STATES PAVILION
PAVILLON DES ETATS

3-25-2-101

上：1967年のモントリオール万博アメリカ館のジオデシック・ドーム。
前ページ：アメリカ館のドームの部分図。完成した構造は、スチール製パイプのスペース・フレームに約2000のアクリル成型パネルをはめ込んであった。

スティック板、合板といった、ふつうは自己支持型の構築物とは結び付かない素材を使って、ドーム建設に使えそうかどうか実験を重ねた。そして選んだのが、ウッズ・ホール・レストランで使ったようなアルミニウムとプラスティックだった。フラーは構造面の実験も行い、接合部が柔軟で折りたためるドームを設計した。これが1948年のネックレス・ドームだ。ジオデシック・ドームを使えば、大きく広がった内部空間を作り出せた。今はもうないが、ルイジアナ州バトンルージュのユニオン・タンクカー・カンパニー・ドーム（1958年）がその例だ。この平屋ドームは、直径117メートル、高さ38.1メートルで、内部の面積が1万770平方メートルもあった。覆いは不透明で、1967年のモントリオール万博のアメリカ館だったドームの場合とは異なる。この元アメリカ館のほうは、透明性と開放性を表し、モダニズム建築に特徴的な構造を示していた。

　ジオデシック・ドームは、フライズ・アイ・ドーム（1965年）やプラスティックとグラスファイバーのラドーム（1954年）のようにいろいろなヴァリエーションがあるが、構造はすべて同じだ。フラーはジオデシック・ドームの工学原理を利用して、ほかの構造システムも開発した。テンセグリティ構造というスケルトン構造で、その張力材は圧縮材だけでまとめられている。テンセグリティはジオデシック・ドームとの関連のほか、アメリカ人彫刻家ケネス・スネルソンの作品とも関連する。このほか、オクテット・トラス構造という構造も、ジオデシック・ドームから発展した構造だ。これはスペース・フレームの一種で、フラーは1961年にこの特許をとった。こうした利点の一方、ジオデシック・ドームには大きな難点もある。半球形のため、用途が

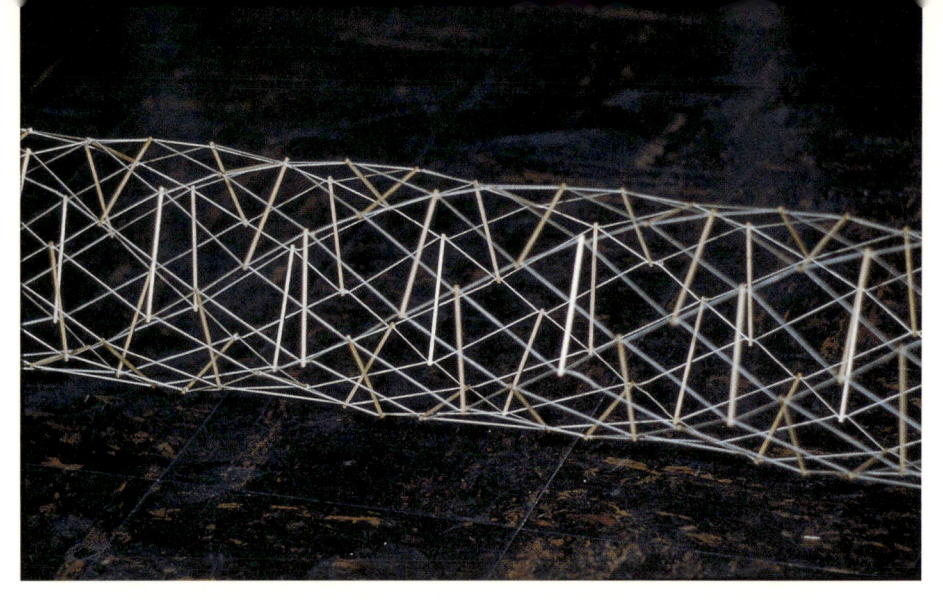

フラーが1961年に特許をとったオクテット・トラス構造のチューブ。八面体と四面体の組み合わせにもとづく、単純だが非常に強い構造。

限定されてしまい、もっぱら産業用（フォード・ロトンダ・ドーム、ミシガン州ディアボーン、1953年）と娯楽用（ミズーリ植物園のクライマトロン温室、ミズーリ州セントルイス、1960年）になっていることだ。だが、フラーと同じように、住宅としても使えると考えた人もいた（フラー・ハウス、イリノイ州カーボンデール、1960年）。

哲学と社会的課題

　大量生産できる住宅やシェルターのデザインは、フラーの複雑な哲学の一要素に過ぎなかった。彼の作品は、より良いデザインによって、この世界をより良いところにする、というモダニズムの社会的課題と一致していた。そしてフラーは、「より少ないもので、より多くのこと」をなすために、技術が人間の役に立つことを望んでいた。また、この地球がかぎられた資源しかない閉ざされたシステムであることを、人々に気づかせようと頑張った。そのひとつが、建物を建てる時にゴミを出さないことだ。産業工程を利用すればもっと効率的に建設できる、と彼は信じていた。こうした考えを明確にするため、フラーはあちこちで数多くの講演を行い、15冊以上の本を書いた。最初に書いた『4D 時限錠（4D Timelock）』（1928年）は、業務案内と建築の論文を兼ねたようなもので、その後生涯を通じて膨らませていくアイデアの多くがすでに提示されている。後の著作はもっと難解だ。たとえば『クリティカル・パス』（1981年）（梶川泰司訳、白揚社）は、この世界が直面しているさまざまな道徳的、経済的、環境的危機を概説し、その解決策を提案している。また彼は、シナジェティクス（思考の幾何学）を考案した。これは新しいタイプの数学で、宇宙の仕組みを説明する手掛かりとしての四面体を基盤にする。結局バックミンスター・フラーは、人々をデザインし直すことはできないとわかっていたから、構築環境をデザインし直したいと思ったのだろう。

ピーター・ジョーンズ

オヴ・アラップ

アウトサイダー、不可能を可能にする技術

1895-1988 年

　オヴ・アラップは終生にわたって哲学者だった。目に見えないものを不明瞭な難解な言葉で語る学者の哲学者ではない。徹底的に問いかけ、疑い、当時の道徳や社会や政治の問題すべてにわたって考える哲学者だった。そうした哲学的問いかけは、工学的問題、コンサルタント業務、ビジネス手法、建築、デザイン、嗜好、環境に対する彼の姿勢の特徴でもあった。それを端的に示すのが、50年もの間、アラップが毎年、膨大な量の言葉を何らかの形で発信していたことだ。1920年代以降の彼は、建築家についてもエンジニアについても、基本的な教育と既存の手法を根本的に改革しなければならない、と主張していた。基礎を作る段階で、エンジニアも製図技術やデザインや美学を学ぶべきだし、建築家も工学や哲学や自己批判的なコミュニケーション技術を学ぶべきだ。そして、何かひとつ受注したら、その仕事を始める時から、建築家とエンジニアは共同で作業するようにしなくてはならない。もちろん顧客もまじえるべきだ、という。彼は冗漫な建築を痛烈に批判し、夢見る芸術家の仮面をかぶった建築家の自己欺瞞的な傲慢さを非難した。同様にエンジニアについても、その俗物臭い鈍感さや社会に対する無責任さ、エンジニアとしての見通しや野心の貧弱さを非難していた。1970年、彼は自分の見解をこうまとめている。「アーキテクト、エンジニア、ビルダーという言葉には、はるか昔から、アソシエーションがつきものだ。（中略）それらには、現状を描写したり議論したりする力がない」。彼の遺産のひとつが、アラップ・アソシエイツという、今や国際的に成功を収めている革新的なコンサルタント構造エンジニア集団を設立したことだが、一方、教育や業界団体に根本的な変化が徐々に見られるようになってきたことも、その背後にはアラップの遺産がある。

　アラップの考えによると、私たちが考えを組み立てるために編み出した概念やカテゴリーは、私たちの現在の信念や関心や目標をどうしても反映してしまう。だが、そうしたものはどれも、遅かれ早かれ時代遅れになり、新しい状況下で手に負えなくな

コヴェントリー大聖堂の屋根に立つオヴ・アラップ。ここではコンサルタント・エンジニアを務めた。1951〜62年。

建設中のバートホルド・リューベトキンのロンドン動物園ペンギン・プール、1934年。アラップはこれの構造コンサルタントだった。アラップがリューベトキンに出会ったのは、この数年前。

るか、あるいはただの邪魔になる。専門分野を設ければ集中しやすくなるが、それでは視野が広がらない。彼自身、どんな分野でも理論やイデオロギーには反対だった。政治的なものでも、宗教的なものでも、芸術的なものでも、科学的なものでもだ。なぜなら、そうした理論やイデオロギーも暫定的な仕組みに過ぎず、結局は批判的な思考を妨げることになる。私たちはいつ何時まちがいを犯すかわからないのだから、唯一の正当な道は、徹底的に自己批判的に問うことだ。だからこそ彼は、究極の不道徳行為は、考えるのをやめてしまうことだ、と断言した。

教育と初期作品

　オヴ・ナイキスト・アラップは、イングランドのニューカースル・アポン・タインで生まれた。父親はデンマーク領事で獣医師のヨハネス・アラップ、母親はヨハネスの2度目の妻でノルウェー人のマチルダだ。オヴの生まれた年、一家はハンブルクへ転任になり、オヴは12歳までハンブルクで育ったので、彼の第1言語はドイツ語だった。その後、コペンハーゲン大学で9年間学んだ。最初は哲学講読、それから数学、最後が工学だった。1922年、アラップはデンマークのクリスチアニ＆ニールセン社に就職した。鉄筋コンクリートによる設計・施工が専門の建設会社で、彼はハンブルクに配属された後、1924年にチーフ・エンジニアとしてロンドンへ異動になった。複数の言語を操る教養豊かなインテリのアラップは、ロンドンのエンジニアリング業界では「アウトサイダー」だった。この役割を、以後の彼は磨いていくことになる。そし

て1930年代初め、彼はバートホルド・リューベトキンと出会って共同で仕事をするようになった。この時期、アラップがコンサルタント・エンジニアとして携わったのは、ロンドンのリージェンツ・パークにあるロンドン動物園のゴリラ館とペンギン・プール（1934年）、フィンズバリー・ヘルスセンター（1935～38年）、ロンドン北部のハイゲートのアパートメントビル、通称「ハイポイント・ワン」（1933～35年）だ。

　1934年以降、アラップは鉄筋コンクリートの利点を熱心に売り込んだ。とくに住宅団地に鉄筋コンクリートを利用する場合、同じ形のものを並べれば、製造と建設の費用が大いに節約できるし、建築デザインもこれまでになく自由にできる。また彼は、労働者階級向けのフラット、産業用サイロ、給水塔の設計も手がけた。そして、ロンドンにいるいとことコンサルタントの提携を結んだ。だが、ヨーロッパに戦争の影が迫り、1937年12月にイギリス政府の空襲事前対策法が制定されたことで、地元当局が人命と財産を空襲から守らねばならなくなり、ロンドンのフィンズベリー自治区が、アラップに公共用防空壕の設計を依頼してきた。そこで彼は、2重らせん形の地下防空壕を提案した。出入り口のランプを十分に浅く広くとってあり、戦争が終わったら駐車場に改造できるようになっていた。建設にあたっては、クライミング型枠を逆さにするという彼の手法が主役だった。防空壕は巨大なコンクリートの円筒で、徐々に穴を深くしながらコンクリートを敷いていくことによって、その円筒を地中に

オヴの設計したフィンズベリーの2重らせん形防空壕（1938年）。後で駐車場に改造できるようになっている。

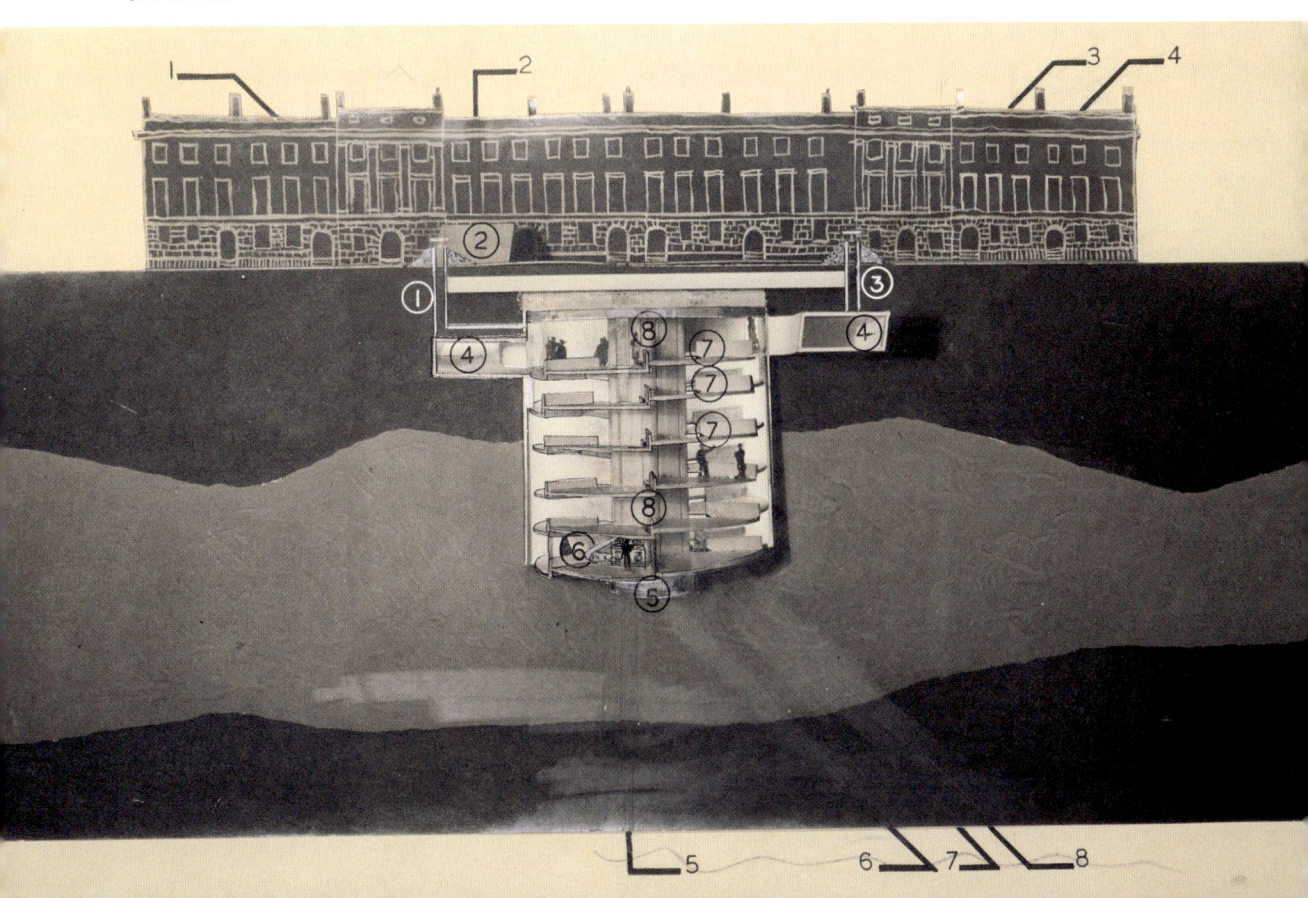

造るのだ。だが、当局が彼の案を拒み、この先進的な公共防空壕の設計案は建設に至らなかった。それでも、アラップはプレハブ住宅にかんする政府の委員会の一員に選ばれた。また、秘密裏の依頼も受けた。ハロー自治区近くで沿岸防備隊の地下本部を設計して建設することと、1944年のDデイ（ノルマンディー上陸作戦決行日）に必要な浮桟橋の防護材の設計だった。さらに、デンマークの地下組織にも加わって、ロンドンのBBC放送で見事な演説をしたこともある。

革新的なコンサルティング・パートナーシップ

　1946年、51歳になったアラップは、オヴ・アラップ・コンサルティング・エンジニアズを設立した。スタッフ５人のスタートで、初年度の売上高は3000ポンドだったが、彼の死去した1988年には、売上高が１億ポンドを超え、2009年には、売上高約９億ポンドの国際企業に成長した。今では世界37か国、92の事務所に、１万人以上のフルタイムのスタッフがいる。フェロー構造エンジニアでプレストレスト・コンクリートのパイオニア、サー・アラン・ハリスは、1960年にこう言っている。「協調の精神と共通の目的をもって、優れた建築家と協働するエンジニアというのは、まったく新しい人種で、新種の建築によって生まれ、新種の建築を生む。しかもありがたいことに、新種の建築家も生む。この状況は全部、ひとりの男が創造したと言っていい。あなた自身だ」。
　アラップ社の初期の建築は、バスのガレージのような大型のコンクリート製シェル構造もあれば、鉄筋コンクリート造りの集合住宅もあったが、アラップ社が世界進出を果たす契機となったのは、1956年にオーストラリアのシドニーで行われた国際コ

下：シドニー・オペラハウス（1956〜73年）のヨーン・ウツソンによるスケッチ。
次ページ：シドニー・オペラハウスのリブのプレキャストコンクリートパネルの組立。1966年ごろ。アラップのチームは、この複雑なシェル構造を解析するために初期のコンピュータを利用した。

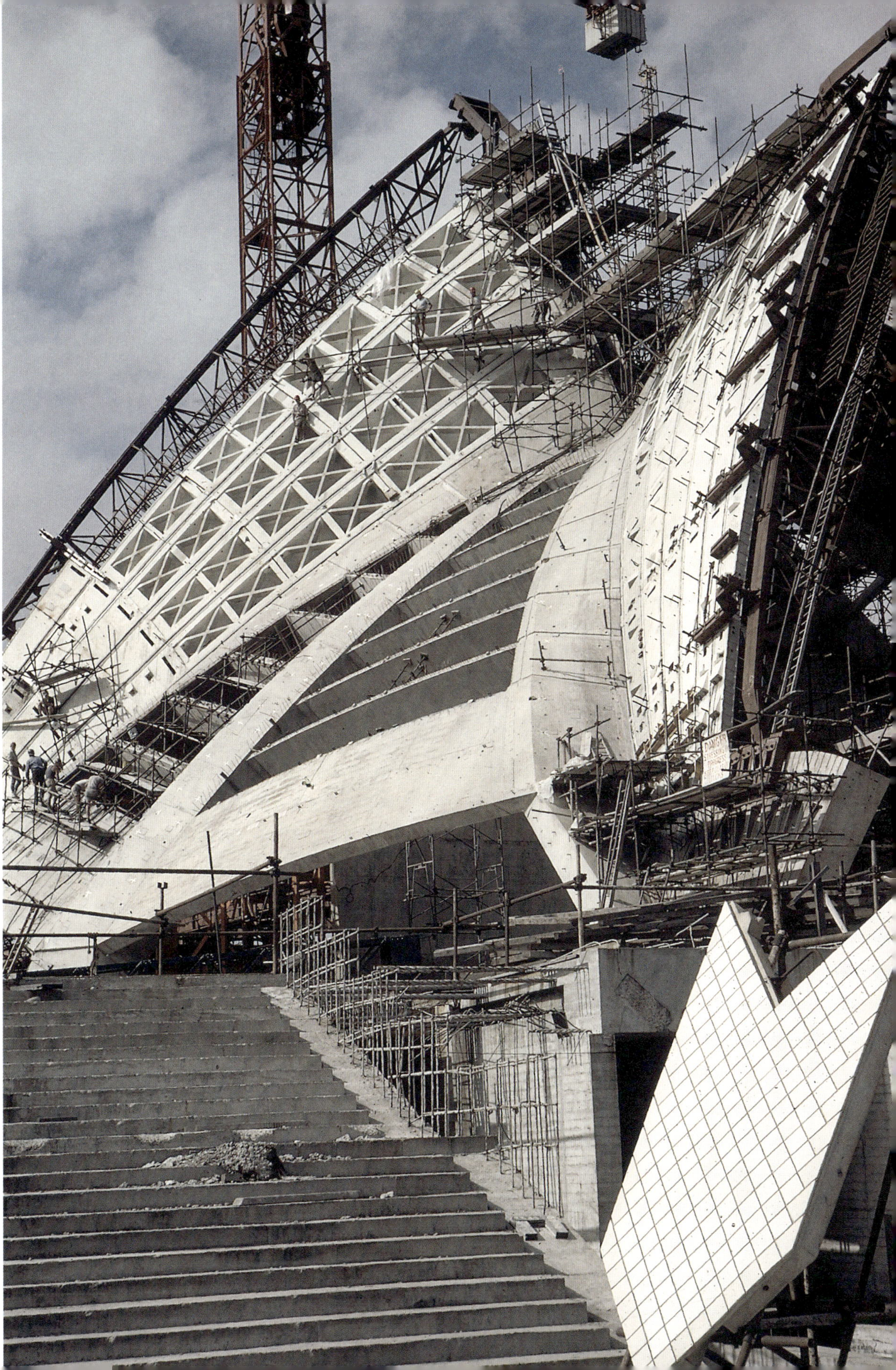

ンペだった。コンサートホールとオペラハウスと劇場を備えた多目的施設を建設するためのコンペだ。このコンペに勝ったのは、38歳の無名のデンマーク人建築家、ヨーン・ウツソンが描いた美しい鉛筆のスケッチだった。ところが、このウツソンは数学に疎く、技術的なことも無知で、音楽についても知識を持ち合わせていない（オペラを聴きに行ったこともなかった）ことがわかった。アラップはウツソンのことをコンセプトの天才だと考えたが、ウツソンは実測図も詳細図も描けず、施工法も内部の配置も言えず、コスト計算もできなかった。アラップはすぐに、ウツソンが手書きした図の形をプレストレスト・コンクリートで造るのは無理だ、とウツソンに伝えた。ほかのコンサルタントも、ウツソンのデザインでは、クライアントの望む座席数より3分の1足りない、と告げた。だがウツソンは、そうしたことをクライアントのニュー・サウス・ウェールズ州政府に伝えず、そのため、工事の遅れと山積する問題にフラストレーションがたまる日々が何年も続いた。しかも、コストが大きく膨れ上がっていた。結局、1966年にウツソンはシドニー・オペラハウスのプロジェクトから降りたが、その時になって、内装も、そのほかの造作や装飾物の多くも、ろくに建築図面ができ上がっていないとわかった。そして、同じように経験の浅い別の建築家チームが四苦八苦しながらどうにか完成にこぎつけ、ようやく1973年、女王エリザベス2世を迎えて落成式を執り行った。以来、このオペラハウスはオーストラリアのシンボルとして観光の目玉にもなっている。だが、50年以上も無数の改修を重ねたにもかかわらず、その内部の機能はまだ不十分で、音響効果もつきなみだ。しかも、総工費は最終的に1億200万オーストラリアドルにのぼった。この費用は主に州の宝くじでまかなわれたが、当初の見積もりでは、700万オーストラリアドルという非現実的な数字だった。一方、この建設工事ではいくつもの革新的な事柄が取り入れられた。そのひとつが、アラップが初期のコンピュータを大いに利用したことで、複雑な幾何学的構造を設計する場合や、3次元の図形を描く時、現場の分析などに活用した。プレキャストコンクリートの接合にエポキシ樹脂接着剤を使ったのも、めずらしいことだった。

　シドニーであれこれ起きている間も、アラップはコヴェントリー大聖堂（1951～62年）とサセックス大学（1960年代）でコンサルタント・エンジニアを務めた。両方とも、設計したのはベイジル・スペンスだった。だが、ダラムの歩道橋（1961年）を別にすれば、以降のプロジェクトは、彼が自分で直接関与することはなかった。それでも、拡大を続ける彼の事務所は、有名な建築を数多く手がけた。パリのポンピドゥー・センター（1971～77年）、香港にある香港上海銀行・新本店ビル（1981～85年）、ロイズ・オブ・ロンドン（1978～85年）、テムズ川のミレニアム・ブリッジ（2000年、2002年再開通）、空港、鉄道駅、ハイ・スピード1・CTRL（グレートブリテン島とヨーロッパ大陸を結ぶ鉄道路線）、2008年北京オリンピックのスタジアムなどだ。アラップ自身も数々の栄誉に輝いたが、その中には、ナイトの爵位と王立イギリス建築家協会ゴールドメダルもある。こうしたことはすべて、「不可能を可能にする技術」に励んだ彼の熱意のあかしだった。

ロバート・マックカーター

ルイス・I・カーン

動作と建築の詩をつむぐ建築家

1901-1974 年

　ルイス・I・カーンこそ、20世紀後半、世界中の建築に最大の影響を与えた人物だと言えるだろう。現代建築のデザインにかんし、カーンは、次の2点を再確認することによって近代建築を再定義した。ひとつは、歴史上の建築に見られるような、人間の動作との関連性、もうひとつは、建築術を最優先することだ。20世紀半ば、近代建築はその出発点と乖離してしまった、と多くの人が思い、カーンもそのひとりだった。だが、近代建築の倫理的規範との関連を復活させて建築し、その古代の起源とふたたび向き合って空間を作ったのは、まずカーンひとりだけだったと言ってもよい。

　カーンは、現在のエストニアにあるバルト海のサーレマー島で生まれたが、1906年に一家でアメリカへ移住し、フィラデルフィアに住んだ。その後、ペンシルヴェニア大学でポール・クレに師事し、エコール・デ・ボザール流の古典主義の伝統を学んだ。近代運動（モダン・ムーヴメント）を信奉するようになったのは卒業後だった。カーンの初期の作品はほとんどが公共住宅だが、第2次世界大戦のころの彼は、反モニュメンタルな国際様式で現代の文化的意味や社会制度を体現できるのだろうか、と疑問に思い始めていた。建築のモニュメンタリティ（記念性）こそ、永遠の意味を伝える精神的特質なのではないか、過去の偉大なモニュメントが体現する特質なのではないか、とカーンは考えた。また彼は、モニュメンタルな建築の創造においては、完璧な構造と素材の特徴が決定的に重要な役割を果たすことにも気づいていた。こうしたことが、やがてカーンのキャリアにとって重要なテーマとなった。

構造、マッス、空間

　カーンは1947年からイェール大学で教えはじめ、1950年にローマのアメリカン・アカデミーに迎えられた。短期間ながら、このローマ滞在で歴史を再発見したことは、カーンが当時最も重要な近代的建築家のひとりとなるために決定的な出来事だった。どっしりと重そうな建造物にある永遠性、重厚な石造りが形成する空間は、忘れ難い印象を彼に残し、この年の渡航以降、カーンは軽量鉄骨構造をまったく使わず、コンクリートと石材だけで建てるようになった。ローマから戻ると、カーンはニュー・ヘイヴンにあるイェール大学アートギャラリー（1951〜53年）の設計と建設を手がけ

動作と建築の詩をつむぐ建築家

た。これが彼にとって最初の重要な作品になった。彼の革新的な床構造は、バックミンスター・フラーのジオデシック・ドームに触発されたものだったが、天井の下に露出するキャストコンクリートのビームの三角形の格子は、力強く重厚な存在感があり、フラーが理想とした軽やかさとはまったく違う。そのマッシヴな深みの内部に付帯設備を組み込んであり、カーンの自己主張の強い天井は、国際様式の建築にありがちな構造的にも空間的にもニュートラルなスラブとも対照的だ。カーンにとっては、建物の造りを見せることが倫理的規範だった。近代建築にふさわしい唯一の装飾として、素材も接合部もマーキングも、むき出しのままにしておかねばならなかった。

ニュージャージー州トレントンにあるジューイッシュ・コミュニティセンターのバ

イェール大学アートギャラリーのカーン、ニュー・ヘイヴン、1951〜53年。

ス・ハウス（水浴場）（1954〜58年）も、小型だが重要なプロジェクトだった。カーンによれば、このプロジェクトを手がけたことで、カーンは「自分が建築家だとわかった」。ここの十字形のプランは、4つの翼で構成され、それらの中央がオープンエアの中庭になっている。どの翼も4つの重厚なコンクリートブロックのコーナーピアで構成され、ピアの上には明かり取りのあるピラミッド型の木造屋根が載る。このバス・ハウスは、近代建築の典型的な素材で建てられているという点では近代的だが、同時に、天と地が交わる場所ということでは古代的でもある。大規模なコミュニティセンターは建設されなかったけれども、個別に屋根が載った大きな塊が碁盤目状にならぶさまは、それぞれの居住活動にはそれぞれ専用の、用途が明確に表現されている部屋、それぞれ独自の構造と光が必要だ、というカーンのコンセプトを示していた。このコンセプトの対極にあるのが、国際様式モダニズムの特徴である「自由な平面」だ。

　1957年、カーンはペンシルヴェニア大学で教職に就き、ふたりのエンジニアと組むようになった。ひとりは大学のロベール・ル・リコレという先見的な構造の詩人、もうひとりは、カーンの事務所のオーガスト・E・コマンダントというプレキャストのポストテンション方式コンクリート建設の専門家だ。ペンシルヴェニア大学リチャーズ医学研究棟（1957〜65年）の設計は、建設が表現されていることと、機能が明確に表現されていることが特徴としてあげられる。5棟のタワーはそれぞれ四角形のプランで、プレキャストのポストテンション式コンクリートによってカンチレバー構造で造られた。そして、構造的には独立した耐力型の石造りのサービスシャフトが、各側面の中央に置かれていて、その結果、研究室の床には構造体や付帯設備がまったくない。この点で、この建物は、「サーブド・スペース（サポートされる機能空間）」（主要な機能）は「サーバント・スペース（サポートする機能空間）」（付帯設備と構造）が形成する、というカーンの考え方を具体化している。

居住、建設、光

　ニューヨーク州のロチェスター・ファースト・ユニテリアン教会（1959〜69年）では、カーンはゴシック建築の大聖堂のような淡い光がほのかに射し込むヴォールト、中世の城のような重厚で陰影のある壁を持ち込んだ。しかもみな、完全に近代的な建築法で行った。内陣は中央にあって、上からの光に照らされ、その周囲の堅固な壁は非耐力のコンクリートブロックでできている。また、その屋根は、キャストコンクリートを優しく折り重ねたような平面で、四隅の部分が高く起立して、側壁の大きな高窓から光が差し込む。この内陣は周囲をとりまく回廊から入るようになっており、その回廊をさらに複数の教室が取り囲む。内部の聖域を分厚い外殻で守っているかのようだ。そのレンガの壁の重なりが、深い陰影に満ちた稜線を作り出す。陰影を与える壁で主要な空間を囲むという考え方、カーンの言う「建物を包む廃墟」という

考え方は、カリフォルニア州のラ・ホーヤにあるソーク研究所（1959～65年）の設計に端的に示されている。ここのミーティング・ハウスは実現しなかったが、予定では、一連の独立した部屋の建物が、中央の正六面体のホールをぐるりと囲むことになっていた。各部屋の外側は、中空のコンクリートシェルが包んで、内側のガラス張りの部屋に影を落とす。ソーク研究所のほうは、柱のない研究フロアが、コンクリートトラス構造のサービスフロアと互い違いにならぶ。すべて細部まで行き届いたキャストコンクリートで建設されている。科学者の研究室が置かれている2棟の研究棟の間には、カーンが独自に思い描いた中庭がある。これは、彼がメキシコ人建築家のルイス・バラガンに相談した結果、遊歩道のある広場ではなく、空と海へ向かって広く開かれた空間にするべきだと決めたものだ。正式な用途のないこの広場は、今でもかつてないほど力強く、深い感銘を与える空間になっている。

　インドのアーメダバードにあるインド経営大学（1962～74年）とバングラデシュのダッカにある国会議事堂（1962～83年）は、「部屋の社会としてのプラン」というカーンの考え方を示す最大の建築物だ。そうしたプランでは、部屋同士の空間的関係が、部屋の集合体の目的を表現する。また、カーンの言う「連接の建築」、つまり、廊下、アーケード、階段の踊り場、玄関のような2次的な空間も、こうした建物の総合的な経験にとっては、主要な空間と同じく重要だ。学んだり判断したりという行動は、教室や議事堂の中だけで行うわけではなく、ロビーでも通路でもカフェでも中庭でもありうる、ということをカーンはよくわかっていた。これらの建物の建設にあたって、カーンは「レンガを近代的にした」と述べている。鉄筋コンクリートのつなぎ材を使って、レンガの耐力アーチの外向きの推力を抑えたのだ。ニューハンプシャー州エクセターのフィリップス・エクセター・アカデミー図書館（1965～72年）の設計では、カーンは伝統的な図書館の構成（中央に閲覧室があり、その周りに書架がある）をひっくり返した。建物の内部に建物があるような形で、レンガの外殻の内側に閲覧スペースがあり、その閲覧スペースに囲まれた一番内側にコンクリートの書架がある。カーンによると、こうすれば「本を光の下へ取り出す」ことができる。内奥の書架の庇護の闇から、外側の閲覧室の自然光の下へ取り出すということだ。図書館の中央に、その建物で最も重要な部屋がある。エントランスホールは地上から天空へと伸び、巨大な円形のコンクリートの開口部から本が見える。こうして、この建物の目的を祝う。

　テキサス州フォートワースのキンベル美術館（1966～72年）は、まちがいなくカーンの最高傑作だと見なしてよい。コンクリートのカマボコ形屋根を連ねた形をしており、それぞれの屋根はスパン30.5メートル、中央にスリットがあって、そこから光が差し込み、アルミニウムの反射板によって屋内の丸天井に幻のような霊妙な銀の光が広がる。このキンベルが、カーンの最も美しい空間だということに疑問の余地はな

ダッカの国会議事堂のプロムナード、1962～83年。左手が議事堂、右手が事務室で、それらが自然光に照らされた吹き抜けの「連接」空間でつながっている。

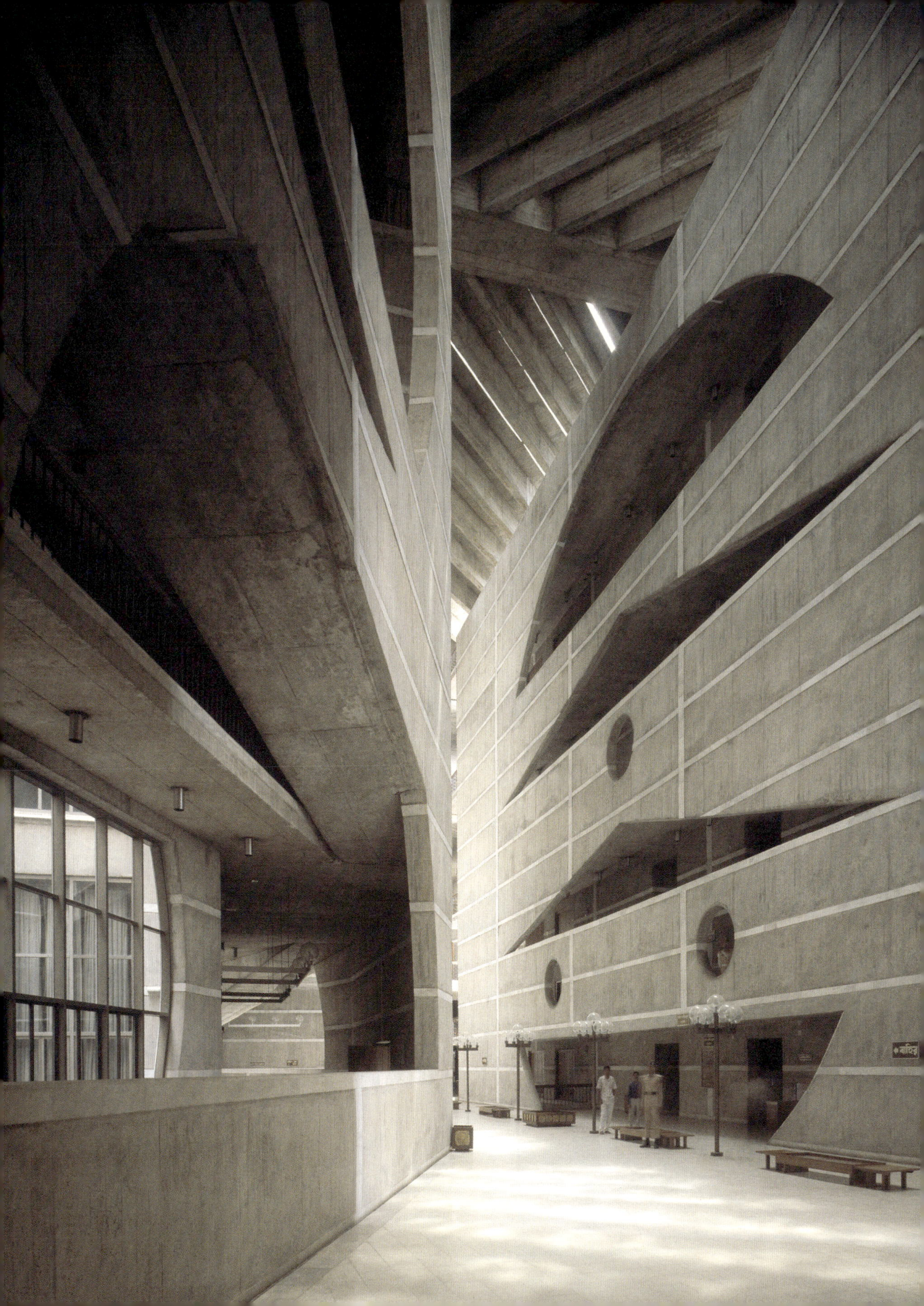

動作と建築の詩をつむぐ建築家

い。また、内部の空間が自然光に照らされて、構造上の要素を明確に表現するようになっている、という点において、ここは光と構造の関係についての彼の考えを最も厳密に具体化した例でもある。さらにキンベルは、カーンの設計したランドスケープとしても、最も優美なところだ。ここに入ると、まずは陽光を浴びる彫刻庭園の脇を抜け、次にカマボコ形の屋根のロッジアをくぐり、階段状に流れていく水の傍らを過ぎる。それから、碁盤目状に樹木が配され砂利が敷き詰められた中庭を歩いて行くと、いつの間にかギャラリーの建物の真ん中にたどり着く。実際には、カーンは自分の設計の3分の1しか実現できなかった。彼の傑作と言える設計の多くは、建設に至らずじまいだった。たとえば、トレントン・ジューイッシュ・コミュニティセンター、ソーク研究所ミーティング・ハウス、アンゴラのアメリカ大使館、ミクヴェ・イスラエル・シナゴーグ、ドミニコ会女子修道院、ヴェネツィアのパラッツォ・デイ・コングレッシ（会議場）、フルヴァ・シナゴーグなどがそうだ。こうして見ると、これら未完の作品も、20世紀の建築に最大の貢献をしたと言える。

キンベル美術館のエントランスギャラリー、フォートワース、1966～72年。この「理想的な美術館」は、自然光に照らされた空間が連なる。その精緻な形態は、コンクリートの丸天井と開放的でフレキシブルなフロアプランがもたらしている。

カトリーヌ・プルーヴェ

ジャン・プルーヴェ

建設的想像力

1901-1984 年

　背骨のような骨組み、つまり強さと抵抗力と柔軟性を備えた骨格（構造駆体）、そしてスキン（外皮）。これがジャン・プルーヴェの建設コンセプトだった。工房で設計を続けた年月、彼は数通りの基本的な「骨格」タイプ（門型フレーム、シェル型、杖型、センター・コア型、スツール型）と、その骨格を覆うスキンのあり方を編み出した。スキンについては、柔軟性と可動性をもつカーテンウォールという形を取り、これを構造骨組みに固定したが、これには開口部のないものもあればガラスの入ったものもある。素材についても、木材だったりネオプレンだったり金属だったりした。このように、20世紀の進展に合わせ、彼は現実に即した独自の道を歩み続けた。

　ジャン・プルーヴェは独学の建築家だった。芸術一家に生まれ、父親のヴィクトールは、画家でもあり彫刻家でもあり、エミール・ガレとともにナンシー派というアール・ヌーヴォー運動を創始した人物でもあった。ガレが1904年に亡くなると、ヴィクトール・プルーヴェがナンシー派を主導するようになった。彼がめざしたのは、芸術家と職人と実業家を結集して、芸術と産業の連合体を作り、大衆に最高のものを届けることだった。だが、健康問題と第1次世界大戦のため、ジャンはかねて望んでいたエンジニアになる教育を受けられなかった。それでも、「生涯最高の幸運の到来」は「あっという間に働けるようになる」ことだと思っていた。そして、エミール・ロベールという金属工芸家に弟子入りし、その後、アダルベール・サボーの下へ移った。どちらの工房もパリにあり、ジャンは父親の友人だった美術評論家アンドレ・フォンテーヌの家に下宿していた。そのためフォンテーヌの家で、ナンシー派の思想に詳しいほかの知識人にも出会った。ナンシー派の考え方とは、「人は創造するために地上に生まれた」ということ、他人の作品を決してコピーしないことだった。

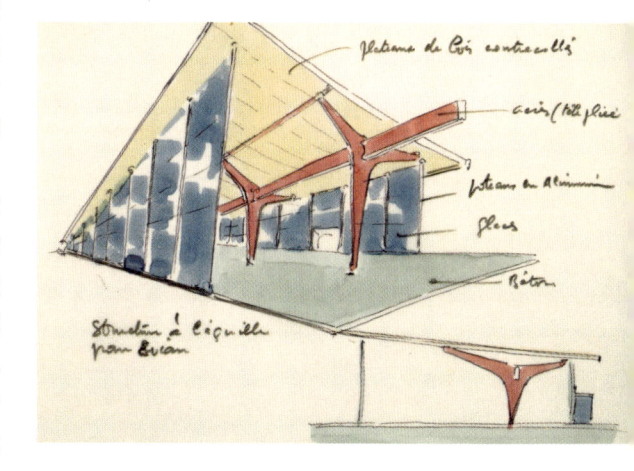

エヴィアンの水飲み場の支持構造。建築家モーリス・ノヴァリナのために、1956〜57年にプルーヴェが製造した（この素描が描かれたのは1982年）。

目標としての工業化

　ジャン・プルーヴェが工業化という目標へ向かう過程には、大きく分けて3つの段階があった。1924年、彼はナンシーで、彼にとって最初の金属工房をかまえた。そこでは槌と金床と炉が基本的な道具だった。だがまもなく、ステンレススチールに興味をもつようになり、スタッフを雇って、プレス機など高性能の設備を取り入れ、金属薄板を折り曲げて強度を増すことができるようにした。「私は金属をねじっていただけ」と彼は冗談めかしてよく言っていた。そして、ステンレスを使った照明器具や階段手すりの製造を経て、1920年代の終わりには、金属製の折りたたみ式家具を手がけるようになっていた。また、思い切って建築家のロベール・マレ＝ステヴァンを訪問してデザイン画を見せ、個人の邸宅に使う玄関の格子を発注してもらったこともある（1926年）。これをきっかけに、彼は「芸術的な金属工芸」を離れ、建築のアイデアを発展させていこうと思うようになった。1931年、彼は創作のプロセスには別の種類の道具がいると気づいた。産業と言える規模で仕事をするためには、新しい機械を置けるよう工房を広げ、スタッフを追加する必要があった。そして、新しい需要を満たせる仕事の仕組みを作ろうと、アトリエ・ジャン・プルーヴェという会社を設立し、この会社名を使ってデザインを販売したり特許をとったりした。また彼は、自ら考える社会的規範にならって、従業員がもっと責任を負う共同経営のシステムを作った。従業員自らが改良点を提案したり、利益の配当を受けたりできるようにするためだった。

　機械ならなんでも夢中だったプルーヴェは、自動車や航空機が絶えず改良を重ねていることを絶賛していた。そして、このことからある疑問を抱くようになった。なぜ誰も同じような目を住宅に向けないのだろう？　彼はこう言った。「家を建てるのと同じ方法で航空機を作ったら、その航空機は絶対飛ばない」。最高の住環境を作るため、工業化の一番良いところを取り入れたい、と彼は考え、素材と費用の使い方に注目し、自然界を大切にした。万が一、建物を後で撤去しなければならなくなっても、地面に傷を残さないようにしたい、と思って、ピロティ（支柱）を使うようになったのだ。1930年代の彼の代表作は、革新的な構造の設計と建設を行った彼の手腕がよくわかる。たとえば、建築家のウジェーヌ・ボードゥアンやマルセル・ロッドとの共作、クリシー人民の家（1936〜39年）は、金属製の支持構造（屋根と床に可動式の要素を用いた）を用いたので、金属製可動式パネルでカーテンウォール（おそらくは初のカーテンウォールだ）を建設することができた。この建物を1939年に見に来たフランク・ロイド・ライトは、称賛の声を上げた。

　1940年代の初め、ジャン・プルーヴェは耐力要素として門型フレームを用いた住宅を建設した。折り曲げ加工したシートメタルで作った門型フレームが金属製ビームを支えるというものだが、そのビームにはリベットが取りつけられるようになってい

ジャン・プルーヴェ

て、さまざまなタイプのファサードパネルを取りつけることができたし、内部のプランを自由に配置することもできた。こうなると、耐力壁はもう不要だった。この種の建設に必要な要素は、すべてプルーヴェの工房で設計し、テストし、製造してから、トラックで現場へ運ぶので、1日もあれば組み立てられた。また門型フレームは、家具にも応用できた。この分野にも、プルーヴェは強い関心を持ち続けた。「家具のデザインは、高さ300メートルのタワーのデザインと同じくらい面白い」と言っていた。

まだアトリエ・ジャン・プルーヴェという名前で仕事をしていた1947年、プルーヴェは新しい工場をナンシー郊外のマクセヴィルに設立した。今度は以前よりもっと産業規模に近い工場で、まもなく200人の従業員を雇うようになった。ただ、戦争が終わったばかりで鋼鉄が不足していた時期だったので、彼はアルミニウムを使うことを考えた。門型フレームを見直し改良して、すべての要素を工場で金属から作り、アフリカまでもっていけるようなプレハブの建物を設計して、その部材を航空機で輸送したりもした。シェッド型ルーフ、次いでシェル型ルーフを開発したのも、この時期だった。シェル型は、彼のファサードパネルと同様に自己支持型の構造を作ることができた。また、このころも家具デザインをいくつか手がけている。最も有名なのは大学に納めた家具だ。

ところが1952年、アルミニウム製造業者がプルーヴェの会社の株式の過半数を握ることになった。そのアルミニウム会社は建設業界の経験がなく、とにかく多くのアルミニウムを売りたいだけだったので、低コストで良い製品を作りたいというプルーヴェの考えと衝突するようになり、プルーヴェは辞任して、重い心を抱えたままマクセヴィルの工場を離れた。「今になってみれば、人生でめったにない幸運だったと本

クリシー人民の家の市場、クリシー、1936〜39年。金属パネルの革新的なカーテンウォールを用いている。

建設的想像力

当に思う。なにしろ、自分の工場を持てたのだから（中略）私の道具を！　私はあの工場を一から作った。着々と広げていって、かなり大きな工場になったし、最新の機械も十分備えていた。それに従業員も、1952年には200人くらいいて、みな友人だった」

最終段階

　1956年、ジャン・プルーヴェはキャリアの第3段階に入った。パリにデザイン事務所をかまえたのだ。この事務所は工場生産に直接関係があるわけではなかった。とはいえ、彼は工場を失った悲しみを忘れてしまったわけではなく、工場を離れても、すぐに実験を再開し、アルミキャストの耐力壁でアルミニウム100周年記念パヴィリオン（1954年）を設計している。次いで手がけたのが、エヴィアンの水飲み場（1956～57年）、杖型構造を用いたヴィルジュイフの学校（1956～57年）、すべてプレハブで現場へ輸送できるセンター・コア型を用いたアベ・ピエール邸（「良き時代の家」）（1956年）だった。その後、輸送機器工業会社（CIMT）から仕事を依頼されるよう

プルーヴェが手がけたヴィルジュイフの仮設学校の骨組み、1956～57年。建設中のもの。

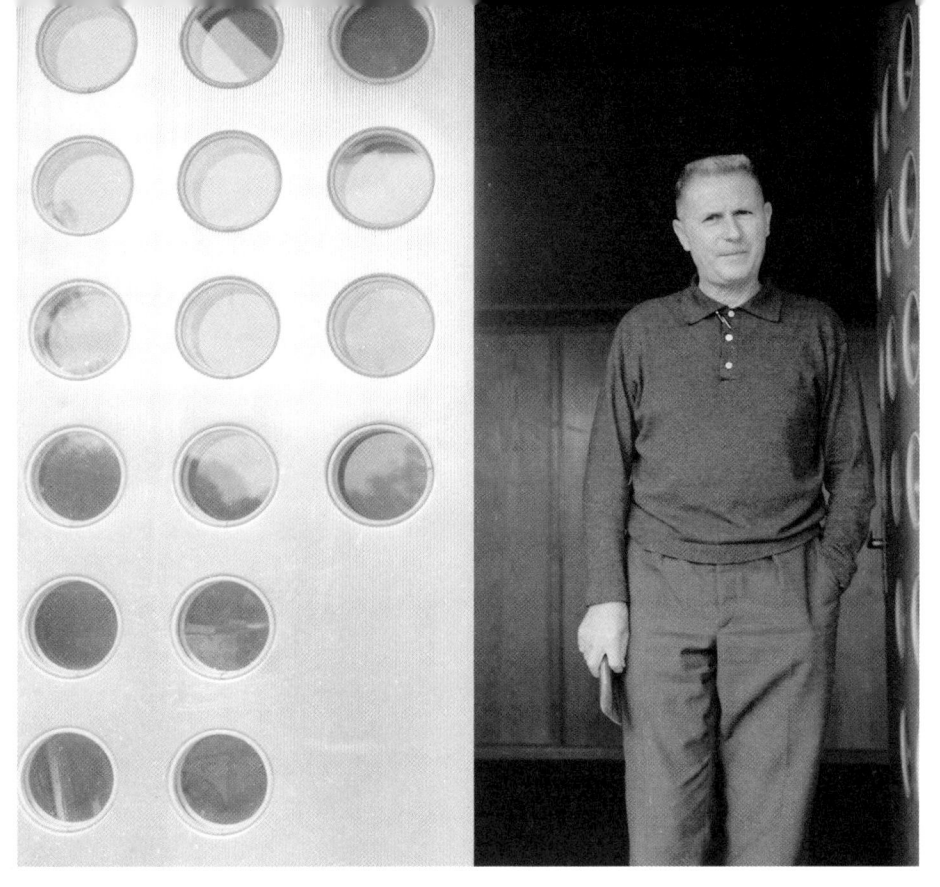

オーギュスタン・アカール通りの自宅のプルーヴェ、ナンシー、1962年。彼はこの自宅で、シートメタル建築の可能性を示そうとした。

になった。この会社は、鉄道網拡大の時代に終わりが来るだろうと見越して、建築業に転換したいと考えていた。CIMTのため、プルーヴェは学校や大学、グルノーブルの市庁舎のファサードパネルを数多く設計した（1964～68年）ほか、建物の構造設計もした。たとえば、グルノーブルの展示場（1967年）、トタル社のガソリンスタンドなどだ。また、大きなプロジェクトのコンサルタントを務めることもあった。たとえば、新産業技術センター（CNIT）のファサード（1956年）やノーベル・タワー（1968年）がそうで、これは両方とも、パリのラ・デファンス地区にあり、センター・コア型架構とカーテンウォール、そして曲面になったコーナーという原則をもとに建設された。

　また彼は、パリのフランス国立工芸院（CNAM）で教鞭をとっていた（1957～70年）。ここではいくつかの建設システムについて詳しく解説し、建築家志望の学生ばかりかプロの建築家も含め、多数が受講した。晩年まで、彼はまさに産業規模で働き続けた。これこそ、彼が仕事を始めてからずっとめざしていたことだった。だが、建設工程に直接かかわることがないのをまだ残念に思っていた。建築家の人名事典に載せたいと頼まれた時、彼はこう答えた。「私は建築家ではありませんし、エンジニアでもありません。私は工場の人間です」

スティリアーネ・フィリッポウ

オスカー・ニーマイヤー

正統派モダニズムへの先鋭的批判

1907年生まれ

　モダニズム建築を最も革新的に、国民性に根ざして解釈した建築家を代表する人物。正統派モダニズムの美の定石と道徳臭いイデオロギーを先鋭的に批判した人物。そんなオスカー・ニーマイヤーは、偉大な建築家たちの殿堂でひときわユニークな位置を占める。70年以上にわたり、鉄筋コンクリートの構造的形態的可能性を倦むことなく追求し続け、100歳を越えた今も現役のニーマイヤーは、これまでに600以上の建物を設計した。ブラジルの最先端の鉄筋コンクリート技術を活用し、仕事熱心な構造エンジニアたちと緊密に協力しながら、ニーマイヤーは、コンクリートこそが、彼の言う「スペクタクル」で「造形的に自由」で「独創的」で、ブラジルの土着の伝統と熱帯の風土に根ざした建築にぴったりの理想的な手段だと考えた。そうした彼のめざす建築とは、「ヨーロッパの倫理的伝統に由来する」まっ白の壁、まっすぐの線と直角の支配に挑戦するものでもあった。建築と構造と地勢を一体化させて最大限の流動性を実現しようとしてきた彼は、何よりも建築を身体で実感できることを最優先した。コンクリートという、地元の経済的技術的状況に適した素材を手にしたことで、ニーマイヤーは思い描いていた「新しく」て「より大胆な建築をブラジル流のサイズで」打ち出すことができた。それは、ブラジルの現代性を明確に語るものでもあり、西洋のプロトタイプからの解放を宣言するものでもあった。

オスカー・ニーマイヤー。リオデジャネイロのスタジオにて、2007年12月。

ブラジルのモダニズム建築

　ニーマイヤーは本名をオスカー・リベイロ・デ・アルメイダ・ニーマイヤー・ソアーレス・フィーリョと言い、リオデジャネイロで生まれた。自分には「さまざまな民族的ルーツ」がある、と彼が強調しているのは、すなわち、自らがブラジル人であるということ、民族の融合というブラジルのイデオロギーに合致しているということの表明だ。ニーマイヤーは1929年から34年まで、国立芸術大学で学んだが、そこでは、ブラジルの近代建築の長老、ルシオ・コスタが「機能講座」を設け、その教授として

オスカー・ニーマイヤー

ラテンアメリカのモダン・ムーヴメントのパイオニア、グレゴリー・ワルシャヴィチクを、ワルシャヴィチクの助手としてアフォンソ・エドゥアドルド・レイディを指名していた。この講座は短命に終わったものの、学内で多数を占める「ボザール派」の猛反発を買った。だが、コスタの言う「ヴァルター・グロピウス、ルートヴィヒ・ミース・ファン・デル・ローエ、とりわけル・コルビュジエの研究に情熱をもって没頭しているピュリスム軍団」の学生には人気だった。1936年、ニーマイヤーは、世界で初めて国が建設したモダニズムの超高層ビル、リオデジャネイロの教育保健省庁舎（1936〜44年）の設計を担当する建築家チームに加わった。このプロジェクトは、最初はコスタが、のちにニーマイヤーが指揮を取り、1936年時点では、ル・コルビュジエもコンサルタントとして参加していた。「ブラジル人であり近代人でもある新しい人間」を形成する、という任務を負っていた教育保健省の新庁舎は、ル・コルビュジエの「新しい建築の5つの要点（近代建築の5原則）」を初めて完全に実践したものだ。だが、これらの要点は、植民地時代の建築に用いられていた地元の素材や技術と組み合わせてある。たとえば、手書きのアズレージョ（装飾絵タイル）、ブラジルの風景やバロック様式のモニュメントの示唆、官能的な曲線、ポルトガル建築にあるムーア人の伝統を引き継ぐ日除けや大胆な色彩、無味乾燥な機能主義のルールを破りたいという欲求の縮図であるロベルト・ブルレ・マルクスによるトロピカル・ガーデン、ブラジル人芸術家に特別に依頼した作品の数々などだ。

　ブラジルの近代性のシンボルとなりマニフェストともなった教育保健省ビルは、望んでいた通りにナショナリズムのレトリックが混ぜ込まれており、アメリカのフィリップ・L・グッドウィンから「西半球で最も美しい政府ビル」だと称賛された。また、ここには1920年代のブラジルのモダニズム芸術家が再評価し先鋭化したものすべてを取り入れてあった。1920年代のパウ・ブラジル運動や食人運動は、ブラジル生まれの人間を外国人と統合するために戦略を考え、外国から来た「文明化」をもたらすものに熱帯的で非理性的な「原始」を感染させようとした。反植民地主義的な食人運

サンフランシスコ・デ・アシス教会、パンプーリャ、ベロ・オリゾンテ、1940〜43年。

動が、ヨーロッパのモダニズムをディオニュソス的なエスピリト・デ・ブラジリダージ（ブラジル的な精神）で染めてしまおうとした戦略は、コスタとニーマイヤーが1939年のニューヨーク万国博覧会のブラジル館で用いた戦略でもある。だが、ニーマイヤーの転機となったのは、ベロ・オリゾンテ郊外に新規開発した地区、パンプーリャの人造湖の湖畔に建てた画期的なレジャー複合施設だった（1940〜43年）。このプロジェクトを受け、建築雑誌『ラルシテクチュール・ドージュルドゥイ（L'Architecture d'Aujourd' hui）』は1946年にこう明言した。ニーマイヤーは教育保健省ビルと「コルビュジエ派」の「直線の勝利」と「モニュメンタルなデカルト主義」から離れて、「曲線の勝利」における「自らの独自性を断言する」方向へ進んでいる。

逸脱の曲線

　ニーマイヤーは、ル・コルビュジエから学んだものすべてを「熱帯地方化」したと何度も繰り返し語っている。「私の建築作品はパンプーリャから始まった。あれは官能的な思いも寄らない曲線で設計した」。パンプーリャの複合施設は、当時のベロ・オリゾンテ市長ジュセリーノ・クビチェックから依頼されたもので、小さな教会（ブラジルで初めて登録されたモダン・モニュメント）、独創的なプランとぜいたくな内装のカジノ、曲がりくねったコンクリートのひさしがある魅力的なダンスホールとレストラン、ヨットクラブ、ゴルフクラブ、それに100室のホテル（未完）からなっていた。パンプーリャにあるニーマイヤーの施設、彼が建築で表明した個人的マニフェストでは、スペクタクル、豪華さ、娯楽、美、官能は、正当な気晴らしだと力強く肯定された。意図的に多様化した素材と技術、意味を込めて施した装飾が、ブルレ・マルクスの作り出した熱帯の自然の強烈なイメージや、周囲に完全に溶け込んだ芸術作品とあいまって、独自の作品が誕生した。これは、際立ってブラジル的だと感じられるようなあらゆるタイプの官能的曲線と熱帯的モチーフを使って、近代のブラジルらしい建築を創造しようという構想から生まれたものだ。イギリス紳士のアドルフ・ロース的な姿態が、アポロン的なヨーロッパの「真の近代的様式」を体現しているとしたら、ニーマイヤーは、アフリカの血を引くブラジル人女性「ムラータ」のエロティックな姿態に、ディオニュソス的エスピリト・デ・ブラジリダージの化身を見ていた。「私の作品は『形態は機能に従う』など関係ない。『形態は美に従う』だ。いや、もっと言うなら『形態は女性に従う』だ」。

　パンプーリャのサンフランシスコ・デ・アシス教会では、構造エンジニアのジョアキン・カルドゾと協力し、ニーマイヤーは形態と空間を決定づける要素として放物線形のヴォールトを用いた。こうしたシェル構造とさまざまな設計の垂直支持体は、1950年代のブラジルの急成長した都心部に続々と現れたニーマイヤーの成熟したプロジェクトでもたびたび登場する。ラテンアメリカ随一の工業と金融の中心地、サンパ

エディフィシオ・リベルダージ、ベロ・オリゾンテ、1954〜60年。(のちに、ニーマイヤーの兄弟を記念してエディフィシオ・ニーマイヤーと改称)。「ブリーズ・ソレイユ」が堅固な外壁に沿って続く。外壁はアトス・ブルカンが制作した白と黒のセメントタイルを貼ってある。

ウロの都心を堂々と占拠する5000人が住む40階建てのエディフィシオ・コパン（1951〜66年）は、家庭と娯楽という私的で女性的な世界、労働と力という公的で垂直的で硬質で男性的な世界、この2分割の発想に異を唱えるもので、アメリカの都市のジェンダー的両極性への挑戦でもある。このコパンと同じく、ベロ・オリゾンテにあるニーマイヤーのエディフィシオ・リベルダージ（1954〜60年）も、水平にとぎれず続くコンクリートの「ブリーズ・ソレイユ」（日除け）がアクセントで、ファサードのガラス部分の日除けとしての機能のほか、タイル張りの壁面に沿ってとぎれることなく続いていく様子が、日除け本来の実用性を越えて、美しさを強く感じさせる。

『アーキテクチュアル・レヴュー（The Architectural Review）』誌の1954年10月号によると、1953年のサンパウロ・アート・ビエンナーレを訪れた外国人の間で、ニーマイヤーがリオデジャネイロに建てた新しい家が「議論の的」になっていたという。そうした人々は、異なるリズムが同時に存在するポリメトリックな建築を理解できなかったのだ。ニーマイヤーの住宅建築の傑作、カノアスの家（1952〜53年）は、一見、コンクリートのフリーフォームのひさし、素晴らしい風景に溶け込んだトロピ

正統派モダニズムへの先鋭的批判

上：連邦最高裁判所、三権広場、ブラジリア、1958〜60年。次頁：ニテロイ現代美術館、1991〜96年。

カル・ガーデン、その真ん中にある池だけで構成されているように見える。1956年には、大統領のジュセリーノ・クビチェックが意欲満々でこの家に来て、彼の最も野心的な計画の実現にニーマイヤーの力を借りたいと頼んだ。徹底的に近代的な都市、ブラジリアの建設だ。ブラジリアは「ブラジルの新しい時代」の到来を告げることになる。

より民主的な建築へ向かって

1960年4月21日に遷都した新首都ブラジリアは、国民の統合のシンボルとすべく構想された。ニーマイヤーを選んだということは、20世紀の建築家と政治家が探し求めてきた国家像、つまりブラジル的で「しかも」近代的な国家の姿を表現できる様式を選んだということだった。ブラジルの中央高原にあり、ヨーロッパの遺産を体現する海岸地域の熱帯の楽園から遠く離れたブラジリアの地で、内陸の「真のブラジル」のためのニーマイヤーの建築は、ブラジル建築の自主性を主張し「明日という過去を創造する」ため、建築史に残る画期的作品と対話を始めた。「新たなブラジルのアクロポリス」に対しては、ルシオ・コスタの基本計画も、ニーマイヤーの公共建築も、モニュメンタリティの追求が特徴だった。だが、ブラジリアの列柱を配した式典用建物は、巨大さや堅固さや重みを感じさせるというよりも、軽やかさや優美さや気品をまとう。また、建物を構成する要素（大理石張りの白い柱）それぞれの独立性を強調すると同時に、同等物それぞれの独立性よりも全体の統合を優先した。これは、「民主的なポリス」を意味する表現だった。

1964年、ブラジルは軍部が権力を掌握し、ニーマイヤーは軍事独裁政権によって亡命を余儀なくされた。だが、この時期、彼はブラジルの先進工学技術とヨーロッパ

のテクノロジー、熟練した労働力を利用して、挑戦的な美しさと大胆な構造を両立させた建物をいくつも生み出した。たとえば、ミラノ近郊のセグラーテにあるモンダドーリ出版社本社（1968〜75年）は、きっちり設計通りに造られた打ち放しコンクリートのアーチが、ブラジリアの弓の宮殿（ブラジル外務省、1962〜70年）のアーチと似ているが、セグラーテのデザインのほうにはランダムという側面を取り入れてある。どの立面も、22の放物線アーチがさまざまな幅と曲率でならび、それらがひとつの媒介変数方程式によって統合されている。ニーマイヤーの「ギリシア神殿の現代版」は、彼の最高傑作のひとつに数えられる。

　個々の建物と都市の関係というテーマに取り組む新しい方法を見つけ出したい。フランスに亡命していた時期も、1980年代にふたたび民主化したブラジルに戻ってからも、彼はそういう思いに駆られていた。そして次第に、ただ美しいだけの建築という考え方を超越して、もっと民主主義を意識した建築をめざすようになり、市民の権利の立法化のための基盤として、都市の公共空間を最優先するようになった。空間と用途についての従来のヒエラルキーを逆転させるというニーマイヤーの典型的手法を用いて、彼の後期の画期的な公共建築、たとえば、ニテロイ現代美術館（1991〜96年）やクリチバのオスカー・ニーマイヤー美術館（2001〜02年）では、圧倒的存在感のスロープが、必要とされる機能を超越し、市民がそのスロープを遊歩道として使えるようになっている。建物の公共性を強調したこれらの長い、ゆったりと伸びるスロープは、ブラジルの伝説的なビーチのメタファーでもあり、ニーマイヤーが理想とする素晴らしい人生を投影した空間でもある。

ジェーン・マーケル

エーロ・サーリネン

あふれる活気と技術革新

1910-1961年

　大手企業のキャンパス6件、数多くの大学の革新的な建物、きわめて独創的な超高層ビル、実験的な劇場、類まれなアメリカ大使館2件、著名な教会数件、そして、心躍るような空港3件。短くも実り多い人生を送ったエーロ・サーリネンは、その生涯にこれだけの設計を手がけた。そして、これらすべてで、さまざまな技術的躍進を果たした。1961年に脳腫瘍で亡くなった時、大きな建築プロジェクト10件がまだ進行中だった。

　サーリネンはヘルシンキで生まれ、1923年に両親と一緒にアメリカへ移住した。父親は初期の近代建築の建築家エリエル・サーリネン、母親は彫刻家でテキスタイル作家のロヤだ。エーロの初仕事は家族で経営していた建築事務所での仕事だが、エーロが突如、アメリカの同世代の建築家で随一の売れっ子となったきっかけは、1947〜48年に開催されたセントルイスのゲートウェイ・アーチのデザインコンペで、エーロが優勝したことだった。この放物線状アーチは、高さ192メートルの62階建てで、構造エンジニアのフレッド・セヴェルードと協力して設計され、三角形の断面をもつ。ステンレスの外皮は、内側のコンクリート構造と、そのまた内部のアーチを直立させるための鉄骨トラスを支えるのにも役立っている。アーチは1965年にようやく完成した。

技術の創造力

　アーチのコンペに勝った後、エーロはデトロイト近郊のゼネラルモーターズ技術研究所（1948〜56年）が事務所に依頼した仕事を担当した。900エーカー（3.6平方キロメートル）の用地に25棟の建物、予算1億ドルというプロジェクトだった。当初案はアールデコ風のデザインだったが、それではコストがかかり過ぎるとわかったため、エーロは国際様式の案を出した。ミース・ファン・デル・ローエの手がけたイリノイ工科大学に影響を受けたデザインだったが、エーロのほうが軽やかで、輝くステンレスの半球形スタイリング・ドームと巨大な池、その水面を反射する大きな給水塔があった。またここには、多くの革新的な技術が導入された。その一部は自動車産業

サーリネンは1948年のセントルイス・ゲートウェイ・アーチのデザインコンペに勝ったが、アーチの完成までには17年もかかったし、構造エンジニアのフレッド・セヴェルートの助力が必要だった。

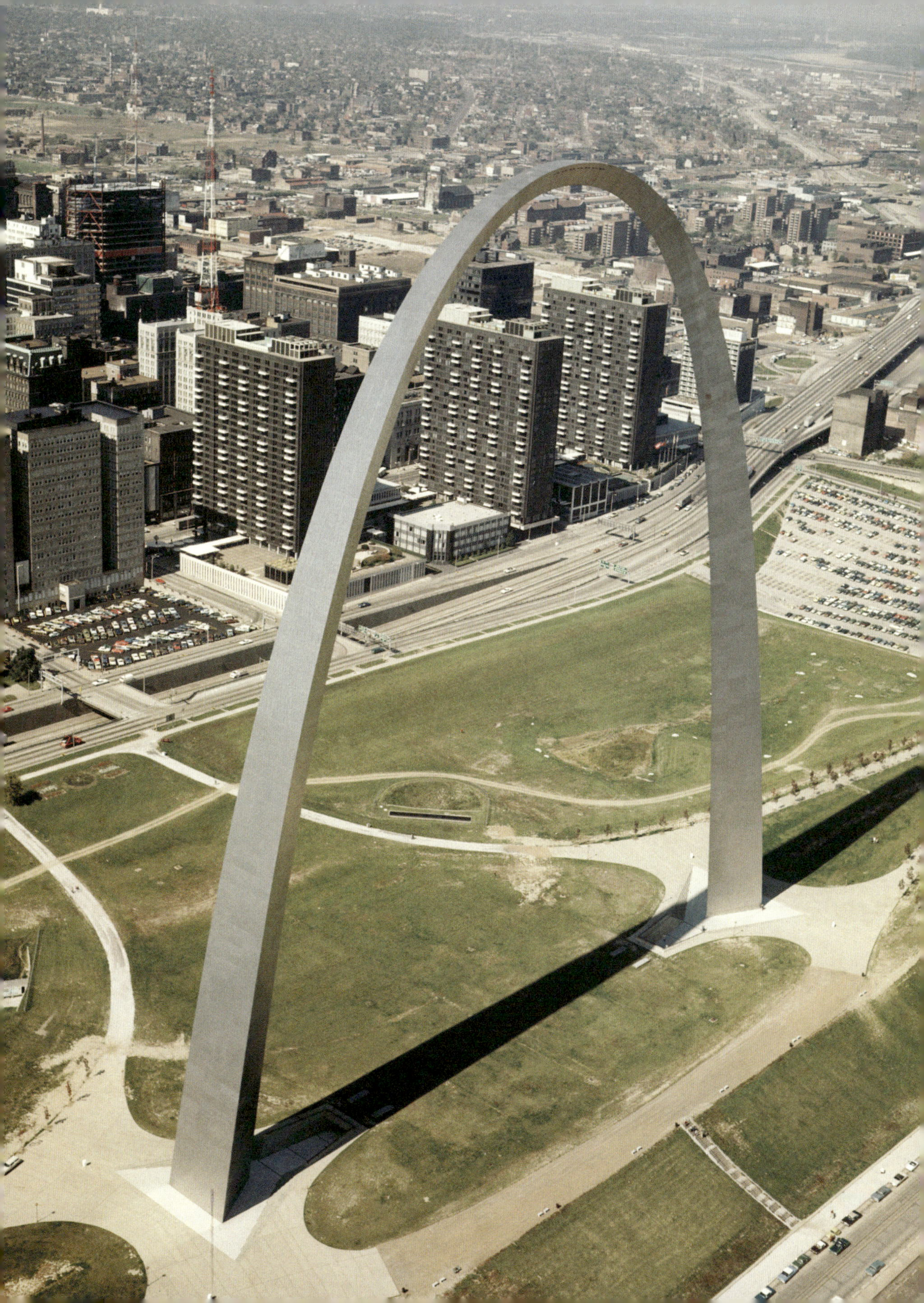

サーリネンとイェール大学モース・カレッジとスタイルズ・カレッジの模型（1958〜62年）。ここではコンクリートの建材に石を埋め込み、以前の建物とつながりをもたせた。

から着想を得たもので、たとえば、独創的なネオプレン・ガスケットのウェザーシール（フロントガラスに使うものに類似）で、ガラスをはめ込んだ薄いサンドイッチパネルを固定し、そのアルミフレームにほうろう加工を施した。こうしたプレハブの外壁や内壁は、防風性と防水性があり、ビルの用途が変わっても、ガラスやパネルを「ジッパー」のように楽に着脱できた。また、端壁は鮮やかな色彩の釉薬焼付レンガで覆われていた。そして製図室には、初の全面光天井があり、特注のモジュール式プラスティック製小間壁が使われた。のちにサーリネンが述べているように、「こうした開発はどれも、現代建築の言語の一部になった」。

　この技術センターを手がける一方、サーリネンはマサチューセッツ工科大学で、堀

に囲まれた円筒形のレンガの礼拝堂や、そのそばのクレスギ・オーディトリアムを設計した（1950～55年）。そのコンクリート製の薄いスキンは、球体を8分の1だけ切りとった曲面1枚でできていて、それ自体のペンデンティブのようなポイント3つが地面に接しているが、かなりの迫台が地面に埋め込まれているので、ドームが軽やかに立ちあがっているように見える。また、これから数年後、サーリネンは母校のイェール大学で、もっと大胆なデーヴィッド・S・インガルス・ホッケーリンク（1956～59年）を生み出した。こちらはケーブルで吊った構造で、高く隆起した背骨のようなコンクリートの尾根が中央を走り、まるで洗濯ロープに毛布を干したかのように、尾根からケーブルが網のように架けられている。またゴム引きのコーティングが施され、コンクリートで固定されている。イェール大学からの別の依頼、モース・カレッジとスタイルズ・カレッジの学寮（1958～62年）では、彼は大きな石を埋め込んだコンクリートという新しい手法を工夫した。その表面のごつごつした見かけが、イェール大学の古い「カレッジゴシック」建築となじむ一方、現代的で経済的な新しい手法だった。

サーリネンはさまざまなプロジェクトで、鋼鉄とガラスという光や熱を反射する素材を用いたが、ニュージャージー州ホルムデルのベル・テレフォン研究所（1957～62年）では、完全なミラーガラスを初めて開発し、大きな箱のような建築物がまるで風景の中へ「消えてしまう」かのように見せた。またイリノイ州モリーンのジョン・ディア・カンパニー本社（1956～64年）では、セルフシールのコールテン鋼を建材として初めて使った。これには、彼のパートナーで事務所の技術革新の多くを担った天才エンジニア、ジョン・ディンケルーの力を借りた。そして、ニューヨークのCBS放送本社の超高層ビル（1960～65年）では、当時主流だったミース・ファン・デル・ローエのモデルから根本的に離れてみせた。黒の花崗岩で覆ったビルは、中心部と四隅の辺りで鉄筋コンクリートの柱が支えており、ニューヨークのほかの超高層ビルが鉄骨の一様な格子の構造を用いているのと異なる。またCBSビルの外壁は、角を立ててプリーツを寄せたようにも見え、地上から生え出てまっすぐ空へと上昇していく感じがする。

空港デザインの傑作

とはいえ、サーリネンの傑作と言えば、ニューヨークのアイドルワイルド（現ジョ

サーリネンによるイェール大学デーヴィッド・S・インガルス・ホッケーリンクのスケッチ、1956～59年。彼の思い描いていたケーブルで吊った構造の流れるような感じが伝わる。

ン・F・ケネディ）空港の有名なＶ字形の土地にあるＴＷＡターミナル（1956～62年）と、ワシントンDCの近く、ヴァージニア州シャンティリーのダレス国際空港の寝そべったようなターミナル（1958～63年）だろう。両方とも、アマン＆ホイットニー社のエンジニアと協力して設計したもので、このコンサルタント事務所とはギリシアのアテネ空港（1960～69年）でも組んで仕事をした。ドラマティックなダレス空港のコンコースは、巨大なひとつのオープンスペースがケーブルで吊ったルーフデッキに覆われている。そのデッキは、リブ形のコンクリートの柱8基が2列にならぶ間にさし渡され、それらの柱は、ケーブルの牽引力を相殺するように外側へ傾いている。また曲線を描くエンタブラチュアは、端のほうでカールしてひさしとなり、航空機の窓のように角の丸い巨大なガラスの日除けになる。柱の高さが、正面19.8メートル、背面12.2メートルと異なるので、コンコースはアシンメトリカルな形をしていて、内部空間が生命感ある形になっている。初めてジェット機専用に建てられたダレス空港は、新しいアイデアを導入してあった。乗客を航空機まで運ぶモービル・ラウンジがあるおかげで、約1キロメートル先のゲートまで歩かなくてすむ。

　ＴＷＡのほうの革新性は、空港デザインにさらに大きく影響した。これから出発する乗客は、まず入り口で手荷物を預ける。手荷物は1階部分を通って航空機まで行く。乗客のほうは、動く歩道に乗り、上にあるブリッジの中のチューブのようなトンネルを抜け、38メートル先の突き出た「指」にある搭乗待合室へ行く。また出発する乗客と到着した乗客はウイングが別で、到着客は初の回転式手荷物引き渡しコンベヤーから自分の荷物を引き取るが、そうして出発客も到着客もそろって集まるのが、活気に満ちた丸天井の2階建てロビーだ。そして、この何もかも曲線で作られた空間こそが、このターミナルをアメリカ屈指の刺激的で愛される建物にした。床は上方へ反り返って壁となり、壁は曲がって天井になる。すっと曲線を描くベンチ、丸いカウンター。床のタイルまで円形だ。まるで鳥が翼を広げているような形のＴＷＡターミナルは、2つの曲面をもつ鉄筋コンクリートのシェル4枚からなる。それらシェルは、3つの点で支えられていて、高さ15.5メートルの曲線のバトレスでつながり、シェル相互の釣り合いを保つプレートによって中央で結合している。各バトレス間の距離は、36.6メートルから61メートルまでさまざまで、シェルの各頂上の間の距離も、最長のものが約95メートルある。また、軽量のアンブレラヴォールトの鉄筋コンクリート製屋根も、厚さが場所によって変わり、端は18センチメートル、ウイングがコンクリートと出会うところは100センチメートル余りで、そのコンクリートは厚さ1メートル弱。そしてカンチレバーの長さは25メートルある。

　このＴＷＡターミナルで、サーリネンは旅のわくわく感を表現した建物を生み出した。静的な閉じた空間ではない。だが、この仕事は簡単ではなかった。彼の事務所では、詳細な設計図（建物の主要な要素の等高線図）を作成するために、1人で作業したら5500時間かかるほどの労力を費やした。しかも、ことあるごとにエンジニアの

ニューヨークのジョン・Ｆ・ケネディ空港ＴＷＡターミナルの大胆な内部、1956～62年。すべて曲線でできている。

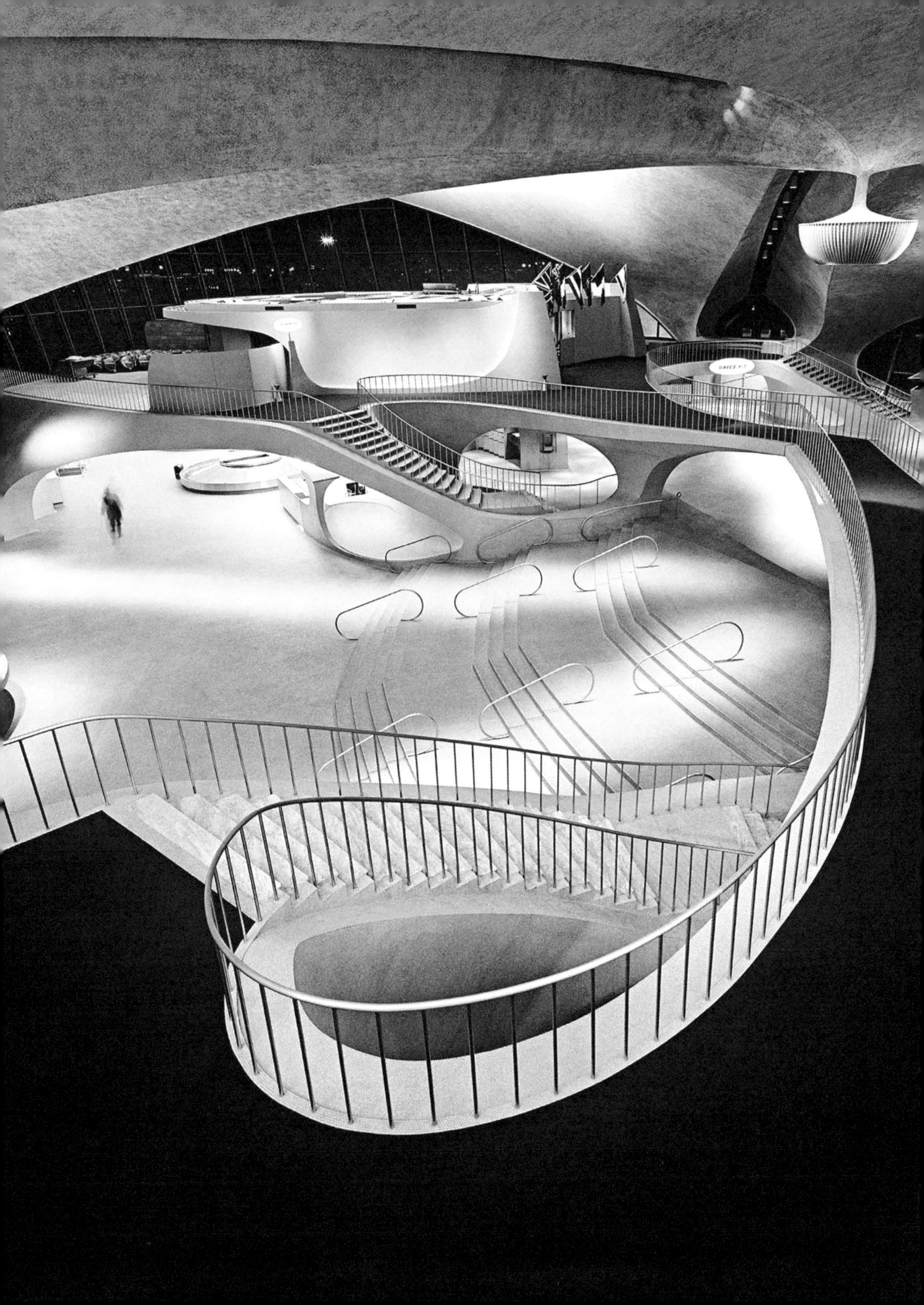

ダレス国際空港のケーブルで吊ったコンクリート製屋根、1958〜63年。アマン&ホイットニー社のエンジニアと協力して設計した。高さの異なる外に傾斜した列柱の間に吊るしてある。

アバ・トルと調整を重ねた。建設業者も、コンクリートを成型する型枠を作るために、各リブと連接の製図をする必要があった。そうした計算の一部はコンピュータでチェックしたが、当時はまだコンピュータを使った設計など存在していなかった。幾何学の計算も、薄いシェルやバトレスの構造設計も、手で行っていた。

　サーリネンの生み出した建築物は多様だった。どの建物も、特定のクライアントと特定の場所に合わせて設計したので、彼の代名詞となるようなスタイルを作り上げることはしなかった。そのため、彼の作品を何か特定の様式に分類するのは難しい。彼が亡くなったとたんに無視されるようになってしまったのは、そうしたせいでもある。また、彼の作品が当時の精神に寄り添いすぎていたために、時代が変わって、あまり意味をもたなくなったという理由もあった。だが彼は、芸術の域に達する建築を創造することにしか関心がなかったとはいえ、クライアントのために役立とうと努力し、6回も設計し直したこともあるし、建設が始まってからも手を入れたりしていた。それに、事務所のスタッフに対しても同様に誠実だった。彼の事務所では、世界中から集まってきた有能な建築家60人が、8時間労働が基準の時代に規格外れの長時間勤務をこなしていた。その理由を、従業員のひとりはこう言っている。「彼は決して、絶対に、期待を裏切らない」。うれしいことに、最近また、サーリネンが脚光を浴びるようになった。スタッフたちのなみはずれた努力も、ふたたび評価されるようになっている。

ヴィンフリート・ネルディンガー

フライ・オットー

張力構造と膜構造の革新

1925 年生まれ

　フライ・オットーはドイツのザクセンで生まれた。父親は石工で彫刻家だった。フライ（＝「自由な」）というめずらしい名前をつけたのは母親で、この「自由な」という形容詞が求めるものが、のちに彼の生涯をかけたテーマとなった。彼は若いころにナチズムの熱狂を経験した。当時は重厚でモニュメンタルな建物が次々と造られ、燃え上がる都市の上空を飛行機が飛んで行った。こうした経験は、彼に大きな影響を及ぼした。生涯にわたり彼は、民主的な社会のために、軽量で自然で応用の効く建築をめざし続けている。

オットーと「北極の街」プロジェクトの模型、1970年。彼が提案したのは、巨大なケーブルネットの屋根を用いて、最大4万人が住む都市を厳しい気候から守るというものだった。

1967年モントリオール万国博覧会西ドイツ館、ケーブルネットの屋根の建設。

吊り屋根

　ベルリン工科大学で建築を学んでいたオットーは、1950年に奨学金でアメリカへ留学し、そこでフランク・ロイド・ライトやエーリヒ・メンデルゾーンといった近代建築の巨匠たちの作品を目にした。彼がとくに魅了されたのは、マシュー・ノヴィッキが設計したノースカロライナ州ローリーのスポーツアリーナだった。そこの屋根は、鉄骨とケーブルで支えてあり、このことから、彼は大規模な屋根の建物に関心をもつようになった。そして1954年、彼は研究の成果を『吊り屋根（Das hangende Dach)』という博士論文で発表し、テント構造にまったく新しい建築の可能性を探ってみせた。この時まで、テント構造は寿命の短い、安価で不安定なものだと見られて

いた。だが彼は、1955年のカッセル連邦庭園見本市の屋外音楽堂の設計で、4点式のキャノピーを用い、高い境界点2つと低い境界点2つで安定した馬の鞍型を作り出したのを皮切りに、以後数十年、張力構造建築を追求し続け、形態的にも優れた力強い様式を確立した。

馬の鞍のような形状、支点、アーチ、波状の曲線にもとづく張力構造を数多く手がけながら、オットーはこの建築分野の可能性を探り、自由にスケッチできない膜状の部材でも、「フォーム・ファインディング（形状発見）」という自然の最適化プロセスによって、所与の空間内でそれなりの形状を取ることができる、ということを立証した。1958年からは、ベルリンのツェーレンドルフ区に自ら設立した「軽量構造設計事務所」（通称EL）で研究を重ねた。膜材料は、スパンという面でも耐荷重性の面でも限界がある。そこでオットーは、大きな馬の鞍型をした曲面のケーブルネットを用い、軽量で大スパンの構造物を開発することに取り掛かった。彼が初めてケーブルネットの屋根を設計したのは、1964年にスイスのローザンヌで開催されたスイス博覧会だった。同年には、フリッツ・レオンハルトの紹介でシュトゥットガルト大学の教授職に就任し、ここでは新設の軽量構造研究所（通称IL）の所長を1991年に名誉教授になるまで務めた。このILは、建築と工学の分野全体の基礎となる基本原理を研究する研究所で、その点、世界でもほかに類を見ない機関だ。ILの数多くの出版物や会議、実験から多数の素材が生まれており、また、多くの関係者がオットーのアイデアを世界中に広めた。

ケーブルネットの技術と可能性の研究は、ILでも引き続き行われた。そしてフライ・オットーは、ロルフ・グットブロートと共同で参加した1967年のモントリオール万国博覧会西ドイツ館の設計コンペに勝ち、まずは、そのケーブルネットを用いた設計案の試作品を大学の構内に実験的に建てた。この試作品は、その後ILが入ることになった。本番のモントリオールのほうは、その張力構造パヴィリオンが開放的で民主的な新生ドイツを示す証拠と見なされ、オットーも国際的に名を知られるようになった。またこのパヴィリオンは、建築家ギュンター・ベーニッシュがミュンヘン・オリンピック・パークのスタジアム建築群のテント屋根を設計するにあたっても影響を与えた。スタジアムの建設では、オットーが共同設計者となった（1968〜72年）。

アダプタブルビル

オットーは早くも1959年に、「アダプタブルビル（適応可能な建築）」のマニフェストを出した。これはやがて、彼の作品の中心テーマになった。そして膜構造やケーブルネット構造の実験を重ねるうちに、軽量で適応可能な建物の基本まで深く追求するようになっていった。従来の建築では、たいていの場合、長持ちして信頼できる建物を造ることが主眼で、後で改造しようとしても、むずかしかったり、まったく改造

ミュンヘン・オリンピック・パークのスタジアム群のテント屋根。ギュンター・ベーニッシュとの共同設計、1968〜72年。

できなかったりした。だが、それとは逆にオットーは、変わり続ける建築とそれを可能にする建設方法が求められていると考えた。そこで、使う人や目的が変わったら、簡単に改造や解体ができる建築にするには、どういう形態が良いのかを研究した。

　アダプタブルビルの中心的要素のひとつに、天候の変化に応じて変更でき、短期間で雨風をしのぐ空間を作れるような屋根があった。開閉式の屋根というのは大昔から知られていたが、これに対する関心をふたたび呼び覚ました建築家の先駆けのひとりがオットーだった。彼が初めて大規模な電動開閉式の屋根を設計したのは、1965年、カンヌの屋外劇場の屋根で、その直後、ヘッセン州バートヘルスフェルトの教会跡の劇場でも同じような屋根を設計した（1967〜68年）。この後に続くのが、パリ、リヨン、レーゲンスブルクのスイミングプールを覆う開閉式の膜屋根で、その屋根を支えるメカニズムは、傘と同じ原理を使った。フライ・オットーはこの種の工夫を新し

い建築形式に転化したばかりか、1970年代以来、それを新しい方向へと発展させ続けている。

　膜構造とケーブルネット構造を発展させる一方、1960年代のオットーは、格子シェルというテーマにも関心をもつようになった。その建設手法の基礎となるのは、反転原理と、ラティスのような格子を複曲面のシェルに曲げることで、反転原理のほうは、吊るしたケーブルや鎖やネットが、物理の法則に従ってそれなりの形状を取るという事実にもとづく。こうした吊るした形状は純粋に引っ張られた状態にあり、それを上下に反転すれば、アーチでもヴォールトでもドームでも、その重量が純圧縮によって支えられる形状を作り出すことができる。格子シェルの2番目の建設原理は、工事のプロセスと密接に関連する。薄いラスで作った平らなラティスは、その格子の交差する点すべてに柔軟性があれば、複曲面に形を変えられる。その格子が予定通りの形状になったら、その結節点と縁をその位置で固定すれば、強固なシェルに形成でき

ケルンの連邦園芸博覧会の傘型屋根、1971年。この支持構造は、伸張性のある傘の上方に置かれており、傘の部分は空気圧によって伸ばせる。

ハノーファー・エキスポ2000の日本館。坂茂との共作。格子造りの構造は硬い紙管で造られている。

　る。最初の格子シェルをバークリーのカリフォルニア大学（1962年）とエッセンの1962年DEUBAUドイツ建築見本市で手がけた後、オットーはマンハイム多目的ホール（1975年）をカールフリート・ムットシュラーと共同で設計した。この建物は、屋根の大きさが9500平方メートルあり、その力強いデザインとシンプルな構造は、モントリオールとミュンヘンにあるオットーのケーブルネット構造と双璧をなす。

　1962年、オットーは著書『張力構造（Zugbeanspruchte Konstruktionen）』で、建築素材としては空気が最も軽量だと述べた。空気を支持要素として利用すれば、究極の軽量な建物になるという。そして1966年、シュトロマイヤー社と協力して、ケルンのテクノロジー企業のために初めてニューマチック（空気膜）構造の建物を造った。その後も、ニューマチックの原理にもとづいて数多く設計した。たとえば、スイミングプールの屋根、倉庫、飛行船、過酷な気候条件のところで用いる大規模な囲いなど

で、この最後のものの例としては、丹下健三と共同制作した「北極の街」プロジェクト（1970年）がある。

まだ現在のように環境保護運動が盛り上がっていない時代、すでにフライ・オットーは環境問題に関心を持ち、人間が今ある生態系に与える影響を懸念していた。そして早くも1950年代に、現在はパッシブソーラー建築物と呼ばれる分野に力を注ぐようになった。最初は、太陽光だけを用いた暖房の可能性を研究していた。その結果、1967年にロブ・クリエと共同で、ヴァルムブロンにドイツ初のパッシブソーラーハウスとなる自宅兼アトリエを建てた。これに続くのが、ベルリンのティーアガルテンの「エコ・ハウス」で、これは1987年のベルリンIBA（国際建築展）のために造られた。オットーにとって、環境に優しい建物とは、環境の向上に役立つもの、庭が生活の質を高めてくれるもの、居住空間が多用途でアダプタブルであるもの、そして、どんなエネルギーについても省エネであるものだった。だから、自然な建築法を使って、人間のニーズに継続的に答えられ、環境へのダメージが最小限ですむ建築を造りたいと思っていた。

フライ・オットーは生涯を通じ、余人にはまずまねのできないような形で学際的な研究にも携わってきた。職業を尋ねられて、彼はこう答えたことがある。「エンジニアだと呼ばれることが多いです。自分ではデザインの探究者だと思っていますし、デザインの発見者だと思う時もあります。自分がしていることや作るものが不完全だと気づいた時とかは。（中略）私は自然を理解しようと努めています。もちろん、自然というのは、命あるものには理解できないものだ、ということはわかっています。命あるものも自然の一部ですから。『少ないほど豊か』というのが好きな言葉です。家も、素材も、コンクリートも、エネルギーも少ししかいらないけれど、手に入る要素、つまり、土と水と空気を使って、人道的に建てる。自然に近く建てて、少ないものから多くのものを作る。物事を批判的に見て、徹底的に考えてからペンを取る。たくさん建てすぎるくらいなら、まったく建てないほうがましですね」

確かに、オットーは多すぎるほど建てたとは言えない。それでも、彼の作品が建築と構造の設計に与えた影響は、20世紀の建築家で屈指の大きさだと言えよう。

ケネス・パウエル

フランク・ゲーリー

表現力豊かな「アイコニック・ビルディング」の設計者

1929年生まれ

　20世紀の後期から21世紀初頭にかけて活動したアメリカ人建築家のうち、ずば抜けて世界的な名声を得た一流建築家と言えば、やはりフランク・ゲーリーだ。生まれたのはカナダだが、青春期にロサンゼルスへ移住した。以来、ロサンゼルスを本拠にして、技術と構造の革新をたゆまず追求し続ける一方、時には遊び心あふれながらも本質的には生真面目に、アメリカ特有の建築を大切にしてきた。こうした姿勢は、20世紀前半のアメリカ人建築家を代表するフランク・ロイド・ライトの作品にも通じる。

　ゲーリーはトロントで(フランク・ゴールドバーグとして)生まれ、1947年に両親とロサンゼルスへ移住した。そして、南カリフォルニア大学で建築学を学び、その後、地元で数か所に勤めた。彼が自分の事務所をサンタモニカに設立したのは1962年のことだった。ゲーリーの初期の作品は、フランク・ロイド・ライトの影響や、リチャード・ノイトラ、ルドルフ・シンドラー、ラファエル・ソリアーノといったカリフォルニアのモダニズムを象徴する建築家の影響が表れていたが、1960年代の終わりには、すでに彼の建築は新しい方向へ進んでいた。このことがよくわかるのが、サンフアン・キャピストラーノのオニールの納屋とマリブのデイヴィス邸兼スタジオだ。後者のクライアントは画家のロン・デイヴィスで、デイヴィスはゲーリーが日頃から交流をもってアイデアを交換したりしていた西海岸の芸術家グループのひとりでもあった。どちらの建築物も、安価な部材、木材と波形鉄板を大量に使ったが、マリブのほうは、後のゲーリーの代表的プロジェクトに見られる自由なプランニングと直交の排除をほのめかすようなプランの形になっていた。アルヴァ・アールトやハンス・シャロウンの作品にある表現力を賛美していたゲーリーは、自らの作品でもそうしたものを打ち出したのだ。

　とはいえ、ゲーリーを有名にしたプロジェクトは、1977〜78年のサンタモニカの自宅の建築(というか増

ロサンゼルスのスタジオで仕事中のゲーリー(左)。ここで最初のスケッチとボール紙の模型が作られる。

サンタモニカのゲーリーの自宅。1977〜78年に増改築した結果、この家は現代的住宅のアイコンとなり、言わば建築家の巡礼地のひとつになった。

築)だった。「ゲーリーをつくった家」とまで言った批評家がいたが、この家は、本人の言葉によれば「ただのちっぽけな家」で、モダニズムの主流派が軽蔑し続けてきたような類の、典型的な中流階級の住宅だったが、ロバート・ヴェンチューリとデニス・スコット・ブラウンの著作で再発見された。「切りとったり、一部むき出しにしたり、別のところを覆ってみたり」して根本的に変身させてしまった家だった。外側は波形の鉄板と金網のフェンスで包み、そこに大きなガラス窓が奇妙な角度で付いていた。内部の空間も改造され、木材の骨組みがむき出しのままだった。この家には世界中から関心が集まった。

　自宅を改造していた時期、同時にゲーリーは、ひたすら商業的なプロジェクトも手がけていた。サンタモニカ・プレイスというショッピングモールだ。だが彼は、「市場を満足させようという気持ちに限界があると気づいてしまった」。ロヨラ大学ロースクールでの作品(1978年から完成まで20年以上かかった)は、ロサンゼルスのダウンタウンの環境に対する強烈な返答で、その古典主義建築への遠回しな言及は、当時のポストモダニズムの流行についてのコメントとも取れる。また、そのプロジェクトには既存の建物の改修も含まれていた。こうした改修もゲーリーの重要なテーマのひとつで、たとえば、倉庫をロサンゼルス現代美術館の仮住まいに見事に変えてみせ

たこともある(1983年)。この1980年代は、ゲーリーが幅広い分野で活動した時期だった。壮観な住宅(たとえば、ブレントウッドの豪華なシュナーベル邸)、曲げ木とボール紙の家具のデザイン、魚のランプのデザイン(彼の作品で、魚は定番のモチーフになる)、ロサンゼルスのヴェニスビーチにあるシャイアット・デイ広告代理店本社ビル、アナハイムのディズニー・コーポレーション社屋などがある。

コンピュータ支援設計の革新

　1988年、すでに西海岸デザインの新しい潮流のリーダーと認められていたゲーリーは、オフィスとショールームのあるカリフォルニアを飛び出して、ドイツのヴァイル・アム・ラインにある家具メーカーのヴィトラ社の仕事を手がけた。それまでの作品は、アメリカの都市部や農場から着想を得た素材を用い、対照的な幾何学図形の並置を駆使してきたが、このヴィトラのプロジェクトでは、ゲーリーは意識的に彫刻的な設計をした。白い下塗りと金属被覆を施して造り上げた建物は、ル・コルビュジエのロンシャンの礼拝堂を踏まえたのではと思わせるところがある。またこのプロジェクトは、成長中だったゲーリーのオフィスの作業手法にも影響を与えた。それまでの設計プロセスは、たいてい製図と模型に大きく頼っていたが、彼の建築がこうした新しい方向へ向かったことで、設計作業のほうも、1980年代にアメリカで開発された革新的技術を用い、コンピュータ支援設計(CAD)を大幅に取り入れる方向へ向かったのだ。また、構造エンジニアや建設業者との協力についても新しい戦略を取るようになった。ゲーリーによると、こうしたシステムは設計プロセスでの建築家の優位を回復するものだったという。「これで、建築家が親の立場、建設業者が子供の立場になる。20世紀のシステムが逆転する」。CADによる製図は、製造業者が鉄骨や被覆

ヴィトラ国際工場とデザイン・ミュージアム、ヴァイル・アム・ライン、1987～89年。

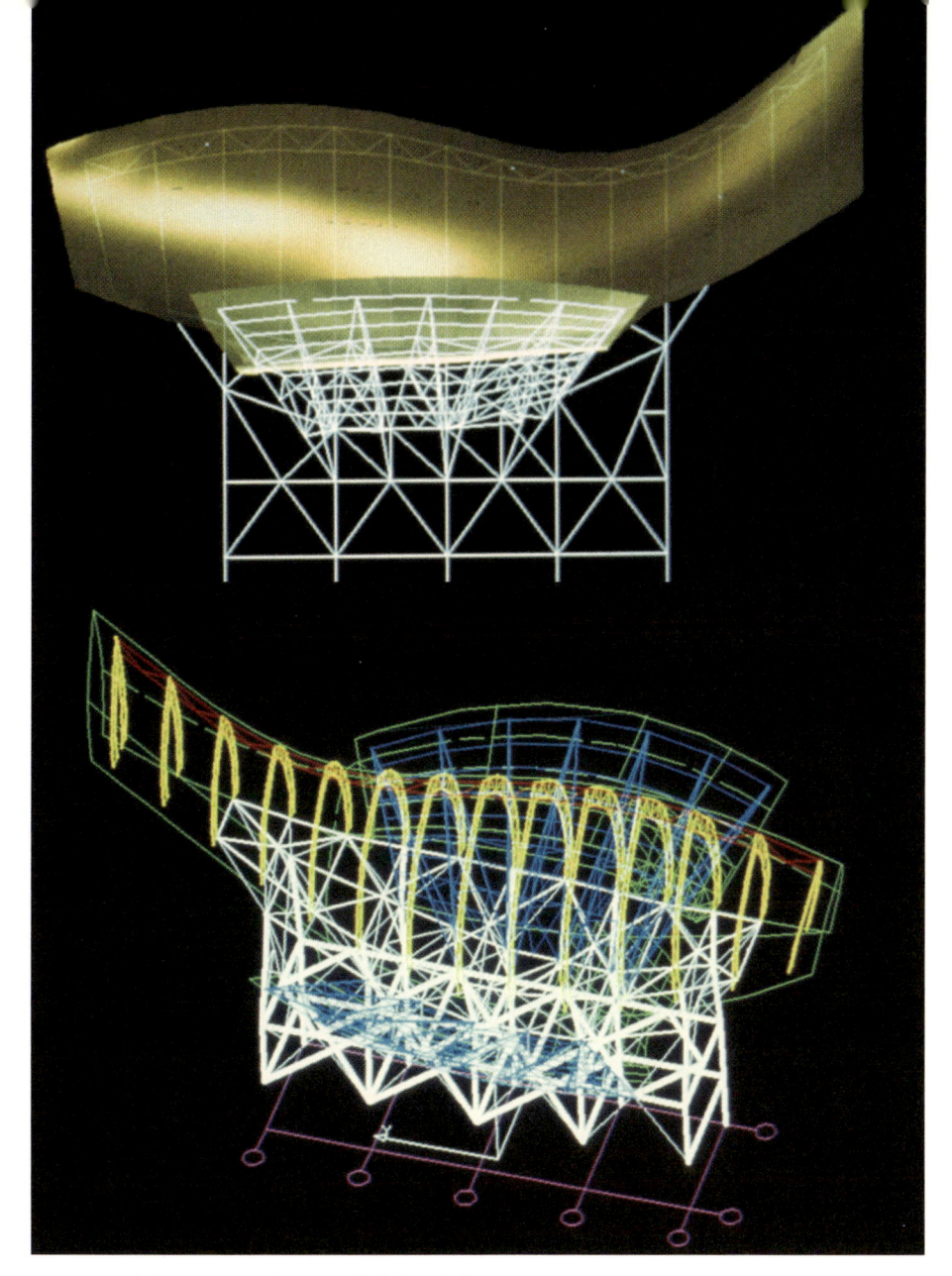

ゲーリーの魚好きは、この類まれな構築物にも表れている。長さ54メートル、バルセロナのウォーターフロントに置かれたこの作品は、1992年のバルセロナ・オリンピックのため、荒廃した港湾地区の再開発プロジェクトの一環として依頼された。

パネルといった建築部材を特注で製作するのにも利用できた。
　実際、ゲーリーの事務所はコンピュータ利用の草分けで、彼の建築の発展にも、コンピュータは不可欠なものとなった。コンピュータを使えば、たとえばヨーン・ウツソンがシドニー・オペラハウスの設計で当初めざしていたような形態も自由に作り出せる。ウツソンの場合はまだ20世紀半ばだったので、技術的に限界があって思い通

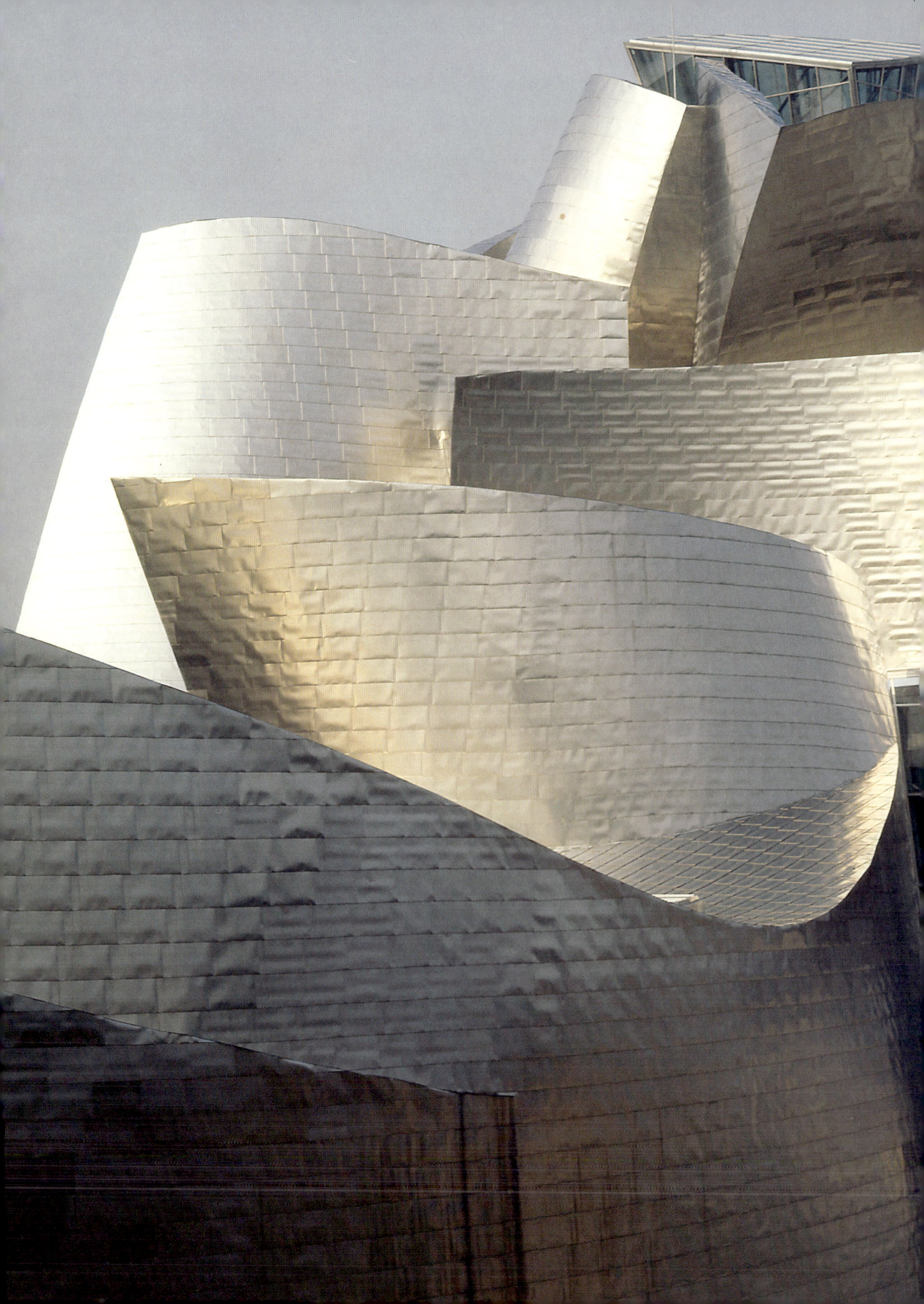

りにはならなかった。CADを十分に使いこなした初めての例が、1992年のバルセロナ・オリンピックから依頼された巨大な魚の彫刻だった。この設計には、もともと航空産業向けに開発された先進技術も利用して、3次元のコンピュータモデルが作成された。とはいえゲーリーにとっては、設計のプロセスはやはりまだスケッチと模型作りから始まるものだった。コンピュータは形態を生み出してはくれない。形態を実現することができるだけだ。

「アイコニック」建築の台頭

　1990年代初頭、ゲーリーの作品は一時期「脱構築主義」と見なされ、ゲーリー本人にとっては無関心な哲学的アジェンダに関連する建築様式の一派だと決めつけられた。だが実際のゲーリーは、現実主義的・直観的に設計するタイプで、ベルナール・チュミやダニエル・リベスキンド、ピーター・アイゼンマンといった建築家のように理論に関心があるわけではなかった。それでも、ゲーリーの建築にある彫刻的造形性からすれば、彼は台頭する「アイコニック」な建築の旗手だった。「アイコニック」な建築とは、合理主義の批評家に言わせれば、記憶に残る形態を追求することのほうが、クライアントの要望に応じるよりも重要になってしまった建築のことだ。ただ、幸運なことにゲーリーの場合は、独特の存在感を示すプロジェクトを任せてくれるような、勇気あるクライアントにいつも支えてもらっていた。そうしたクライアントのひとりがグッゲンハイム財団のトマス・クレンズで、同財団の依頼でゲーリーは、スペインのグッゲンハイム美術館ビルバオの設計を行った。この建築は、バスク地方の都市ビルバオの再開発に大きな役割を果たし、1997年の開館以来、何百万人もの観光客を引き寄せている。外壁をチタニウムで覆った美術館の姿は、コンピュータがもたらした建築の解放の日を十二分に表現したものだった。中央のアトリウムは高さが50.3メートルもあり、マンハッタンにあるライトが設計したグッゲンハイム美術館のドラマティックなアトリウムをほうふつとさせる。1988年に依頼されたロサンゼルスのウォルト・ディズニー・コンサートホール（開館は2003年）も、バンカーヒル地区の再開発の一環だった。このプロジェクトは、ハンス・シャロウンが設計したベルリンのフィルハーモニー・コンサートホール（1956～63年）から着想を得たところもあるが、形態を非凡な仕方で積み重ね、ここではステンレスで外壁を覆った点、まぎれもなくゲーリーだ。

　だが、マンハッタン南部にグッゲンハイム美術館の新館を建てるという華々しい計画は、2002年に中止になってしまった。ブルックリンに予算1億ドルのスタジアム

1997年に開館したグッゲンハイム美術館ビルバオは、ゲーリーの最も有名なプロジェクトと言えるだろう。チタニウムで被覆した建物は、町の歴史地区近くの川沿いにある。

表現力豊かな「アイコニック・ビルディング」の設計者

を建設するという計画もキャンセルになった。どちらもゲーリーには大きな落胆で、代わりにニューヨークで最も高い集合住宅ビル、76階建てのビークマン・タワー（2011年）をブルックリン橋の近くに建設するというプロジェクトで我慢しなければならなかった。それでも、彼には次の名誉が待っていた。ワシントンDCに建設予定の、ドワイト・D・アイゼンハワー大統領を記念する国立施設の設計者に選ばれたのだ。当時すでに80歳だったが、まだ世界中で文化的教育的なプロジェクトに携わっていた。2010年に完成したマイアミのニューワールド・シンフォニーホールは、ゲーリーの作品の方向性がさらに変化したことを示しているように見える。彫刻的な美から離れ、もっと穏やかな美しさへ向かった感じがする。それでも、外壁のプロジェクションウォールはドラマティックだ。もし、ゲーリーがグッゲンハイム美術館ビルバオしか建てていなかったとしても、あれほど世界中の人々に強烈な印象を与える建物が近年めったになかったことを思うと、やはりゲーリーは建築の巨匠と認められるべきだろう。だが実際には、ゲーリーは半世紀にわたって活動し、その間つねに、設計面でも技術面でも革新的であり続けたばかりか、驚くべき建築を次々と創造し続けた。疑いなく彼こそ、今の時代で最も有名、最も影響力のあるアメリカ人建築家だ。

ニューワールド・シンフォニーホール、マイアミ、2010年。ゲーリーのトレードマークである躍動的に構築された外観ではないが、ホール内の演奏の様子を伝える巨大スクリーンがファサードに設置されているなど、革新的な特徴がある。

ボトンド・ボグナー

丹下健三

メガストラクチャー（巨大構造体）の建築家

1913-2005 年

　丹下健三は日本を代表する建築家のひとりだ。日本が戦後の復興に向かっていた時代に頭角を現し、建築のみならず都市計画にも大きな役割を果たした。1949年、彼は広島市の平和記念施設を整備するための国内コンペに勝ち、平和記念公園全体の設計を手がけたほか、有名な広島平和記念資料館の設計も行って1955年に完成させた。ザラザラした打放しの鉄筋コンクリートで造られたこの資料館は、ル・コルビュジエの影響を受けているだけでなく、伝統的な日本建築の要素も見られ、日本国内はもちろん、国際的にも丹下の名声を確立することになった。また、構造の純粋さを大胆に示したこの建物は、「コンクリートは我らのもの」を標榜するような傾向を日本にもたらした。鉄筋コンクリートは耐震性も耐火性も高く、地震や火事の頻発する日本にはぴったりだ。近代建築が合理的な構造をますます重視するようになっていくなか、日本ではこの資料館が、構造面と工学技術面を主役とする建築の出発点になった。

　丹下は大阪で生まれ、1935年から1938年まで東京大学工学部で建築を学んだ。その後、ル・コルビュジエの弟子だった前川國男の建築事務所で4年間働いたが、1942年に東大の大学院へ戻った。1946年、大学院を終了して同大学の助教授になり、1963年には教授に就任した。その一方、彼は東大内に設立した「設計研究室」で実務のほうも始めた。そして、かつての自分が前川國男の事務所で経験を積みながら育ててもらったように、自分の「丹下研究室」で多くの若手建築家を育てた。この研究室は1961年に、丹下健三・都市・建築設計研究所に改組された。彼の弟子や共同設計者としては、磯崎新、黒川紀章、槇文彦がおり、みな世界的に著名な一流建築家となった。

　丹下の建築は、建築家になってからの環境が大きく影響している。第2次世界大戦で荒廃した日本では、膨大な復興作業が必要だった。すべての都市、すべてのインフラを再建しなければならなかった。だが、戦後の物資不足と資金不足のため、経済的な建設、合理的な建築が求められ、このことが近代建築の普及を促した。近代建築は抑制のきいたミニマリズム的設計を主張していたからだ。しかも1960年代になると、近現代建築はとくに勢いを増し、日本も戦後を抜け出て、高度経済成長期に入っていた。こうした前例のない発展が見られた「日本経済の奇跡」の時代、工業技術もまた大きく進歩し、建築と都市計画の構想にあたって重要な戦力となった。

都市計画

　丹下が都市計画に関心をもつようになったのは、まだ学生のころだった。彼の建築作品はどれも、こうしたもっと大きい公的な領域との関連性を熟慮して設計されている。彼が初めて注目を浴びた広島のプロジェクトも、もっと広域まで扱う必要があったことから、すでに都市計画という側面をもっていた。丹下が数多く手がけた市庁舎のプロジェクトも、日本の新しい民主的な体制をアピールしようという政府の政策の一環で、やはり同種の例と言える。たとえば、旧東京都庁舎（1957年）、高松市にある香川県庁舎（1958年）、倉敷市市庁舎（1960年）などだ。これらの建物は、各都市に力強くわかりやすい中核を生み出すと同時に、構造的にも空間的にも明瞭さを追求した新しい手法を示していた。日本の木造建築にある柱と梁の論理の影響が見られる一方、この論理を大規模に、モニュメンタルなコンクリート構造によって発展させた（倉敷市庁舎以後、モニュメンタリティは高まって行く）。

　日本の急速な工業化と急成長する経済は、人々が都市に殺到する爆発的な都会化ももたらした。東京を筆頭に、都市が経済の中心だった。だが、無計画な都会化の結果、日本の都市は、従来の緊密に組織された都会構造では抱えきれないほど人口が密集し、大気汚染や水質汚染、騒音といった深刻な環境問題が生じたうえ、都会生活の貧困化まで見られるようになった。丹下も弟子の若手建築家も、こうした難問にいち早く気づき、革新的な解決策を探していた。そして、こう考えるようになった。野放図な工業化が進めば、いずれ日本の都市は環境危機を迎えるが、工業技術というものは、建築と都市計画に適切に用いるなら、多くの問題を軽減できるものでもある。このような思いから、1960年、若手建築家のグループがメタボリズム運動を開始した。建築環境の柔軟性、容易で秩序ある拡張をめざす運動だった。丹下はこのグループの作品に強く影響を与え、その活動を後押しする一方、逆に彼らの思想から着想を得た。

　1960年、丹下は弟子数名の協力を得て、モニュメンタルな新都市計画を立てた。あの有名な「東京計画」だ。これは、既存の都市構造を造り変える部分と東京湾の海上に都市を建設する部分があり、都心から約30キロメートル先まで線状に延びるメガストラクチャー・システムだった。この大規模な計画では、公共施設はすべて、並行しループする巨大な橋の間に配置され、この橋が都会の人やモノの巨大な循環システムのインフラとなる。そして居住区域は、公共区域から枝分かれするように広がる。丹下は公共のユニットも居住のユニットも、巨大なメガストラクチャーとして設計し、「建築」と厳密な意味での「新都市」の区別を見事にあいまいにしてみせた。しかも、驚くほど詳細な計画の全貌が、巨大な美しい模型で提示されていた。

　「東京計画」は実現しなかったが、この時の経験をもとに、彼は東京計画に含まれていたアイデアの多くを建築作品で実現させていった。たとえば、東京計画の建物のうち、磯崎と共同で考案したものに、シャフト構造を用いて地上から持ち上げた建物

というのがあった。このシャフトは、垂直支柱でもあり、建物の各種付属設備のための施設ともなる（建物内を人やモノが垂直方向に循環するための設備も含む）。こうした、円筒形のサービスシャフトを超巨大で中空の標柱あるいは柱とするアイデアは、この後、数多くの設計のモデルとなった。たとえば、1966年の甲府の山梨文化会館が、このシステムを利用した最高の例だろう。そのモニュメンタルな建物は、さまざまな高さのコンクリート製垂直サービスシャフト16本で持ち上げられている。そして、閉鎖空間のユニットとなっている各フロアが、橋のようにシャフトとシャフトの間に延び、全体を眺めると、あちこちに隙間やくぼみがある。このように、メガストラクチャー・システムの母体を隙間だらけにしたことは、内部で増築ができるという驚くべき柔軟性も合わせ、いわば「空中都市」の革命的な実現だった。丹下はこ

倉敷市市庁舎、1960年。鉄筋コンクリートで成型され、ル・コルビュジエを思わせるディテールが施されているが、この重厚な建物は、丹下によるメガストラクチャーの建築の初期の例だ。

有名な「東京計画」（1960年）を前にした丹下健三。実現しなかったが、この東京湾の計画は、サーキュレーションのための巨大な橋梁状構築物と、ピロティで持ち上げた建物からなる。

のモデルを用いて、もっと小型の静岡新聞・静岡放送東京支社（1967年）や東京の駐日クウェート大使館（1970年）なども設計した。また、後年の作品、1996年の東京のフジテレビ本社ビルでも、多少の変化はあるが、ふたたびこの3次元構造母体を用いている。

国家的大イベントのためのショーケース

　1960年代の初め、丹下は別種の構造を研究する機会を得た。1964年の東京オリンピックの主会場を設計することになったのだ。かの有名な国立屋内総合競技場だ。この設計では、彼は吊り構造を用いた。有能な構造エンジニア坪井善勝の協力を得て、ふたつの体育館の両方とも、鋼鉄製ケーブルで屋根を支えている。大きいほうの第1体育館は、鉄筋コンクリート製の主柱2本を126メートル離して建て、その間にメインのケーブルシステム2本を架け渡し、ケーブルの両端を地面に固定した。そして2次構造として、そのメインケーブルを特別観覧席の上辺となるコンクリート製圧縮「ドラム」につなげた。小さいほうの第2体育館は、コンクリート製の主柱が1本で、そこからメインケーブルが鋼鉄製の支持ロッドを抜けてらせんを描きながら広がる。

1966年に完成した甲府の山梨文化会館。円筒形のシャフト16本だけで支えられており、メガストラクチャーの典型。

丹下が1964年の東京オリンピックのために設計した国立屋内総合競技場。彼の最盛期を代表する建築で、独特の大きな吊り構造で設計された。そのため内部空間も非常に印象的だ。

　この堂々たる複合施設は、全体として、斬新で印象的な曲線図形の形状をしており、どことなく仏教寺院のゆるやかに曲線を描く屋根を思わせもする。建設当時、この種の施設としては世界一の大きさだったが、今も、20世紀の現代建築を代表するランドマークのひとつと言って良い。
　丹下の最大にして最重要と言われるメガストラクチャーも、やはり日本の大イベントがもたらしたものだった。1970年の大阪万博だ。彼は会場全体の基本計画を作成したほか、中心施設のお祭り広場を含む基本施設の設計も任された。大阪万博は、1960年代の日本の技術がいかに進歩しているかを見せるための大きなショーケースだった。そこで丹下は、今度も坪井の協力を得て、鉄骨の巨大なスペースフレーム構造を「屋根」にしたお祭り広場を設計した。テクノロジーとエンジニアリングの妙技が前例のない規模で披露された素晴らしい芸当だった。このフレームは、縦横が約108×292メートルで、巨大な鉄骨のラティスの柱6本が、その「屋根」を高さ30メートルのところで支えていた。しかも、こうした巨大な構造物をすべて地上で組み立

ててから、ジャッキで持ち上げた。また丹下は、このフレームの内部に実験的なプレハブのカプセルハウスをいくつか組み込めるようにした。こうして、彼の当初のヴィジョン「空中都市」がさりげなく提示されていた。

大阪万博お祭り広場のスペースフレーム構造による屋根、1970年。この巨大さで、夢のような「空中都市」を示唆した。

ケネス・パウエル

ノーマン・フォスター
構造と素材の発明と革新
1935年生まれ

　ロンドンのセント・ポール大聖堂にあるクリストファー・レンの墓には、こういう有名な墓碑銘がラテン語で刻まれている「Si monumentum requiris, circumspice（彼の記念碑を探しているなら、周りを見よ）」。もしノーマン・フォスターのためにそういう記念碑を設置するとしたら、どこに置けばよいのか、ちょっと想像できない。フォスターはレンやエドウィン・ラッチェンスとならんで、イギリスの建築史にそびえたつ巨匠だ。だが、輝かしい先人ふたりとは対照的に、フォスターは世界中に建築を残しており、中国、日本、アメリカ、オーストラリア、中東、ヨーロッパ各地など、30か国以上に上る。構造の発明、素材の革新的な利用、印象的だが本質的には合理的な形態の追求、そして最近では、省エネで環境に配慮した建築方法の研究。こうしたものがフォスターの作品の特徴だ。

　ノーマン・フォスターは、グレーター・マンチェスター都市州のストックポートで労働階級の家に生まれた。マンチェスター市のスラム街で育ち、16歳でマンチェスターの市役所に就職したが、空軍で兵役に就いた後、マンチェスター大学の建築学部に入学することができた。そして大学を卒業すると、奨学金でイェール大学の修士課程に留学した。そこでは、カリスマ建築家のポール・ルドルフが建築学部長で、ヴィンセント・スカリーとサージュ・チェルマイエフが教壇に立っていた。こうして1961年から63年までアメリカで学んだ経験が、彼を形作ったと言える。フォスターはアメリカのエネルギーと楽観主義に刺激され、フランク・ロイド・ライトやミース・ファン・デル・ローエ、ルイス・カーンの建築をじかに見てインスピレーションをもらった。またイェールでは、同じくイギリス人のリチャード・ロジャースとも出会い、帰国後ふたりは「チーム4」を設立した（あと2名のパートナーは、フォスターの未来の妻ウェンディ・チーズマン、その妹のジョージー）。チーム4は4年間の活動で解散したが、その間に、フォスターの建築手法もロジャースの建築手法も変わっていった。伝統的な「ウェット」な建築をやめ、鋼鉄とガラスの軽量な建物をめざしたのだ。この根本的な変化は、アメリカの先駆者、たとえば、西海岸の実験的住宅建築プログラム「ケース・スタディ・ハウス」やミースの作品が大きく影響していた。

　チーム4時代の代表作と言えば、スウィンドンのリライアンス・コントロールズ社の工場（1966年完成、1991年解体）だろう。これはフレキシブルなオープンプラン式のコンテナで、フォスターの未来の建築を先取りしたようなものだった。フォスタ

ーのチーム4での作品も、その後1967年に妻のウェンディと立ち上げた事務所「フォスター・アソシエイツ」が受注した大プロジェクトも、設計には構造エンジニアのアンソニー・ハントの協力があった。そうした例の代表が、イプスウィッチのウィリス・ファーバー・アンド・デュマ本社（1974年）、ノリッジにあるイースト・アングリア大学構内のセインズベリーセンター芸術研究所（1977年）だ。とくに後者は、統合的な「スリーク・シェッド」という、リライアンス・コントロールズ社工場を先駆けに、この後1980年代にロンドンのスタンステッド空港ターミナルビル（1991年開港）で発展させたシステムの好例でもある。これらのプロジェクトは、付帯設備の巧みな統合のほか、フォスターのこだわりである日光の巧みな取り扱いが特徴になっている（フォスター自身、「自然光がとくに大好き」だと認めている）。

世界進出

その後も、フォスターはハントと組んでほかのプロジェクトも手がけたが、1979年に香港の香港上海銀行（HSBC）香港本店ビルの設計コンペに勝ったのを皮切りに、

イースト・アングリア大学セインズベリーセンター芸術研究所、ノリッジ、1977年。当時は美術館としては過激な外見で、絵画、彫刻などが従来の形式にとらわれない仕方で展示されていたほか、教室用のスペースもあった。

オヴ・アラップ社と長く手を組むようになる。アラップ社は世界中で活動しており、フォスターの事務所のほうも、香港のプロジェクトを手始めに世界を舞台にするようになった（ちなみに、1985年に完成したこの香港のプロジェクトは、当時「史上最も高価なビル」と言われた）。この仕事では、フォスターのパートナーたちの大半が香港へ移った。一方、フォスターはロンドンに残って、今後の仕事の地ならしをしていた。それでも、ロンドン中心部にBBCラジオの本部を建てるという大きな計画が中止になってしまい、ひどくがっかりさせられたということもあった。とはいえ、このHSBCビルによって、フォスターは世界の一流建築家の仲間入りを果たした。またこのプロジェクトは、彼の革新的な高層ビルの第1弾でもあった。ウィリス・ファーバー・アンド・デュマ本社の場合と同じフレキシブルな作業空間ながら、今回はそれを縦に積み重ね、約10万平方メートルものオフィス空間を作り出した。さらに、10階分もあるアトリウムの上には、ビルの奥まで自然光が差し込むようにするための「サン・スクープ」（太陽光集光器）をつけた。

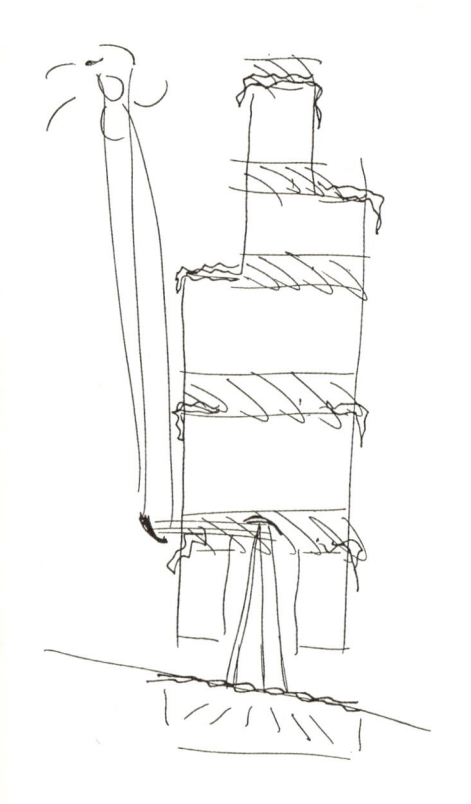

同じく革新的ながら、少し異なるテーマもあったプロジェクトが、1991年のコンペで勝ったフランクフルトのコメルツ銀行タワーだった。ここで付帯設備のひとつとして設置した「スカイガーデン」は、高層ビルに自然な換気を取り入れる先駆けとなった。そして、このコメルツ銀行プロジェクトで学んだ教訓を活かしたのが、ロンドンのシティ、セント・メアリー・アクスにあるスイス・リ本社タワーだ。2004年に完成したこの通称「ガーキン」は、ビッグ・ベンやセント・ポール大聖堂に匹敵するロンドンのシンボルになっている。東京湾岸とロンドンのシティで計画されていた先見的なミレニアム・タワーのプロジェクトは中止になったものの（結局、ロンドンの予定地にガーキンが建った）、高いビルを、というフォスターの信念がゆらぐことはなく、2006年には、彼はマンハッタンのグラウンド・ゼロに78階建てのタワービルを設計することになった（ただし、この建設は何年も中断したので、フォスターは無難なハースト・タワーで我慢しなければならなかった）。

フォスターはロンドンでは1991年まで主要な建物を完成させたことがなかったが、国際的に成功したことから、1983年に王立イギリス建築家協会のロイヤル・ゴールド・メダルを受賞し、次いでナイトの爵位（1990年）、メリット勲章（1997年）を授与され、ついには一代貴族の爵位も与えられた（1999年）。国際的にも、1999年の

上：香港上海銀行（1981～85年）のためのスケッチ。この「コート・ハンガー」構造が、このビルの大きな特徴になっている。
次ページ：今では後から建った高層ビルに取り囲まれているが、それでも同銀行は香港のビル群で際立った存在感を示している。20世紀末期の世界の建築を象徴するランドマークのひとつだ。

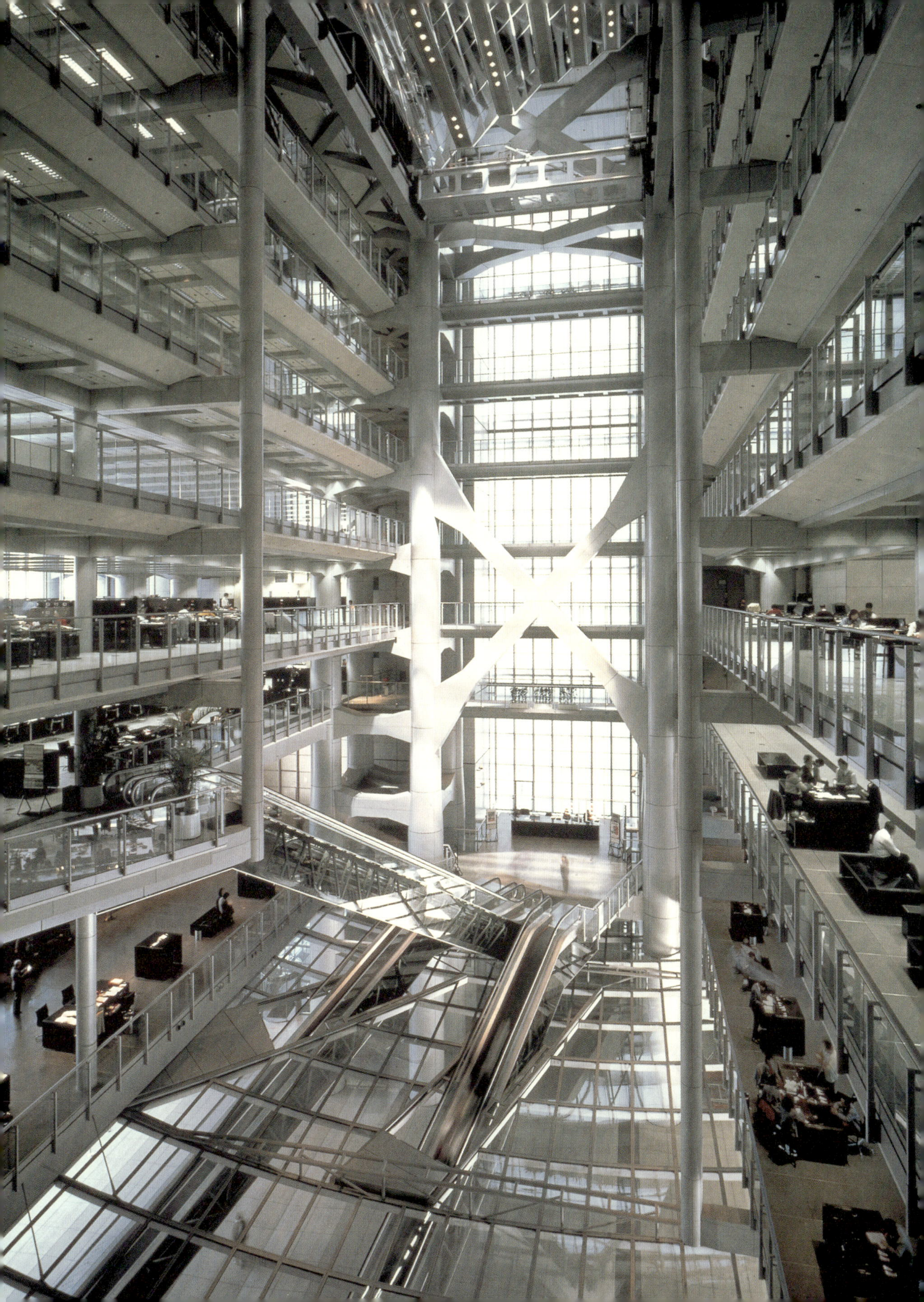

構造と素材の発明と革新

プリツカー賞を始めとして数々の賞を受けている。1990年代初頭以来、フォスターの事務所（現在はフォスター＋パートナーズ）はロンドンを中心に、商業ビルなどを手がけているが、その作品は事務所の活動にふさわしい規模だ。2009年時点で、世界各地に25のオフィス（一部は仮設）があり、総従業員数は1400人に上る。この40年間で、フォスターの事務所は最先端の実験的スタジオから国際的企業へと発展した。むろん、事務所の受注した商業プロジェクトすべてが、一流の世界的建築家の手腕を反映しているわけではない。ロンドンのドックランズ地区カナリーウォーフの

セント・メアリー・アクスのスイス・リ本社ビル、ロンドン、2004年完成。形がひときわ目立つだけでなく、省エネ設計の例としても注目に値する。

HSBCタワー（2002年完成）は、フォスターのクライアントの義理堅さが印象的な例で、香港の先例にあるような革新的なところはまったくない。この再開発地区の大半の建物よりもディテールに凝っているのが特徴だ。ノーマン・フォスター本人は、ロンドンの公共空間を変身させるようなプロジェクトに多く関与している。たとえば、シティ地区とサザーク地区を結ぶミレニアム・ブリッジ（2000年、2002年再開通）、大英博物館のグレート・コート（2000年）、トラファルガー広場の改修（2001～04年）などだ。とくに重要なプロジェクトは、ロイヤル・アカデミー・オブ・アーツ（王立芸術院）のサックラー・ギャラリー（1985～91年）で、ここでフォスターは、歴史的な建物の間に新しいギャラリーと通路を設置した。

改修とインフラ

　この時の経験は、ベルリンの国会議事堂の改修で役立った。これは再統一したドイツの連邦議会を置くための改修で、そうしたドイツのアイデンティティを象徴する建物の修復なのに、外国人建築家がコンペに勝った点、これはすごいことだったが、フォスターの出した最初の改修案は、再建した建物を中心とする広い公共空間を巨大な鋼鉄とガラスの建物ですっぽりと囲む、というもので、あまりに過激すぎると見なされた。それに費用もかかり過ぎだった。結局、改修は1999年に完了し、これには焼失したドームの再建も含まれていた。このドーム再建は、1945年に破壊される前の姿そっくりに復元したい、と望む人々に譲歩した結果だと見ることもできる。それでもフォスターのドーム（彼は「クーポラ」と呼ぶほうを好むが）は、ただのシンボルではない。彼によれば、これは「何かが変わったことを示すサイン」だった。ドームには見学者が頂上のほうまで上がれる通路があり、ベルリン屈指の人気を誇る観光地になっている。また、ここにも「サン・スクープ」があって、下の議場まで日光が届くよう操作できる。歴史的な建物を生き返らせたり拡張したりすることも、フォスターの作品の重要な要素になっている。ロイヤル・アカデミーと大英博物館のプロジェクトに次いで、大英博物館とドイツ国会議事堂の経験をもとに手がけた大きなプロジェクトとしては、ボストン美術館とワシントンDCのスミソニアン協会から依頼されたものがある。フォスターの無駄のないミニマルな建築手法は、歴史に調和する建築法として確立した。たとえば、フランスのニームにあるカレ・ダール（現代美術センター）（1993年）は、古代ローマの神殿遺跡で最も保存状態が良いメゾン・カレとならんでいるが、風景にしっくりなじんでいる。

　これまでのところ、ドイツは2つの分野でフォスターの作品の一大中心地になっている。デュースブルクのオフィスビル群（1991～2003年）に見られるような環境問題に対応した設計という分野とインフラの分野だ。戦時中の爆撃で破壊されたドレスデン中央駅の改修（2005年完成）も、フォスターのこの分野での数ある大プロジェクトのひとつで、この種のものとしてはほかに、ロンドンの地下鉄の壮観なカナリー

構造と素材の発明と革新

上：ドイツ国会議事堂プロジェクトの作業中のフォスター、1995年。コンペで成功を収めた結果、彼の国際的な名声は確固たるものになった。下：ベルリンの国会議事堂ドームの断面図。完成したプロジェクトは、古いものと新しいものの古典的な調和を示している。

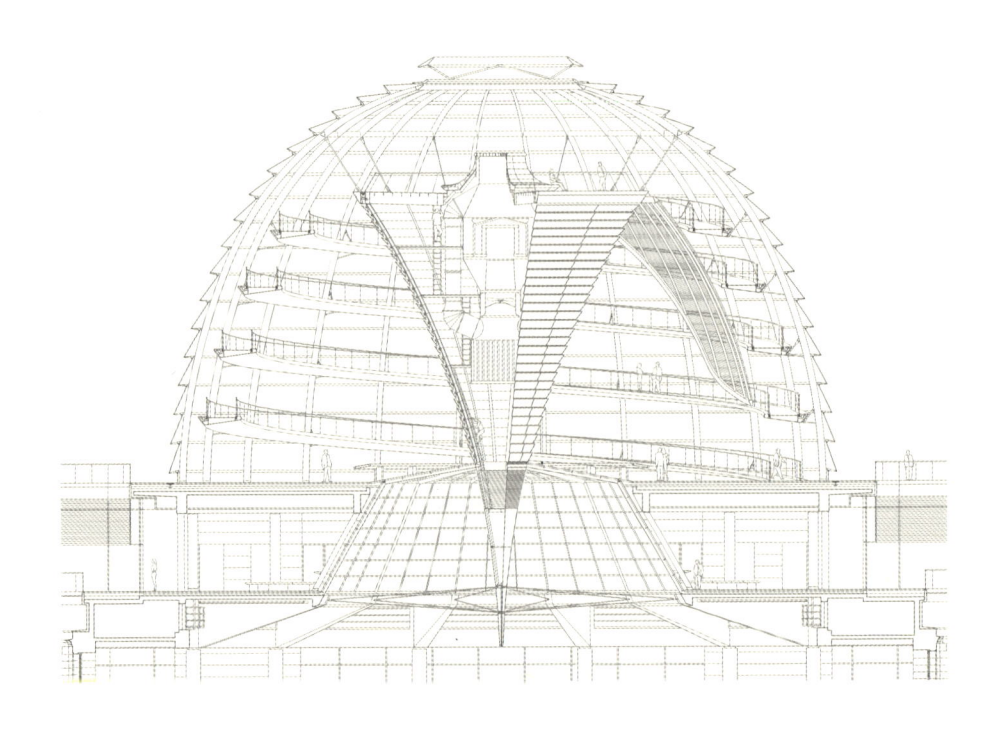

ウォーフ駅（2000年完成）、ビルバオの地下鉄駅（1988～97年）がある。これらの一部の入り口には、印象的な「フォスター流」キャノピーが見られる。また、フォスターは空を飛ぶのも大好きで、スタンステッド空港で成功を収めた結果、主要空港ターミナルを3件手がけることになった。そのひとつ、1998年に開港した香港のチェクラップコク国際空港は、アラップ社との共同設計で、その大屋根は1300平方メートルの鋼鉄製ラティスシェル122枚で造られた。いわば「組立部材式」構造で、フォスターの空港の最高傑作と言われている。北京首都国際空港ターミナルは、開港が2008年のオリンピックに間に合うよう、のべ5万人の作業員がたった2年で建設したものだが、世界一広い空港ビルだ（おそらくは、世界一巨大なビルでもある）。とはいえ、その規模だけでなく、その洗練された優雅な構造も注目に値する。そしてヨルダンでも現在、新しいクイーンアリア空港が建設中だ。

　フォスターが半世紀近くにわたって成功を収めてきたカギは、エンジニアとの創造的で誠実な協力関係だ。まずアンソニー・ハントと組んだ時も、長年引き続き組んできたアラップ社の一流エンジニアたちとの関係もそうだ。建築家とエンジニアがプロジェクトにそれぞれどのくらい貢献したかを解き明かそうとしても、それは難しいことが多く、たいていは無駄なことなのだが、フォスターの作品の場合は、きわめて素晴らしい構造案の多くが、フォスター自身の効率的でエレガントな形態の追求から生まれた。たとえば、最近のフォスターのプロジェクトで有名なものに、南フランスの

香港のチェクラップコク国際空港、1998年完成。整然とした屋内空間に自然光がたっぷり注ぎ込む。フォスターの空港設計の傑作。

ミヨー橋（2004年完成）がある。これは高速道路A75号線のタルン川に架かる橋で、水面から道路まで270メートルあるという世界一高い橋だ。橋の構造上の工学技術はフランス人ミシェル・ヴィルロジューが担当したが、その構造が非常にエレガントなところは、フォスターの考え方を反映している。

革新の継続

フォスターの事務所は、世界的に成功を収めている事業の拠点というだけではない。研究と革新の中心でもある。フォスター自身、あたり前のことをするのをいつも嫌がってきた。すでに1970年代、彼はセインズベリーセンターの設計が入札にかけられるらしいというだけで、その設計を断念したことがあった。その後も、ウェンブリー・スタジアムの改修（2007年完成）の際、突然、自分の勘に賭けてもらいたいとクライアントを説得して、支柱式の屋根にする設計をやめ、巨大なアーチから屋根を吊る形にした。結局、この屋根もロンドンの新たなランドマークになった。最近では、1970年代から彼の特徴でもあったサステナブルデザインにとくに強い関心を寄せ、これまで以上に環境への配慮を重視した作品になっている。今までのところ、最も華々しい作品は、アブダビの新都市マスダール（建設中）だろう。これはフォスター＋パートナーズが設計したもので、総面積6平方キロメートルに将来的に5万人が住む予定のカーボン・ニュートラルな都市だ。

2010年、ノーマン・フォスターは75歳の誕生日を迎えた。たいていは海外住まいだが、今でもロンドンを拠点とする事業の現役のトップだ。彼の業績、とくに、彼の大きな働きもあってロンドンが世界の建築の中心地に仲間入りしたことは、議論の余地がない。1960年代以来、彼の事務所が受注したプロジェクトは1000件以上あるが、彼は自ら数多くを担当して見事な手腕を見せてきた。完成したものだけでも約250件ある。フォスター自身の性格、彼が世界各地の事務所の作品に影響を与え続けてきたことが、彼の作品をライバルの作品と差別化している。そして建築史の上でも、今や彼の地位は確固たるものになったと言えよう。

フォスターによるアブダビの新都市マスダールの基本計画は、未来のサステナブルな都会の青写真だ。最高5万人が住む予定の新都市は、再生可能なエネルギー資源を利用することになる。

アレグザンダー・ツォニス

サンティアゴ・カラトラバ

万能のデザイナー

1951 年生まれ

　今や、専門化が進み、それに伴って知識の細分化も進んでいる。そんな時代には、万能と呼べるデザイナーはめったにいない。だが、サンティアゴ・カラトラバはそういった数少ない人間のひとりだ。橋梁や建物、都市複合体から、家具や陶磁器、彫刻にいたるまで、大小さまざま幅広いプロジェクトを手がけている。しかも、やすやすと成功を収めているように見える。また、夢のような感覚的・視覚的アナロジーを生み出せるだけでなく、最先端の技術や科学的分析ツールを駆使することもできる。こうした包括的アプローチをもとにカラトラバは、新たなインフラの構築が、費用ばかりかかって退屈な、環境を破壊するだけのものとはかぎらない、ということを示してきた。彼によれば、インフラの構築は、文化的に意義深い、詩的ですらあること、アイデンティティとコミュニティの意識を高めるものでもある。

　サンティアゴ・カラトラバは1951年、今のバレンシアにある村ベニマメトで生まれた。子供のころ、住んでいた農村社会は衰退に向かっていたし、フランコの抑圧的な政権が影を落としていたが、それでも彼の周囲には美しい自然と建築遺産がたっぷりあった。彼はバレンシアの建築工科大学と美術工芸学校で学び、1975年に卒業するとすぐに、チューリヒのスイス連邦工科大学チューリヒ校（ETH）へ入学して土木工学を勉強した。彼の博士論文『スペースフレーム（立体骨組）の折りたたみの可能性について』（1981年）は、トポロジー、機械工学、土木工学を含む学際的研究だった。ここで彼は実用的な問題を解きたいと考えていた。どうすれば傘のような3次元の空間構造物を折りたためるか。そうした構造物をまずは平坦な2次元的な板状に変形でき、さらに閉じた傘のような線状の「棒」に変形できれば、最終的に、その構

折りたたみ可能な骨組み構造、カラトラバの論文『スペースフレーム（立体骨組）の折りたたみの可能性について』より、1981年。

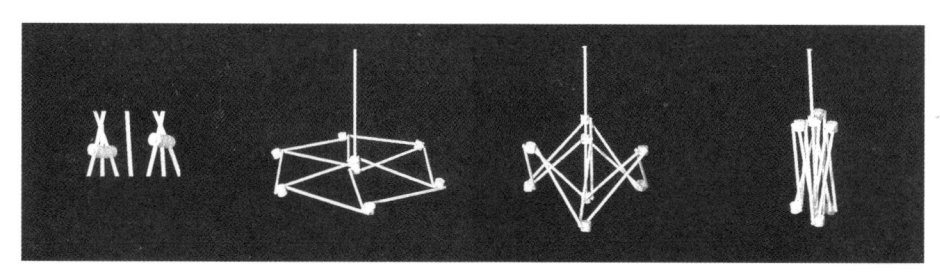

造物を広い地域に差し渡すことができるのではないか。このインスピレーションも含意も、あきらかに技術的なものだ。当時すでにアメリカのNASAは、この問題の答えを探していた。複雑な装置をコンパクトに収納して宇宙船で運び、宇宙空間に着いたら広げる、という必要があったからだ。建築の視点からすれば、その答えは、必要に応じて開閉できる屋根の開発に利用できるし、さまざまな用途に使えるフレキシブルな間仕切りもできる。また、美学的側面もある。これは、すでに未来派や構成主義者が論じていたことだが、可動性という概念、空間の動態的連続という概念をアイコニックな構築物という形態でとらえたいという願望に関連する側面だ。カラトラバの論文は、こうした問題を分析によって解こうとしたものだった。そして、そうした構造を単純なものから複雑なものへと構築していくための体系的手法を考案した。彼の作品の実用化は限界があったが、そこに含まれる実用性は非常に高く、動く構造物、動きに順応できる構造物、動きを表現できる構造物を新たに思い描ける力をたっぷりと彼に与えてくれた。

ETHでの最終年と、チューリヒで事務所を設立してからの数年間、カラトラバは橋梁理論のプロジェクトに没頭していた。橋の設置場所にちなんでアルプス橋梁群と名づけたプロジェクトだ。ここでも、橋を構成する基本的要素の形態と機能を合理的に研究して、それらの別の組み合わせ方を見つけようというものだった。ところが、この研究に没頭しているうちにカラトラバは、分析的な手法だけでは不十分だと考えるようになった。成長する植物、空を飛ぶ鳥、人間の動く身体。そういうものにもとづく想像力や類推や隠喩で補わなければ完全にはならない。そこで彼は、建物の一部や構造の部材の設計といったさまざまな依頼にこの新しい手法を用いはじめた。たとえば、折りたたみ式屋根、移動式ドアや移動できる囲い壁、ビーム、柱、バルコニー、小規模の建物などだ。ここから、やがて「カラトラバ・スタイル」が生まれた。ただしこれは、形態の言語ではなく、思考方法のことだ。

「カラトラバ・スタイル」

1983年、カラトラバはドイツのコースフェルト郡のエルンスティンク社倉庫の設計を依頼された。カジュアルウェアの小売業者の配送センターだ。そこで彼が提案したのは、新しい建物の被覆材を無処理アルミニウム1種類だけにして、テキスタイルのひだを思わせるイメージを打ち出せるよう、さまざまな質感と明暗を生む形にするということだった。この案で最も目を引くところは搬出入口の扉だ。ヒンジで連結された縦板でできているのだが、連結部が曲線を描いており、板の下方が横桟に接続して、上下に開閉できるようになっていた。扉を上げると、その板が平坦なファサードから離れ、衣類のドレープや折り目に似た優雅な張り出し屋根になる。U字形に突き出したところに特殊な3重接合があるためだ。この設計は特許をとったけれども、以

こうした構造と動きの関係は、彼がコンペで勝ちとったチューリヒのシュテーデルホーフェン駅のプロジェクト（1983〜90年）で、さらに研究が進んだ。これは彼にとって初めての大きなプロジェクトでもあったが、まず、立地からして難問だった。密集した市街地の中で、すぐ隣には、かつてチューリヒの要塞の稜堡だった丘があった。カラトラバは屋外式のプラットフォームのために土地を削る一方、土地の傾斜を活かし、コンクリートの箱形ビームで丘を保存した。その箱形ビームの上は端から端まで遊歩道だ。その遊歩道を目立たせるためケーブルのトレリスをつけ、トレリスが緑の「キャノピー」になるようにした。木漏れ日を落とすキャノピーがあれば、駅がその環境に侵入した感覚を和らげることになるし、背後の緑地ともつながる。駅の乗客は、この遊歩道から階段やエレベーターでプラットホームへ行くこともでき、線路の上に架かる橋を渡って丘の下へ行くこともできる。動きをはっきりと表現したかったので、全体の構成としては、通路が複数の階層でコンパクトに「美しく編まれ」て、動きがさまざまな規模と質で絡み合うようにした。そして、この効果を高めるため、駅のどこにもガラスの屋根や歩道のガラスブロックから光が差し込むようにしておいた。

構造の動きの詩学

同様に、構造の動きの詩学をたたえようとしたものが、万博のために造られたセビーリャのアラミリョ橋とカルトゥハ島高架橋（1987〜92年）だ。複雑でコンパクトなチューリヒの駅とは対照的に、セビーリャの橋は穏やかなほっそりしたものでありながら、静的ではない。計画と場所の複雑さを反映して、動きは機

コースフェルト郡のエルンスティンク社倉庫（1983〜85年）の搬出入口。波状のアルミニウム板で造られている。

pls tico 1   pls tico 2   pnt d Schille

en ste capitulo se splora lo analogía y el
cambio de escala

                el mismo personaje
                di ferents scals a escalido
                i p-r de ella sere
                etapa definitive

definición del proyect del pnt de Schille

能が配慮され、微妙に表現されている。橋とは静的な構築物だ、と思い込んでいるなら、アラミリョ橋にはめんくらうだろう。一般的には、橋はシンメトリーで固定しているもの、最少の材料で最長のスパンを出すよう計算した上で、もっぱら圧縮や引っ張りの要素を用いて造られたもの、と思われているが、この橋は違う。これを見ると、橋とは、異常な予期せぬ制約に直面した時に多様な機能を果たす複合体だと見ることもできるとわかる。橋は風雨や地震に耐えねばならないし、たいていは起伏のある土地に架けたり、不規則な場所に合わせたりする。また、自動車が通過するだけのところではなく、風景を眺めたり、思いを巡らせたり、人と会ったりする社会的な場所でもある。

　カラトラバがアラミリョ橋の設計でとくに配慮したのも、こうした必要性全部だった。その中には、歩行者への日影と日向の配慮など、人の視点から見た場合の小さいけれども重要なディテールもある。この橋は複雑な構成だ。奇妙な構造だし、パイロンはアシンメトリーで傾いているし、カンチレバーのスチール製ウイングが六角形の箱形ビームのスチール製スパインデッキを支えているし、前代未聞なことに、傾いたパイロンを支えるはずのバックステーがない（デッキの重量がパイロンにかかる力を十分相殺している）。こういう構成になったのは、削減や抑制を拒絶し、含むこと豊かにすることを望み、こうした機能すべてを融合して、ひとつの「形の良い全体」にまとめたからだ。さらに、この橋がまるで持ち上げられかけているようなのに今にも倒れそうに見える、という逆説的な形状をしているのは、いわゆる「重大な結果をはらんだ時期」を暗に示す。動きや破局や再生を物語る。後ろに傾いたパイロンの基本コンセプトは、これより以前のカラトラバの彫刻にも見られる。大理石の立方体を斜塔のように積み上げ、ワイヤを張ってバランスをとっている彫刻だ。科学的研究と同じく、彼が彫刻を造るのも、彫刻を造るためだけの活動ではない。これもまた、コンクリートの空間的で感覚的な仮説を構築するためのデザイン構想には不可欠なのだ。博士論文で折りたたみフレームを理論的に研究したのと対照的ではある。彼の「吊るされた虚空あるいは識別する目（Suspended Void or Discerning Eye）」（1993年）のように、たとえ彫刻の構成が極端で逆説的だとしても、それらは今後の建築に役立つ可能性がある。

　カラトラバのプロジェクトはたいていが特別なイベントや場所に関係するが、彼のレパートリーは「スター」の状況だけとはかぎらない。アラミリョ橋が広大な平原から現れかけて止まってしまったかのように穏やかなのとは対照的に、スペインのオンダロアにあるプエルト橋（1989～95年）は複雑でドラマティックだが、攻撃的ではないし、これ見よがしでもない。特異な構造ながら、周囲と深い関係を持ち、その立地の特徴を映し出している。その曲線を描く形状は、港の曲線にぴったり合い、停泊中のボートの形や周囲の丘のゆるやかな斜面の地形を反映する一方、その真っ白の色

1987～92年、セビーリャ万博のために建設されたアラミリョ橋のための下絵。

と幾何学的形状が、この場所だけにある特徴を強調し、そのアイデンティティを定義しているのだ。

危機と紛争が定義する場所

　カラトラバのインフラ関連のプロジェクト、とくに橋梁は、社会的に問題がある地域が多い。環境が危機的状態にあったり、近隣地域が経済的衰退に苦しんでいたり、コミュニティーが崩壊していたり、廃れかかった工業地域だったり、緊張と対立に引き裂かれている有名な場所だったりする。新設の路面電車エルサレム・ライトレール

路面電車エルサレム・ライトレールのコーズ橋、2002～11年。

カラトラバの提案したワールド・トレードセンターPATHターミナル完成予定図、ニューヨーク、2003年構想開始。

のヤッファ・ロードに架かる鉄道橋コーズ橋（2002～11年）も、歴史のある重要な場所なのに、今や混沌と荒廃の土地だ。古代、ヤッファ・ロードはエルサレムの旧市街と地中海沿いのヤッファを結ぶ道だったが、現在では、エルサレムとベン・グリオン国際空港やテルアビブを結ぶ。カラトラバの案は斜張橋で、傾斜したパイロン1本と曲線を描くデッキがあり、エルサレムの現代的なランドマークとも玄関ともなるよう考案された。傾斜した支柱は、三角柱の鋼鉄製ボックスで、先へ行くほど細い。ケーブルは反転するようにならび、3次元的に展開していくように見える放射線状の形を作っている。またパイロンは、この構造物から飛び出したように見え、まるで砂漠からの風を受けた巨大な炎のようでもあり、巨大な傾いたマストがエルサレムを指して「永遠の岸の港」、「神のヴェネツィア」と告げているかのようでもある。

　機能と意味という点で同様に重要なのは、カラトラバの最近の作品、2014年に開業予定のニューヨークのワールド・トレードセンターPATHターミナルだ。ニューヨーク・ニュージャージー港湾管理委員会から依頼されたこの複合施設は、コミューターと地下鉄の駅で、いずれ空港へもつながる可能性がある。また、2001年の9・11同時多発テロ後の再建プロジェクトの一環ともなっている。これは9・11の悲劇で破壊されたものの代わりというだけではない。この駅のオープンをきっかけに、この地域が24時間眠らない都会に戻り、今もトラウマに苦しむ近隣地区が新たな希望を抱くように、という意図がある。9・11以前の地区の活気を取り戻すだけでなく、1930年代以来ニューヨークが見失っている精神も取り戻すことが目的だ。大規模な公共都市インフラのプロジェクトであり、かつてペン・ステーションやグランド・セントラル・ターミナル、ブルックリン橋やセントラルパークがそうだったように、コミュニティに役立ち、コミュニティを祝うためのものなのだ。ここでも、動き、現実

万能のデザイナー

の動きとバーチャルな動きがカラトラバの案の中心にある。流れるような幾何学形、空隙と立体のダイナミックな相互貫入にくわえ、日光が地下のあらゆる空間にあふれるほど差し込み、地上から約21メートルも下にある列車のプラットホームまで届くように考えられている。夜には、光の方向が逆になり、地下にある光源が「ランタンとなって」上の近隣地区を照らす。また、鳥のような動く構築物が、地下の施設への入り口を示す目印になる。

　同じような構築物は、カラトラバがアメリカで初めて完成させたプロジェクトでも用いられている。ミルウォーキー美術館のクワドラッチ・パヴィリオン（1994～2001年）だ。まるで巨大な鳥がミシガン湖の岸辺でゆったりと羽を広げ、今にも飛び立とうとしているかのように、パヴィリオンのウイングが開閉する。これは日影を作るためのものだが、美術館のイベントを知らせるのにも役立っている。ウイングが開いている時、その側面は、斜張橋式の歩道橋を支える傾斜したパイロンと並行になる。この歩道橋はパヴィリオンと市街地を結ぶもので、芸術と日常生活を結ぶ懸け橋ということを象徴的に示している。ワールド・トレードセンター・ターミナルの場合は、ウイングのある構築物が鳩や不死鳥を連想させ、死に対する生の勝利、野蛮な暴力に対する知性の勝利を示す。この鉄道ハブは、カラトラバの作品とその背後にある理想の集大成と言ってもよいだろう。かつては自然や人が築いた障害物があった場所に道を切り開き、対話を可能にし、物理的にも象徴的にも、創造性に必要な自由、自由に必要な創造性を提供する。

クワドラッチ・パヴィリオンの動く「ブリーズ・ソレイユ」（日除け）、ミルウォーキー美術館、1994～2001年。

ボトンド・ボグナー

隈研吾

物質性と非物質性の建築

1954年生まれ

　1990年代初頭以来、隈研吾は「バブル後」の日本の建築を代表する建築家のひとりだ。1990年に隈研吾建築都市設計事務所を東京に設立してから、大規模なプロジェクトを次々と数多く手がけてきた。彼の作品は、一般の人々や同業者の建築家、批評家のみならず、世界中のクライアントからも注目され称賛を受けている。また、栄誉ある賞を多数受賞したほか、日本、中国、フランス、イタリア、ドイツ、ポーランド、フィンランド、イギリス、アメリカの有名なギャラリーや美術館で展示された。彼の建築への関心は高まっており、今では日本国内だけでなく国外からも求められている。クライアントの半分以上が海外で、パリと北京のオフィスを拠点に、フランス、中国、韓国、イタリア、ドイツ、イギリス、アメリカで建築してきた。

　隈は横浜で生まれ、1979年に東京大学で建築の修士号を得た。その後1985年から1986年にかけ1年間、ニューヨークのコロンビア大学建築・都市計画学科で客員研究員となった。彼の建築に対する考え方や理解は、さまざまな経験や影響によって形成された。その最初は、子供のころ住んでいた日本の伝統的な木造家屋、そうした家屋の薄暗い室内だ。その後、東京に新しく建設された丹下健三設計の国立屋内総合競技場が、10歳の隈に忘れられないほど強い印象を与え、彼は建築家になろうと決めた。そして1970年代の終わり、彼は東京大学で原広司に師事した。原が地域特有の住宅というテーマに関心をもっていたことから、隈もそうした分野に注目したが、当時はまだ、この分野をインスピレーションの源と考える建築家はほとんどいなかった。同様に、隈は原の官能的なデザインにある「浮世」にも興味を引かれた。現実と幻想が渾然一体となっている世界観だ。だが、隈は師と異なり、伝統的なモデルを装飾的に解釈することをあまり好まなかった。また、彼にとっての伝統的なモデルとは日本建築だけでなく、1979年に原の東大研究室の一員としてアフリカ各地を訪れた時に目にした、多くのアフリカ固有の建築も、やはりそうしたモデルだった。

環境に融合する建築

　隈は最初、ポストモダン古典主義の建築をいくつか試みたが、あまり成功したとはいえず、ほどなく、1990年代初めに根本から方向転換した。自らの手法を見直した

のは、自らのめざす建築に近づくため、「建築を消去したい」という彼の有名なテーマが語るような建築を実現するためだった。こうした建築を環境に融合させるという強い思いから、彼がまず試みた方法は、建物をできるだけ地中に埋めてしまうことだった。そうしたプロジェクトには、小規模だが素晴らしい亀老山展望台（今治市吉海町、1994年）や北上川運河交流館・水の洞窟（石巻市、1991年）がある。しかし、こうしたスタイルの建築物を建てる機会はかなりかぎられているため、彼は伝統的な日本建築の技から学んで、素材に注目し、スタイルの幅を広げた。伝統的な日本建築は、自然素材で造られており、それだけが飛び抜けて目立つモニュメントというよりも、その環境を構成する一要素と考えられている。数寄屋（茶室）造りの住宅から学んだことも、彼がエコロジカルで環境に優しい建築という考えを発展させるのに役立った。この環境保護というテーマは、1990年代なかば以降、深刻な景気後退とかぎられたエネルギー資源という身動きのとれない状況が悪化していくのを背景に、ますます重要性をましていた。だが隈の建築は、そうした実用的な点だけを考慮しているわけではない。

　今では海外もそうだが、日本が直面するようになった厳しい現実にこたえ、隈の建築はミニマリズム的だ。とはいえ、人間的な意味がそこにないわけではない。それどころか、それを使う人も観察する者も、洗練された静かな美しさを堪能し、「少ないほど豊か」の意味を強く感じることができる。彼の設計、フォルムやボリュームの控えめでシンプルな表現は、歓迎すべき匿名性を示す。たとえば那珂川町馬頭広重美術館（那須郡那珂川町馬頭、2000年）は、大きく広がった平屋建て勾配屋根のガラスの建物で、木の板でびっしりと完全に覆われている。Plastic House（東京、2002年）、LVMH 大阪（エトワール心斎橋、大阪・心斎橋、2004年）、かなり大規模な長崎県美術館（2005年）や朝日放送新社屋（大阪、2008年）も、ひたすら幾何学的な構成で、変化の激しい都会という環境の混沌ぶりを悪化させることなく、むしろ周囲を落ち着かせている。

　日本では、1980年代から1990年代初めにかけての「バブル時代」、過剰に飾り立てた派手な装飾的形態の建築が多かった。だが、建築環境に対する日本人の意識の変化に合わせ、隈はそうした特徴を明確に拒否している。また現在は、フランク・ゲーリーの「ビルバオ効果」に触発されたスタイルが横行し、ひねったりゆがめたりして人目を引く（が、たいてい中身はからっぽな）建築がふえているが、隈がそうした流行にのるつもりもまったくないことは、彼の作品からよくわかる。建築史家のウィリアム・カーティスはこう言っている。「今日の建築は、過剰に複雑な形態とコンピュータで作ったイメージを使って遊ぶゲームへと堕落してしまう危険がある。（中略）（そのことが示しているのは）自分勝手なイメージ、過剰な視覚的レトリック、そして退屈な造形のための造形だ」

那珂川町馬頭広重美術館のエントランス、馬頭、2000年。この建物は、シンプルなガラスの空間で、きっちりと並べた木の板で作られた繊細なスクリーンで包まれている。

眠りを誘う感覚的建築

　実際、隈が創造しようとしているものは、作者の個性が強烈に出た形態ではなく、スペクタクルな見た目が売りの建築でもない。だから彼は、好き勝手な構造や技術を誇示して見せるようなこともない。むしろ彼は、総合的な建築体験に全力を注いでいる。建築体験というものは、むろん建築作品の視覚的な特徴も含むけれども、それだけでなく、人間の知覚すべて、とくに触覚や動きまでもが建築を感知してこそ総合的な体験となる。今は商業化が加速し、なんでもすぐに満足させようとするが、そんなせっかちな時代に、彼のまるで眠りに誘うような感覚的建築、洗練された空間表現、生き生きとした心地よい表面仕上げ、巧みなディテール、光と透明性の変わりゆくパターン、こういうものはわたしたちの感性を鋭敏にしてくれるばかりか、歩みを緩めて、ここでしばらく休めと誘ってくれる。そうした建物との親密な交流ができるからこそ、ただ見るだけの人間でも、その建物に込められた価値と豊かさを発見し、十分に味わうことができる。

　隈の建築にあるこうした特質の多くは、彼が建築の物質性をとくに強調しているた

めに生じている。また、建設にあたる職人の技術がすぐれ、きっちりと正確に建てられているからでもある。隈は可能なかぎり幅広い素材を試している。木材、竹、紙、蔓などの植物や石といった自然素材もあれば、プラスティック、合成繊維、ビニール、金属、ガラスといった人造の素材もある。しかし彼は、こうした素材の物質としての実在性、かさや重量に頼るのではなく、むしろ、それらを「砕い」たり、その最小のユニットを「無限に」反復するマトリックスや軽い質感や繊細なヴェールで用いたりすることで、それらを軽やかな精気のようなものとして提示しようとする。彼が「粒子化」と呼ぶこの方法は、とくに素材（木や石といった物質）が重くてかさのあるものの場合に用いられる。たとえば、石の美術館（那須、2000年）のような場合だ。

素材がなんであれ、隈はそれを透過性のある膜やスクリーンに変える方法を見つけようとする。すると、建物や空間の境界は、物質でかっちりと明確に区切られるというよりも、そうした膜やスクリーンで軽やかにおぼろげに包まれ、そこから光と周囲の環境が建築の領域内に浸透していく。

隈の建築は、あきらかにコンテンポラリーだ。モダンという人さえいるかもしれない。だが、伝統的な日本建築の特性と密接な関連があるのも明らかだ。歴史的な日本建築と同様に、彼の作品（本人はこれを「負ける建築」と呼ぶことが多い）も軽く脆弱で、周囲の自然や都会の風景に静かに「溶け込む」ように見える。その代表的な例としては、Lotus House（逗子、2005年）、銀山温泉藤屋（山形県尾花沢市、2006年）、ちょっ蔵広場（栃木県塩谷郡高根沢町、2006年）、YIEN EAST（京都、2007年）、ガーデンテラス長崎（長崎市、2009年）などがある。彼が数多く手がけるようになってきた茶室のプロジェクトも、この関連性の証拠だ。そうした小規模な建築は、それぞれ異なった素材を用い、いつものように多様な「ソフト・テクノロジー」を利用した革新的な手法で建てられている。こうして隈は、この有名な歴史ある建築ジャンルのエッセンスを再定義しようとしている。つまり、隈の作品は、彼が現代性にも日本の伝統にも忠実だということを示しているが、だからといって、そのどちらも模倣してはいない。

上：銀山温泉藤屋のロビー、山形県尾花沢市、2006年。この背の高いスクリーンは幅4ミリの竹の板でできている。次ページ上：ガーデンテラス長崎のルーフテラス、長崎市、2009年。
次ページ下：Lotus House（逗子、2005年）は、無数の穴が開いた石のカーテンがあって、プライバシーを提供すると同時に、庭との親密な関係をもたらす。

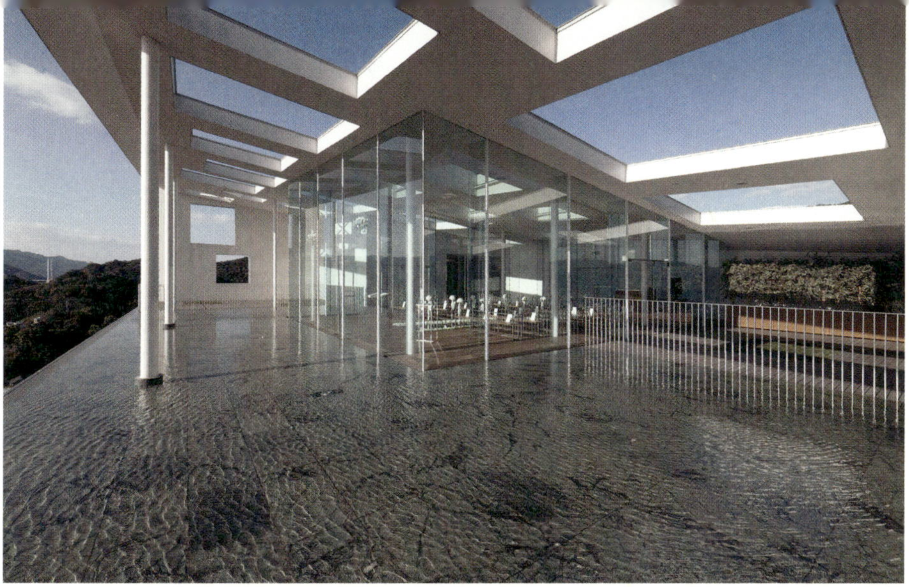

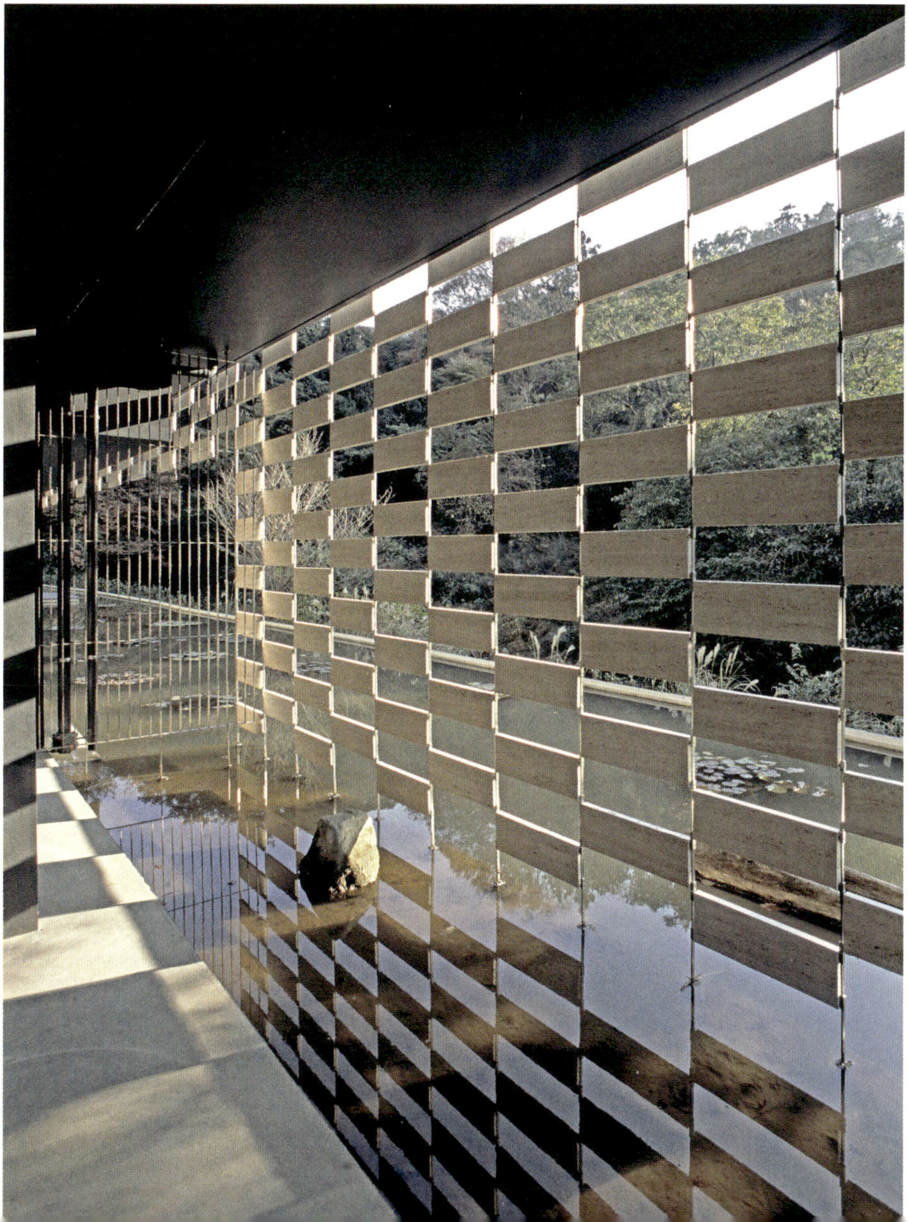

執筆者一覧

アレグザンダー・ツォニス
北京の清華大学建築理論教授、デルフト工科大学名誉教授。イェール大学卒。ハーヴァード大学をはじめ世界各地多数の大学で客員教授を務める。『Santiago Calatrava: The Poetics of Movement』(1999年)、『ル・コルビュジエ：機械とメタファーの詩学』(2001年) (繁昌朗訳、鹿島出版会)、『Santiago Calatrava: The Complete Works』(2004年)。

アンドレイ・ゴザック
モスクワを拠点とする建築家。建築にかんする著作・教育活動も行う。モスクワの建築協会を始め世界各地の学会で活発に講演活動をしている。著作に、アルヴァ・アールト、イワン・レオニドフにかんする論文や、モスクワのメーリニコフ邸の研究がある。

ヴィンフリート・ネルディンガー
ミュンヘン工科大学建築史学教授および建築博物館館長。多数の展覧会を主催する一方、ゴットフリート・ゼンパーとヴァルター・グロピウスにかんする論文、ヴァイマル共和政とナチ時代の建築にかんする研究など、19世紀と20世紀の建築にかんする本を多数執筆。著書として『Frei Otto Complete Works: Lightweight Construction Natural Design』(2005年)。

エドワード・ディーステルカンプ
ナショナル・トラストの建築設計アドバイザーおよび、イングランド、ウェールズ、北アイルランド各地のトラスト施設の保存・改修・設計にかんして助言する建築委員会の事務局長。建築業界における技術の歴史、とくに、18世紀終わりから19世紀にかけてのビル建設における鉄の利用にかんし、論文を発表。

エバ・コッホ
ウィーン大学芸術史研究所東洋美術教授。オーストリア学術アカデミー上級研究員。2001年よりタージ・マハル・コンサーベーション・コラボラティヴの建築アドバイザー。専門は、ムガル帝国の芸術と建築、ムガル帝国と近隣地域および欧州との芸術的関連。著書に、『Mughal Architecture』(1991年)、『Mughal Art and Imperial Ideology』(2001年)、『The Complete Taj Mahal』(2006年)。

オルネッラ・セルヴァフォルタ
ミラノ工科大学建築史学教授。専門は18世紀から20世紀のランドスケープ、エンジニアリング、建築、応用美術の歴史。このテーマにかんし、展覧会のキュレーター、国際シンポジウムへの参加、執筆を多数行う。最近の著書に、『Storia dell'architettura italiana: L'Ottocento』(2005年) 所収「Milano e la Lombardia」、『Milano 1906: L'Esposizione Internazionale del Sempione e le arti decorative』(2009年)。

カトリーヌ・ドルーアン＝プルーヴェ
作家、美術史家。親族と協力して、父親のアーカイブの保存を監督するジャン・プルーヴェ協会会長をつとめる。プルーヴェにかんする論文を学術誌や展覧会カタログに多数寄稿。

カーラ・カヴァッラ・ブリトン
イェール大学建築学部講師。担当講座は建築と都会化の歴史。著作として、研究論文『Auguste Perret』(2001年)、Dean Sakamotoとの共著『Hawaiian Modern: The Architecture of Vladimir Ossipoff』(2007年)。また『Constructing the Ineffable: Contemporary Sacred Architecture』(2010年) 編者。

キャロル・ゲイル
イリノイ州レイク・フォレスト・カレッジ歴史学准教授。著書に、『Cast-Iron Architecture in America: The Significance of James Bogardus』(1998年)(マーゴット・ゲイルとの共著)。キャストアイアン建築にかんし多数の論文を学術誌に発表。

執筆者一覧

グエナエル・デリューモウ
建築史家。ヴェルサイユ国立高等建築学校教師。専門は、製造業者・建設業者・発明家による革新的原材料・技術の生産における科学技術の役割。論文『L'invention du beton arme: Hennebique 1890-1914』（1999年）は建築書賞受賞。

ケネス・パウエル
ロンドンを拠点とする建築史家、建築評論家、建築コンサルタント。20世紀から現在までの英国の建築にかんし多数執筆。ノーマン・フォスター、リチャード・ロジャースなど英国の主要な建築家にかんする著書がある。王立イギリス建築家協会名誉フェロー。イギリス建築協会評議員。

サビーネ・フロンメル
ソルボンヌの高等研究実習院ルネサンス芸術史研究ディレクター。専門は、15世紀から19世紀初頭までの建築史およびフランスとイタリアの関係。セバスティアーノ・セルリオやプリマティッチオにかんする論文など、多数の編著書・論文がある。

ジェームズ・キャンベル
ケンブリッジ大学クイーンズ・カレッジ建築・美術史フェロー。ソサエティ・オヴ・アンティクウェリー所属フェロー。建築家、建築史家。著書に『Building St Paul's』（2007年）。またレンにかんして学術誌に多数寄稿。

ジェラルド・R・ラーソン
シンシナティ大学建築学教授。幅広く講演・執筆活動を行う。専門は、超高層ビルの歴史。現在、「Chicago and the Skyscraper, 1832-1891」というタイトルの包括的研究を執筆中。

ジェーン・マーケル
建築史家、建築評論家。著書に『Eero Saarinen』（2005年）。雑誌『Architectural Design』および『Architectural Record』寄稿編集者。『Art in America』、『Artforum』、『Harvard Design Magazine』、『Journal of the Society of Architectural Historians』にも寄稿。

ジョルディ・オリベラス
カタルーニャ工科大学で建築理論と建築批評の講座を持つ。ニューヨークのコロンビア大学、ロサンゼルスのカリフォルニア大学、ロイヤル・メルボルン工科大学SIALにて客員教授。現在の研究テーマは、コンセプトとアイデアの実践としての近現代建築。

スッサン・バーバーイー
美術史家。専門はイスラム世界、特に17世紀と18世紀のペルシアの建築と写本。ルートヴィヒ・マクシミリアン大学ミュンヘン、ミシガン大学で教鞭を取っている。ロサンゼルスのゲッティ研究所客員研究員。著書に、『Isfahan and its Palaces: Statecraft, Shi'ism and the Architecture of Conviviality in Early Modern Iran』（2008年）

スティーヴ・ブリンドル
イングリッシュ・ヘリテッジのProperties Presentation部門歴史研究者。元Inspector of Ancient Monuments。建築と工学技術の歴史にかんし多数執筆。著書に、『Paddington Station: Its History And Architecture』（2004年）、『Brunel: The Man Who Built the World』（2005年）、『Shot from Above: Aerial Aspects of London』（2006年）。

スティリアーネ・フィリッポウ
建築家、建築史家。アテネ、エディンバラ、ロンドン、パリで活動。エディンバラ大学とプリマス大学で建築のデザイン、歴史、理論にかんし教鞭を取る。ブラジルのモダニズムについて世界各地で講演活動を行っている。著書に『Oscar Niemeyer: Curves of Irreverence』（2008年）。

ティム・ベントン
オープン・ユニヴァーシティ（イングランド）芸術学部名誉教授。著書に、『The Villas of Le Corbusier and Pierre Jeanneret: 1920-1930』（新版2007年）、『Le Corbusier conferencier』（2007年）。モダニズム建築、ル・コルビュジエ、1920年代と1930年代のイタリアの建築について執筆多数。「Art and Power: Europe Under the Dictators 1930-1945」（1995年）、「Art Deco」（2003年）、「Modernism: Designing a New World」（2006年）等、戦前の時代に関する展覧会の共同キュレーターも務めている。

ティモシー・ブリテン＝カトリン
著書に、『The English Parsonage in the Early Nineteenth Century』（2008年）、『Leonard Manasseh and Partners』（2010年）。建築家。20年以上にわたり雑誌『The World of Interiors』に定期寄稿。ケント大学ケント・スクール・オヴ・アーキテクチャー上級講師。ピュージン・ソサエティ発行の雑誌『True Principles』編集者。

デイヴィッド・ダンスター
元リヴァプール大学ロスコー建築学教授。キングストン大学、ユニヴァーシティ・カレッジ・ロンドン、およびヒューストンのライス大学にて教鞭を取る。世界各地で講演活動を行うほか、建築と都会をテーマに幅広く執筆。著書に、『Key Buildings of the 20th Century: Volume 1, Houses 1900-1944』（1985年）、『同 Volume 2: Houses 1945-1989』（1990年）。

ピエール・ピノン
建築家、歴史家。現在、パリ・ベルヴィル建築高等国立学校で教鞭をとる。パリの国立美術史研究所研究員。『Paris, Biographie d'une capitale』（1999年）、『Atlas du Paris haussmannien』（2002年）等のパリの歴史にかんする著作、18世紀と19世紀の建築史にかんする著作がある。

ピーター・ジョーンズ
エディンバラ大学哲学名誉教授・元人文学高等研究院ディレクター。専門はスコットランド啓蒙運動。著書に、アラップの私的な記録や資料に独占的に取材した『Ove Arup: Masterbuilder of the Twentieth Century』（2006年）。

フィリップ・プロ
建築家、プランナー。パリ・ベルヴィル建築高等国立学校で教鞭を取る。『Vauban, le style de l'intelligence: Une oeuvre source pour l'architecture contemporaine』（2008年）など軍事施設に関し多数の論文と著書がある。また、数多くのヴォーバンの要塞の修復を監督。現在、パリ造幣局の改修計画にたずさわっている。

フランシスコ・サニン
建築家。現在、ニューヨーク州シラキューズ大学大学院課程主任教授。専門は建築と都市形態の関連。これまでにプリンストン大学、ロンドンのイギリス建築協会、キングストン大学など、世界各地の多様な教育機関でも教鞭を取っている。

ベルトラン・ルモアンヌ
建築家、エンジニア。現在、パリのフランス国立科学研究センター研究ディレクター、アトリエ・インターナショナル・ド・グラン・パリのアトリエ長。建築の歴史、とくにエッフェル塔などの鉄骨建築にかんして40冊以上の著書と多数の論文がある。

ボトンド・ボグナー
イリノイ大学アーバナ・シャンペーン校建築学科教授・エドガー・A・ターフェル講座。過去35年間、日本の建築と都会化を多面的に研究。同テーマの著書・論文等多数。最近の著書に、『Beyond the Bubble: The New Japanese Architecture』（2008年）、『Material Immaterial: The New Work of Kengo Kuma』（2009年）。

執筆者一覧

マイク・クライムズ
ロンドンの英国土木学会図書館で30年以上司書を務める。主要なコンピューター化プロジェクトを監督する一方、ライフワークとする歴史研究を活用し、同学会の歴史的コレクションのプロモーションや土木工学史の啓発活動を行っている。著書に、『Civil Engineering 1839-1889: A Photographic History』(1991年)。『Biographical Dictionary of Civil Engineers in Great Britain and Ireland』(2002、2007年) 第1～2巻編者。

マーティン・ステフェンズ
ベルリンを拠点とする美術史家、作家、キュレーター。建築史や科学にかんする出版物の編集に携わる一方、美術史・文化史にかんする展覧会のキュレーターをつとめる。2008年より、ベルリン最大のアートフェスティバル「48 Stunden Neukolln (48時間ノイケルン)」の開催に携わる。著書として、シンケルにかんする『Karl Friedrich Schinkel: An Architect in the Service of Beauty』(2003年)。

マルタン・ブレッサーニ
建築家、建築史家。モントリオールのマギル大学建築学部で教鞭をとる。雑誌『Assemblage』、『Any Magazine』、『Log』等、建築について多数の書籍・学術誌に寄稿。専門は19世紀フランスの建築。現在、フランスの建築家で理論家のウジェーヌ＝エマニュエル・ヴィオレ＝ル＝デュクにかんする論文を執筆中。

リッカルド・ディリンディン
フィレンツェ大学にて建築と都市計画の歴史の博士号取得。現在はボローニャ大学視覚芸術学部勤務。専門はモダニズム、特に、テクノロジーと喜びと空間の問題。著書に、『Lo stile dell'ingegneria. Architettura e identita della tecnica tra il primo modernismo e Pier Luigi Nervi』(2010年)。

レハ・ギュナイ
建築史家。イスタンブールのミマール・シナン美術大学とイエディテペ大学で教鞭をとる。専門は、歴史的建造物の保存と建築写真。トルコの建築とシナンにかんし幅広く執筆。著書に、『Sinan: The Architect and His Works』(2002年)、『A Guide to the Works of Sinan the Architect in Istanbul』(2006年)。

ロバート・トゥオンブリ
ニューヨーク市立大学シティカレッジで建築史にかんし教鞭をとる。著書に『Louis Sullivan: His Life and Work』(1987年)、『Louis Sullivan: The Public Papers』(1988年)(編集)、『Louis Sullivan: The Poetry of Architecture』(2000年)(Narciso Menocalとの共著)。

ロバート・マックカーター
建築家、作家。現在、セントルイスのワシントン大学でルース・アンド・ノーマン・ムーア建築学教授。『Fallingwater: Frank Lloyd Wright』(1994年)、『Frank Lloyd Wright』(1997年)、『Louis I. Kahn』(2005年)、『Frank Lloyd Wright: Critical Lives』(2006年) 等、著書多数。現在はアルヴァ・アールトとカルロ・スカルパにかんする本、およびユハニ・パッラスマーとの共著による総合的入門書『Architecture as Experience』を準備中。

ロレッタ・ローランス
建築史家。ニューヨークのスクール・オヴ・ヴィジュアル・アーツで教鞭をとる。最近の著書『Becoming Bucky Fuller』(2009年)は、フラーの初期の経歴を再検討し、彼が先見性のある進歩的な賢人というペルソナをどのように形成したかを記す。

参考文献

建築のパイオニア

フィリッポ・ブルネレスキ

Bartoli, Lando, *La Rete Magica di Filippo Brunelleschi* (Florence: 1977)
Battisti, Eugenio, *Filippo Brunelleschi* (Milan: 1976)
Boraso, Stefano, *Brunelleschi 1420, Il Paradigma prospetico di Filippo di ser Brunellesco: Il caso delle tavole sperimentali ottico-prospettiche* (Padua: 1999)
Fanelli, Giovanni, *Brunelleschi* (Florence: 1980)
Filippo Brunelleschi nella Firenze del '3–'400 (Florence: 1977)
Filippo Brunelleschi, La sua opera e il suo tempo (Florence: 1977, 1980)
Klotz, Henrich, *Filippo Brunelleschi: The Early Works and the Medieval Tradition* (New York: 1990)
Manetti, Antonio di Tucci, *The Life of Brunelleschi*, intro. Howard Saalman (University Park, PA: 1970)
Ruschi, Pietro, Bomby, Carla and Tarassi, Massimo, *La Città del Brunelleschi* (Florence: 1979–80)
Saalman, Howard, *Filippo Brunelleschi: The Buildings* (London and University Park, PA: 1993)
Saalman, Howard, *Filippo Brunelleschi: The Cupola of Santa Maria del Fiore* (London: 1980)
Trachtenberg, Marvin, *The Dominion of the Eye* (Cambridge: 1997)
Vasari, G., *Lives of the Most Eminent Painters, Sculptors and Architects*, trans. G. du C. de Vere, 10 vols (London: 1912–15; rev edn New York: 1979)
Vescovini, Graziella Federici, 'La Prospettiva del Brunelleschi, Alhazen e Biagio Pelacani a Firenze', in *Filippo Brunelleschi, La sua opera e il suo tempo* (Florence: 1977, 1980), 333–48

カヴァーム・アルディーン・シーラーズィ

Golombek, Lisa, *The Timurid Shrine at Gazur Gah* (Toronto: 1969)
Golombek, Lisa and Wilber, Donald, *The Timurid Architecture of Iran and Turan*, 2 vols (Princeton: 1988)
O'Kane, Bernard, *Timurid Architecture in Khurasan* (Costa Mesa, CA: 1987)
Wilber, Donald, 'Qavam al-Din ibn Zayn al-Din Shirazi: A Fifteenth Century Timurid Architect', *Architectural History* 30 (1987), 31–44

シナン

Günay, Reha, *Sinan: The Architect and his Works* (Istanbul: 2009)
Kuran, Abdullah, *Mimar Sinan* (Istanbul: 1986)
Necipoglu, Gülru, *The Age of Sinan: Architectural Culture in the Ottoman Empire* (Princeton and London: 2005)

シャー・ジャハーン

Begley, Wayne and Desai, Z. A., *Taj Mahal: The Illumined Tomb: An Anthology of Seventeenth-Century Mughal and European Documentary Sources* (Cambridge, MA: 1989)
Begley, Wayne and Desai, Z. A., 'Ustad Ahmad', in *Macmillan Encyclopedia of Architects* (London: 1982), vol. 1, 39–42
Koch, Ebba, *The Complete Taj Mahal and the Riverfront Gardens of Agra* (London: 2006)
Koch, Ebba, *Mughal Architecture: An Outline of Its History and Development (1526–1858)* (Munich: 1991; 2nd edn New Delhi: 2002)
Nicoll, Fergus, *Shah Jahan: Rise and Fall of the Mughal Emperor* (London: 2009)
Qaisar, A. J., *Building Construction in Mughal India, The Evidence from Painting* (New Delhi: 1988)

クリストファー・レン

Campbell, James W. P., *Building St Paul's* (London: 2007)
Colvin, Sir Howard, *A Biographical Dictionary of British Architects 1600–1840* (London: 4th edn 2008)
Davies, C. S. L., 'The Youth and Education of Christopher Wren', *English Historical Review*, vol. CXXIII, no. 501 (2008), 300–301
Geraghty, Anthony, *The Architectural Drawings of Sir Christopher Wren at All Souls College, Oxford: A Complete Catalogue* (London: 2007)
Jardine, Lisa, *On a Grander Scale* (London: 2002)
Summerson, John, 'Christopher Wren: Why architecture', in *The Unromantic Castle* (London: 1990), 63–68

セバスティアン・ル・プレストル・ド・ヴォーバン

Blanchard, Anne, *Vauban* (Paris: 1996)
Faucherre, Nicolas and Prost, Philippe (eds), *Le Triomphe de la méthode: le traité de l'attaque des places de M. de Vauban ingénieur du roi* (Paris: 1992)
Monsaingeon, Guillaume, *Vauban un militaire très civil, lettres* (Tours: 2007)
Prost, Philippe, *Vauban le style de l'intelligence* (Paris: 2007)
Virol, Michèle (ed.), *Les Oisivetés de M. de Vauban* (Seyssel: 2007)

鉄の時代

トマス・テルフォード

Gibb, A., *The Story of Telford* (London: 1935)
Hadfield, C., *Thomas Telford's Temptation* (Cleobury Mortimer: 1993)
Institution of Civil Engineers, *A Collection of Works of Art and Objects of Historical Interest* (London: 1950)
Maclean, A., *Telford's Highland Churches* (Argyll: 1989)
Paxton, R. A., 'The early development of the long span suspension bridge in Britain', in *Proceedings of an International Conference on Historic Bridges* (Wheeling, WV: 1999)
Paxton, R. A., 'Review of *Thomas Telford's Temptation*', *The Institution of Civil Engineers Panel for Historical Engineering Works Newsletter*, no. 60 (December 1993), 6–7
Penfold, A. E. (ed.), *Thomas Telford: Engineer* (London: 1980)
Rolt, L. T. C., *Thomas Telford* (London: 1958)
Ruddock, T., *Arch Bridges and their Builders, 1735–1835* (Cambridge: 1979)
Smiles, S., *Lives of the Engineers*, vol. II (London: 1861)
Southey, R., *Journal of a Tour in Scotland in 1819* (London: 1929)
Southey, R., 'Review of *The Life of Thomas Telford*', *Quarterly Review*, January–March 1839
Telford, T., *The Life of Thomas Telford, Civil Engineer, Written by Himself*, ed. J. Rickman (London: 1838)

カール・フリードリヒ・シンケル

Bergdoll, Barry, *Karl Friedrich Schinkel: An Architect for Prussia* (New York: 1991)
Haupt, Andreas, *Karl Friedrich Schinkel als Künstler. Annäherung und Kommentar* (Munich and Berlin: 2001)
Schinkel, Karl Friedrich, *Sammlung architektonischer Entwürfe (Collection of Architectural Designs)* (Chicago: repr. 1981)
Snodin, Michael (ed.), *Karl Friedrich Schinkel: A Universal Man* (New Haven: 1991)
Steffens, Martin, *Karl Friedrich Schinkel 1781–1841: An Architect in the Service of Beauty* (Cologne: 2003)

ジェームズ・ボガーダス

Badger's Illustrated Catalogue of Cast-Iron Architecture [1865], intro. Margot Gayle (New York: 1981)
Bannister, Turpin, 'Bogardus Revisited', Parts I and II, *Journal of the Society of Architectural Historians*, vol. 15, no. 4 (Winter 1956), 12–22, and vol. 16, no. 1 (March 1957), 11–19
Bogardus, James [with Thomson, John W.], *Cast Iron Buildings: Their Construction and Advantages* (New York: 1856, repr. 1858); repr. in Gifford, Don (ed.), *The Literature of Architecture* (New York: 1966), 359–70, and in *The Origins of Cast Iron Architecture in America*, intro. W. Knight Sturges (New York: 1970) [n.p.]
Gayle, Margot and Gayle, Carol, *Cast-Iron Architecture in America: The Significance of James Bogardus* (New York: 1998)
Waite, John G., 'The Edgar Laing Stores (1849)', in Waite, John G. (ed.), *Iron Architecture in New York City* (Albany, NY: 1972), 1–21
Wright, David G., 'The Sun Iron Building', in Dilts, James D. and Black, Catharine G. (eds), *Baltimore's Cast-iron Buildings and Architectural Ironwork* (Centreville, MD: 1991), 22–32

ジョーゼフ・パクストン

Bird, Anthony, *Paxton's Palace* (London: 1976)
Chadwick, George F., *The Works of Sir Joseph Paxton 1803–1865* (London: 1961)
Colquhoun, Kate, *A Thing in Disguise: The Visionary Life of Joseph Paxton* (London and New York: 2003)
McKean, John, *The Crystal Palace, Joseph Paxton and Charles Fox* (London: 1994)
Piggott, Jan, *Palace of the People: The Crystal Palace of Sydenham 1854–1936* (London: 2004)
Thorne, Robert, 'Paxton and Prefabrication', in Walker, D. (ed.), *The Great Engineers: The Art of British Engineers 1837–1937* (London: 1987), pp. 52–69

ヴィクトール・バルタール

Delaborde, H., 'Architectes contemporains: Victor Baltard', *Revue des Deux-Mondes*, n. s. 2, II (15 April 1874), 788–811
Garnier, C., 'Notice sur Victor Baltard', *Séance publique annuelle de l'Institut de France* (Paris: 1874)
Lemoine, Bertrand, *Les Halles de Paris. L'histoire d'un lieu, les péripéties d'une reconstruction, la succession des projets, l'architecture d'un monument, l'enjeu d'une cité* (Paris: 1980)
Magne, A., '"Nécrologie" de V. Baltard', *Revue Générale de l'Architecture*, XXXI (1874), columns 86–88
Pinon, Pierre, *Louis-Pierre et Victor Baltard* (Paris: 2005)
Sédille, P., 'Victor Baltard, architecte', *Gazette des Beaux-Arts*, IX (May 1874), 484–96

イザムバード・キングダム・ブルネル

Brindle, Steven, *Brunel – the Man who Built the World* (London: 2005)
Brunel, Isambard, *The Life of Isambard Kingdom Brunel, Civil Engineer* (London: 1870; new edn Stroud: 2006)
Buchanan, Angus, *The Life and Times of Isambard Kingdom Brunel* (London: 2002)
Rolt, L. T. C., *Isambard Kingdom Brunel* (London: 1957)

A・W・N・ピュージン

Atterbury, Paul (ed.), *Pugin: Master of Gothic Revival* (New Haven and London: 1995)
Atterbury, Paul and Wainwright, Clive (eds), *Pugin: A gothic passion* (New Haven and London: 1994)
Hill, Rosemary, *God's Architect* (London: 2007)
Pugin, A. W. N., *Contrasts* (Salisbury: 1836; London: 1841; facsimile edn Reading: 2003)
Pugin, A. W. N., *True Principles* (London: 1841; facsimile edn Reading: 2003)
Stanton, Phoebe, *Pugin* (London: 1971)

ウジェーヌ=エマニュエル・ヴィオレ=ル=デュク

Auzas, Pierre-Marie (ed.), *Actes du colloque international Viollet-le-Duc, Paris 1980* (Paris: 1980)
Baridon, Laurent, *L'imaginaire scientifique de Viollet-le-Duc* (Paris: 1996)
Bergdoll, Barry (intro.), *The Foundations of Architecture: Selections from the 'Dictionnaire raisonné'* (New York: 1990)
Camille, Michael, *The Gargoyles of Notre-Dame: Medievalism and the Monsters of Modernity* (Chicago and London: 2009)
Damish, Hubert (intro.), *L'architecture raisonnée, extraits du Dictionnaire de l'architecture française* (Paris: 1964), 9–26
Foucart, Bruno (ed.), *Viollet-le-Duc* (Paris: 1980)
Leniaud, Jean-Michel, *Viollet-le-Duc ou les délires du système* (Paris: 1994)
Summerson, John, 'Viollet-le-Duc and the Rational Point of View' [1947], in *Heavenly Mansions and other Essays* (New York: 1998), 135–58

ジョン・ファウラー

Chrimes, M. M., 'Sir John Fowler – engineer or manager', *Institution of Civil Engineers Proceedings: Civil Engineering*, 97 (1993), 135–43
Engineering, 4 (1867), 556–59
Humber, W. (ed.), *A Record of the Progress of Modern Engineering*, 4 (1866)
Lee, R., *Colonial Engineer: John Whitton 1819–1898 and the Building of Australia's Railways* (Sydney: 2000)
Mackay, T., *Life of Sir John Fowler* (London: 1900)
Paxton, R. A. (ed.), *100 Years of the Forth Bridge* (London: 1990)
Westhofen, W., *The Forth Bridge* (London: 1890), 64–69

コンクリートと鋼鉄

ジュゼッペ・メンゴーニ

Chizzolini, Gerolamo and Poggi, Felice, 'Piazza del Duomo e Galleria Vittorio Emanuele', in *Milano tecnica dal 1859 al 1884* (Milan: 1885), 195–220
Flory, Massimiliano Finazzer and Paoli, Silvia, *La Galleria di Milano: lo spazio e l'immagine* (Milan: 2003)
Fontana, Vincenzo and Pirazzoli, Nullo, *Giuseppe Mengoni, 1829–1877: un architetto di successo* (Ravenna: 1987)
Gioeni, Laura, *L'affaire Mengoni. La piazza Duomo e la Galleria Vittorio Emanuele di Milano. I concorsi, la realizzazione, i restauri* (Milan: 1995)
Guadet, Julien, *Eléments et théorie de l'architecture*, vol. IV, *Les éléments de la composition* (Paris: 1880), 85–87
Guccini, Anna Maria, 'Giuseppe Mengoni: formazione e professione dai disegni dell'Archivio di Fontanelice', in Guccini, Anna Maria (ed.), *La memoria disegnata, Atti delle Giornate di Studi Mengoniani* (Bologna: 2004), 145–56
Jorini, F. A., 'La cupola della Galleria Vittorio Emanuele', *L'Edilizia Moderna* (1892), 4–6
Ricci, Giulio, *La vita e le opere dell'architetto Giuseppe Mengoni* (Bologna: 1930)
Selvafolta, Ornella, 'Il contratto di costruzione della Galleria Vittorio Emanuele II', in *Il modo di costruire* (Rome: 1990), 433–46
Selvafolta, Ornella, 'La Galleria Vittorio Emanuele II di Milano', in Castellano, Aldo and Selvafolta, Ornella (eds), *Costruire in Lombardia. Aspetti e problemi di storia edilizia* (Milan: 1983), 221–65

ウィリアム・ル・バロン・ジェニー

Condit, Carl, *The Chicago School of Architecture* (Chicago: 1975)
Larson, Gerald R., 'Toward a Better Understanding of the Evolution of the Iron Skeleton Frame in Chicago', *Journal of the*

Society of Architectural Historians, vol. XLVI (March 1987), 39-48
Turak, Theodore, *William Le Baron Jenney: A Pioneer of Modern Architecture* (Ann Arbor, MI: 1986)
Zukowski, John (ed.), *Birth of a Metropolis* (Chicago: 1987)

ギュスターヴ・エッフェル

Bermond, D., *Gustave Eiffel* (Paris: 2002)
Carmona, M., *Eiffel* (Paris: 2002)
Deschodt, E., *Gustave Eiffel: Un illustre inconnu* (Paris: 2003)
Eiffel, G., *La Tour de trois cents metres* (Paris: 1900; rev edn, 2 vols, ed. B. Lemoine, Cologne: 2006)
Lemoine, B., *Gustave Eiffel* (Paris: 1984)
Lemoine, B., *La Tour de Monsieur Eiffel* (Paris: 1989)
Loyrette, H., *Gustave Eiffel* (Paris: 1986)
Marrey, B., *La Vie et l'œuvre extraordinaire de Monsieur Gustave Eiffel ingénieur* (Paris: 1984)
Mathieu, C. (ed.), *Gustave Eiffel: Le Magicien du fer* (Paris: 2009)
Poncetton, F., *Eiffel: Le Magicien du fer* (Paris: 1939)

フランソワ・アネビク

Collins, P., *Concrete: The Vision of a New Architecture* (London: 1959)
Cusack, P., 'Architects and the reinforced concrete specialist in Britain, 1905-08', *Architectural History*, vol. XXIX (1986), pp. 183-96
Delhumeau, Gwenaël, *L'invention du Béton Armé: Hennebique, 1890-1914* (Paris: 1999)
Gubler, J., 'Les beautés du béton armé', in Gubler, J., *Motion, emotions: Thèmes d'histoire et d'architecture* (Gollion: 2003)
Simonnet, Cyrille, *Le Béton: Histoire d'un matériau* (Marseilles: 2005)

アントニ・ガウディ

Collins, G. R., *Antonio Gaudí* (New York: 1960)
Collins, G. R., Bassegoda i Nonell, J. and Alex, W., *Antonio Gaudí: Designs and Drawings* (New York: 1968)
De Solà-Morales, I. and Catalá Roca, F., *Gaudí* (Stuttgart: 1983)
Lahuerta, J. J., *Antoni Gaudí 1852-1926: Architecture, Ideology and Politics* (Milan: 2003)
Martinell, C., *Gaudí: His Life, His Theories, His Work* (Barcelona: 1975)
Sert, J. L. and Sweeney, J. J., *Antoni Gaudí* (London: 1960)

ルイス・H・サリヴァン

De Wit, Wim (ed.), *Louis H. Sullivan: The Function of Ornament* (New York: 1986)
Schmitt, Ronald E., *Sullivanesque: Urban Architecture and Ornamentation* (Chicago: 2002)
Twombly, Robert, *Louis Sullivan: His Life and Works* (New York: 1986)
Twombly, Robert (ed.), *Louis Sullivan: The Public Papers* (Chicago: 1988)
Weingarden, Lauren S., *Louis H. Sullivan: The Banks* (Cambridge, MA: 1987)

フランク・ロイド・ライト

Levine, Neil, *Frank Lloyd Wright, Architect* (Princeton: 1997)
Lipman, Jonathan, *Frank Lloyd Wright and the Johnson Wax Buildings* (New York: 1986)
McCarter, Robert, *Frank Lloyd Wright* (London: 1997)
McCarter, Robert (ed.), *On and By Frank Lloyd Wright: A Primer of Architectural Principles* (London: 2005)
Riley, Terrence (ed.), *Frank Lloyd Wright, Architect* (New York: 1994)
Sergeant, John, *Frank Lloyd Wright's Usonian Houses* (New York: 1976)

オーギュスト・ペレ

Britton, Karla, *Auguste Perret* (London: 2001)
Cohen, Jean-Louis, Abram, Joseph and Lambert, Guy, *Encyclopédie Perret* (Paris: 2002)
Collins, Peter, *Concrete: The Vision of a New Architecture* (London: 1959)
Culot, Maurice et al., *Les Frères Perret: L'oeuvre complete* (Paris: 2000)
Frampton, Kenneth, *Studies in Tectonic Culture* (Cambridge, MA: 1995)
Gargiani, Roberto, *Auguste Perret, 1874-1954* (Milan: 1993)

ルートヴィヒ・ミース・ファン・デル・ローエ

Banham, Reyner, *Design by Choice* (London: 1981)
Carter, Peter, *Mies van der Rohe at Work* (London: 1999)
Mertins, Detlef (ed.), *The Presence of Mies* (Princeton: 1996)
Neumeyer, Fritz, *The Artless Word: Mies van der Rohe on the Building Art*, trans. Mark Jarzombek (Cambridge, MA: 1994)
Oechslin, Werner et al., *Mies van der Rohe in America* (New York: 2001)
Schulze, Franz, *Mies van der Rohe: A Critical Biography* (Chicago: 1995)
Spaeth, David, *Mies van der Rohe* (London and New York: 1985)

ル・コルビュジエ

Benton, T., *The Villas of Le Corbusier and Pierre Jeanneret 1920–1930* (Basel and Boston: 2007)

Curtis, W., *Le Corbusier: Ideas and Forms* (London: 1986)

Le Corbusier, Cohen, J.-L. et al., *Toward an Architecture* (Los Angeles: 2007)

Moos, S. von, *Le Corbusier: Elements of a synthesis* (Rotterdam: 2009)

Samuel, F., *Le Corbusier in Detail* (Amsterdam, Boston and London: 2007)

コンスタンティン・メーリニコフ

Khan-Magomedov, S., *Konstantin Melnikov* (Stroyizdat: 1990)

Lukhmanov, N., *Club Architecture* (Moscow: 1930)

Pallasmaa, Juhani with Gozak, Andrei, *The Melnikov House* (London: 1996)

Starr, F., *Melnikov: Solo Architect in a Mass Society* (Princeton: 1978)

Strigalev, A. and Kokkinaki, I., *Konstantin Stepanovich Melnikov: World of the Artist* (Moscow: 1985)

ピエール・ルイージ・ネルヴィ

Dirindin, Riccardo, *Lo stile dell'ingegneria. Architettura e identità della tecnica tra il primo modernismo e Pier Luigi Nervi* (Venice: 2010)

Huxtable, Ada Louise, *Pier Luigi Nervi* (New York, London and Milan: 1960)

Nervi, Pier Luigi, *Aesthetics and Technology in Building* (Cambridge, MA: 1965)

Nervi, Pier Luigi, *Costruire correttamente. Caratteristiche e possibilità delle strutture cementizie armate* (Milan: 1955, 2nd edn 1965; New York: 1956)

Olmo, Carlo and Chiorino, Cristiana (eds), *Pier Luigi Nervi. Architecture as Challenge* (Cinisello Balsamo [Milan]: 2010)

新しいヴィジョン

R・バックミンスター・フラー

Baldwin, J., *BuckyWorks* (New York: 1997)

Chu, Hsiao-Yun and Trujillo, Roberto, *New Views on Buckminster Fuller* (Stanford, CA: 2009)

Fuller, R. B. with Marks, R. W., *The Dymaxion World of Buckminster Fuller* (New York: 1963, repr. 1973)

Gorman, Michael John, *Designing for Mobility* (Milan and New York: 2005)

Lorance, Loretta, *Becoming Bucky Fuller* (Cambridge, MA: 2009)

Zung, Thomas T. K., *Buckminster Fuller: Anthology for a New Millennium* (New York: 2002)

オヴ・アラップ

Drew, Philip, *The Masterpiece: Jørn Utzon, A Secret Life* (Melbourne: 1999)

Francis, A. J., *The Cement Industry, 1796–1914: A History* (Newton Abbot: 1977)

Hoggett, Peter (ed.), 'Ove Arup's 90th Birthday Issue', *The Arup Journal*, vol. 20, 1 (Spring 1985)

Jones, Peter, *Ove Arup, Masterbuilder of the Twentieth Century* (New Haven and London: 2006)

Morreau, Patrick (ed.), *Ove Arup 1895–1988* (London: 1988)

Saint, Andrew, *Architect and Engineer: A Study in Sibling Rivalry* (New Haven and London: 2007)

Sommer, Degenhard, Stöcher, Herbert and Weisser, Lutz, *Ove Arup & Partners* (Basel: 1994)

ルイス・I・カーン

Brownlee, David and De Long, David, *Louis I. Kahn: In the Realm of Architecture* (New York: 1991)

Gast, Klaus-Peter, *Louis I. Kahn: The Idea of Order* (Basel: 1998)

Giurgola, R., *Louis I. Kahn* (Boulder, CO: 1975)

Latour, Alessandra (ed.), *Louis I. Kahn: Writings, Lectures, Interviews* (New York: 1991)

Leslie, Thomas, *Louis. I. Kahn: Building Art, Building Science* (New York: 2005)

McCarter, Robert, *Louis I. Kahn* (London: 2005)

ジャン・プルーヴェ

Archieri, Jean-François and Levasseur, Jean-Pierre, *Jean Prouvé, cours du CNAM/1957–1970* (Liège: 1990)

Jean Prouvé, La poétique de l'objet technique (Weil am Rhein: 2004)

Lavalou, Armelle (ed.), *Jean Prouvé par lui-même* (Paris: 2001)

Peters, Nils, *Jean Prouvé* (Cologne: 2006)

Sulzer, Peter, *Jean Prouvé, Œuvre complète*, 4 vols (Basel: 1995–2008)

オスカー・ニーマイヤー

Deckker, Zilah Quezado, *Brazil Built: The Architecture of the Modern Movement in Brazil* (New York: 2001)

Evenson, Norma, *Two Brazilian Capitals: Architecture and Urbanism in Rio de Janeiro and Brasília* (New Haven and London: 1973)

Niemeyer, Oscar, *The Curves of Time: The Memoirs of Oscar Niemeyer* (London: 2000)
Philippou, Styliane, *Oscar Niemeyer: Curves of Irreverence* (New Haven and London: 2008)
Schwartz, Jorge (ed.), *Brasil 1920–1950: De la Antropofagia a Brasília* (Valencia: 2000)
Vidal, Laurent, *De Nova Lisboa à Brasília: l'invention d'une capitale (XIXe–XXe siècles)* (Paris: 2002)

エーロ・サーリネン

De Long, David G. and Peatross, C. Ford (eds), *Eero Saarinen: Buildings from the Balthazar Korab Archive* (New York: 2008)
Merkel, Jayne, *Eero Saarinen* (New York: 2005)
Nakamura, Toshio (ed.), 'Eero Saarinen', *Architecture and Urbanism*, extra edn, no. A+U E8404 (April 1984)
Pelkonen, Eeva-Liisa and Albrecht, Donald (eds), *Eero Saarinen: Shaping the Future* (New Haven: 2006)
Román, Antonio, *Eero Saarinen: An Architecture of Multiplicity* (New York: 2003)
Saarinen, Aline (ed.), *Eero Saarinen on His Work* (London and New Haven: 1962)
Temko, Allan, *Eero Saarinen* (New York: 1962)

フライ・オットー

Burkhardt, Berthold (ed.), *Frei Otto: Schriften und Reden 1951–1983* (Braunschweig and Wiesbaden: 1984)
Mitteilungen des Instituts für Leichte Flächentragwerke, Universität Stuttgart, 40 vols (German and English) (Stuttgart: 1969–2004)
Nerdinger, Winfried (ed.), *Frei Otto Complete Works: Lightweight Construction, Natural Design* (Basel, Boston and Berlin: 2005)
Otto, Frei, *Das hängende Dach* (Berlin: 1954)
Otto, Frei and Rasch, Bodo, *Finding Form: Towards an Architecture of the Minimal* (Stuttgart: 1995)
Roland, Conrad, *Frei Otto Structures* (London: 1970)
Wilhelm, Karin, *Architekten heute: Portrait Frei Otto* (Berlin: 1985)

フランク・ゲーリー

Dal Co, Francesco and Forster, Kurt W., *Frank O. Gehry: The Complete Works* (New York: 1998)
Friedman, Mildred, *Gehry Talks* (London: 2003)
Ragheb, J. Fiona (ed.), *Frank Gehry, Architect* (New York: 2001)

丹下健三

Bettinotti, Massimo (ed.), *Kenzo Tange 1946–1996: Architecture and Urban Design* (Milan: 1996)
Bognar, Botond, *Contemporary Japanese Architecture* (New York: 1985)
Boyd, Robin, *Kenzo Tange* (New York: 1962)
Kulterman, Udo (ed.), *Kenzo Tange 1946–1969: Architecture and Urban Design* (London: 1970)
Sharp, Dennis, 'Kenzo Tange (1913–2005)', *The Architectural Review*, vol. 217 (May 2005), p. 36.
Stewart, David, *The Making of a Modern Japanese Architecture* (Tokyo and New York: 1987)

ノーマン・フォスター

Jenkins, David, *Foster Catalogue* (Munich, New York and London: 2008)
Jenkins, David (ed.), *Norman Foster, Works*, 5 vols (Munich, New York and London: 2003–)
Pawley, Martin, *Norman Foster: A Global Architecture* (London: 1999)
Sudjic, Deyan, *Norman Foster: A Life in Architecture* (London: 2010)

サンティアゴ・カラトラバ

Kent, Cheryl, *Santiago Calatrava* (New York: 2005)
Levin, Michael, *Santiago Calatrava: Artworks* (Basel: 2003)
Tzonis, Alexander, *Santiago Calatrava: The Complete Works* (New York: 2004, 2nd edn 2007)
Tzonis, Alexander, *Santiago Calatrava: The Poetics of Movement* (New York and London: 1999)
Tzonis, Alexander and Caso Donadei, Rebecca, *Calatrava: The Bridges* (New York and London: 2005)
Tzonis, Alexander and Lefaivre, Liane, *Santiago Calatrava: Creative Process*, 2 vols (Basel: 2001)

隈 研吾

Alini, Luigi, *Kengo Kuma: Works and Projects* (Milan: 2005)
Bognar, Botond, *Kengo Kuma: Selected Works* (New York: 2005)
Bognar, Botond, *Material Immaterial: The New Work of Kengo Kuma* (New York: 2009)
Futagawa, Yukio (ed.), *Kengo Kuma: Recent Projects* (Tokyo: 2009)
Houdart, Sophie and Chihiro, Minato, *Kuma Kengo. An unconventional monograph* (Paris: 2009)
Yoshida, Nobuyuki (ed.), 'Kengo Kuma', *The Japan Architect*, no. 38, special issue (Winter 2000)

図版出典

a = above; b = below; c = centre
1 Photo Scala, Florence – courtesy of the Ministero Beni e Att. Culturali; 2–3 National Media Museum/Science and Society Picture Library; 4–5 istockphoto.com; 6 Photo Will Pryce © Thames & Hudson Ltd, London; 7 Erich Lessing/akg-images; 8–9 British Library, London; 10 Photo Angelo Hornak; 11 British Library/akg-images; 12 Courtesy the Institution of Civil Engineers, London; 13 From *Dictionnaire raisonné de l'architecture française du XIe au XVIe siècle*, vol. 4 (Paris: 1859); 14 Chicago Architectural Photographing Company; 15 © Arcaid/Alamy; 17 Time Life Pictures/Getty Images; 18 © Edmund Sumner/VIEW; 23 Photo Scala, Florence – courtesy of Musei Civici Fiorentini; 24 Photo Scala, Florence – courtesy of the Ministero Beni e Att. Culturali; 26 Brancacci Chapel, Santa Maria del Carmine, Florence; 27 Alinari Archives, Florence; 30 B. O'Kane/Alamy; 31 © Corbis; 33 © Sheila Blair and Jonathan Bloom. Courtesy of the Aga Khan Visual Archive, MIT; 34 Rijksmuseum, Amsterdam; 35 Photo Scala, Florence; 36 Museo Nazionale del Bargello, on loan to the Piccolo Museo, Palazzo Strozzi, Florence; 37 Alinari Archives, Florence; 39 Photo Scala, Florence – courtesy of the Ministero Beni e Att. Culturali; 41 Jon Arnold/awl-images; 42 © Reha Günay; 43 Gérard Degeorge/akg-images; 44 © Reha Günay; 46 Freer Gallery of Art, Washington, DC (39.49);; 49, 50 © Ebba Koch; 51 From *Royal Society Register Book Original*, II, pp. 321–22, dated 4 December 1663; 53, 54 The Warden and Fellows of All Souls College, Oxford; 55 Sir John Soane's Museum, London; 57 © Chris Andrews/Oxford Picture Library; 58 Master and Fellows of Trinity College, Cambridge; 59 Bodleian Library, Oxford; 61 Guillo/Archives CDA/akg-images; 62 École Supérieure et d'Application du Génie, Angers/Giraudon/Bridgeman Art Library; 63 Guillo/Archives CDA/akg-images; 64 Georg Gerster/Panos Pictures; 65 Collection du ministère de la défense, Service Historique de la Défense, Département de l'armée de terre, France; 68, 69, 70 Courtesy the Institution of Civil Engineers, London; 71 Photo Stefan Schaffer; 72, 73 Courtesy the Institution of Civil Engineers, London; 75, 77 Nationalgalerie, Staatliche Museen zu Berlin; 78 SSG Potsdam-Sanssouci; 80 Nationalgalerie, Staatliche Museen zu Berlin; 81 Courtesy the Newington-Cropsey Foundation; 83 Mary Evans Picture Library; 84 Courtesy the Baltimore Sun Company, Inc. All Rights Reserved; 85 from Bogardus, J., *Cast Iron Buildings* (1856). Courtesy Peabody Essex Museum, Salem, Massachusetts; 86 Collection of Wayne Colwell; 87 RIBA Drawings Photographs Collection, London; 88 Liverpool Record Office, Liverpool Libraries; 89 © Country Life; 90–91 RIBA Library Drawings Collection, London; 93 V&A Images, Victoria and Albert Museum, London; 94 RIBA Library Drawings Collection, London; 95 Bibliothèque nationale de France, Paris; 96 Bibliothèque de l'Ecole nationale supérieure des beaux arts, Paris; 97 Patrick Müller © Centre des monuments nationaux; 98, 99 Bibliothèque historique de la Ville de Paris; 100 Science Museum Pictorial/Science and Society Picture Library; 101 © Robert Harding Picture Library Ltd/Alamy; 102 National Railway Museum/Science and Society Picture Library; 103 NRM – Pictorial Collection/Science and Society Picture Library; 104 Science and Society Picture Library; 106 With the permission of the University of Bristol Library Special Collections (ref. DM162/8/1/1/Sketchbook 1852–1854/f. 18); 107 Palace of Westminster, London; 108 V&A Images, Victoria and Albert Museum, London; 109 © Martin Charles; 111 RIBA Library Drawings Collection; 112 Courtesy The Landmark Trust; 113 From *Dictionnaire raisonné de l'architecture Française du XIe au XVIe siècle*, vol. 4 (Paris: 1859); 114 © Ministère de la Culture – Médiathèque de l'Architecture et du Patrimoine, Dist. RMN/photo RMN; 115 Alinari/Bridgeman Art Library; 116, 117 From *Entretiens sur l'architecture*, Paris, first issued in 1868; 118 © Ministère de la Culture – Médiathèque du Patrimoine, Dist. RMN/photo RMN; 119 from Mackay, T., *Life of J. Fowler* (London: 1900); 120, 122, 123 Courtesy The Institution of Civil Engineers, London; 125 PLA collection/Museum of London; 129 © Bettmann/Corbis; 130, 131 Achille Bertarelli Print Collection, Milan; 132 Biblioteca Trivulziana and Archivio Storico Civico, Milan; 133 Civico Archivio Fotografico, Milan; 134 Ryerson and Burnham Libraries Book Collection, Ryerson and Burnham Archives, The Art Institute of Chicago. Digital File No. DFRWCE.Port_Jenney; 135 Photo J.W. Taylor (Chicago), *c.* 1890s. HALIC, The Art Institute of Chicago. Digital File No. 16473; 136 From *Industrial Chicago* (Chicago: 1891); 137 Photo J. W. Taylor (Chicago), 1913. HALIC, The Art Institute of Chicago; 138 Library of Congress, Washington, DC; 139 Photo C. D. Arnold. World's Columbian Exposition Photographs by C. D. Arnold, The Art Institute of Chicago. Digital File No. 198902.03_067-104; 140 ND/Roger-Viollet/Topfoto; 143 © David Bagnall/Alamy; 144–45 Musée Carnavalet/Roger-Viollet/Topfoto; 146, 147 Roger-Viollet/Topfoto; 148 From Mollins, S. de, 'Le béton de ciment armé, procédé Hennebique', *Bulletin de la Société vaudoise des ingénieurs et des architectes*, 1893, pl. 22; 150 CNAM/SIAF/Cité de l'architecture et du patrimoine /Archives d'architecture du XXe siècle; 151 Courtesy Gwenaël Delhumeau; 152 CNAM/SIAF/Cité de l'architecture et du patrimoine/Archives d'architecture du XXe siècle; 154 Iberfoto/AISA; 155 Cátedra Gaudí Archives ETSAB-UPC; 156 J. Bedmar/Iberfoto/AISA; 158 Cátedra Gaudí Archives ETSAB-UPC; 159 Private collection; 160 Jordi Camí/Alamy; 161 Ricatto/Iberfoto (AISA); 162 Sullivaniana Collection, The Art Institute of Chicago. Digital File No. 193101.080623-01; 163 J. W. Taylor (Chicago), *c.* 1890s. HALIC, The Art Institute of Chicago. Digital File No. 49666; 164 Photo Richard Nickel, courtesy John Vinci; 165 Chicago Architectural Photographing Company; 167, 168 Photo courtesy Robert Twombly; 171 Courtesy Special Collections Research Center, University of Chicago Library; 172 From *Frank Lloyd Wright: Ausgeführte Bauten* (Berlin: 1911); 173 © Richard A. Cooke/Corbis; 174 RIBA Library Photographs Collection; 176 Photograph David Heald © The Solomon R. Guggenheim Foundation, New York; 179 © Albert Harlingue/Roger-Viollet/Topfoto; 180, 181, 182 CNAM/SIAF/CAPA, Archives d'architecture du XXe siècle/Auguste Perret/UFSE/SAIF/année; 184 Bibliothèque de la Ville, La Chaux-de-Fonds, Switzerland, Fonds Le Corbusier; 185, 186 © FLC/ADAGP, Paris and DACS, London 2011; 187a © Bildarchiv Monheim GmbH/Alamy; 187b © Peter Cook/VIEW; 189 Franz Hubmann/Imagno/akg-images; 190, 191a Photo Tim Benton; 191b © Olivier Martin Gambier/Artedia/VIEW; 193 Hedrich Blessing/arcaidimages.com; 194 Digital image Mies van der Rohe/Gift of the Arch./MoMA/Scala. © 2011 The Museum of Modern Art, New York; 195 © Klaus Frahm/artur; 197 © Martine Franck/Magnum Photos; 198 RIBA Library Photographs Collection, London; 199 Canadian Centre for Architecture, Montreal; 202, 204 Centro archivi MAXXI architettura, Rome; 205 RIBA Library Photographs Collection, London; 209, 211, 213, 214, 215, 216 Courtesy the Estate of R. Buckminster Fuller; 217, 218 © Arup; 219 RIBA Library Drawings Collection, London; 220 State Library of New South Wales. Courtesy Jan Utzon; 221 © Arup; 224 Louis I. Kahn Collection, The University of Pennsylvania and the Pennsylvania Historical and Museum Commission. Photo Lionel Freedman; 227 © Peter Cook/VIEW; 228 © Michel Denance/Artedia/VIEW; 229 © Collection Centre Pompidou, Dist. RMN/Jean-Claude Planchet/Georges Meguerditchian/photo RMN; 231 Fonds J. Prouvé. Bibliothèque Kandinsky, Centre Pompidou, MNAM, Paris; 232 © Lucien Hervé/Artedia/VIEW; 233 Fonds J. Prouvé. Bibliothèque Kandinsky, Centre Pompidou, MNAM, Paris; 234 © Marcelo Sayao/epa/Corbis; 235, 237, 238 © Styliane Philippou; 239 © Alan Weintraub/Arcaid/Corbis; 241 © Charles E. Rotkin/Corbis; 242, 243 Manuscripts and Archives, Yale University Library, New Haven; 245, 246 © Balthazar Korab Ltd; 247 © Bettmann/Corbis; 248 Architectural Press Archive/RIBA Library Photographs Collection; 250 Photolibrary; 251 RIBA Library Photographs Collection; 252 © Roland Halbe/artur; 254 © Douglas Kirkland/Corbis; 255 Photo T. Kitajima; 256 © Marie Velasco; 257 Image courtesy Gehry Partners, LLP; 258 © Luc Boegly/Artedia/VIEW; 260 www.studiom-miami.com; 263 Courtesy Tange Associates; 264 Photo Akio Kawasumi. Courtesy Tange Associates; 265 Photo courtesy Shinkenchiku-sha Co., Ltd; 266 Photo by Osamu Murai; 267 Photo courtesy Shinkenchiku-sha Co., Ltd; 269 Photo Will Pryce © Thames & Hudson Ltd, London; 270 © Norman Foster; 271 © Ian Lambot; 272 © Construction Photography/Corbis; 274a Photo © Rudi Meisel, Berlin; 274b Foster + Partners; 275 Photo Will Pryce © Thames & Hudson Ltd, London; 276 Foster + Partners; 277 Santiago Calatrava, Architect & Engineer; 279a, 279c, 279b Palladium Photodesign/Oliver Schuh – Barbara Burg. Courtesy Santiago Calatrava, Architect & Engineer; 280a, 280b Santiago Calatrava, Architect & Engineer; 282 Palladium Photodesign/Oliver Schuh – Barbara Burg. Courtesy Santiago Calatrava, Architect & Engineer; 283 Santiago Calatrava, Architect & Engineer; 284 Alan Karchmer. Courtesy Santiago Calatrava, Architect & Engineer; 287, 288, 289a, 289b © Botond Bognar

索引

イタリック体は図版ページ。

【ア】
アイアンブリッジ 69
アイゼンハワー、ドワイト・D 260
アイゼンマン、ピーター 259
アウエルシュタット 76
アクバラバディ・マハル 47
アクバル 45, 47
アーグラー
　アーグラー城 47
　タージ・マハル 7, 20, 45, 46–48, 50, *50*
　モーティ・マスジド（真珠のモスク） 48
アーサフ・ハーン 48
アストルガの司教館 154
アーツ・アンド・クラフツ運動 14
アップルビー 56, 59
アト 60
アテネ、アクロポリス 80
　空港 244
アドラー、ダンクマール 162–63
アドラー＆サリヴァン 162, 163, *163, 165*
アナハイム、ディズニー・コーポレーション社屋 256
アネビク、フランソワ 15, 127, 148–52, 179
アバディーン 72
アビンドン・タウンホール 56
アマン＆ホイットニー社 244, 246
アミアン 178
　アミアンの大聖堂 113
　オテル・ド・ヴィル（市庁舎） 98
アーメダバード
　インド経営大学 226
　サラバイ邸 194
アラスの城塞 *61*, 65
アルヴァ・アールト 254
アルキメデス号 105
アールデコ 240
アルハーゼン 28
アルバート公 90
アルベルティ、レオン・バッティスタ 25, 27, 34–36
アールヌーヴォー 113, 164, 229
アレッツォ 38
アングル、J.-A.-D. 98
アンゴラのアメリカ大使館 228
アンリ・ジョレ 132
イェヴェレ、ヘンリー 10, *10*
イェナ 76
　ツァイス1型プラネタリウム 213
石巻市、北上川運河交流館・水の洞窟 286
イスタンブール
　エディルネカピ・ミフリマ・モスク 42
　カドゥルガ・ソコルル・モスク 42
　スレイマニエ・モスク 40, *41, 44*, 44
　聖ソフィア大聖堂（アヤソフィア） 40, 42, 44
磯崎新 261, 265
イートン・カレッジ 56
イプスウィッチ、ウィリス・ファーバー・アンド・デュマ本社 269, 270
イマーム・レザー 31
イムホテプ *7*, 7
ヴァイル・アム・ライン、ヴィトラ社社屋 256, *256*
ヴァーグナー、オットー 179
ヴァザーリ、ジョルジョ 10, 27, 36
ヴァスムート社 170
ヴァチカン市国、パウロ6世ホール 204
ボルジアの塔 38
ヴァルター・バウアースフェルト 213
ヴァレリー、ポール 183
ヴィオレ＝ル＝デュク、ウジェーヌ＝エマニュエル 13, 14, 67, 113, 113–18, 127, 179
ウィカムのウィリアム 10
ウィチタ・ハウス 212
ヴィテルボ 35
　サンティッシマ・トリニタ教会 39
ウィトルウィウス 34
ヴィラ・マリアーナ 37
ウィリアム・カーティス 286
ウィリアム3世とメアリ2世、イングランド国王・女王 56
ウィリアムズバーグ 56
ウィリアム・フェアバーン 123
ウィルキンズ、ジョン 52
ヴィルジュイフの学校 232, *232*
ウィルソン、ウィリアム 120
ヴィルフランシュ＝ド＝コンフラン 65
ヴィルロジュー、ミシェル 207, 276
ウィンザー城 52
　コートハウス 56
ウィンズロー・ホール 56
ウィンチェスター・カレッジ 10
ヴヴェー 147
ヴェズレー、ラ・マドレーヌ聖堂 113, *114*, 114–15
ヴェネツィア 82
　パラッツォ・デイ・コングレッシ（会議場） 228
ヴェルサイユ 11, 21, 64, 190, 191
ヴェルダン 48
ヴェルデ、アンリ・ヴァン・デ 180
ヴェンチューリ、ロバート 255
ウォード、セス 52
ウォーバーン・アビー 89
ヴォーバン、セバスチャン・ル・プレストル・ド 11, 21, 60–65, 66
ウォリス、ジョン 52
ウジェーヌ・フレシネ 127
ウジェーヌ・ボードゥアン 230
ウツソン、ヨーン *7*, 206, *220*, 222, 259
ウルビーノ 36
エヴィアンの水飲み場 *229*, 232
エウクレイデス 28
エクセター、フィリップス・エクセター・アカデミー図書館 226
エジディオ・ダ・ヴィテルボ枢機卿 39
エジソン、トーマス 15
エスクデール 68
エッセン、DEUBAU ドイツ建築見本市 252
エッフェル、ギュスターヴ 65, 126, *140*, 141–47
エディンバラ 68, 72
　ディーン・ブリッジ 70
エドワード1世、イングランド国王 11
エマソン、ラルフ・ウォルドー 170
エリザベス2世、イギリス女王 222
エルキンズ・パーク、ベス・ショローム・シナゴーグ 176
エルサレム、コーズ橋 *282*, 283
オヴ・アラップ 184, 206, 217, 217–22, 270, 275, 276
大阪
　朝日放送新社屋 286
　LVMH大阪（エトワール心斎橋） 286
　お祭り広場、1970年万博 267, *267*
大島、亀老山展望台 286
オークパーク、ユニティ・テンプル 16, 172, *173*
オスマン、ジョルジュ＝ウジェーヌ *97*, 98
オーチス、エリシャ 15, 67
オックスフォード大学 55, 56
オール・ソウルズ・カレッジ 52
クライスト・チャーチ 21
シェルドニアン・シアター 54
セント・ジョンズ・カレッジ 52
大学付属博物館 67
ニュー・カレッジ 10
ボドリアン図書館 59, *59*
オットー、フライ 19, 157, 207, *247*, 247–53
「北極の街」プロジェクト *247*, 253
オーディッシュ、R・M 67
尾花沢市、銀山温泉藤屋 288, 288
オルヴィエト航空機格納庫 202
オルシーニ、アルフォンシーナ 39
オルベテッロ航空機格納庫 202, *202*
オルムステッド、フレデリック・ロー 134
オレロン島 64
オリアンダ 80, *80*
オワトナ、銀行 167
オンドュロア、プエルト橋 282

【カ】
カイロ、アジャンス・アネビク 152
カヴァーム・アルディーン・シーラーズィ 10, 20, 29–33
ガウディ、アントニ 15, 127, 153–51
ガウハール・シャード 29, 32
　のモスク *30, 31*, 31
カサブランカ 178
カシュミール 48
　シャーリーマール庭園 46, 47
カッセル連邦庭園見本市 249
ガデ、ジュリアン 131, 179
カブール、ウルタ・バーグ 46
カーボンデール、ハウス 216
カーム＝シュル＝メール 256
カーライル 72
カラトラバ、サンティアゴ 19, 207, 277–84
「吊るされた虚空あるいは識別する目」 281
ガラビ橋 142, *143*
カラーファ航海卿、オリヴィエロ 37
カリフォルニア州ヴェニスビーチ、シャイアット・デイ広告代理店本社ビル 256
カルカソンヌ 113
ガレ、エミール 229
カレドニアン運河 70, *73*
カレ、フェリックス＝エマニュエル 98–99
カンヌの野外劇場 250
カンタベリー大聖堂 10
カンビオ、アルノルフォ・ディ 22, 25, 26
カーン、ルイス 16, 206, 223–28, 268
ギブソン、ジョン 88
ギベルティ、ロレンツォ 23
ギャーシーヤ・マドラサ 32–33, *33*
キュー王立植物園 66
教皇アレクサンデル6世 36
京都
東寺講堂 *6*
Yien East 288
クイーンアリア空港 275
グエル、エウゼビオ（エウゼビ・グエイ） 154
クーザン、ヴィクトル 98
グーチ、ダニエル 103
グッゲンハイム財団 259
グッドハート、フィリップ・L 235
クビチェック、ジュセリーノ 236, 238
隈研吾 19, 207, 285–89
グラヴリナ 61
グラスゴー 72
セント・イーノック駅 124
クラハム、ブルース 16
クラックナハリー *73*
グラーフ、ライナー 157
クリエ、ロブ 253
クリシー人民の家 230, *231*

クリチバ、オスカー・ニーマイヤー美術館 239
グリニッジ
王立海軍病院 *55*, 56
天文台 56
グリネル、マーチャンツ・ナショナル銀行 *168*, 169
クリフトン吊り橋 101, *101*
グリーンウォルド、ハーバート 184
グルノーブル
市庁舎 233
展示場 233
グレアム、ウィリアム 212
グレート・グレンの谷 70
グレート・ノース・ロード 72
クレ、ポール 223
クレンズ、トーマス 259
黒川紀章 261
グロスター・オーバー・ブリッジ 70
クロナカ 35
グロピウス、ヴァルター 127, 212, 235
経路
イギリス海峡の橋の計画 124
ハイ・スピード1・CTRL 222
ゲーテ 10
ゲーリー、フランク 19, 207, 254, 254–60, 286
魚の彫刻 257, 259
自宅 255, *255*
ケルク、ジョン 124
ケルン 253
連邦園芸博覧会 *251*
ケンプ、エドワード 88
ケンブリッジ大学
エマニュエル・カレッジ 56
トリニティ・カレッジ 56, *58*, *58, 59*
ペンブルック・カレッジ 54
コヴェントリー大聖堂 *217*, 222
構成主義者 278
甲府市、山梨文化会館 265, *265*
国際様式 16, *17*, 127, 175, 211, 212, 224, 225, 240
ゴシック 14, 15, 67, 77, 79, 95, 98, 113, 115, 127, 178, 180, 243
コスタ、ルシオ 234–35, 236, 238
コースフェルト郡、エルンスティンク社倉庫 278, *279*
コッカレル、チャールズ・ロバート 110
古典主義 16, 74, 75, 170, 179, 180, 223, 286
コーナッカー、フランク 184
コマンダント、オーガスト・E 225
コミージャス、エル・カプリーチョ 154
コルシカ 195
コールブルックデール 66
コンスタンティノーブル、イスタンブール参照 28
ゴンディ、ジョヴァンニ 38

【サ】
サヴォナ 36
サウジー、ロバート 70
坂倉準三 194
サセックス大学 22
サドバラ司祭館 68
ザハ・ハディッド 207
サボー、アダルベール 229
サマーソン、ジョン 52, 56, 113
サマルカンド 29
サリヴァン、ルイス *14*, 15, 126, *162*, 162–69, 170
サーリネン、エーロ 166, 206, 207, 240–46
サル、アドルフ *140*
ザールイ 64
サン＝ヴァースト＝ラ＝ウーグ 65
サンガッロ、アントニオ・イル・ヴェッキオ 36, 38
サンガッロ、ジュリアーノ・ダ 20, *34*, 34–39
サン・ジョルジュのジェームズ 11
サンタモニカ 254

301

フランク・ゲーリーの自宅 255, 255
サンタモニカ・プレイス・ショッピングモール 255
サント・ドミンゴ灯台 86, 198, 200
サン・ドニの修道院 11, 113
サンパウロ・アート・ビエンナーレ (1953年) 237
エディフィシオ・コパン 237
サンフアン・キャピストラーノ、オニールの納屋 254
サン=マルタン=ド=レ 65
サンラファエル、マリン郡庁舎 176
シアーズ・ローバック社 210
J・ブリュネ 66
ジェソップ、ウィリアム 72
ジェニー、ウィリアム・ル・バロン 15, 126, 134, 134, 139, 162
シェフィールド
　ヴィクトリア駅 124
　ウィッカー高架橋 123
シカゴ 15, 16, 126, 137, 137, 138, 162, 163, 170, 184, 211
　オーディトリアム・ビル 163
　ゲージ・ビルディング 14
　シュレシンジャー&メイヤー百貨店 165, 166
　ジョン・ハンコック・タワー 16
　セカンド・ライター・ビル 126, 136, 137, 138
　万国博覧会 139, 211
　フェア・ストア 136
　フェニックス・ビル 138
　フレデリック・ロビー邸 171
　ホーティカルチュラル・ビル 139, 139
　ホーム・インシュアランス・ビル 135, 136-37
　マンハッタン・ビル 138, 138-39
　ミッドウェー・ガーデン 173
　モナドノック・ビル 138
　モントーク・ブロック 136
　ライター・ビル 126, 136, 137
　ランド・マクナリー・ビル 138
　ルーカリー・ビル 138
　レイクショア・ドライヴ・アパートメント 184, 185, 186
シーダーラピッズ、ピープルズ・セーヴィング・バンク 167, 167-68
シドニー・オペラハウス 7, 206, 220, 221, 222
シナン 20, 40-44
ジャワル、アンドレ 194
シャージャハーナーバード 47
ジャーミ・マスジド (金曜モスク) 48
シャー・ジャハーン 8-9, 10, 20, 45-50
シャセリオー、テオドール 95
ジャハナラ 48
ジャハーンギール 45-48
シャルトル 114
シャー・ルフ 29
シャルルヴィル 63
シャルル8世 36
シャルル・バルベリス 195
シャロウン、ハンス 254, 259
ジャンヌレ、ピエール 191, 192, 194
シュジェ修道院長 11
ジュジョール、ジョゼップ・マリア 161
シュタインバッハ、エルヴィン・フォン 10
シュトゥットガルト 249
　ヴァイセンホーフ・ジードルンク 184
　シュトゥットガルト大学 249
シュトロマイヤー社 253
シュルーズベリー 68
ジョアキン・カルドゾ 236
蒸気船グレート・イースタン号 102, 106, 106
蒸気船グレート・ウェスタン号 105
蒸気船グレート・ブリテン号 105, 106
ショワジー、オーギュスト 179

ジョン・オールカード 94
ジョーンズ、イニゴー 55
シーラーズ 29
ジリー、ダーフィト 74
ジリー、フリードリヒ 74
シンケル、カール・フリードリヒ 12, 66, 74-80
シンドン、ルドルフ 254
スウィンドン、リライアンス・コントロールズ社工場 269
スエズ運河 146
スカバーグ、チャールズ 52
スカラ、バルトロメオ 34
スカリー、ヴィンセント 268
スキッドモア、オーウィングズ・アンド・メリル 16
スコッツデール、タリアセン・ウェスト 175
スコット、ジョージ・ギルバート 14, 67, 112
逗子、LotusHouse 288, 289
スタイリング・ドーム 240
スティーヴンソン、ジョージ 102
スティーヴンソン、ロバート 102, 102
ストークス、ジョージ 94
ストークド・ビルディング・システム 210
ストックトン 119
ストラスブール 60
　ストラスブール大聖堂 10
スネルソン、ケネス 215
スプリング・グリーン、タリアセン 173, 176
スペンス、ベイジル 222
スマーク 110
スラウ、アプトン・パーク 88
スレイマン、スルタン 40, 42
スワン、ジョセフ 15
セイリング、テオフィル 142
セヴェルード、フレッド 240
セーヴル 147
セグラーテ 239
セーヌ川 95
セビーリャ、アラミリョ橋 280, 281, 282
セリム2世 43
ゼルフュス、ベルナール 204
セントルイス、ミズーリ植物園クライマトロン温室 216
　ウェインライト・ビル 164, 164
　ゲートウェイ・アーチ 240, 241
　ケミカル・ナショナル・バンク・ビル 166
ソー 98
ソーヴェストル、ステファン 144
ソリアーノ、ラファエル 254
ソールズベリー 109
ソルタッシュ、ロイヤル・アルバート橋 104, 105
ゾーン、ジョン 66

【タ】
第3代バーリントン伯爵
　リチャード・ボイル参照
第16代シュルーズベリー伯爵 110
第6代デヴォンシャー公爵 66, 87, 88, 94
ダウラトシャーヒ・サマルカンディー 29
高根沢町、ちょっ蔵広場 288
宝積寺駅 19
高松市、香川県庁舎 262
ダッカ、国会議事堂 226, 227
ターナー、リチャード 66
ダービー 90, 91
ダービー3世、エイブラハム 66
タフーリ、マンフレッド 187
ダブリン 66
ダーラー、シコー 48
ダル湖 46
丹下健三 19, 19, 206, 253, 261-67, 285
ダンケルク 21, 61, 64
ダンケルド 70
ダンディー
　造船所 72
バクストン・パーク 88
ダンファームリン、パブリック・パーク 88
チェクラプコク国際空港 275,

275
チェルマイエフ、サージュ 268
チーズマン、ウェンディ 268-9
チーズマン、ジョージー 268
チードル、セント・ジャイルズ教会 109, 110
チャッツワース 87
エンザー村 94
エンペラー・ファウンテン 87
グレート・ストーヴ 89, 89
チャールズ2世 11, 54, 56
チュミ、ベルナール 259
チューリヒ 277, 278
　シュテーデルホーフェン駅 279, 281
超高層ビル 15, 67, 86, 126, 134-39, 164-67, 235, 240, 243
坪井善勝 266
ディアボーン、フォード・ロトンダ・ドーム 216
デイヴィス、ロン 254
ティドコット 102
ディナン 63
テイ湾鉄道橋 124
ディンケルー、ジョン 243
デカン 45
デトロイト、ゼネラルモーターズ技術研究所 240
デナム、サー・ジョン 55
デュクレテ、ウジェーヌ 147
デュースブルク 275
デリー 47
　赤い城 8-9, 49
　シャーリーマール庭園 46
テルアビブ、ベン・グリオン国際空港 283
テルフォード、トマス 12, 66, 68, 68-73, 82, 125
東京 262-63, 264, 285
　国立屋内総合競技場 266, 266-67, 285
　静岡新聞・静岡放送東京支社 265
　駐日クウェート大使館 266
　帝国ホテル 16, 173
　フジテレビ本社ビル 266
　ミレニアム・タワー・プロジェクト 270
　東京計画 263, 264, 265
　東京都庁舎 262
　PlasticHouse 286
　ドゥリョーヴォ、磁器工場附属クラブ 198
トゥールーズ駅 142
トゥーロン 64
トークシー陸橋 123
トタル社のガソリンスタンド 233
トッレ・デル・ラーゴ・プッチーニ航空機格納庫 202
ドナテッロ 27
ドニ、モーリス 180
ドブレ、フランソワ 95
ドミノ型住宅 188-89, 189
ドミソン、ジョン・W 85
ドラボルド、アンリ 99
トリュイエール峡谷 142, 143
ドル、アバ 246
ドレクリューズ、エティエンヌ 114
ドレスデン中央駅 275
トレントン、ジューイッシュ・コミュニティセンター 225, 228
トロア 98
ドン 150

【ナ】
那珂川町馬頭広重美術館 (那須郡那珂川町馬頭) 286, 287
長崎市
　ガーデンテラス長崎 288, 289
　長崎県美術館 286
那須、石の美術館 288
ナッシュ、ジョン 82, 107, 110
ナポリ 34, 37, 75
ナポレオン3世 99
ナポレオンの墓 99
ナンシー 229, 230, 231, 233
ナント 150, 151
西海岸の「ケース・スタディ・ハウス」 268
ニース 143

ニテロイ現代美術館 239, 239
ニーマイヤー、オスカー 16, 19, 206, 207, 234, 234-39
ニーム、カレ・ダール (現代美術センター) 273
ニューカッスル・アポン・タイン、セント・メアリー大聖堂 112
ニューヘイヴン
　アートギャラリー 19, 224, 224
　イェール大学 268
　デーヴィッド・S・インガルス・ホッケーリンク 243, 243
　モース・カレッジとスタイルズ・カレッジ 242, 245
ニューヨーク 16, 82-83, 105, 126, 137, 211, 243, 283-84
　エクイタブル・ライフ・アシュアランス・ビル 137
　カナル・ストリート 85
　グッゲンハイム美術館 127, 176, 177, 259
　グラウンド・ゼロ 270
　コロンビア・ブロードキャスティング・システム (CBS放送) 本社 166, 234
　シーグラム・ビルディング 16, 17, 187
　自由の女神像 126, 143
　ジョン・F・ケネディ空港 243, 244, 245
　1964年ニューヨーク万国博覧会ソ連館 199
　ソーホー地区 67
　テイサン・ショット・タワー 86
　デュエイン・ストリートの工場 82-84
　ハウアウト・ビルディング 67, 86
　ハースト・タワー 270
　ハーパー&ブラザーズ・パブリッシング工場 85
　ビークマン・タワー 260
　火の見櫓 85
　ブラジル館、1939年ニューヨーク万国博覧会 236
　マカルー・ショット・タワー 86, 86
　マレー・ストリート 85
　ミヨー・ファーマシー 83-84
　レイン・スターズ 83-84
　ワールド・トレードセンター PATHターミナル 283, 283, 284
ニューヨーク州ロチェスター、ファースト・ユニテリアン教会 225
ヌーギエ、エミーユ 126, 143
ヌフ、ロロ 64, 64, 65
ヌール、ジャハーン 48
ネットゥーノ 8
ネブザー、シャルル 141
ネラック 98
ネルヴィ、ピエール・ルイージ 16, 19, 201-5
ノイトラ、リチャード 254
ノイル 52
ノヴァリス、モーリス 229
ノヴィッキ、マシュー 248
ノッティンガム、セント・バーナバス大聖堂 112
ノートル・ダム・デュ・ランシーの教会 180, 181
ノリッジ、セインズベリーセンター芸術研究所 269, 269, 276
ノルドリング、ウィレム 142

【ハ】
ハイテク 19, 206, 207
バウハウス 16
　グロピウス、ヴァルター参照
ハーキム・アリ・ギラニ 45
バクストン、ジョーゼフ 12, 87, 87-94
バクストン・パーク 88
バークリー、カリフォルニア大学 252
バーケンヘッド・パーク 88, 88
バジャー、ダニエル 82, 86
バシャ、ピヤレ 43
バース 103
パスヘッド 70
ハゼルダイン、ウィリアム 70
バターフィールド、ウィリアム

索引

バックミンスター・フラー、リチャード 19, 207, 208-16
　ウッズ・ホール・レストラン 212, 215
　グレイン・ビン・ハウス 212, 215
　ジオデシック・ドーム 19, 210, 212, 213-16, *215*, 224
　ダイマクション・ハウス 210-12, *211*
　ネックレス・ドーム 215
　フライズ・アイ・ドーム 215
　ラドーム 215
バッファロー、ダーウィン・マーティン邸 171
　ギャランティ・ビル 165
　ラーキン・ビル 172, *172*
バートヘルスフェルト 251
ハートリプール 119
バートン・クローズィズ 94
バトン、デシマス 89
バトンルージュ、ユニオン・タンク・カー・カンパニー・ドーム 213, 215
パナマ運河 146, *146*
バーナム、ダニエル・H 126, 136-39
ハノーヴァー・エキスポ2000日本館 *252*
ハーバード・ジェイコブズ邸 176
ハフィー・ハーン
バーブル 46
ハミード、ウスタド 47
バーミンガム 101
セント・チャド大聖堂 112
原広司 285
パリ 19, 21, 61, 82, 94, 98, 111, 113, 126, 127, 131, 141, 142, 144, 147, 149, 151, 162, 178, 179, *179*, 182, 192, 194, 207, 229, 232, 251, 285
　アベ・ピエール邸（「良き時代の家」）232
　アール・オ・ブレ 66
　アルミニウム100周年記念パビリオン 232
　ヴォルテール大通り 95
　エコール・デ・ボザール 117, 170, 223, 224
　エッフェル塔 7, 15, *140*, 143-45, *144-5*
　オテル・ド・ヴィル（市庁舎）98
　オテル・ドゥ・タンプル（切手印紙局）97
　クレディ・リヨネ銀行 142
　公共事業博物館 *182*, 183
　サン・シルヴェ教会 95
　サン・ジェルマン・デ・プレ教会 95
　サン・ジェルマン・ロクセロワ教会 95
　サン・ジャック・デュ・オー・パ教会 96
　サン・ジャン教会 16
　サン・ジャン・サン・フランソワ教会 96
　サン・シュルピス神学校 98
　サン・セヴラン教会 95
　サンテティエンヌ・デュ・モン教会 95
　サンテリザベス教会 95
　サントゥシュタッシュ教会 95
　サントーギュスタン教会 67, 96-97, *97*
　サン・ニコラ・デュ・シャルドネ教会 96
　サン・フィリップ・デュ・ルール教会 96
　サン・ルイ・ダンタン教会 95
　サン・ルイ・サン・ジル教会 96
　シテ・ユニヴェルシテール（大学市）地区 192
　シナゴーグ 142
　ジャウル邸 194, *194*
　シャンゼリゼ劇場 180, *180*
　新産業技術センター（CNIT）233
　1937年万博ソ連パビリオン 199
　タクシー・ガレージ 196
　ノートルダム大聖堂 67, 113, 115, *115*
　ノーベル・タワー 233
　パリ万国博覧会ソ連パビリオン（1925年）196
　万国博覧会 126, 141-44, 146
　ペール・ラシェーズ墓地 98
　ベンテモン修道院 98
　ポンピドゥー・センター 19, 207, 222
　モビリエ・ナシオナル（国有動産管理局）183
　ユネスコ本部 204
　ル・ボン・マルシェ百貨店 142
　レ・アール（パリ中央市場）67, 98-99, *98-99*
バリー、チャールズ 108
ハリファックス、ピープルズ・パーク 88
ハルギルド 32
バルセロナ 192
　カサ・カルベット 155
　カサ・バトリョ 155, 156, *156*
　カサ・ビセンス 154
　グエル公園 157
　グエル邸 154
　コロニア・グエル教会堂 153, 157, *158*, 159, *159*, 160
　魚の彫刻 *257*, 259
　サグラダ・ファミリア 127, 153, *154*, 155, 158, 159-60, *161*
　聖テレジア派の修道院 154
　トレ・ベリェスグアルド 154
　「ラ・ベドレラ」（「石切り場」）155, 157
バルタール、ヴィクトール 67, 95, 95-98
バルタール、ルイ＝ピエール 95
バルトニー、ウィリアム 68
バルトニー・タウン 69
バーロー、ウィリアム 67, 90, 101
バロック 57, 155, 235
ハント、アンソニー 269, 276
ハンプトン・コート 56, 59
ハンブルク 218
ビアス、エドワード *54*
ビアネ、ヴィクトル・ジョゼフ 115
ピアノ、レンゾ 19, 207
ピエールフォン城 113
ビカソ、パブロ 200
ピゴ、アレクサンドル 179
ピサ 38
ピストイア、マドンナ・デッルムルタ聖堂 36
ピーボディ、ロバート・S *166*
ビュージン、A・W・N 14-155, 66, 67, *107*, 107-12
ヒューレット、ジェームズ・モンロー 210
ビルドワス橋 69
ビルバオ
　グッゲンハイム美術館ビルバオ *258*, *259*, *260*, 275
広島 261, 262
ファウラー、ジョン 67, 82, *119*, 119-25
ファウラー、ヘンリー 120
ファズラー・カーン 16
ファリンドン・ストリート 119
フィッシャー、ハワード 210
万博（1876年）143
フィレンツェ 20, 25, 34, 36, 38
　ウフィツィ宮殿 38
　オスペダーレ・デッリ・イノチェンティ（捨子保育院）25, *26*, 27
　サン・ジョヴァンニ洗礼堂 23, 25, 28, 35
　サンタ・クローチェ聖堂 26
　サンタ・マリア・デル・カルミネ教会 27
　サンタ・マリア・ノヴェラ教会 26, 35, 37, 38
　サンタ・マリア・マッダレーナ・デ・パッツイ教会 36
　サント・スピリト教会 26-27, 35
　サン・ロレンツォ教会 26-27, 38
市立スタジアム 201
大聖堂 7, 20, 22-25, 28
パッツィ家礼拝堂 37
パラッツォ・コッキ 34
パラッツォ・ゴンディ 35
パラッツォ・ストロッツィ 35, *36*
パラッツォ・メディチ 27, 35
バルトロメオ・スカラのパラッツォ 34
フェニックス 175
フェリエール 94
フォスター、ノーマン 19, 206, 207, 268-76
フォース鉄道橋 67, 119, *122*, 123-125
フォートワース、キンベル美術館 226, 228, *228*
フォンテーヌ、アンドレ 229
ブザンソン 65
ブダペスト中央駅 142
フック、ロバート 58-59
プトレマイオス 28
ブュックチュクメジェ 42
ブライ 65
ブラジリア 16, 206, 238
　弓の宮殿（ブラジル外務省）239
　連邦最高裁判所 *238*
プラート、サンタ・マリア・デッレ・カールチェリ聖堂 35, *35*, 38
ブラマンテ 37-39
フランク・ファーネス 162
フランクフルト、コメルツ銀行タワー 270
フランチェスク・バランゲー 161
フランドラン、イポリト 95, 98
ブリアンソン 65
ブリチャード 100, 101, 103, 105
　テンプル・ミーズ駅 103
ブリチャード＆ローシ 14
フリードリヒ・ヴィルヘルム4世 75
フリードリヒ大王 21
プリトン、ジョン 108
ブリュッセル 149
フルヴァ・シナゴーグ 228
ブルヴェ、ジャン 19, 206, 19, 206, 229-33
ブルカン、アトス 237
ブールデル、アントワーヌ 180
ブルネル、イザムバード・キングダム 12, 67, 100-6, 120, 122
ブルネスキ、フィリッポ 7, 10, 20, 22-28, 35
ブルノ、トゥーゲントハット邸 184
ブルマナック 147
プレゼル、ルイ 100
プレスト 64
プレーノ、ファンズワース邸 186, 186, 212
プレビエール 150
ブレントウッド、シュナーベル邸 256
プロイセン王妃ルイーゼの霊廟 76, *76*, 77
ブロードエーカー・シティ 176
ベイロン、アルヴァン 194
北京 285
　オリンピック・スタジアム 222
　北京首都国際空港ターミナル 275
ベサック 192
ベザード、ジャン＝ルイ 95
ペーニッシュ、ギュンター 249
ヘラート 27
ベランジェ、フランソワ＝ジョゼフ 66
ベペ、イル島 64
ベルシエ、シャルル 95
ベルリン 16, 76, 184, 187
　アルテス・ムゼウム 76, *78*
　「エコ・ハウス」253
　ゲンダルメンマルクト広場の劇場 76
　国会議事堂 273, *274*
　シュロス橋 76
　新ナショナル・ギャラリー 186, *187*
　ノイエ・ヴァッヘ（新衛兵所）76
フィルハーモニー・コンサートホール 259
フリードリヒヒスヴェルダーシュ教会 79
ベルリン建築アカデミー 78, 79
ペレ、オーギュスト 16, 127, 178-83, 190
ベーレンス、ペーター 16, 179
ベロ・オリゾンテ
　エディフィシオ・リベルダージ *237*, 237
　サンフランシスコ・デ・アシス教会 *235*, 236
ベンジャミン・ベイカー 120, 123, 124
ベンシルヴェニア大学リチャーズ医学研究棟 225
ホイトン、ジョン 120, 124
ボイル、リチャード 12
ボイル、ロバート 52
法王パウロ6世 204-5
宝積寺駅 19
ボガーダス、ジェームズ 67, *81*, 81-86, 137
ホークス、ジョン 101
ホークスムア、ニコラス 21
ポスト、ジョージ 137
ポストモダニズム 255, 286
ボストン美術館 273
ボックス・トンネル 103, *103*
ボッジポンシ
ボッジョ・インペリアーレ城塞 38
ポツダム 75
ボド、アナトール・ド 16
ホラトバトリック 72
海軍造船所所長邸宅 68
ポーツマス、ブロック・ミル 100
ボナー橋 69-70, *70*
ホラバリー＆ローシ 14
ホリーヘッド 72
ホリーヘッド・ロード 71, *72*
ボーリュー 147
ボルゴ・サンセポルクロ 38
ボルティモア 37
サン・アイアン・ビルディング *84*, 85
ボルドー 141, 192, 194
ポルト、マリア・ピア高架橋 142
ボルトン・アビー 94
ホルムデル、ベル・テレフォン研究所 243
ポワシー、サヴォア邸 127
香港 270
香港上海銀行（HSBC）香港本店ビル 207, 222, 270, *270*, *271*, 273
ホーンダミール 29
ポンティ、ジオ 204
ポントカサルテの水道橋 71, *71*

【マ】
マイアーノ、ジュリアーノ・ダ 36
マイアミ、ニューワールド・シンフォニーホール 260, *260*
前川國男 261
槇文彦 261
マクセヴィチ 231
マクラマート・ハーン 47
マクレー、マーガレット 81
マグロワル水道橋 42, *42*
マサチューセッツ州ケンブリッジ、マサチューセッツ工科大学 12, 162, 242
マザッチオ 27, *27*
マシュハド 29, *30*, 31
マスダール 276, *276*
マッセィ、オクターヴ *188*
マヤール、ロベール 127
マリアム・ザマニ 48
マリブ、デイヴィス邸兼スタジオ 254
マルクス、ロベルト・ブルレ 235
マルセイユ、ユニテ・ダビタシオン *191*
マルセル・ブロイヤー 204
マルチネール、セザール 161
マレ＝ステヴァン、ロベール 230
マンチェスター・セントラル駅 124

マンディ、ウィリアム 138, 139
マントウア、ブルゴ製紙工場 204
マントノンの送水口 64
マンハイム多目的ホール 252
ミクヴェ・イスラエル・シナゴーグ 228
ミシガン湖 284
ミース・ファン・デル・ローエ、ルートヴィヒ 16, 17, 184-87, 206, 212, 235, 240, 243, 268
ミュンヘン 252
 オリンピック・パーク 207, 249, 250
ミヨー博士、ジョン 82
ミヨー橋 207, 276
未来派 278
ミラノ
 ヴィットーリオ・エマヌエーレ2世のガッレリア 126, 128-33
 スカラ広場 128, 131
 ドゥオーモ 126
 ドゥオーモ広場 128, 130, 131, 133
 ピレリ・ビル 204
 ミラノ・トリエンナーレ(1933年) 198
 モンダドーリ出版社本社 239
ミール・アブドゥル・カリム・マアムール・ハーン(『建築家の長』) 47
ミルウォーキー美術館クワドラッチ・パビリオン 284, 284
ミルナー、エドワード 88
ミルラン、エドガー・カウフマン邸、フォーリング・ウォーター(落水荘) 127, 174, 175
ムーア、サー・ジョン 56
ムットシュラー、カールフリート 252
ムッラー・シャー・バダクシ 48
ムムターズ・マハル(宮廷の選ばれし者) 45, 48, 50
メイデンヘッド鉄道橋 122
メス 21
メタボリズム運動 262
メッカ 31
メディチ家
 ジョヴァンニ・デ 38-39
 メディチ家 20, 36
 ロレンツォ・デ 36, 38
メナイ吊り橋 66, 68, 69, 72
メーニコフ、コンスタンチン 196-200
メリメ、プロスペル 115
メンゴーニ、ジュゼッペ 126, 128-33
メンデルゾーン、エーリヒ 184, 248
メントモア 94
モスクワ 196, 197, 198
 アルコス共同出資会社ビル 196
 カウチュク・ゴム工場付属クラブ 198
 子供用映画館 199
 重工業人民委員会 199
 スヴォボーダ工場付属クラブ 198
 ズーエフ労働者クラブ 198
 ノヴォ・スーハレフスキー市場 196
 ノヴォ・リャザンスカヤ通りの貨物車両専用ガレージ 196
 パフメーチェフスキー・バス・ガレージ 196
 フルンゼ・クラブ 198
 プレヴェストニク工場付属クラブ 198
 マホルカ・タバコ・パビリオン 196
 模範的労働者の住宅 196
 ルサコフ・クラブ 198, 199
 『レニングラード・プラウダ』紙モスクワ支局 196, 200
 労働宮殿 196
モーズリー・サンズ・アンド・フィールド社 100
モダニズム 14, 78, 150, 159, 164, 187, 188-91, 202, 206, 212, 216, 225, 234, 235, 236, 254
モット、ジョーダン 82
モニュメント 56
モーリス・ケクラン 126, 143
モリーン、ジョン・ディア・カン

パニー本社 243
モン=サン=ミッシェル 114
モン=ドーファン 64, 65
モントフォード橋 68
モントリオール 252
 1967年モントリオール万博アメリカ館 214, 215, 215
 1967年モントリオール万博西ドイツ館 248, 249
モンブラン 118, 118
モン=ルイ 64, 65

【ヤ】
ヤッファ 283
ユナング 64
ユレ、マルグリット 180

【ラ】
ライター、リーヴァイ 134, 138
ライト、フランク・ロイド 15, 16, 113, 126, 169, 170-77, 179, 206, 230, 248, 254, 259, 268
 コンクリート・ブロック住宅 173, 175
 「プレーリー・ハウス」 126, 170-72
 ユーソニアン・ハウス 176
ラシュス、ジャン=バティスト 115
ラシーン、ジョンソン・ワックス本社ビル 127, 175, 175-76
ラスキン、ジョン 12, 66, 67
ラストリック、ジョン・アーベス 119
ラ・セル・サン・クルー 194
ラッセル、ジョン・スコット 106
ラッチェンス、エドウィン 268
ラ・トゥーレット修道院 127
ラファエロ 38
ラブルースト、アンリ 67
ラ・ホーヤ、ソーク研究所 225-26, 228
ラホーリー、ウスタド・アフマド 47
ラホール 48
 シャーリマール庭園 47
 ラホール城 47
ラムズゲート、ザ・グレインジ 112, 112
ランコーン・ギャップ 72
ランスの大聖堂 113
リアーリオ枢機卿、ラファエーレ 37
リヴァーサイド 134
リヴァプール 101
 セントラル駅 124
 プリンス・パーク 88
 ライム・ストリート駅 66
リオデジャネイロ 237
 カノアス邸 237-38
 教育保健省庁舎 235
リズモア城 94
リベスキンド、ダニエル 207, 259
リューベトキン、バートホルド・218, 219
リヨン 36
 スイミングプール 251
リール 21, 60, 61
 国際博覧会(1902年) 150
リンカン大聖堂 56
ル・アーヴル 178
 サン=ジョゼフ教会 183
ルイ・オーリエ 188
ルイ14世、フランス国王 11, 21, 60, 62, 65
ルイス・バラガン 226
ルイ・フィリップ、フランス国王 114
ルヴァロワ=ペレの工場 145
ルクセンブルク 60
ル・コルビュジエ 16, 19, 65, 127, 178, 184, 188, 188-95, 196, 206, 212, 235, 236, 261, 263
 「新しい建築の5つの要点(近代建築の5原則)」 189-90, 194, 212, 235
 サヴォア邸 190, 191
 ファレ邸 188, 188
 モデュロール 191, 195
ルック・サークル社 52
ルドゥー、クロード=ニコラ 66
ルート、ジョン・ウェルボーン 15, 126, 136-39

ルドルフ、ポール 268
ルネサンス 22-28, 38, 44, 96, 97, 108, 190
ルビオー、ジョアン 161
ルフェビュール=ヴェリー、ルイ=ジェームズ=アルフレッド 98
ル・リコレ、ロベール 225
ルロン、ポール 97
レイディ、アフォンソ・エドゥアドルド 235
レイナー・バンハム 184
レイン、エドガー 83
レオノドフ、イワン 199
レオン、カサ・デ・ロス・ボティネス 165
レオンハルト、フリッツ 249
レーゲンスブルク 251
レザー、ジョージ 119
レセップス、フェルディナン・ド レ島 64
レニー、ジョン 12, 72
レ・マス、アルヴァン・ベイロン邸 194, 195
レーモンド、アントニン 180
レン、クリストファー 11, 21, 51-59, 268
レン、マシュー 54
ローヴェレ、ジュリアーノ・デッラ 36-38
ロクブリュヌ=カップ=マルタン 195, 195
ロサンゼルス 254, 254
 ウォルト・ディズニー・コンサートホール 259
 サミュエル・フリーマン邸 173
 ストラー邸 15
 ロサンゼルス現代美術館 256
 ロヨラ大学ロースクール 255
ローザンヌ、スイス博覧会 249
ロシア皇后アレクサンドラ 80
ロジャース、リチャード 19, 207, 268
ロスチャイルド男爵、ジェームズ・ド 94
ロスチャイルド男爵、メイヤー・ド 94
ロッド、マルセル 230
ロバートソン、ジョン 94
ロベール、エミール 229
ローマ 36, 82, 128, 201, 223
 ヴィラ・メディチ 95
 ガッティ毛織工場 203, 204
 カンチェッレリア(尚書院) 37, 38
 コルソ・フランチャ高架道路 204
 サン・ジョヴァンニ・デイ・フィオレンティーニ教会 38
 サンタ・マリア・マッジョーレ大聖堂 36
 サンタンジェロ城 37
 サン・ピエトロ大聖堂 37, 38, 204
 パラッツェット・デロ・スポルト 205
 パラッツォ・デッラ・ヴァッレ 38, 39
 パラッツォ・メディチ=ランテ 29
 パンテオン 15, 22, 76
 フラミニオ・スタジアム 204
 ベルヴェデーレ 37
 ロマン主義 10, 12, 21, 66, 76, 114
 ロマン 248
 ローリング、サンフォード・E 134
 ロル・グットブロート 249
 ロレトの「聖家族」礼拝堂 36
 ロンウィ 64, 65
 ロングドン水道橋 71
 ロンシャン、ノートルダム・デュ・オー礼拝堂 16, 127, 192, 193, 256
 ロンドン 54, 56, 81, 103-3, 120, 123, 218, 270, 272, 276
 アウター・サークル鉄道 123
 ヴィクトリア駅 122, 124
 ウィンチェスター宮殿 56
 ウェストミンスター宮殿 107,

107, 108, 109
 ウェストミンスター寺院 56, 73
 ウェンブリー・スタジアム 276
 ウォーンクリフ・ヴァイアダクト陸橋 100
 海軍省 56
 下院 56, 108, 110
 「ガーキン」 270, 272
 カナリーウォーフ 273, 275
 カールトン・ハウス・テラス 82
 クライスツ・ホスピタル校 56
 グレシャム・カレッジ 52
 グローヴナー橋 123
 ケンジントン宮殿 56
 コヴェント・ガーデン 82
 サイオン・ハウス 89
 サザーク、セント・ジョージ大聖堂 112
 サマセット・ハウス 68
 水晶宮 12, 14, 66, 88, 90-91, 91, 92-93, 94, 94, 110
 スタンステッド空港 269, 275
 聖エドマンド殉教王教会 54
 税関 56
 セント・アンズ、ソーホー 56
 セント・キャサリン・ドック 72, 82
 セント・クレメント・デーンズ 56
 セント・ジェームズ、ピカデリー 56
 セント・スティーヴン・ウォルブルック教会 58
 セント・パンクラス駅 67
 セント・ポール大聖堂 21, 51, 53, 54-56, 58, 268
 セント・メアリー・アブチャーチ教会 58
 大英博物館 273
 チェルシーの王立病院 56
 地下鉄ディストリクト線 124
 テムズ・トンネル 100, 100-1
 テンプル・バー 56
 トラファルガー広場 273
 ドルリー・レーン劇場 56
 ハイドパーク(万国博覧会展示施設) 水晶宮参照
 「ハイポイント・ワン」 219
 パッキンガム宮殿 82
 パディントン駅 66, 103
 万国博覧会(1851年) 87, 111, 112
 BBCラジオ本部建設計画 270
 フィンズベリー自治区 219, 219
 ホワイトホール宮殿 56
 マールバラ・ハウス 56
 ミルウォール・ドック 102, 124, 125
 ミレニアム・タワー・プロジェクト 270
 ミレニアム・ブリッジ 222, 273
 メトロポリタン・ディストリクト鉄道 120, 121, 122
 ロイズ・オブ・ロンドン 222
 ロイヤル・アカデミー・オブ・アーツ(王立芸術院)サックラー・ギャラリー 273
 ロンドン大火 52, 54
 ロンドン動物園 218, 219
 ロンドン・ブリッジ 72

【ワ】
ワシントンDC 260
 スミソニアン協会 273
 ダレス国際空港 243-44, 246
渡邊嘉一 123
ワルシャヴィチク、グレゴリー 235